100세 시대를 미리 본 사람들의 100년 이야기

A century of the people who forsaw the era of centenarians

/ 송준태 /

[추천사]

암 선고를 받고 인생이 마감된다는 절망감에 빠졌을 때. 누구라도
실낱같은 희망의 빛을 찾기 마련이다.
송준태선생도 그런 우여곡절을 겪으며 문틈으로 들어온 실낱같은
빛을 보았다고 한다.
100년 기업 제약회사 렉솔이 바로 생명의 빛이었다.
그래서 그는 고귀한 생명을 되살린 기쁨에 응답하기 위해 글을 썼다.
[100세 시대를 미리 본 사람들의 100년 이야기]는 그렇게 세상의 빛줄기가 되었다.
암 선고를 받으면 살아남는 최상의 방법론에 집중한다.
그렇다고 그 집중이 옳다거나 최상이라는 확신을 하기 쉽지 않다.
치료제와 간절한 기도와 생명의 존엄성과 후회가 뒤엉킬 수도 있다.
송준태선생은 스스로 살아남는 비법으로 렉솔의 천연 약품을 찾아내어
혈액암을 극복했다고 한다.
렉솔의 전문가와 직접 만나 토론했고 진귀하고 방대한 자료를 수집했으며
100년 동안 사랑과 신뢰받은 렉솔의 정신을 취재한 열정과 정신이 도드라진다.
기업이 100년을 지탱하기도 어렵지만 100년을 내다보고 생명의 존엄성과
활인 공덕을 쌓는 것은 더욱 어려운 법이다.
송준태선생은 생명의 빛을 고루 나누고자 하는 마음으로
이 책을 펴내기로 했다니 어찌 따뜻한 박수를 보내지 않을 수 있겠는가.

      소설가 김홍신

축천사

암선고를 받고 인생이 마감된다는 절망감에 빠졌을 때, 누구라도 살아날 길은 희망의 빛을 찾기 마련이다. 송길례 선생도 그런 의학적 절망을 겪으며 본능적으로 들어온 살아날 길은 빛을 보았다고 한다. 100년기업 제약회사 렉슐이 바로 생명의 빛이었다. 그래서 그는 그 커다란 생명을 대중의 기쁨에 응답하기 위해 글을 썼다. 『100세 시대를 미리 본 사람들의 100년 이야기』는 그렇게 세상의 빛꽃이가 되었다.

암선고를 받으면 살아나는 최상의 방법론에 집중한다. 그렇다고 그 집중이 옮다거나 최상이라는 확신을 하기 쉽지 않다. 시련계와 간절한 기도와 생명의 존엄성과 후회가 뒤엉킬 수도 있다. 송길례 선생은 스스로 살아나는 비법으로 렉슐의 천연약품을 찾아내어 혈액암을 극복했다고 한다.

렉슐의 전문가와 저자임이 논의했고 기러가는 방대한 자료를 수집했으며, 100년동안 사람과 진리받는 렉슐의 경신을 쉽게 한 역사라 걸어이 드러난다.

기업이 100년을 거행하기도 어렵거니와 100년을 내다보는 생명의 존엄성과 혼연일체된 삶을 찾는 것은 더욱 어려운 편이다.

송길례 선생은 생명의 빛을 고루 나누자는 마음으로 이 책을 펴내기로 했다니 어찌 대단한 박수를 보내지 않을 수 있겠는가.

소설가 김홍신

개정판을 펴내면서….

봄기운 속에 기생하던 찬 기운이 코끝에 머물며
스멀스멀 체온을 빼앗아 가던 2016년 3월,
나는 마치 타임머신을 탄 듯 1903년으로 침잠(沈潛)해 들어갔다.
시계의 초침 밖으로 과거 100여 년의 시간이 흘러갔고,
나는 그 속에 몸을 맡겼다.
난파된 배를 탈출해 구명보트 위에서 구조를 기다리는 사람처럼
내가 시간을 끌고 가는 것이 아니라
시간이 데려다준, 깊고 깊은 곳을 유영했다.
절박했다.
생명의 벼랑 끝, 생사의 사선 위에 서 있었지만
죽을 수는 없었다.
가족의 곁을 이토록 일찍 떠난다는 것은 내 생명을
스스로 거두는 것보다 더 잔인한 일이었다.
아들을 가슴에 묻고 평생 살을 찢으며 통곡하실 홀어머니,
남편을 그리며 눈물로 외로이 살아갈 아내,
그리고 아빠 없는 세상에서 아빠를 둔 친구들을 바라보며
문득 서글퍼질 여섯 살짜리 딸….
살고 싶었다.
살 방법을 찾아내야 했다.

UNICITY
그리고
REXALL
100년의 시간 속에 묻힌 과학의 비밀들이 밝혀지며
경도(傾倒)되어 오던 죽음의 기운은 사그라들었다.
새벽 여명의 선홍빛 광선이 드리우고 어둠이 침륜(沈淪)하며
100년 역사가 통째로 모습을 드러냈다.
생명의 증거들이었다.
렉솔의 과학자들은 왜 100년 전부터 100세 시대를 준비하려 했을까?
그들은 왜 자신들이 강점을 보이던 화학약품이 아닌 동종요법과
천연비타민에서 100세 시대의 선제적 해법을 찾으려 한 것일까?
이 책에선 좀 더 구체적인 자료를 찾아 그 이유를 보완했다.

처참하게 무너져만 가던 건강을 되찾도록
나의 100세 시대를 미리 준비해 준
루이스 콜 리겟[Louis Kroh Liggett] 박사님과
렉솔의 과학자
그리고
유니시티 연구원들에게 이 책을 바친다.

2020년 5월
송 준 태

Foreword

When Juntai Song first approached me, professing a strong interest in the history of the Rexall trademark and its founding organization, I was rather surprised. It wasn't his quest for information about the Rexall Drug Company that amazed me—there exists a widespread interest in the roots and success of this fascinating corporate enterprise—but rather the fact that Mr. Song has lived his life in a modern Asian culture completely devoid of Rexall drugstores. However, I soon learned that the American network marketing organization called Rexall Showcase International expanded to South Korea in 1996 and introduced the Rexall brand there.

The motivations and reasons for Mr. Song's passion will undoubtedly be revealed in the course of his book; so my real purpose here is to provide some perspective from the viewpoint of an American pharmacist who spent many years working in Rexall stores, and in more recent years has collected hundreds of vintage Rexall consumer products, and has worked on compiling a commercial history of the Rexall experience.

Throughout my professional activities during the late 1960's to early 1980's I became well acquainted with Rexall Drug's various lines of merchandise and with its popular semi-annual One-Cent Sales. Then in 1987, several years after national Rexall promotions and local franchise support had ceased, a pharmacy clerk who knew about my hobby of acquiring "old pharmacy stuff" spotted a small box in a storeroom and brought it to my attention. The item was labeled "Rexall Cold Sore Lotion," and after some rummaging around we determined the little amber bottle and its colorful carton were the last surviving remnants of the vast amount of Rexall merchandise that once filled the store. The pharmacy's Rexall dealership, like thousands of other franchised Rexall stores in the country, had been abandoned by Rexall Corp. of St. Louis in 1982.

The storeroom discovery triggered a search in antique shops and outdoor

Frank A. Sternad, Pharm.D.

markets for anything related to Rexall Drug. The treasure hunt yielded ancient bottles of Rexall Hair Tonic, cartons of vitamins, and glass fish bowls embossed "The Rexall Store." As the collection grew, my curiosity about the origins of Rexall shifted into high gear. I soon discovered that the charter corporation, United Drug Company, had no surviving archives, and in order to compile a competent history, I would have to do some traveling.

Over the years I visited retired executives, salesmen and store owners for interviews, and have received generous contributions of photos, products and other memorabilia for my collection. I've gathered business files, magazines, audio and video recordings of Rexall-sponsored radio and TV shows. One collectible I've come to appreciate as a rich source of pictorial history is the picture postcard. Street scenes of American towns and cities often show drugstores identified with brightly colored Rexall signs, and sometimes displays of merchandise can be seen in the show windows.

The Rexall Drug Company originated as a bold commercial venture at the dawn of the 20th century when cooperative manufacturing and the Rexall trademark were brilliantly combined by marketing genius, Louis Kroh Liggett. Starting in the business as a drugstore clerk, Liggett later became well acquainted with retail druggists throughout the country as a traveling salesman, selling a tonic called Vinol on an exclusive agency plan. Convinced that repressive trade conditions were stiffling the independent druggist, Liggett proposed a remedy in his masterminding of the 1902 formation of United Drug Company, a cooperative manufacturing firm. He ultimately attracted forty stockholders to subscribe $4000 each for the first factory in Boston. Liggett's imagination and organizational abilities seemed limitless during the teens and early twenties as he expanded to Canada and into Great Britain where he acquired Boots Pure Drug Co., adding 600 pharmacies and several manufacturing plants to his empire.

Liggett's "Dear Pardner" letters—friendly yet paternal messages frequently mailed to druggist shareholders—kept them up to date on corporate planning and decisions. His honest and direct manner served Liggett well in 1921 when his personal fortune was suddenly lost in a manipulated crash of United Drug securities. He was rescued from ruin by a rally of financial aid from thousands of loyal Rexallites who believed in the company and in the man—an overwhelming show of confidence for an executive officer by a majority of shareholders that is still unparalleled in modern corporate history.

Network radio was a medium that Rexall Drug Company increasingly favored to advertise their goods and to propel the tradename to iconic status. Popular programs during the 1940s and 50s such as "Amos 'n' Andy," "The Phil Harris/Alice Faye Show," and the "Jimmy Durante Show" were hugely successful in making Rexall a household word. Twice a year the famous Rexall One-Cent Sales were announced and promoted on these radio shows. Most Americans over 60 remember shopping and enjoying a soda at their neighborhood Rexall Store.

The Rexall One-Cent Sales were arguably the most successful drugstore merchandise promotions staged in the 20th century. During the years I worked in Rexall stores, sales were held each spring and fall and lasted 6 to 10 days. Storefront windows were plastered with signs, colorful newsprint "shoppers" were delivered to everyone in town, and the sales were pitched as "shopping events" on radio and television. Huge displays of fast movers like aspirin, mouthwash, milk of magnesia, deodorant and shaving cream swelled the aisles as long as stock held out.

Louis Liggett guided the firm until 1941. During World War II the presidency passed to Justin W. Dart, and with him came change—relocation of headquarters from Boston to Los Angeles, and modernization of packaging, advertising, and the drugstores themselves. Dart introduced the orange and blue "uniform" colors that made Rexall Drug the most visible storefront in town. He also changed United to Rexall Drug Company; and at mid-century the firm was the most powerful player in the manufacture and distribution of almost everything sold in drugstores.

Frank A. Sternad, Pharm.D.
Santa Rosa, California

머리말

저자가 렉솔의 브랜드와 조직 그리고 설립의 역사에 대한 깊은 관심을 고백하며 처음 나를 찾아왔을 때 사실 나는 적잖이 놀랐습니다. 나를 놀라게 한 사실은 그가 렉솔 제약회사에 대한 정보를 탐구하고 있다는 것이 아니라 (이 매혹적인 기업의 뿌리와 성공에 대한 관심은 세계적으로 넓게 존재합니다) 렉솔 약국이 결여된 현대 아시아 문화권에서 살아왔다는 사실이었습니다. 하지만 곧 미국의 네트워크 마케팅 회사인 렉솔 쇼케이스 인터내셔널이 1996년 대한민국으로 진출하여 렉솔 제품을 그곳에 소개했다는 것을 알게 되었습니다.

저자의 열정과 동기 그리고 이유는 틀림없이 이 책에서 밝혀질 것임으로, 사실 저는 렉솔 약국에서 오랜 시간을 함께하며, 최근 수백 개의 렉솔 소비자 제품을 수집하고, 그리고 렉솔의 경력으로 상업적 역사서를 편집한 한 미국인 약제사로서의 관점에서 견해를 제공해볼까 합니다.

1960년대 후반부터 1980년대 초기까지의 약사로서의 전문적 경력을 통해 저는 렉솔 제약의 다양한 제품 라인과 반년마다 여는 유명한 원-센트 세일에 대해 깊은 관심과 흥미를 갖게 되었습니다. 그리고 전국적인 렉솔 행사와 지역 프랜차이즈 지원이 멈춘 1987년 어느 날, 나의 '오래된 약국 물건 모으기' 취미를 알고 있던 한 약국 판매원이 알려준 창고의 한 작은 박스에 관한 이야기가 나의 관심을 사로잡았습니다. 그 아이템에는 "Rexall Cold Sore Lotion"이라는 라벨이 붙어 있었고, 그곳을 샅샅이 뒤지고 난 후에 우리는 그것이 한때 약국을 가득 채웠던 방대한 렉솔 제품 중 살아남은 마지막 유물이라는 것을 알게 되었습니다. 렉솔 프랜차이즈 약국이었던 그 약국은 나라 전역에 있던 수천 개의 다른 렉솔 프랜차이즈와 마찬가지로 1982년에 세인트루이스의 렉솔 기업으로부터 시대의 변화를 요구받았습니다.

그 상점에서 시작된 우연한 발견을 계기로, 골동품 가게이건 야시장이건, 렉솔에 관련된 것이라면 어떤 것이라도 찾게 되었습니다. 이 보물찾기를 통해 얻게 된 것은 오래된 병에 들은 렉솔 헤어 토닉, 상자에 담긴 비타민, 그리고 "The Rexall Store"라고 새겨진 유리로 된 어항이었습니다. 수집품이 많아질수록 렉솔의 기원에 대한 나의 호기심은 더욱 더 커져만 갔습니다. 머지않아 저는 유나이티드 드러그 컴퍼니에 관련된 남겨진 기록이 없으며 유효한 역사적 자료를 모으려면 여행을 해야 한다는 것을 깨닫게 되었습니다.

수년간 저는 퇴임한 임원들, 판매원, 그리고 약국의 약사를 방문하며 인터뷰를 하였고, 그들은 내 수집품에 더할 사진들, 제품들, 그리고 다른 기념품들을 관대하게 공헌하여 주었습니다. 나는 사업관련 파일들, 렉솔-후원 라디오 프로그램과 TV 쇼 오디오 및 비디오 기록을 모았습니다. 사진 역사의 자료로서 제가 가장 소중히 여기는 한 수집품은 바로 사진엽서입니다. 밝은 색상의 렉솔 표지판으로 눈에 띄는 렉솔 약국이 있는 미국 마을의 모습 속에는 종종 쇼윈도를 넘어 진열된 렉솔 제품들이 보이기도 합니다.

20세기가 눈을 뜰 무렵, 과감한 벤처 기업으로 떠오른 렉솔 드러그 컴퍼니는 마케팅의 천재인 루이스 콜 리겟이 협력제조와 렉솔 상표를 훌륭하게 결합하며 시작되었습니다. 약국 판매원으로 사업을 시작한 루이스 리겟은 후에 외판원으로 전국을 다니며 독점 판매 계획을 통해 비놀이라는 토닉을 판매하며 약제사들과 관계를 쌓기 시작했습니다. 억압적인 거래조건이 독립 약제사들을 숨 막히게 하고 있다는 확신으로 리겟은 1902년 유나이티드 드러그 컴퍼니를 문제의 처방으로 제시하며 협력제조기업으로 설립했습니다.

그는 또한 40명의 주주들을 끌어들여 보스턴에 세울 첫 공장을 위한 기금으로 각 $4,000를 투자 받았습니다. 10대와 20대 초반부터 리겟의 상상력과 조직적 능력의 그 한계를 알 수 없었고, 후에 그는 캐나다와 대영제국으로 진출하며 부츠 퓨어 드러그 회사를 인수하고 그의 제국에 600개의 약국과 여러 개의 제조공장을 추가하였습니다.

리겟의 "친애하는 파트너들"은 약제사 주주들에게 보내지던 친근하면서도 권위 있는 이야기를 담은 편지로서 기업의 계획과 결정을 전달했습니다. 그의 솔직하고 꾸밈없는 방식은 1921년 조작된 유나이티드 드러그의 증권 붕괴로 인해 갑작스럽게 개인적 파산에 이르렀을 때에 빛을 발하게 됩니다. 그는 회사와 그를 신뢰하는 수천 명의 충성된 렉솔인들의 재정적 구호로 인해 파산으로부터 구조되었습니다. 주주들 대다수의 임원에 대한 압도적인 신임의 표시인 이 사건은 현대 기업 역사상 여전히 비교할 수 없는 일입니다.

라디오 네트워크는 렉솔 드러그 컴퍼니가 그들의 상품과 상품명을 아이콘화 시키는데 주력으로 가장 선호했던 수단이었습니다. 1940년대 및 50년대에 크게 인기를 누리던 "아모스 앤 앤디," "필 해리스/앨리스 페이 쇼," 그리고 "지미 듀란테 쇼"는 렉솔을 유행어로 만드는 일에 크게 기여했습니다. 일 년에 두 번씩 그 유명한 렉솔 원-센트 세일이 라디오 쇼에서 발표되고 홍보되었습니다. 60세가 넘은 미국인이라면 대부분 동네 렉솔 약국에서 소다수 한잔 마시며 쇼핑을 하던 기억이 남아있을 것입니다.

렉솔 원-센트 세일은 아마도 20세기 약국 상품 홍보 역사상 가장 성공한 케이스일 것입니다. 내가 렉솔에서 근무하던 수년간 봄과 가을 6~10일 동안 세일은 계속 되었습니다. 상점 창문에는 표지가 가득하고 마을의 모든 이들에게는 "Shoppers"라는 알록달록한 신문 용지가 전달되었으며 라디오 및 TV에는 "쇼핑 이벤트" 광고를 통해 세일을 대대적으로 알렸습니다. 조기 품절 목록인 아스피린, 구강 청결제, 마그네시아 우유, 그리고 데오도란트 및 쉐이빙크림은 재고가 바닥날 때까지 판매되었습니다.

루이스 리겟은 1941년까지 기업을 이끌었습니다. 세계 2차대전 이후 회장직이 저스틴 W. 다트에게로 넘어가며 변화가 시작되었습니다. 그는 보스턴에서 로스앤젤레스로 본사를 옮기고 패키지, 광고, 그리고 약국 자체를 현대화 시켰습니다. 다트는 오렌지와 파란색을 렉솔 약국의 "통합"색상으로 창안하며 마을에서 가장 눈에 띄는 약국으로 만들었습니다. 그는 또한 유나이티드를 '렉솔' 드러그 컴퍼니로 바꾸었으며, 세기 중반 이 기업은 약국에서 판매되는 거의 모든 것의 제조 및 유통의 가장 강력한 주자로 서게 됩니다.

약학박사 프랭크 A. 스터나드
미국 캘리포니아 산타로사

저자 서문 Author's Preface

"유니시티는 어떤 회사입니까?"
"What kind of company is Unicity?"

이 책을 접하는 분이라면 아마도
이 질문을 누군가에게 한 적이 있거나
많은 이들로부터 이 질문을 받아본 사람일 것입니다.
저도 당연히 그런 사람들 중 한 명이었는데요,
돌아오는 단편적인 대답으로 만족할 수 없었고
저 또한 명쾌하고 제대로 된 답을 줄 수 없어서
직접 자료를 찾고 모아서 그 대답을 알아보게 되었습니다.

그리하여 유니시티의 역사와 정체성을 알아가는 일은
꽤 많은 시간을 거슬러 올라가야 할 뿐 아니라,
예상보다 훨씬 더 다채로운 내용을 담고 있어 찾아내는 동안
참 많이 놀라고 때때로 크게 감탄하며 자주 흥분하기도 했습니다.
이 책을 읽는 분들도 아마 저와 다르지 않으리라 생각합니다.

유니시티의 이야기는 많은 분들이 알고 있듯이 렉솔(Rexall United Drug)이라는 기업으로부터 시작합니다. 지금으로부터 115년 전인 1902년, "렉솔"이라는 이름의 회사가 창립되면서부터 역사가 시작됩니다. 20세기와 함께 시작된 렉솔의 탄생은 모든 면에서 획기적이었고 시대를 앞선 혁신(Innovation)이었습니다. "Rexall = King of All" 이라는 뜻을 가진 브랜드 네임이 무색하지 않도록 말입니다.

Source : From the author's private collection

렉솔의 이야기는 단지 제약에 관해서만 국한되는 것이 아니었습니다. 제약업, 제조업, 유통업, 광고·홍보업을 비롯한 마케팅의 여러 분야를 아우르며 다방면의 사회 산업 기반의 흐름을 따라가 볼 수 있었습니다. 또한 렉솔이 초창기부터 빠짐없이 발간했던 소식지나 매거진들을 통해서는 당시의 사회 현상을 비롯한 문화적 트렌드까지 읽어낼 수가 있었습니다.

가히 천재라고 표현할 수밖에 없는 "루이스 콜 리겟"이라는 사람의 기발한 발상으로 시작된 렉솔이라는 회사가 얼마나 많은 미국인들의 삶을 윤택하게 했고 질병으로부터 보호받는 안락한 삶과 함께 다채로운 경험을 선물로 주었는지 그저 놀라울 따름이었습니다. 그리고 그 렉솔의 영향력은 우리에게까지 모르는 사이에 다가와 있었습니다. 우리의 일상에서 오래전부터 너무도 친숙하게 사용되고 있었던 아스피린과 바세린, 원기소 등이 좋은 가격으로 쉽게 보급되어 우리 곁에 와 있었던 것이 바로 렉솔 덕분이었습니다.

렉솔은 북미에서 가장 오래되고 잘 알려진 이름 중의 하나였고, 의약품 제조와 소매의 트렌드를 이용하여 사람들이 자신의 비즈니스를 할 수 있도록 도왔으며 미국 사람 대부분은 어렸을 때부터 부모님의 손을 잡고 약, 아이스크림과 소다수, 그리고 만화책을 사러다니면서 자랐으며 30세 이상의 85%가 렉솔에 대한 아름다운 추억을 갖고 있습니다.

[Hatton-Hatten; Louis Kroh Liggett]

미국에서 렉솔의 인지도가 어느 정도인가 하면, R과 X가 조합되어 처방된 약을 조제하는 약국이라는 뜻을 가진 약국의 약사발 표식을 "렉솔"의 약어로 오해하는 사람들이 상당히 많았습니다. 실상은 약학 용어인 RX 표시가 훨씬 더 오래 전부터 사용되어 왔음에도 불구하고 말입니다. 이런 현상은 비단 미국뿐만이 아니라 가깝게는 캐나다 그리고 영국은 물론 한국에 까지 영향을 주었으며 지금까지도 이 표식을 렉솔의 상징이라고 인식하는 사람이 많을 정도로 렉솔약국은 미국인을 포함해 많은 나라 사람들에게 약국의 대명사로 각인되어 있습니다.

저는 너무 방대한 양을 어떻게 글로 담아낼지가 큰 고민이었습니다. 그러나 차근차근 하나씩 짚어나가 보겠습니다. 아마도 여러분은 조금 놀랄 준비를 하셔야 할지도 모릅니다.

본문에 들어가기 전에 집필에 도움을 주신 분들께 먼저 감사의 말씀을 남기고 싶습니다. 책의 분량 안에 다 담지 못할 방대한 자료를 수집하고 번역하고 조사하여 사실관계를 확인한 후, 책에 담기까지 많은 분들의 고된 노동의 손길과 수고와 헌신이 감추어져 있습니다.

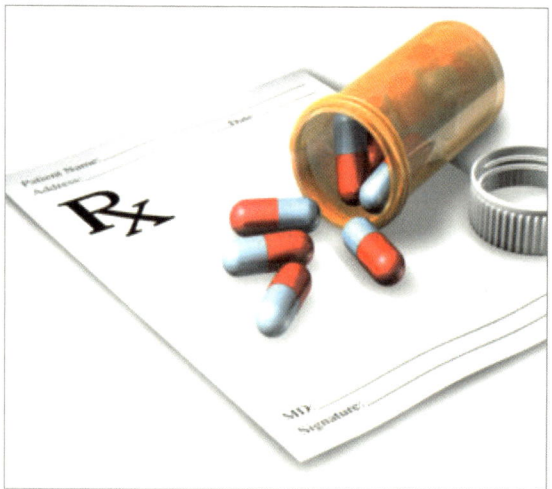

먼저 미국 캘리포니아 산타로사에 거주하고 계시는 프랭크 스터나드Frank Sternad박사님께 깊은 감사를 드립니다. 프랭크 박사님을 만날 수 없었다면 이 책의 완성도는 그지없이 볼품없었을 것입니다. 프랭크 박사님은 캘리포니아 대학에서 교육을 마치고 1965년 약학박사 학위를 수여 받았으며 45년 동안 약제사로 근무하였습니다. 렉솔약국에서 약제사로 은퇴한 후에는 렉솔 역사(Rexall historian)와 약학 관련 역사연구 및 수집가로서 활동하고 계시고 미국의 약제 저널(The American Journal of the History of Pharmacy)의 저널리스트로서 수많은 자료를 수집하고 소유하고 연구하고 계시며 관련학계 종사자와 교류하고 계십니다.

한권의 책을 편집할 정도로 많은 이메일을 서로 주고받았고 직접 만남을 통해 그가 가지고 있는 눈에 보이는 진귀한 자료와 눈에 보이지 않는 그의 깊고 광대한 지식과 식견은 가늠할 수 없을 만큼 집필에 큰 도움이 되었습니다. 60시간이 훌쩍 넘었던 여덟 차례의 만남 동안 사설공간을 빌려 보관 중인 엄청난 자료와 갤러리를 방불케 하는 그의 집에서 렉솔의 관한 수많은 자료를 탐닉했고 그의 머리와 가슴속에 감추어진 100년의 렉솔 비밀의 경륜을 소유할 수 있는 행운과 호사를 누렸습니다.

 3번째 만남을 조심스럽게 이메일로 부탁했을 때 "There are more hamburger restaurants we can try"라는 회신을 보내와서 저를 감동시킴으로 집필에 대한 에너지를 부어주었습니다. 생각해 보니 함께한 대부분의 식사가 겨우 햄버거 뿐이었던 것은 그만큼 이야기에 집중했다는 방증이기도 하며 최선을 다해 도움을 주려는 그의 깊은 마음임을 확인할 수 있는 대목이기도 합니다. 그의 따뜻하고 넉넉한 인품 못지않게 그의 부인 Karen 또한 매번 저를 반겨 주었고 그의 손녀 Audrey와 Kathleen에게 저를 Uncle(삼촌)이라 소개해준 깊은 심성은 오랫동안 저의 마음을 따뜻하게 해주었습니다.

Before going into the book, I would like to express my sincere gratitude for the contributions of the people who helped in writing this book.
Hidden underneath the enormous resources and references, too vast to bear within these pages, is the arduous labor, effort, and dedication of the ones who helped to collect, translate, and verify them.
First of all, my most profound gratitude is to Dr. Frank Sternad living in Santa Rosa California, United States. Without Dr. Sternad, this book could never have been so thorough and accurate. Dr. Sternad graduated from the University of Southern California in 1965 with a Doctor of Pharmacy degree, and has worked as a pharmacist for 45 years. Today, he is taking an active part as a Rexall historian, and as a researcher and collector of pharmacy related history. Dr. Sternad collects, owns, and researches and has many associates in related fields of study. Exchanging numerous e-mails and meeting personally, the resulting data from which was more than enough to write and edit a book, his rare and precious materials, and his deep and vast knowledge and insight have lent incredible support to the publication of this book.

Through well over 60 hours of meeting over the course of eight different sessions, I was able to indulge myself in numerous materials at Dr. Sternad's home where he kept a tremendous amount of resources that resembled a gallery. I was fortunate to receive access to his incredible collection of historical items, and insight into his own personal experiences as a Rexall pharmacist and historian. When I guardedly requested a third meeting via e-mail, I was genuinely moved and encouraged to go on writing when I received his reply welcoming me back to California, in which he said "There are more hamburger restaurants we can try." Come to think of it, most of our talks were over hamburgers, which goes to show that we have had great talks, and that he was sincere in his efforts to help make this book as true and accurate as possible.

Dr. Sternad's wife Karen, with her warm and wonderful character, welcomed me with open arms every time, and introduced me as Uncle to her granddaughters Audrey and Katelyn. Her kindhearted nature left me with a long lasting sense of warmth in my heart.

김채연 SP님께 마음을 담아 감사를 드립니다. 어떤 단어와 미사여구를 조합해야 저의 고마운 마음이 표현될 수 있을지 참 많은 시간 고민했습니다. 로마의 황제 마르쿠스 아우렐리우스는 "에메랄드는 사람의 칭송을 받지 않아도 그 값어치를 잃지 않는다"고 했습니다. 그리고 빅토르 위고는 "진주는 진흙 속에 있어도 녹아 없어지지 않는다"고 했습니다. "아름다운 꽃이 피어 있거나 탐스러운 과일이 달린 나무 밑에는 어김없이 길이 나 있습니다. 사람들이 저절로 모여들기 때문"이라는 글귀가 생각납니다. 그 길을 만든 사람 중에 한 사람이 저였고 그 길은 스타인벡(John Ernst Steinbeck)의 발자취를 찾아 태평양 서쪽 끝 해안선에 살짝 잠긴 석양의 노을빛을 동여잡고 카브릴로(Cabilo HW)의 아름다운 해암(海巖)길을 천천히 걷는 것처럼 가슴 벅찬 일이었습니다. 더 나눠주지 못해 항상 마음 아파하는 지고지순(至高至純)의 깊고 따뜻한 마음은 저의 발 앞에 등

불이 되어 렉솔의 100년 이야기를 조각하고 조명하고 탐구할 수 있도록 꺼지지 않게 환히 비추어 주었습니다.

세 번째 감사는 뉴욕대학교에서 은퇴 후 현재 미국 플로리다 주 디어필드 비치(Deerfield Beach)에 살고 있는 사랑하고 존경하는 20년 지기 친구 로버트 스타인만(Robert Steinmann)에게 하고 싶습니다. 400가지가 넘는 자료의 목록을 만들고 분류하고 정성스럽게 재포장을 해서 한국으로 보내주는 메신저 역할을 하였습니다.
한동안 그의 대문 앞에는 택배 박스가 넘쳤고 거실은 렉솔의 오래된 자료들로 가득 찼지만 그는 저의 집필을 위해 수고를 아끼지 않았습니다. 자료가 섞이지 않게 태깅을 하는 일은 많은 시간을 필요로 하는 녹녹치 않는 작업이었습니다. 단 하나도 유실되거나 파손되지 않은 채 한국에 잘 도착하여 고스란히 책 속에 담길 수 있었던 것은 오롯이 친구의 도움 덕분이었습니다.

Third, I would express my gratitude to my beloved and respected friend Robert Steinmann, who has been my friend for twenty years, now retired from the University of New York and living in Deerfield Beach, FL. United States.
Robert was the organizer of my items in the United States, making inventory for over 300 different resources and re-packaging them carefully for international delivery to South Korea. For a while, his front doors overflowed with parcels and his living room was packed with old Rexall materials. Regardless, he didn't spare any effort in helping me with my writing. Tagging materials to prevent mix-ups was a time consuming and challenging task. Thanks to my friend Robert, I was able to put all the materials into this book on time because not a single item was lost or damaged during the delivery.

큰일을 끝내고 나니 감사할 분들이 참 많습니다.

미국 캘리포니아 샌디아고에서 10년 전 한국에 들어와 초등학교 영어교사와 영어강사로 일하고 계시는 Cody Schuman에게도 감사를 드립니다. 웹서치를 통해 렉솔의 100년 역사를 더듬고 조사하고 분석하는데 많은 도움을 주었으며 렉솔의 미디어 자료 영문녹취와 제가 꼭 참고해야 할 영문 자료를 찾아 축약해 줌으로 많은 시간을 아낄 수 있었습니다.

After such a great undertaking, there are so many people that I must thank.
I would like to thank Cody Schuman who came to work in Korea 10 years ago from San Diego California, United States. His aid in researching and analyzing 100 years of Rexall from the Internet was invaluable, and he helped to save me an incredible amount of time by summarizing Rexall's media sources and English transcripts for reference.

이 책의 집필을 권유하며 결심할 수 있도록 끊임없는 용기와 격려를 주신 박범규 교수님께 각별한 감사를 드립니다. 박 교수님의 권면이 없었다면 오늘 이 책은 세상밖에 나오지 못했을 것입니다.

늦은 시간까지 자지 않고 옆에 꼭 붙어서 집필을 끊임없이 방해했던 여덟 살 짜리 사랑하는 딸 Hannah가 없었다면 여기까지 오는데 정말 끔찍했을 것입니다.

2017년 3월
송준태

왜 렉솔 스토리가 특별한가? What makes Rexall special?

인류의 역사는 다양한 주체들이 독특한 방식으로 관계를 맺으며 발전해 왔다. 그 중에서도 특히 경제 분야는 공간적으로, 시간적으로 더 다양한 기업 집단들이 등장해서 전성기를 맞았다가 소멸해 갔다. 우리에게 익숙한 현대의 스타기업들을 보아도 몇십 년 전에는 아주 작은 회사이거나 아예 존재하지 않았던 회사들이 많다. 앞으로도 그럴 것이다. 수십 년이 지난 후 오늘을 돌아본다면 현재 존재하는 회사들 중 상당수는 아예 존재하지 않을 수도 있고, 일부는 현재의 규모와는 비교할 수 없을 정도로 전 세계를 주름잡는 회사로 성장해 있을 수도 있다.

이렇게 부침이 심한 비즈니스 환경에서 한 기업이 성장하고 성공하는 요인은 무엇일까? 모든 기업인들이 궁금해 하고 또 알고 싶어 하는 내용일 것이다. 이런 의문에 답하기 위해 많은 학자들이 연구를 거듭해 왔으며 서점에 가보면 다양한 연구자들이 다양한 방식으로 그 이유를 제시하고 있다. 여러 뛰어난 학자들과 그들이 쓴 책들이 많지만, 그중에서도 기업 경영전략의 대가 중 한 사람인 짐 콜린스Jim Collins 의 저서들을 예를 들 수 있다. 그의 책 제목들을 한 번 보자.

『성공하는 기업들의 8가지 습관』
Built to last: Successful habits of visionary companies (1994)

『좋은 기업을 넘어 위대한 기업으로』
Good to Great: Why some companies make the leap and others don't (2001)

『위대한 기업은 다 어디로 갔을까』
How the mighty fall: and why some companies never give in (2009)

『위대한 기업의 선택』
Great by choice: uncertainty, chaos, and Luck-why some thrive despite them all (2011)

위의 책들은 전 세계적으로 수백만 권씩 팔려 경영학에 조금만 관심이 있는 사람이라면 한두 권은 읽었을 것이다. 그의 책 제목들에서도 기업의 성공요인에 대한 사람들의 관심도를 짐작하게 된다. 그는 "왜 어느 회사는 지속되고 어느 회사는 중도에 탈락하는가?" "왜 좋은 회사들 중 어느 회사는 위대한 기업이 되고, 어느 회사는 그저 그런 회사로 남아 있는가?" "왜 위대한 기업들 중 어떤 기업은 몰락하는가?" "왜 어떤 기업들은 온갖 어려움에도 불구하고 성장하는가?"라는 질문들을 던진다.

오늘날 숨 막히는 마케팅 현장에서 비즈니스를 하는 우리가 궁금한 것도 이것이다. 현재 성공하는 회사들, 페이스북, 애플, 아마존, 삼성, 구글, 네이버 등 테크 기업들과 월마트, IBM, 존슨앤존슨, P&G, AT&T, 엑손모빌 등 성공한 회사들은 어떤 성공 비즈니스 철학을 가지고 있을까?

특히 그들 기업의 놀라운 마케팅과 비즈니스 모델은 독창적인 것이었을까? 어쩌면 누군가로부터 배워서 확장시킨 것은 아닐까? 하는 궁금증을 가지게 된다. 우주가 하나의 점에서 빅뱅이라는 과정을 거쳐 무한히 확장되어온 것처럼, 현대의 기업 마케팅이란 통찰력이 뛰어난 과거의 몇몇 기업에서 출발해서 확대된 것은 아닐까? 최근의 모바일 혁명이 스티브 잡스와 애플이라는 걸출한 존재에서 출발하듯이 현대 마케팅도 시대를 뛰어넘는 화두를 던진 어떤 사람이 있고 지금 우리가 보는 것들은 거기에서부터 진화한 것은 아닐까?

이런 의문 속에서 세상 모든 존재에는 기원이 있다는 가설을 증명이라도 하듯 비즈니스의 깊은 바다에서 떠오른 기업이 바로 이 책에서 이야기할 렉솔이라는 기업이다. 렉솔은 깊은 바다 속에 잠겨 있다가 서서히 모습을 드러내는 아틀란티스 대륙과도 같이 100년이라는 긴 시간이 무색할 정도로 현대적이며 보면 볼수록 현대 기업과 마케팅에 미친 영향이 큰 기업이다.

얼마 전 아틀란티스로 추정되는 곳에서 발견된 유물 중 현대 과학으로도 용도를 파악하기 어렵고, 오히려 미래에서 온 물건처럼 생각되는 물건들이 있다는 기사를 본 적이 있다. '과거에서 온 미래의 물건'이라고 해야 할까? 렉솔에서 발견한 것들이 그런 것들이었다. 과거의 것들이지만 전혀 구태의연하지 않은 것들, 100년도 더 지난 이야기지만 요즘 들은 것 같은 이야기, 현대 비즈니스 현장에 있는 우리에게 인사이트를 주는 이야기, 이것이 렉솔을 조사하면서 내가 받은 느낌이었다. 이 책을 읽게 되는 여러분도 틀림없이 공감하게 될 것이라고 확신한다.

우리가 몰랐던 위대한 기업, 렉솔

한국에 사는 우리에게는 잘 알려져 있지 않은 기업인 렉솔은 미국인들에게는 특별한 느낌을 주는 기업이다. 일부 한국인 중에서 렉솔을 기억할 분도 있겠지만 미국인들에게 렉솔은 그런 정도를 훨씬 뛰어 넘는다. 나이든 대부분의 미국인들에게 이 렉솔이라는 회사는 자신이 살던 고향 기억의 한 모퉁이에 빛바랜 사진 속 추억의 얼굴처럼 남아 있는 이름이다. 부모님이 있고, 어린 시절의 친구가 있고, 같이 살던 형과 누나가 있는 그 옆에 떨어지려야 떨어질 수 없는 존재가 렉솔이다.

렉솔은 위대한 한 리더의 꿈과 비전에 의해서 설립되었다. 개인의 이익과 성공을 목표로 삼는 일반적인 기업인들과는 달리 공동체의 가치를 귀하게 알고 기업에 대한 로얄티의 의미를 진정으로 이해하는 사람들이 만들었던 기업이었다. 여기에 우리가 렉솔을 주목해야 할 이유가 있다. 기업을 시작하는 사람들이 꿈을 가지고 있는 것은 당연하지만 그 꿈의 실현은 대부분 쉽지 않다. 이유는 많다. 환경적인 제약 때문이거나 시작할 당시의 열정이 사라졌기 때문일 수도 있다. 그런데 렉솔이란 기업은 달랐다. 꿈을 쫓다가 답답해지고 희망이 사라지는 느낌이 날 때 돌아 볼 가치가 있는 기업이다. 높은 꿈을 꾸고 그 꿈을 실현한 리더와 그 리더의 꿈의 결과물이 렉솔이라는 기업을 볼 수 있기 때문이다. 렉솔의 출발과 성공을 살펴봄으로써 우리는 새로운 꿈을 꿀 용기를 얻고 다시 한 번 목표 지점을 바라볼 힘을 얻을 것이다. 특히나 성공한 기업으로부터 배우고 싶어 하는 이들에게는 새로운 인사이트를 얻는 좋은 계기가 될 것이다.

렉솔이 완벽한 기업인가? 그럴 수는 없다. 해 아래 존재하는 무엇도 완전할 수는 없기 때문이다. 그러면, 왜 다른 기업들이나 마찬가지로 완벽하지 못한 렉솔이란 기업에 대한 이야기를 해야 하는가? 배울 것이 있기 때문이다. 얻을 것이 있기 때문이다. 한계에도 불구하고 그들은 다른 기업들이 생각하지 못한 생각을 했고, 생각하지 못한 실행력을 보여 주었다. 남들이 가는 길을 가지 않고 자신들이 옳다고 생각한 길을 갔다.

이 책에서 우리는 렉솔이 잘한 것 중심으로 이야기를 해나갈 것이다. 한계가 없어서가 아니라, 장점만 이야기해도 할 이야기가 차고 넘친다. 렉솔의 실패와 한계에 대한 이야기는 다음에 이야기할 기회가 있으리라 생각한다.

Source : From Frank Sternad's private collection

렉솔은 전략 중심의 기업이었다. 창업자 리겟은 시대의 흐름을 미리 읽어내는 능력이 매우 뛰어난 리더였다. 시대적 이슈를 감지하고, 이에 대한 비즈니스적 해답을 제시하고, 이를 사업모델화하는 방법을 아는 리더였다. 리겟이 시작한 렉솔은 명확한 방향성과 전략이 있었으며 그 전략에 따라 제품을 만들어내고 이를 시장과 커뮤니케이션을 하는 능력을 가지고 있었던 기업이었다.

렉솔은 인간 사회, 특히 미국 사회가 어느 방향으로 가는지에 대한 통찰을 가진 기업이었다. 100년 전 전근대적인 약국 수준에 머물러 있던 제약사업의 한계를 파악하고 혁명적인 방향을 제시했던 렉솔은 현대에 와서 인간의 평균 수명이 늘어나는 환경에서 제약업의 미래는 예방의학이라는 것을 명확히 파악하고 해결책을 내놓으려고 한 기업이었다. 다른 기업들이 생각지도 못했을 때, 그들은 연구소를 만들었고 독자적인 의약품 제조 기준을 만들었다. 그들은 산업을 뒤흔든 새로운 모델을 제시하고 새로운 시대를 열었다. 현대 경영학적 용어로 표현하면 그들은 시장파괴적 기업 disruptive company 이었다. 그리고 그들의 예측은 맞아떨어졌고 그들이 제시한 기준은 곧 업계 표준이 되었다.

렉솔은 마케팅 컴퍼니였다. 우리가 아는 마케팅의 거의 모든 것이 렉솔 이야기 안에 있다. 렉솔의 마케팅을 보면 굉장히 익숙한 느낌을 받게 된다. 렉솔은 마치 우리가 마케팅 이론서에서 보았던 내용대로 실행한 것 같은 느낌이 든다. 그런데 엄밀하게 말하자면 렉솔이 현대의 마케팅 이론을 따라서 한 것이 아니고, 렉솔의 잘한 마케팅을 정리한 것이 현대의 마케팅 교과서라고 표현하는 것이 적절하다.

렉솔의 마케팅을 통해 우리는 현대 마케팅의 초기, 원시적 모습을 볼 수 있다. 특정 마케팅이 어떻게 시작되었는지를 어렴풋이 짐작하게 만드는 부분이 많다. 렉솔을 연구하다 보면 현대 마케팅에 대한 이해가 깊어지고 넓어지는 이유가 바로 이것 때문이다. 렉솔에는 현대 기업들이 심혈을 기울이는 브랜드 마케팅, 플레이스 마케팅, ATL/BTL 마케팅이 모두 존재한다. 현대 프랜차이즈 사업의 원형이 렉솔에 있으며, 심지어 현대기업들이 드라마, 영화 등에서 많이 활용하는 판촉기법인 PPL까지도 있다. 렉솔의 마케팅을 알면 알수록 우리가 얼마나 우물 안 개구리였는지 깨닫게 된다.

렉솔은 공동체 중심의 기업이었다. 렉솔은 경영자부터 시작해서 사람의 신뢰를 중시하는 문화를 가진 기업이었다. 렉솔은 구성원들의 '충성'으로 맺어진 기업이었다. 현대 기업들이 로얄티라는 단어로 회사내부의 경영자와 종업원, 기업과 소비자의 관계를 묶어내려고 하지만 쉽지 않다. 그런데 100년 전에 렉솔은 이런 로얄티를 만들어 냈다. 이들은 어떻게 그런 관계가 가능했을까?

렉솔에서 'Pardners(파트너를 미국식으로 굴린 발음을 그대로 표기한 것)'라고 불린 25,000개 이상의 독립약국들과 렉솔의 관계는 운명 공동체였다고 할 수 있을 정도로 끈끈했다. 렉솔 본사는 독립약국들이 수익을 올릴 수 있도록 낮은 가격에 제품을 공급하고 다양한 판촉 아이디어들을 제공한 반면, 독립약국들은 렉솔 상품을 독점적으로 판매하면서 렉솔이 재정적 어려움이 있을 때는 구원군으로 도움을 주기까지 했다. 프랜차이즈 업계에서 일어나는 다양한 불협화음에 익숙한 우리가 흔히 볼 수 없는 무척이나 신선한 장면들이다.

렉솔에는 이렇게 현대에 기업의 성공요인으로 언급되는 거의 모든 것들이 숨어 있다. 우리는 이 책을 통해 렉솔이 가진 것들을 살펴볼 것이다. 렉솔이라는 기업이 바라본 세상은 어떤 것이었는지, 그들은 더 좋은 세상을 만들기 위해 어떤 꿈을 꾸었는지, 그리고 어떻게 그 꿈을 실현시켰는지를 4개의 챕터로 나눠서 살펴보게 될 것이다.

첫 장에서 우리는 렉솔의 리더들에 대해서 살펴볼 것이다. 100년이 넘은 기업 렉솔에 많은 리더들이 있었지만, 여기서는 렉솔 역사에 중요한 영향을 끼친 3명의 리더들을 중심으로 그들의 삶과 꿈, 렉솔에 미친 영향을 살펴볼 것이다. 그들을 통해 한 기업이 세상에서 의미 있는 기여를 하는데 리더가 왜 중요하고, 리더의 비전이 얼마나 필수적인지를 살펴볼 것이다.

두 번째 장에서는 렉솔의 전략과 이 전략에 따른 혁신에 대해 살펴볼 것이다. 성공에서 가장 중요한 것 중 하나가 문제를 정확히 아는 것이라고 한다. 문제를 제대로 알아야 답을 찾을 수 있다. 기업의 전략적 관점에서 이야기하자면 '이슈 발굴 능력'이다. 기업이 몸담고 있는 비즈니스 환경을 어떻게 바라볼 것인지, 모두가 답답해하고 있는 현재 해결해야 하는 이슈가 무엇인지를 찾아내는 능력이다.

이슈를 찾아내고 나면 문제에 대한 대안을 찾는 것이 중요해진다. 문제 파악능력도 중요하지만, 대안을 찾아내는 능력도 그 이상으로 중요하다. 렉솔은 100년 역사 내내 문제를 찾아내고 이를 풀어내는 데 탁월한 모습을 보여 주었다. 우리는 그들이 문제를 바라보고 해결하는 과정을 살펴보게 될 것이다. 그들의 답인 혁신을 사업모델 측면, 제품 측면, 유통 프로세스 측면에서 이야기하게 될 것이다.

세 번째 장에서 우리는 렉솔을 아는 모든 사람이 가장 알고 싶어 하는 렉솔의 마케팅에 대한 이야기를 하게 될 것이다. 왜 현대의 마케터들이 렉솔의 마케팅을 공부하는지, 왜 100년 가까이 된 렉솔의 광고들이 인터넷이나 유튜브 등에서 아직도 인기 있는 콘텐츠가 되고 있는지 그 이유를 찾아볼 것이다. 렉솔의 마케팅을 브랜드 마케팅, 광고/홍보, 판촉마케팅으로 나누어 실제로 렉솔이 진행했던 마케팅 사례 위주로 살펴보게 될 것이다.

네 번째 장에서 우리는 렉솔을 렉솔답게 만든 중요한 요인인 구성원들간의 끈끈한 로얄티, 충성에 대한 이슈를 다룰 것이다. 왜 렉솔에서 가족 같은 연대가 중요했는지, 이런 생각은 어디서 출발한 것인지, 그리고 어떤 방법으로 이런 공동체적 기업을 만들어냈는지에 대해 생각해 볼 것이다. 구성원들의 로얄티를 렉솔과 렉솔 약사들, 렉솔 약사들과 소비자들, 렉솔기업 내 경영자와 종업원간으로 나누어 살펴보고, 마지막으로 렉솔 공동체를 묶어주는 특징 중 하나인 리겟이 렉솔 약사들에게 보낸 편지 문화를 살펴보게 될 것이다.

이야기의 마지막에 우리는 렉솔의 비전과 꿈을 다시 한 번 돌아보고, 현대에 렉솔은 어떤 모습으로 이어지고 있는지를 보게 될 것이다. 리겟이 1902년 기차 안에서 꾸었던 꿈이 21세기에 어떻게 발전적 계승이 일어나고 있는지, 현대를 사는 우리가 렉솔 스토리를 통해 무엇을 얻을 수 있는지를 생각해 볼 수 있을 것이다.

기업 비즈니스 전략과 마케팅에 대해 관심 있는 사람들이라면, 또한 세상을 바꾼 리더와 기업에 대한 이야기에 목말라 있는 사람들이라면, 이 렉솔 스토리가 그 목마름의 일부를 충족시켜 줄 수 있을 것이라고 확신한다.

본 이야기에 들어가기에 앞서, 미국인들이 렉솔에 대해 어떤 기억을 가지고 있는지에 대해 이야기하는 것으로 렉솔과 그들의 꿈에 대한 이야기를 시작해 보자.

누구나 어렸을 때 뛰어 놀던 동네의 기억은 한 편의 영화처럼 머릿속에 오롯이 남아 있을 것이다. 30대 이상의 미국인이라면 그의 기억과 풍경 속에 어김없이 등장하는 것이 바로 <렉솔약국>이다. 파란색과 오렌지색 바탕에 렉솔 로고가 선명하게 찍힌 약국 간판은 모두에게 아주 익숙하고 친근한 것이었다. 대도시뿐 아니라 웬만한 소도시의 중심가에는 렉솔약국이 상징처럼 자리하여 랜드마크의 역할을 하고 있었기 때문이다.

[Rexall Drug Stores]　*Source : From the author's private collection*

"렉솔의 전성기에는 사람들이 있는 곳에는 항상 렉솔약국이 있었다."
(In the days of Rexall, there was a Rexall drugstore where there were people.)

렉솔약국이 장년층 이상에게 어린 시절의 특별한 기억으로 자리 잡을 수 있었던 것은 이곳이 약만 파는 곳이 아니었기 때문이다. 렉솔약국에는 남녀노소 누구라도 원하는 것을 얻을 수 있도록 모든 것이 구비되어 있었기 때문에 렉솔은 그 시절의 만물상 같은 의미로 통했다. 렉솔의 이름을 단 5,000가지 이상의 제품들이 각 지역의 렉솔약국에서 태어난 순간부터 필요한 모든 것이 렉솔약국에 있다는 말이 있을 정도였다. 다양한 약품을 비롯하여 영양 보충제, 화장품, 면용품, 초콜릿, 사탕, 소다수, 향수, 문구, 고무제품, 유리제품 등 손가락으로 꼽기도 힘들 정도로 많은 제품들이 렉솔에 있었고, 사람들은 수시로 드나들곤 했다.

1916년 미국 플로리다 주에서 태어나 올해로 100세가 된 세라핀(Serafin)은 렉솔에 관련된 흥미로운 일화를 소개한다.

저는 태어나면서부터 자연스럽게 '렉솔'을 접하게 되었어요. 아마 그 시절의 미국인이라면 누구나 그랬을 거라 생각됩니다. 렉솔에 대한 저의 첫 기억은 아마 네다섯 살쯤이었을 거예요. 그날 제가 마당에 만들어진 튜브 풀장에서 너무 오래 물놀이를 했던가 봅니다. 저녁 일찍 잠자리에 들었는데 부모님의 소리에 잠이 깼어요. 고열 때문에 저도 모르게 끙끙 신음소리를 내는 저를 보고 부모님이 놀라셨던 거죠. 어머니가 저를 안고 안절부절 못하시는 동안 아버지는 어딘가로 전화를 하셨어요. 렉솔 약사에게 건 것이죠. 약사에게 상황을 이야기하고 응급처치 방법을 들은 아버지는 그가 일러준 대로 대처하셨어요. 알코올로 제 몸을 닦고 렉솔의 구급키트에 있던 해열제를 먹이자 새벽쯤 열이 내렸던 것 같아요.

[렉솔약국 내부] Source : From Frank Sternad's private collection

당시 대부분의 가정에는 렉솔에서 판매하는 가정용 구급키트가 구비되어 있어서 응급 사항에 요긴하게 사용되곤 했었죠. 그랬어요. 예상하지 못하는 시간에 전화벨이 울려서 놀라기도 했겠지만, 우리에게 렉솔의 약사는 좋은 이웃이자 친절한 상담사로 인식되어 있었기 때문에 그런 시간에 전화로 상담하는 일이 가능했던 것이죠. 많은 이들에게 신뢰를 받는 존재였던 거죠. 렉솔은 우리에게 그런 의미였어요.

그 당시 우리 마을에서 일어나는 일은 렉솔약국을 중심으로 모이거나 퍼져나가기도 하고, 또 마을의 문제들이 여기서 해결되기도 했어요. 마을 사람들의 아지트로 이용됐어요. 저도 자라면서 당연히 부모님 못지않은 단골 고객이 되었는데 렉솔의 약사를 보면서 저도 약사가 되기를 꿈꾸기도 했어요. 그래서 저는 제 장난감 웨건에 병과 용기를 가득 채우고선 고양이와 강아지들에게 약을 나누어 주는 흉내를 낸 기억도 있어요.

좀 더 성장한 후, 친구들과 이야기하다가 저와 같은 꿈을 꾼 친구들이 꽤 많았다는 것을 알고 재미있어 했던 기억도 나요. 그도 그럴 것이 렉솔은 우리에게 상상할 수 있는 모든 것이 있는 황홀한 꿈의 가게였죠. 기념일이면 우리는 언제나 렉솔약국으로 달려갔어요. 선물이 필요할 때마다 렉솔약국에 가면 준비할 수 있었거든요. 매주 일요일 교회에 다녀오는 길에 아버지를 졸라 소다수를 사먹는 재미를 준 곳도, 용돈을 모아 매주 발행되는 만화책을 사봤던 곳도, 5센트짜리 아이스크림을 먹으며 친구들과 수다를 떨었던 곳도 렉솔약국이었어요. 아, 렉솔에 대한 추억이라면 정말 무궁무진하게 많아요.

그리고 십대 소녀였던 제가 처음 화장을 배웠던 곳도 바로 렉솔의 카라놈 코너였어요. 렉솔의 종업원이 친절하게 가르쳐 주었죠. 대학에 가기 위해 고향을 떠나기 전 일 년 넘게 렉솔에서 파트타임으로 아르바이트를 하기도 했고요. 이야기를 하다 보니 정말 렉솔에 관한 추억이 끝도 없이 나오네요. 저뿐 아니에요. 많은 이들의 어린 시절과 십대 시절에 렉솔은 일상이자 선물 같은 곳이었으니까요. 정말 특별하고 따뜻한 기억이에요. 물론 대학에 가서도 가까운 렉솔을 주로 이용하곤 했어요. 하지만 같은 렉솔이라도 고향 마을의 렉솔약국과는 의미가 전혀 다르게 느껴졌던 것이 사실이에요.

[렉솔의 기업 이미지 광고] *Source : From the author's private collection*

세라핀의 경험과 기억은 렉솔이 미국인들에게 어떤 역할을 했으며, 현재 어떤 기억으로 자리 잡고 있었는지를 잘 알려준다.

미국인들 대부분이 따뜻하고 가족 같은 곳으로 기억하는 렉솔 신화. 그런데 그 신화가 단지 각 도시에 렉솔약국이 존재했다는 이유 하나 만으로 만들어진 것이었을까? 그렇지는 않을 것이다. 그렇다면, 누가 왜 이런 렉솔약국이란 개념을 생각해냈을까? 그리고 그들은 어떻게 그 꿈과 비전을 실현해나갔을까?

이제 위대한 기업 렉솔의 이야기 속으로 들어가 보자.

[렉솔의 제품들]

   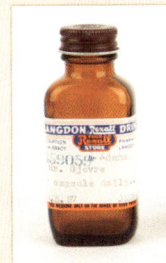 

  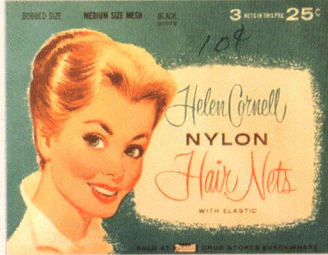  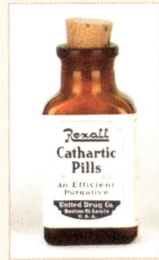

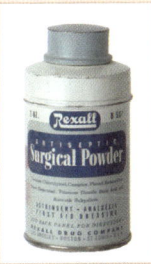  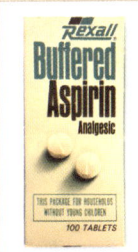  

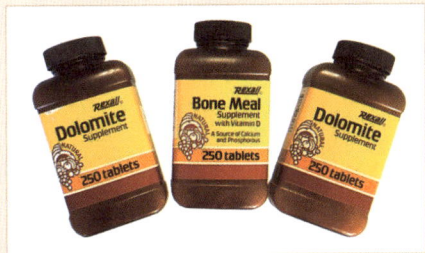   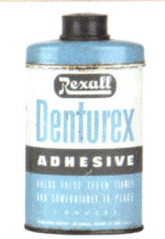

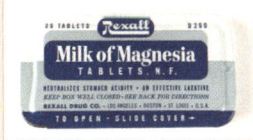  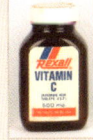  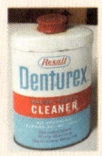

[렉솔의 다양한 아스피린들]

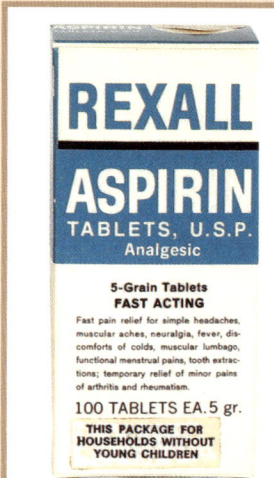
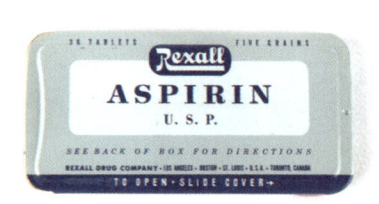
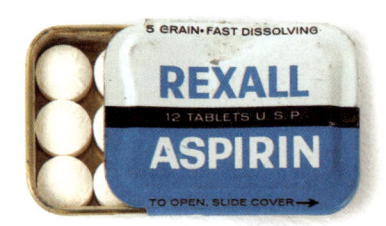
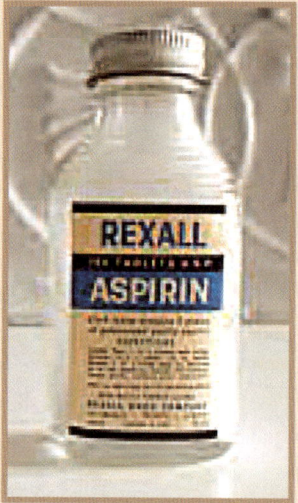
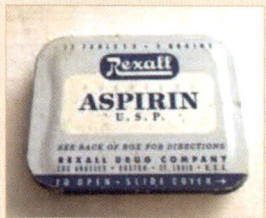
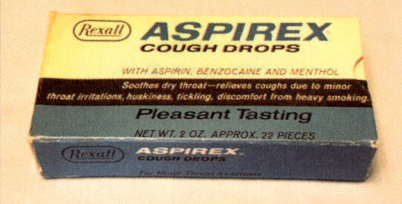
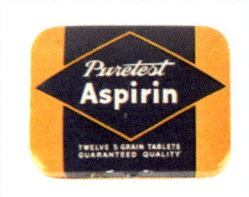
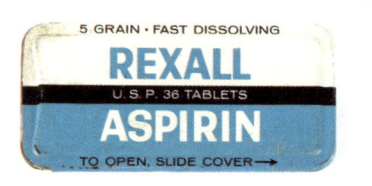
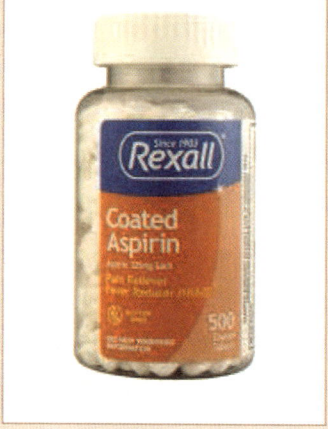

Source : From the author's private collection

[한국전쟁 때 렉솔이 지원한 제품들]

[소독제 파우더와 풋파우더]
Source : From Frank Sternad's private collection

Table of Contents

개정판을 펴내면서… • 04p

Foreword • 06p

머리말 • 11p

저자 서문 Author's Preface • 15p

왜 렉솔 스토리가 특별한가? What makes Rexall special? • 24p

PART 1

리더가 다르다 - "위대한 모든 것은 리더로 시작해서 리더로 끝난다" • 46p
Difference in Leadership - Everything great is all about the leader

01 렉솔에 위대함을 심은 사람, 루이스 리겟 • 54p
The man who made Rexall great, Louis Liggett
- 출생과 어린 시절 Origin and childhood of Louis Liggett
- 사업에 대한 재능을 보이다 Discovering an aptitude for business
- 위기와 극복 Overcoming the crisis
- 비놀 시절 Days of Vinol
- 비놀클럽과 비놀의 목소리 Vinol Club and Vinol Voice
- 렉솔 생각과 유나이티드 드러그 컴퍼니 Rexall's idea and United Drug Company

02 승부사 리더십, 저스틴 다트 • 83p
Adventurous Leadership, Justin Dart
- 어린 시절과 성장기 Childhood and growing up
- 유나이티드 드러그 경영과 변화 주도 United Drug management and taking the lead for change
- 위기와 극복 Overcoming the crisis

03 또 하나의 리겟, 칼 드산티스 • 106p
The second Liggett, Carl DeSantis

- 리겟과 드산티스 Liggett and DeSantis
- 어린 시절과 성장기 Childhood and growing up
- 사업 훈련기와 선다운 Business training and Sundown
- 렉솔 인수와 도약 Taking over the Rexall brand and making the leap
- 리겟의 영광 재현 Revival of Liggett's glory

PART 2

전략이 다르다 - 더 나은 세상을 꿈꿔라 • 118p
Difference in Tactics – Dreaming of a better world

04 비즈니스 모델 : 렉솔 생각 • 123p
Business model: Rexall idea

- 렉솔 생각의 출발 배경 Where it all began
  ① 지역 약사들의 외로움 Solitude of local druggists
  ② 신뢰할 수 있는 약품 제조사의 부재 Lack of trustworthy drug manufacturers
  ③ 중간 도매상으로 인한 수익 감소 문제 Dealing with the wholesale dealer and income issues
  ④ 할인경쟁에 따른 긴장과 소득 불안정
     On the edge from discount competitions and instability in profit

- 회사 설립 Establishing the company

- 렉솔의 사업모델 Rexall's business model
  ① 오로지 주주인 에이전트를 위해서 경쟁력있는 브랜드 상품을 제조한다
     The company manufactures carefully managed branded products exclusively for agents who are stockholders
  ② 미국의 한 도시 혹은 마을에는 지역을 관장하는 회원을 하나만 둔다
     Only one member in a city or a town in America can have access.
  ③ 자사브랜드로 직접 제품을 생산한다
     The company manufactures trademarked goods under its name.
  ④ 모든 제품들은 적절한 가격에 에이전트/주주에게 판매한다
     Manufactured goods are sold to agents/stockholders at a fair price to raise profit.
  ⑤ 제품에 대한 관리권은 약사가 보유한다
     Druggists own the right of management for the products.

05 제품의 혁신 · 139p
Innovative Products

- 렉솔의 제품개발 철학 Rexall's philosophy for product development
- 제약시장 규제와 렉솔의 대응 Drug market regulation and Rexall's response
- 렉솔의 연구실 Rexall laboratory
- 동종요법과 천연비타민 Homeopathy and natural vitamins
- 렉솔 비타민 제조 과정 Manufacturing process of Rexall vitamins
- 품질에 대한 자부심 Pride of quality
    ① 환불보장 서비스 Satisfaction or 100% refund policy
    ② 품질 인증제도 Quality guarantee policy

06 유통의 혁신 · 172p
Innovative distribution

- 시대의 변화와 제약 유통 Changing times and pharmaceuticals distribution
- 두 회사의 합병 Merger of the two companies

PART 3

마케팅이 다르다 - 기존의 틀을 깨라 • 196p
Difference in Marketing

07 브랜드 마케팅 • 201p
Brand Marketing

- 방향성1: 개별 상품보다는 브랜드 자체의 노출에 주력
  Direction 1: Focusing on exposing brand itself over individual goods
- 방향성2: 전국적인 지명도를 가진 상대와의 비교
  Direction 2: Comparison with nationwide renowned brands
- 방향성3: 품질 요소 활용
  Direction 3: Putting quality elements to use
- 방향성4: BTL마케팅 활용
  Direction 4: Putting BTL marketing to use
  ① 렉솔 트레인 Rexall Train
  ② 문화 마케팅 Cultural marketing
  ③ 공중 의료지원 Rexall Mercy Ships
  ④ 스페이스 마케팅 Space marketing
  ⑤ 영국왕의 캐나다 방문 기념 주화발행
     Commemorative coins issued on King of England's visit to Canada
  ⑥ 보스톤 기구 마케팅 Hot air balloon marketing in Boston

08 광고 홍보 • 239p
Promotion in Advertisement

- 인쇄 매체 광고 Print media advertisement
  ① 비놀의 목소리 Vinol Voice
  ② 렉솔 애드-밴티지 Rexall Ad-Vantages
  ③ 렉솔뉴스와 렉솔 매거진 Rexall News and Rexall Magazine
- 라디오 광고 Radio commercials
- TV 광고 Television commercials

09 판촉 마케팅 · 283p
Sales Promotion Marketing
- 전국적 판촉 Nationwide sales promotion
  - ① 1센트 세일 One-cent Sale
  - ② 전국적 사은행사 Nationwide customer appreciation event
- 지역별 자체 판촉 Local sales promotion

PART 4

로얄티가 다르다 - 모두는 하나를 위하여, 하나는 모두를 위하여 · 306p
Difference in Loyalty – All for one, one for all

10 렉솔과 약사들 · 311p
Rexall Druggists
- 로얄티의 출발: 진정성과 신뢰 Origin of Loyalty: Sincerity and trust
- 신뢰의 다른 이름: 정보 공유 Another name for trust: Information sharing
- 주주 약사들의 어려움에 렉솔이 지원하다 Rexall supports stock-holder druggists' hardships
- 주주 약사들의 어려움에 동료 약사들이 지원하다 Fellow druggists support stock-holder druggists' hardships
- 경영자 리겟의 어려움에 주주 약사들이 지원하다 Stock-holder druggists support Liggett's hardships
  - ① 리겟의 위기 Liggett's crisis
  - ② 주주 약사들에 대한 편지와 렉솔 충성신탁 Letter for stockholder druggists and Rexall Loyalty Trust
  - ③ 프레드 로져스의 지원 연설 Campaign speech of Fred Rogers
  - ④ 회복 Recovery

11 렉솔약사와 소비자 · 328p
Rexall Druggists and Consumers

12 렉솔과 종업원들 · 339p
Rexall and Employees

13 렉솔의 편지 문화 · 344p
Rexall and its Letters

렉솔의 꿈, 유니시티의 꿈 · 356p
Rexall's dreams become Unicity's dreams

- 유니시티에는 렉솔의 천연 의약품 전통이 살아있다
  Rexall's history of natural medicine lives on in Unicity
- 유니시티에는 렉솔의 유통혁명 정신이 살아있다
  Rexall's spirit of innovative distribution lives on in Unicity

위대한 렉솔 / 렉솔의 제품들 · 382p

맺음말 · 398p
Epilogue

연혁 · 400p
Rexall General Timeline

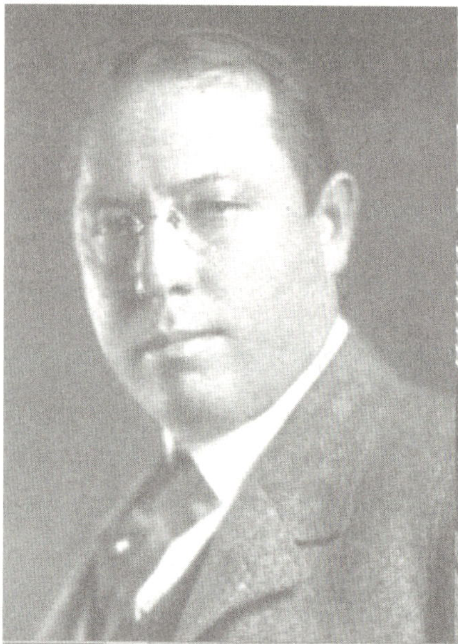

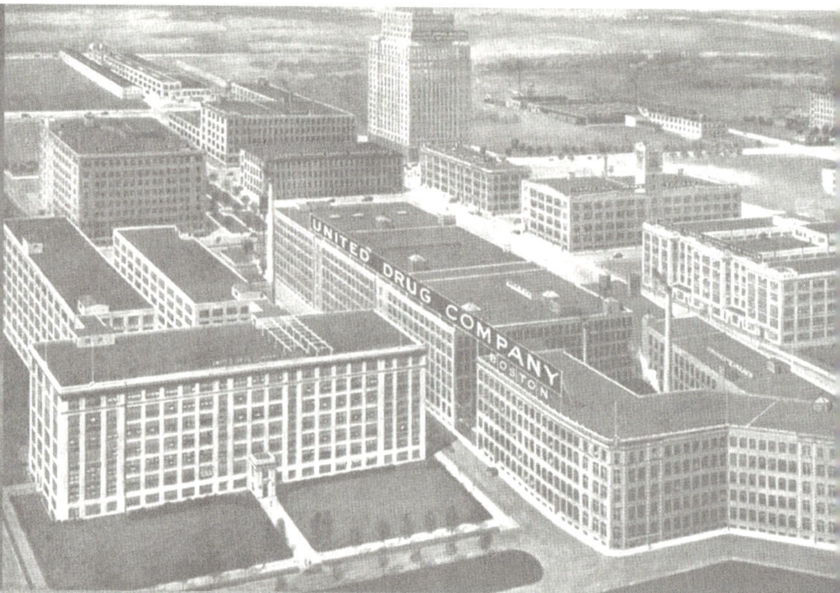

UNITED DRUG COMPANY
BOSTON

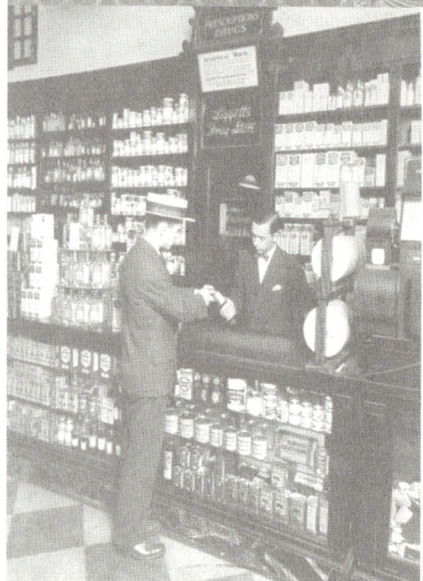

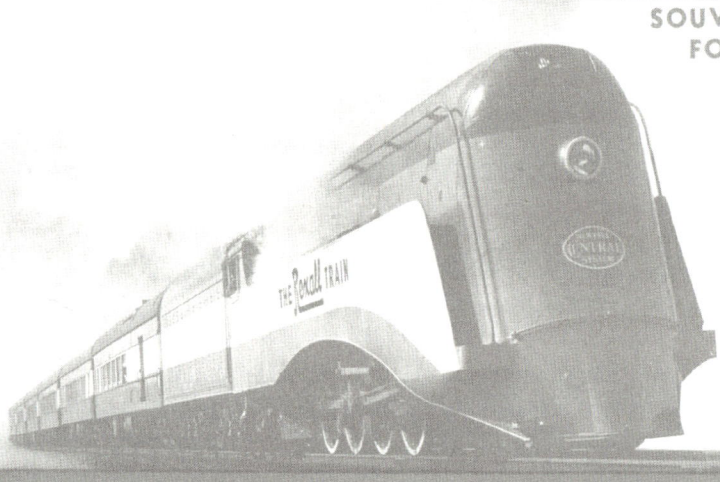

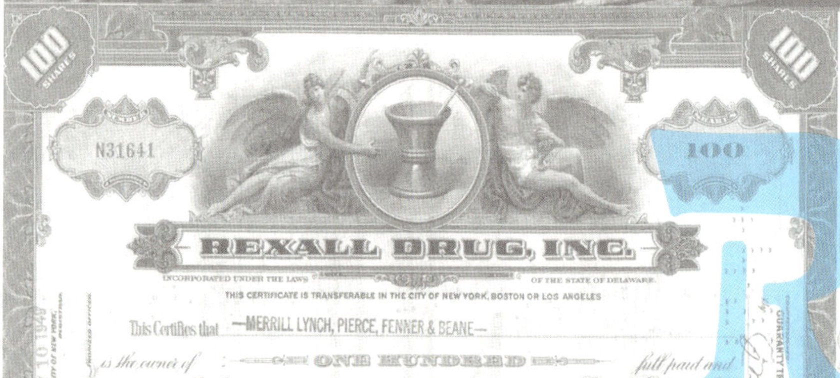

100 SHARES
N31641
100
REXALL DRUG, INC.
INCORPORATED UNDER THE LAWS OF THE STATE OF DELAWARE
THIS CERTIFICATE IS TRANSFERABLE IN THE CITY OF NEW YORK, BOSTON OR LOS ANGELES
This Certifies that —MERRILL LYNCH, PIERCE, FENNER & BEANE—
is the owner of ONE HUNDRED full paid and
non-assessable shares OF THE PAR VALUE OF $2.50 EACH OF THE CAPITAL STOCK of Rexall Drug, Inc.
transferable on the books of said corporation by the holder hereof in person or by duly authorized
attorney upon surrender of this certificate properly endorsed. This certificate is not valid until
countersigned by the Transfer Agent and registered by the Registrar.
Witness the seal of said corporation and the signatures of its
duly authorized officers
Dated MAY 9 1940
GUARANTY TRUST COMPANY OF NEW YORK
TREASURER
PRESIDENT

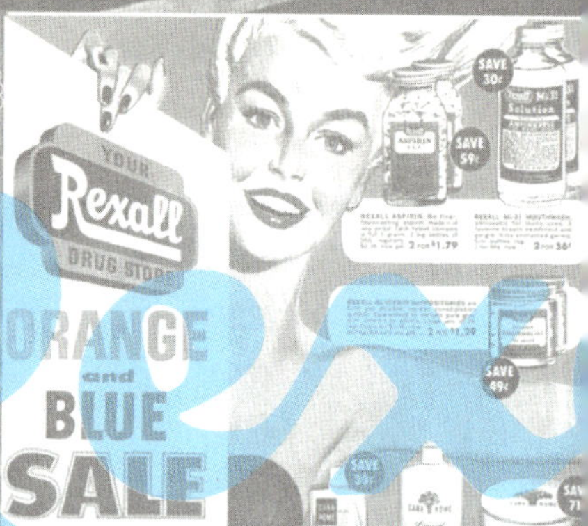

YOUR Rexall DRUG STORE
ORANGE and BLUE SALE
June 24th THROUGH July 6th
REXALL DRUGS
SAVE
VACCINATE!

PRESCRIPTIONS DRUGS

SOUVENIR FOLDER
THE Rexall TRAIN
1936 Streamlined CONVENTION

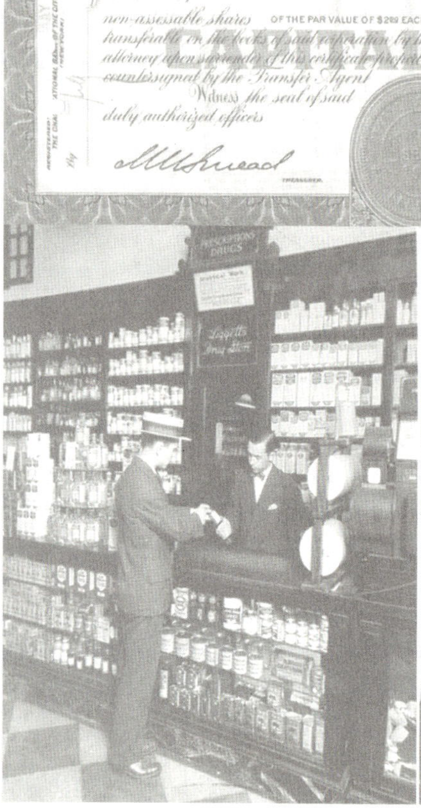

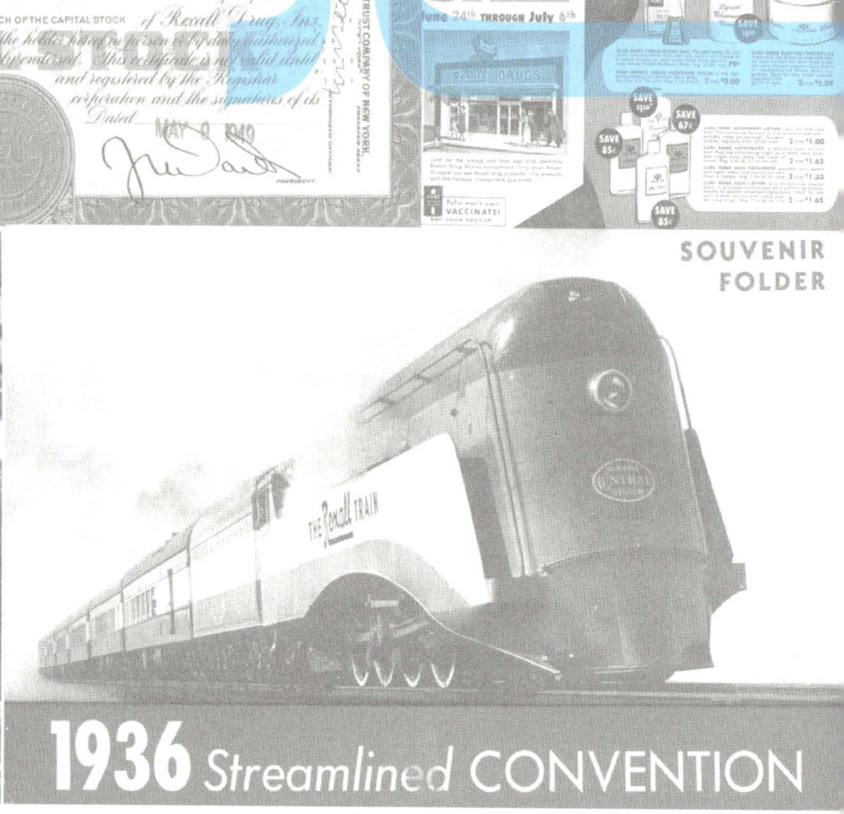

PART 1

리더가 다르다 –
"위대한 모든 것은 리더로 시작해서 리더로 끝난다"

Difference in Leadership -
Everything great is all about the leader

리더라는 말은 원래 '통로' 혹은 '길'이라는 앵글로 색슨어에서 유래 되었다. 원어를 통해서 보면 리더는 '길을 알려주는 사람'의 의미로 해석된다. 뱃사람들 사이에서는 리더라는 말이 원래 배가 가는 길, 경로를 의미했다는 것을 보면 육지에서의 리더는 무리를 앞에서 이끄는 사람이고, 바다에서는 배의 방향을 잡아주는 사람이었다는 것을 알 수 있다.

어떤 기업, 조직, 국가가 '위대하다'라는 말을 듣는다면 그곳에는 반드시 위대한 리더가 존재한다.

위대한 마케도니아에는 위대한 알렉산더가 있었고, 위대한 로마에는 위대한 시저가 있었으며 위대한 몽골제국에는 위대한 칭기즈칸이 있었다. 위대한 리더나 위대한 인간이 반드시 위대한 국가를 만든다고 할 수는 없지만 위대한 국가에는 반드시 위대한 리더가 존재했다.

과거에는 국가의 통치자이기도 한 이 리더들이 일반 사람들과는 다른 자질을 가

알렉산더 　　　　　　　　시저　　　　　　　　칭기즈칸

진 특별한 사람들이라고 여겨졌다. 리더들에게는 그들만의 공통된 특성이 있다고 생각한 것이다. 그래서 소크라테스의 제자이자 페르시아 전쟁에 참가해서 군대를 이끌었던 경험이 있던 크세노폰은 이상적인 통치자의 조건을 절제, 정의감, 총명함, 온후함, 냉철함, 재치, 인간애, 유용성, 용기, 넓은 도량, 관대함, 깊은 사려라고 했고, 아리스토텔레스는 이를 다시 정의, 절제, 신중함, 그리고 용기의 네 가지로 줄여서 이야기했다.

우리도 본능적으로 리더는 비슷한 속성을 타고났을 것이라고 생각하는 경향이 있다. '훌륭한 리더', '위대한 리더'라고 말할 때, 우리의 머릿속에는 어느 정도 고정된 이미지가 있다. 그들은 적극적이고 활발하며 공격적인 성향을 가진 사람들일 것이다, 카리스마가 넘치는 사람들일 것이다, 그들은 좋은 배경을 가진 사람들이거나, 최소한 자신의 노력을 통해 그런 배경을 만들어낸 사람들일 것이다, 그들은 운이 좋은 사람들일 것이다, 등등.

철학자들만 리더들이 동일한 속성을 가졌을 것이라고 주장한 것이 아니었다. 현대 경영학의 구루들도 그런 주장을 했다. 피터 드러커는 뛰어난 비즈니스 리더들은 공통적인 특성을 보인다고 말하면서 자신이 관찰한 뛰어난 리더는 이런 사람이라고 했다.

그들은 '무엇을 해야 하는가'라고 묻는다.
그들은 '무엇이 기업을 위한 것인가'라고 묻는다.
그들은 계획표에 따라 행동한다.
그들은 기꺼이 책임을 떠맡고 결정을 내린다.
그들은 효과적인 커뮤니케이션 구조를 마련한다.
그들은 기회를 놓치지 않는다.
그들은 생산적인 미팅 시스템을 구축한다.

그들은 항상 '우리'라고 말하고 생각한다.

[CEO의 8가지 덕목, 피터 드러커]

드러커는 위대한 기업의 리더들의 공통점을 상세하게 설명하는데 충분히 동의되는 내용이다. 그래서 국가나 기업의 리더십 교육이 이런 공통점에 집중하고 있는 것이다. 어떻게 하면 미래의 리더들이 이런 속성을 갖게 할 것인가를 고민한다.

그런데 다른 주장들이 있다. 리더들의 리더십은 서로 비슷하기보다 다른 점이 더 많고, 또 달라야 한다는 주장이다.

리더십 구루인 르네 카레욜은 "표준화되고 균일화된 위대한 리더 타입 혹은 모델이 있다는 인식이 오랫동안 뿌리를 내려왔다. 이런 생각에서 기업들은 한 가지 훈련 프로그램을 사용하여 사람들을 리더로 복제하려고 한다. 이는 잘못된 방법이다. 시장은 다른 방향을 가리키고 있다. 현재 상태를 뒤흔들고 비슷비슷한 사람들 중에서 새로운 방향을 제시하는 사람이 바로 위대한 리더이다."라고 했다.

전직 미 국무장관 콜린 파월도 비슷한 이야기를 한다.
"경영은 과학일지 몰라도 리더십은 예술이다. 타입A 아니면 타입B를 계속해서 고수할 수 있는 환경을 나는 한 번도 본 적이 없다. 때에 따라 어느 한쪽은 완전히 옳지 않을 수 있다. 다른 상황은 다른 리더십 타입을 요구한다."

[리더십 에센스, 필 도라도]

우리의 생각과는 달리 실제 리더들을 살펴보면 각 리더에는 전혀 다른 속성들이 나타나는 것을 볼 수 있다. 리더들의 속성이 같은 경우가 오히려 희귀하다는 것은 어찌 보면 당연한 말이다. 그들에게 주어진 환경이 다르기 때문이다. 알렉산더와 칭기즈칸과 시저는 결코 같지 않았다. 그들은 독특한 공통의 자질을 가지고 태어난 사람들이 아니라 자신에게 주어진 환경 속에서 그 환경을 잘 이용한 사람들이었다고 이야기하는 것이 훨씬 적절하다.

이런 특성은 비즈니스 세계에서도 마찬가지이다. 현대 비즈니스 세계를 보아도 위대한 기업에는 위대한 리더가 존재한다는 사실은 국가적 지도자의 경우와 다르지 않지만, 리더십의 모양은 전혀 다르다. 흔들리지 않는 기업 GE에는 결단력과 열정의 사람 잭 웰치가 있었고, 새로운 아이디어와 생각이 넘치는 버진 그룹에는 괴짜 경영자 리차드 브랜슨이 있으며, 고객의 관점에 민감한 스타벅스에는 기업이 주려고 하는 가치를 최우선 순위로 생각했던 하워드 슐츠가 있었다. 다른 시기와 다른 조직문화에서 그들은 나름의 독특한 리더십을 발휘했고, 그들의 영향력은 그들이 그 조직 내에 있는 동안과 그들이 떠난 이후에 계속해서 조직의 DNA가 되었다.

리더십에 대해 길게 이야기한 이유가 있다. 렉솔의 위대함을 만든 세 명의 리더들, 루이스 K. 리겟Louis K. Ligget, 저스틴 다트Justin W. Dart, 칼 드산티스Carl DeSantis에게서 같은 면보다 다른 면을 더 많이 발견하기 때문이다. 전혀 다른 리더십 스타일을 가졌음에도 불구하고 그들은 렉솔의 역사에서 위대한 업적을 만들어낸다. 우리가 렉솔의 리더들을 통해 배울 것이 이 부분인 것 같다. 그들은 그런 차이에도 불구하고 어떻게 위대함을 만들어 낼 수 있었을까?

미국의 유명한 개척자 다니엘 분(Daniel Boon. 1734~1820)에게 인적이 드문 숲에서 길을 잃어버린 적이 있는지 물어 보았다고 한다. 이 질문에 대해 분은 "나는 길을 잃어버린 적은 없습니다. 그러나 3일 동안 여기저기 방황한 적은 있습니다."라고 대답했다고 한다. 리더는 때로 방황할 수는 있지만 길을 잃지는 않는 사람들이다.

[리더의 탄생, 존 어데어]

렉솔의 리더들은 그런 특징을 가진 인물들이었다. 그들은 변화하는 비즈니스 환경에서 흔들리기도 하고 어려움을 겪기도 하지만 흔들리는 배가 무게중심을 따라 서서히 안정되어가듯이 방향을 잃지 않고 길을 찾아 간 사람들이었다. 렉솔이 100년 이상 혁신의 대명사로 불릴 수 있었던 가장 큰 원인 중 하나가 바로 방향을 잃지 않는 리더들이 있었기 때문이었다.

루이스 K. 리겟의 시대는 새로운 변화의 기운이 꿈틀대는 시대였다. 동시에 그에게 주어진 상황은 제약업계 내에서 벌어지는 제살 깎아먹기 식의 영업형태와 지역에서 버려진 존재처럼 존재하는 약사들의 외로움이었다. 내 문제가 아니라고 생각하고 원래 자신이 하던 세일즈맨의 역할만 잘 하면 될 수도 있었다. 그는 그렇게 하지 않았다. 그는 그 속에서 기회를 볼 수 있는 리더였다. 양심과 본능사이를 저울질 하지 않았고 좌우로 치우치지 않았고 뒤로 물러나지 않았으며 100년 후의 미래를 미리 바라보았던 선각자였다.

저스틴 다트의 시대는 기존의 약국과 제약 산업 자체의 발전가능성에 대한 회의가 팽배한 시대였다. 다트에게 주어진 숙제는 플레이어가 많아진 시장에서 어떻게 살아남을 수 있는가였다. 기존의 비즈니스 성공 방정식으로 더 이상 문

루이스 K. 리겟

저스틴 다트

칼 드산티스

제를 풀 수 없게 되었을 때 우리는 어떻게 해야 하나? 기존 유산을 모두 버리고 새롭게 시작해야 하는가? 아니면 기존의 유산을 더 강화해야 하는가? 다트는 리겟과는 다른 방식으로 이 문제를 해결하려고 시도한다.

칼 드산티스의 시대는 처방약 중심의 제약사업의 한계가 명확해지면서 큰 조류가 예방의학으로 움직이는 시대였다. 그가 맞닥뜨린 상황은 기대수명이 길어지고 이에 따라 의료비 지출이 대폭 증가되는 환경과 관련이 있다. 질 좋은 약품을 저렴하게 제공한다는 리겟의 꿈은 이런 다른 환경에서 어떻게 적용할 수 있을까? 이것이 드산티스에게 주어진 과제였다.

우리는 이번 장에서 루이스, 다트, 드산티스 세 사람을 차례로 들여다 볼 것이다. 그들의 성장과정과 그들 앞에 놓인 환경은 무엇이었는지, 그들은 그 도전과제들을 어떻게 극복했는지를 살펴볼 것이다. 기업을 만들고 성장시킨 이 리더들을 이해하는 것이 우리가 렉솔의 강점과 약점을 이해하는 지름길이 될 것이기 때문이다.

01

렉솔에 위대함을 심은 사람, **루이스 K. 리겟**

The man who made Rexall great, Louis Liggett

친애하는 루

이 책의 초고를 접한 어떤 사람이 이 책을 평가하기를, 편향된 전기라고 하더군. 나는 그것이 적절한 표현이라고 생각하네. 하지만 그건 자네 탓이지 내 탓은 아닐 걸세. 자네의 인생 이야기는 일단 극적이기 때문에 나는 빨려들 수밖에 없었네. 자네는 모든 사안에 대해 결과에 상관없이 사실만을 기록할 것을 내게 요구했지. 그렇게 해서 나온 결과물은 전기라기보다 글로 풀어놓은 이야기 같아 무척 마음에 들었다네. 특히 자네가 돈만 따지는 '성공한 사람'의 전형이 아니기에 더욱. 무엇보다 자네가 오늘날 이룬 것은 협력하는 기업인의 모습이지. 사람들이 자네의 뛰어난 리더십을 믿고 따르도록 영감을 주기 위해 자네 삶의 많은 부분들을 내려놓았던 것을 내가 잘 알지 않나! 내가 이 책을 쓰게 된 것은 자네가 믿고 있는 것들과 그것을 이루어온 방식이 미국을 더 건전하고 분별력 있는 국가로 만들 수 있다는 것을 믿기 때문일세. 이 지극히 개인적인 감사와 더불어 많은 기업인들에게 이 이야기가 전달되기를 바라는 마음 간절하네.

루이스 리겟의 전기를 쓴 사무엘 머윈이 '일어나 다시 싸우자Rise and Fight Again'에서 이야기를 시작하면서 쓴 말이다. 이런 대단한 찬사를 들은 렉솔의 창업자 루이스 리겟은 누구인가?

[루이스 콜 리겟] *Source : From the author's private collection*

실제로 '렉솔'이라는 회사를 제대로 알기 위해선 이 회사의 창업자인 '루이스 콜 리겟(Louis Kohl Liggett)'이라는 인물에 대해 꼭 알고 넘어갈 필요가 있다. 루이스 리겟이 곧 렉솔이라는 회사이기 때문이다. 높은 히말라야 안에서도 가장 높은 산이 있고 그보다 약간 낮은 산이 있듯이, 렉솔의 역사에서 루이스 리겟은 가장 높은 에베레스트 산이라고 볼 수 있다. 100여 년 전의 회사인데도 불구하고 현대의 시각에서도 믿기지 않을 정도로 기발하고 혁신적인 아이디어가 돋보이는 이 렉솔이란 회사가 바로 그에게서 시작되었다.

루이스 K. 리겟(1875~1946)은 그 시대 제약사업의 거물이자 정치가였으며, 개인적으로는 말 사육사이며 또한 요트인이었다. 비록 16세 이후 정규 교육을 전혀 받지 못했고 사망한 후에는 작은 사유지밖에 남기지 않았지만 이 루이스 리겟은 현재까지도 미국 비즈니스계에서 가장 존경 받는 기업 리더 중 하나로 기억되는 사람이다.

출생과 어린 시절 Origin and childhood of Louis Liggett

루이스 K. 리겟은 1875년 4월 4일 미국 미시간 주의 디트로이트에서 스코틀랜드 계 아버지와 네덜란드 계 어머니 사이에서 태어났다. 그의 도전적이고 모험적인 기질, 강인한 체력과 풍부한 상상력은 이 두 혈통을 이어받은 것이라고 할 수 있을 것이다.

그의 아버지 존 템플턴 리겟은 스코틀랜드인으로서 도전적이고 모험적이며 이를 뒷받침하는 강한 체력과 상상력을 가지고 있는 사람이었다. 일찍 미 대륙에 정착한 그의 스코틀랜드인 조상들은 캐나다의 허드슨 베이 회사를 세운 탐험가들이었다. 리겟의 아버지는 1866년 미시간 신탁 생명 보험 회사의 초기 설립멤버였고 총무역할을 맡고 있었다. 그는 부유했으며 언제나 수익성 좋은 투자 기회를 찾아 재산을 불려가는 사람이었다. 그는 전기 기차에 투자하기도 했고, 모터가 생기기 전 온 나라를 열광시켰던 자전거 붐 시절에는 '안전' 자전거의 성공 가능성을 보고 투자를 하기도 했다.

리겟의 어린 시절, 그의 아버지는 가족을 위해 디트로이트 시내에 집을 짓고 살았는데, 당시는 전기 기차가 막 도입되는 시기였다. 한 발명가가 새로운 전기기차 전원 공급 방식의 아이디어를 가지고 투자를 권유했을 때 루의 아버지인 존 리겟은 그 계획에 완전히 심취되어서 자신의 자본 대부분을 투자하였다. 그러나 아직 시기상조였던 이 투자는 큰 실패로 이어지고 말았다. 이로 인해 루이스 리겟은 그때부터 경제적으로 어려운 어린 시절을 보내야만 했다.

루의 어머니 줄리아 앤 크로는 네덜란드계 후손이었다. 사실인지는 알 수 없지만, 그녀가 1638년도에 스페인 해군을 물리친 크로 제독의 직속 후예라는 이야기가 전설처럼 남아있다. 루이스 리겟의 기발한 상상력과 과감한 용기를 보면서 사람들이 생각해낸 이야기로 생각된다.

루이스 리겟은 어릴 적부터 자기 인생을 스스로 만들어가는 조숙한 소년이었다. 그는 보통 아이들이라면 한 번쯤은 겪게 되는 성장기의 시행착오나 시간 낭비를 거의 하지 않았다.

다시 사무엘 머윈의 이야기이다.

리겟은 매우 진지한 아이였는데, 종종 자기만의 생각에 깊이 잠기곤 했다. 확실한 건 그에게는 어린 소년 같지 않은 성숙함이 있었다는 것이다. 그는 다른 친구들보다 과묵했고 그의 내면에는 어떤 기운과 야망이 쉬지 않고 끓어오르는 것 같았다. 그에게 유머 감각이 없진 않았으나 어려웠던 가정 형편으로 약간 억눌려 있었다. 우리는 그가 집에서 가사를 도와야 함을 알고 있었지만 생각해보면 우리들도 마찬가지이긴 했다. 새로 이사 온 나는 예전의 한때 리겟가가 잘 살았다는 말을 들었다. 하지만 당시의 삶은 리겟에게 절대 호락호락하지 않았다. 우리가 친해질 무렵의 나이는 12살 기껏해야 13살 정도였다. 그는 매일 카스 학교를 터벅터벅 걸어 다녔다.

14살 무렵에는 이런 일도 있었다고 한다.

14살이 되던 때에 루이스 리겟 안에 있던 오묘한 힘이 모습을 드러내기 시작했다. 리겟

자기 집 뒷마당에 있는 헛간을 운동시설로 개조할 수 있도록 부모님께 허락을 받았는데, 그 헛간은 꽤 넓었고 당시 비어 있었다. 그는 이 공간을 활용하여 체육시설을 만들고 사용요금을 받으려는 계획을 세웠다. 그는 친구들과 함께 운동기구를 모으기도 하고 없는 것은 심지어 직접 만들어서 체육관을 완성해나갔다.

이 체육관을 만드는데 가장 큰 문제는 러닝 트랙이었다. 당시에 아이들은 멋진 디트로이트 경기장을 알고 있었기 때문에 체육관에는 트랙이 반드시 필요하다고 생각했다. 유서 깊은 디트로이트 경기장에서 트랙은 경기장에서 진행되는 사교행사 및 스포츠에서 중요한 역할을 하는 공간이었기 때문이었다. 문제는 비용이었다. 상당한 비용이 필요했지만, 루이스 리겟과 친구들은 돈이 없었다.

여기서 그의 천부적인 사업가적 기질이 나온다. 친구들과 함께 용돈은 물론이고 부모님과 삼촌들의 인내심이 바닥이 날 때까지 졸라서 긁어 모아봤지만 부족하자, 루이스 리겟과 친구들은 당시 사람들이 흥미 있어 하는 권투시합을 개최해서 비용을 마련할 계획을 세웠다. 당시 관객들에게 약 15센트의 입장료를 받도록 준비했는데, 모든 준비를 완벽하게 하고 관객을 맞았다. 경기를 하는 선수 중 한 명은 루이스 리겟이었다. 이를 통해 경주로를 완성할 수 있었다.

어린 시절부터 사업에 대한 그의 열정과 장애 돌파력을 알 수 있게 하는 이야기이다.

16살이 된 그는 학교를 떠나 일을 시작한다. 일을 시작할 때, 그는 이미 세상을 향한 큰 포부와 야망을 품고 있었고 그 야망을 이루기 위해 독학이지만 쉬지 않고 공부를 계속했다. 열정과 꿈을 향한 그의 집념은 멈추지 않았다. 그가 처음 하던 일은 심부름이나 거리청소 같은 일이었으나 그는 그 자리에 안주하지 않으려 애를 썼다. 상사들이 일하는 모습을 보며 더 잘 할 수 있는 방법을 찾기 위해 노력했고, 남는 시간에는 도서관에서 책을 읽으며 미래에 다가올 자신의 시간을 준비했다. 그는 훌륭한 학교의 졸업생이라고 해도 손색이 없을 정도의 지식을 쌓을 수 있었고 열심히 준비했다.

사업에 대한 재능을 보이다. Discovering an aptitude for business

10대에 벌인 그의 첫 사업은 디트로이트 번화가에서의 레모네이드 판매였다. 사람이 많이 오가는 번화가의 사거리길 모퉁이가 부유층의 시선을 끌기에 좋다는 것을 파악한 그는 레모네이드 스탠드를 세우고 음료를 팔기 시작했다. 이 사업을 통해 그는 자신의 머릿속 아이디어를 실행에 옮기는 훈련을 하게 되고, 이 레모네이드 사업의 성공을 통해 세일즈맨으로서 자신의 능력을 확인할 수 있었다.

그의 머릿속에는 작지만 야망이 넘치는 계획들이 점점 들어찼다. 몸과 마음이 성장하면서 기회만 있다면 이를 이용해서 자신의 것으로 만들 준비를 하고 있었던 것이다.

그는 항상 새로운 일에 관심을 가졌고, 새로운 시도를 통해 자신의 능력을 시험하고 증명하려고 애쓰는 사람이었다. 회계에도 재능이 있었던 그는 세일즈맨을 거쳐 약관이 되기도 전인 18살에 이미 성공적인 상점 관리인이 되었고, 20세가 되었을 때에는 자신의 사업체까지 운영하게 된다.
이 시기에 대한 머윈의 기억이다.

그는 확고한 소년만이 가질 수 있는 돌파력과 추진력을 갖고 있었다. 여전히 과묵한 소년이었넌 그는 니트로이트 신문사의 한 부서에서 일하며 인쇄에 관한 일을 배우기도 했다. 그는 항상 조금씩 더 좋은 직장을 찾으며 상승했다.
리겟을 생각하면 종종 정규교육의 가치에 관한 오래된 논쟁이 떠오르곤 한다. 나 또한 정규교육을 많이 받지 못한 사람인지라 그럴 수도 있다. 그럼에도 불구하고 나는 루이스만큼 자신의 생각을 명확하고 정확하게 글로 표현하는 사람을 만나본 적이 없다. 성숙한 소년이었던 그는 제라틴판 등을 이용해서 주간지나 월간지의 한 코너에 글을 쓰곤 했다. 이후에 그는 광고지 문구를 쓰거나 각종 무역 일지를 편집하기도 했다. 어쩌면 교육은 어떤 틀 안에서만 되는 것은 아닌 것 같다. 내 옥스포드 사전을 보면 '교육'이란 '성격과 정신적 능력의 개발'이라고 정의되어 있다. 아마도 남들은 배우고 개발해야 하는 능력을 리겟은 태어나면서부터 가지고 온 것은 아닐까 하는 생각이 든다.

아마도 루이스 리겟이 나중에 만들어내는 <비놀의 소리>나 약사들에게 보냈던 '친애하는 파트너에게 Dear Pardners' 편지들은 그의 이런 능력에서 기인한 것 같다.

그가 대학에서 배워야 할 것은 없었다. 그는 숫자 계산에 천부적 재능이 있었다. 그가 사업을 하며 가지고 다니던 도구라고는 모든 회계문제를 스스로 풀던 수첩이 전부였다. 그는 회계 전문가를 옆에 두고 다닐 필요가 없는 사람이었다. 그는 이미 이런 회계지식에 통달했고, 회계를 알지 못하는 사람은 비즈니스 세계에서 오래 살아남지 못한다는 사실을 명확히 알고 있었던 사람이었다.

리겟의 성장과정을 보면, 아주 사소한 기회들을 잘 활용한다는 것을 알 수 있다. 그가 디트로이트에 있는 직물 중개업 시설에서 심부름꾼으로 일할 때였다. 한 신사가 거래할 샘플을 훑어보더니 무늬에 대해 몇 마디 언급하고는 쓰레기통에 버리는 것을 보았다. 루는 그 샘플들을 자신이 팔 수 있으니 버리지 말고 자기에게 맡겨줄 수 있는지 주인에게 물어보고, 가능하다면 자신에게 주기를 요청했다. 루는 패턴의 형태보다 옷의 질감에 더 관심이 있는 사람이 있을 것이라고 생각했고, 실제로 그런 독일 상인을 찾아냈다. 그는 아이디어를 만들어내는 능력이 있었고, 그 아이디어를 현실화할 열정이 있는 사람이기도 했다. 다행인 것은

Pardner란?

"Pardner"란 "Partner"의 회화 발음입니다. 회화로 사용되며, "Pardner" 혹은 "Partner"는 "친구"라는 의미를 갖고 있습니다. 리겟은 모든 렉솔 직원들이 파트너로 여겨지며 더 친근한 의미로는 친구나 가족과 같다는 의미를 전달하기 위해 "Pardner"를 사용했습니다. 이는 직원을 향한 그의 애정을 나타냅니다.

루의 고용주가 그에게 그런 아이디어를 시도할 기회를 줄 정도의 의식이 있는 사람이었다는 것이었고, 그는 구매 주문서로 이에 보답하였다.

리겟은 천부적인 세일즈맨의 모습, 그 자체이다. 기회를 찾아내면 이를 판매로 연결하는 탁월한 능력이 그에게서 발견된다.

그는 미시간의 작은 도시에서 파산한 상점 하나를 맡게 된다. 18세도 안 되는 소년의 두 어깨에 그만한 짐을 얹어주다니 아마도 꽤나 그를 신뢰한 모양이었다. 정작 리겟 본인은 이 상점을 맡고나서 신이 나서 즐기는 여유를 보여줬다. 사업을 하는 내내 그의 친구들은 그의 그런 모습에 항상 어이없는 웃음을 지었다. 그는 별거 아니라는 듯이 쓰러져가는 파산한 상점에 칠을 하며 손질하기 시작했고, 동네 사람들은 이 어린 청년의 기백에 미소를 지을 수밖에 없었다. 오래지 않아 이 구제불능의 청년은 다 쓰러진 상점을 돈방석으로 만들어버렸다.

이런 성공에도 불구하고 그는 여전히 뭔가를 더 하고 싶어서 안달이 나 있었다. 그의 활력은 식을 줄을 몰랐다. 그는 두통 치료제를 구해 PDQ라는 이름을 붙이고 팔 수 있는 상점을 찾았다. 세 글자는 Pain Destroyed Quickly(빠른 진통제)라는 뜻을 갖고 있었고 사업은 크게 성공을 거두었다. 다음 아이템은 '간편한 도시락'으로, 직장인들로 붐비는 상업지구에서 아침마다 팔기 시작했다. 그는 아직 20살도 안된 청년인데도 이미 즐기면서 돈을 버는 법을 알고 있었다.

정착을 중요시한 혈통의 영향을 받아서인지, 그는 20살도 안된 나이에 학창시절 짝꿍인 무사 벤스를 만나 그녀를 돕는 배필로 평생을 함께하게 된다. 이 또한 결과적으로 나쁘지 않은 선택이었다. 그리하여 동갑내기들이 여전히 대학을 다니고 있는 21살의 나이에 그는 집, 아내, 마차와 함께 은행에 7천 달러의 현금을 소유하고 있었다. 그는 또한 부모님을 부양했다. 그리고 세 개의 사업체를 갖고 있었는데, 두 곳은 주로 파트너에게 맡기고 있었다. 그는 그렇게 아메리칸 드림을 현실화 시켜가고 있는 중이었다.

위기와 극복 Overcoming the crisis

그렇게 성공적으로 운명을 개척해 나가던 그는 질병으로 인해 1896년 10월부터 1897 봄 중순까지 사업을 쉬어야만 했다. 그리고서 리겟 가족에게 첫 아들이 태어났는데 이름은 리였다. 질병이 다시 한 번 그의 아내와 아들을 괴롭히며 어린 아들의 목숨을 거의 앗아갈 뻔 했다.

쉽지만은 않은 시간이었다. 그의 생일이 있던 4월, 그의 가족의 삶은 거의 밑바닥으로 추락했다. 사업 세계에 뛰어들었던 16살 이후, 그는 일생을 축소한 것 같은 삶을 살았다. 인생의 모든 것이 그 안에 있었다. 어린 시절의 경제적 어려움, 작은 첫 성공, 자신의 이름을 비즈니스 세계에 알리기 시작한 것, 실제 번영의 시작, 번영하던 날들, 그리고 마지막으로 질병과 이로 인한 가족의 재난, 어려움 등. 그는 불안정한 천재성만을 지닌 것이 아니라 총명하고 기량이 풍부했다.

이 모든 과정을 통해 그는 성장하고 있었으며 점점 장성한 비즈니스맨의 모습을 갖추어가고 있었다. 그는 자신의 상황을 담담히 받아들였다. 그는 문제에 직면했을 때, 헤쳐 나아가는 방법을 배워나가고 있었다. 그를 지켜본 사람이라면 누구든 그에게 신뢰를 갖게 되었다.

그 해에 그는 어렵게 자신의 가족을 부양했다. 5센트를 아끼기 위해 그는 직장까지 걸어 다니며 그 돈으로 땅콩 한줌을 사서 점심을 대신하기도 했다. 그때 한 줄기 빛이 그에게 비춰졌다. 1897년 여름, 건강을 회복하고 일을 찾고 있던 그에게 새로운 기회가 찾아온 것이다. 그와 제약사업과의 인연이 이렇게 시작되었다.

•비놀 시절 Days of Vinol

그 해 12월 리겟은 자신의 진정한 재능을 발휘할 수 있는 기회를 갖게 된다. 그는 F.K. 스턴이라는 제조 약사가 비놀이라는 새로운 강장제를 판매하고 있다는 것을 알게 되었다. 이것은 대구 간유와 셰리주를 원료로 만든 품질 좋은 제품이었다. 보스턴에서 '체스턴 켄트와 협력사'라는 이름으로 세워진 회사에서 사람을 구한다는 것을 알게 된 리겟은 세일즈맨에 지원했다. 거기서 그는 1,000달러 연봉과 함께 출장경비를 따로 지급받는 조건으로 일자리를 얻었다. 세일즈맨으로서 그가 처음 배치 받은 곳은 뉴욕이었는데, 이곳에서 그는 잭슨이라는 가명을 쓰는 총지배인을 만나게 된다.

총지배인인 잭슨은 이 세일즈맨을 보고 너무 어리다고 생각한 나머지 그에게 판매술에 대해 가르쳐야겠다고 생각했다. 잭슨은 그를 보스턴지역 담당으로 보내기 전 하루 시간을 내어 판매교육을 시켰다. 브리지포트에 있는 소매 약제사에게 그를 소개해주고 자신의 비놀을 팔도록 했지만, 약제사들은 관심만 표시할 뿐 구매는 하지 않았다. 다음날 뉴 헤이븐에서 똑같은 일을 하도록 했지만 여전히 판매로 이어지지는 못했다. 그렇지만 잭슨은 이 젊은이에게 판매와 관련된 실전의 기초는 충분히 알려줬다고 생각하고, 그를 보스턴으로 보냈다.

잭슨은 보스턴에서 저렴한 호텔방에서 묵도록 했는데, 리겟은 거기 머물면서 존 우드라는 사람을 찾아서 세일즈에 활용할 수 있는 광고 문구를 만들도록 하고, 그가 만든 광고지를 들고 호텔을 떠났다. 그는 열차를 타고 애틀보로로 가서 책임 약제사에게 3다스의 약을 팔았다. 그 기세를 몰아 북애틀보로에서는 4

•
**비놀Vinol,
그 유명한 강장제**

철과 망간 펩톤, 철과 암모니움 구연산염, 라임과 소다 글리세로인산, 카스카린, 소고기 및 대구 간 펩톤, 소디움 살리실산염(천연 자작나무 오일, 순수 네이티브 와인에서 추출).

Create Strength
건강을 되찾자!

A Modern Tonic..
현대인을 위한 강장제..
신선한 대구간에서 추출한 대구간 펩톤과 대구간 오일 그리고 철 펩톤, 소고기 펩톤, 철과 암모니움, 구연산염, 그리고 순수 네이티브 와인을 함유하고 있습니다. 노약자, 몸이 약한 여성과 어린이, 요양 중인 환자들을 위한 강장제로 추천합니다. 고질적인 기침, 감기, 기관지염에 좋습니다. 전신 허약증, 무기력, 탈진, 체중감소, 활기 부족, 빈혈, 소화불량, 식욕감퇴 등 일반적으로 강장제를 필요로 하는 곳에 치료제로 사용하세요. 위장 기능이 약한 사람도 복용할 수 있습니다.

다스를 팔았다. 톤턴에 이르렀을 때 그는 남은 약을 전부 다 팔았다. 보스턴으로 돌아오는 길에 그는 보고서를 제출하고는 계속해서 판매를 했다. 한 주도 끝나지 않았는데, 그는 물량을 10번이나 비웠다. 광고를 판매에 활용하는 그의 아이디어는 이런 과정을 거쳐 나온 것 같다.

그런데 어느 날부터 그의 판매에 문제가 생기기 시작했다. 전부터 알던 소매상에게 비놀 물건들을 많이 팔았는데 알고 보니 그가 도매가격으로 판매한 비놀 제품을 같은 도시의 다른 약제사들에게 자신보다 할인해서 팔고 있었던 것이었다. 물건을 더 싼 가격에 살 수 있다는 것을 안 사람들은 리겟에게서 직접 물건을 사는 것을 꺼려했다.

이런 위기의 순간에 리겟의 능력이 드러나는데, 리겟은 어려움이 닥칠 때 그것을 자신의 힘의 원천으로 만들어버리는 사람이었기 때문이었다. 일반사람들이라면 어려움을 당하면 온갖 생각들로 요동칠 테지만, 그는 상상력이 오히려 풍부해지는 성향을 갖고 있었다. 이를 계기로 그는 제약 사업과 세일즈 문제에 대한 근본적인 고민을 시작한다.

'비놀클럽'과 <비놀의 목소리> Vinol Club and Vinol Voice

23살의 그는 진취적 사고와 성실함 그리고 뛰어난 능력을 인정받아 제약업계의 차세대 리더로 지목받으며 '비놀'에서 영업 총책임자 자리에 오르게 되었다.

비놀에 발을 들여 놓은 리겟은 약국이 있는 미국의 거의 모든 지역을 둘러보는 기회를 갖게 되었다. 수천 명의 약사들을 만났고 그들과 개인적인 친분을 쌓았다. 리겟에게 있어 약사들은 단순한 영업 대상이 아니라 사업파트너이자 친구였다. 리겟은 그들과 함께 지역 내 판매 전략을 짜고 의견을 주고받으면서 매출을 끌어올릴 방법을 함께 고민했다. 환자들을 위한 상담과 바른 조제를 위한 경험과 정보를 다양하게 공유했다. 그런 과정을 거치면서 리겟은 점차 수많은 약사들의 고충과 어려움을 이해하게 되었다. 그는 약사들의 현안 문제들에 대해 보다 깊이 고민하면서 그 문제들이 약사들만의 문제가 아닌, 장차 자신이 풀어야 할 숙제라고 생각하기 시작했다. 이러한 그의 태도는 의약품의 연구와 제조 그리고 유통문제에 보다 큰 관심을 가지는 계기가 되었다.

비놀에 입사한 2년째인 1899년, 그는 '비놀클럽(Vinol Club)'이라는 약사들의 모임을 만들고 첫모임을 보스턴에서 주최하였다. 그 모임의 목적은 약사들이 혼자가 아니라 함께 생각하고 고민할 수 있는 동료가 있다는 것을 알게 함으로써 그들에게 심적인 안정감을 주는 것이었다. 리겟의 비범함은 이처럼 다른 사람의 고민을 잘 포착하고 상대의 내적인 필요를 빨리 간파한다는 것이었다. 이것은 약사들 뿐 아니라 소비자들과의 관계에서도 해당되는 내용이었다.

그러던 어느 날, 그가 직접 경험한 것과 동일하게, 비놀이 납품하는 여러 중개상들 중 한 중개상이 낮은 가격으로 제품을 구입한 후, 약국들이 비놀에서 직접 구매하는 것보다 할인된 가격으로 약국들에 비놀 제품을 공급되고 있다는 사실을 알게 되었다. 약제사들은 더 싼 가격으로 비놀을 공급하는 중개상을 찾게 되었고 비놀 제품의 가격은 터무니없이 낮은 가격으로 거래되기 일쑤였으며, 이로 인해 급기야는 많은 약제사들이 리겟에게서 비놀을 구입하는 것을 꺼리는 일이 생기기 시작했다.

이런 경우에 보통은 가격 경쟁력 강화-할인판매의 다른 이름-를 생각하는 것이 일반적인데, 리겟은 엉뚱하게도 '독점'이라는 상상을 하게 된다. 한 도시 당 한 개의 직영점만이 비놀 제품을 취급하게 함으로써 가격을 내릴 필요 없이 자체적인 경쟁력을 가지게 만들자는 것이었다.

비놀 본사의 반대에도 불구하고, 리겟은 수많은 전보와 편지로 끈질기게 경영진들을 설득해서 자신의 생각을 받아들이도록 했다. 그리고 두 달 만에 자신의 방향이 맞았다는 것을 판매실적으로 증명해 보였다.

이런 일이 진행되는 와중에 리겟은 <비놀의 목소리>라는 간행지의 발행을 1900년부터 시작했는데, 발행자와 편집자는 리겟 본인이었다. 이 간행물에서 보이는 리겟의 다양한 아이디어와 엄청난 추진력은 많은 약제사들에게 큰 자긍심을 갖는 계기가 되었다. 작은 크기의 두 가지 컬러로 제작된 <비놀의 목소리> 표지는 비놀 직원과 약사들의 얼굴들로 장식되었다. 이 간행물은 비놀과 관련된 많은 이들에게 전달되었고 그들의 마음을 움직였다. 제약사들을 포함하여 관련된 모든 이들이 함께 성공하기를 꿈꾸는 리겟의 진정성을 알고 있었기 때문이었다. <비놀의 목소리> 내용 중에서 리겟의 장점인 선함과 성실성이 드러나는 격언이 특별히 인기를 끌었는데, 거기에는 이런 내용들이 있었다.

- 모든 행동은 선하든 악하든 벽을 향해 던져진 고무공의 세기만큼 나에게 되돌아온다.

  "Every action, good or bad, is like a rubber ball thrown against a wall. It returns just as hard as it's thrown."

- 세상은 자신을 들여다 볼 수 있는 거울이어서 세상을 향해 품은 당신의 마음이 얼마나 악하고 선한지를 확인할 수 있다.

  "The world is a mirror, and you see your own motive reflected in others; and you see a good or bad world just as you are good or bad yourself."

- 앉아 있기에 너무 딱딱한 의자라면 일어서라. 큰 바위가 걸림돌이 된다면 밀어버리거나 타고 넘어서라.

"If your seat is too hard to sit on, stand up. If a rock rises up before you, roll it away or climb over it."

같은 해에 털리도에서 열린 두 번째 비놀클럽의 모임에는 12개 주를 대표하는 60여 명의 관계자가 참여했다. 이는 지난해보다 두 배나 많은 수치였다. 버펄로에서 열린 1901년의 세 번째 비놀클럽 모임에서 새 계획을 발표한 그는 일일이 중개상과 약사들을 만나며 그 계획에 대한 찬성과 반대의견을 수렴했다.

그리고 그 의견들을 조합하여 미국 최초로 의약 부분의 목소리를 대변할 단체를 설립하였는데, 그 모임이 '미국제약무역협회(Drug Merchants of America)'였다. 수천 명에 이르는 미국의 약사들을 아우르고 목소리를 대변할 단체가 처음으로 생겨난 것이었다. 그때까지 누구도 그런 생각을 해보지 않았고, 하나로 모아보려고 시도한 경영자도 없었다. 이 단체는 비놀클럽과는 별개의 모임이었으며 성격도 전혀 달랐다. 비놀클럽은 제약사들의 사교 성격의 모임인데 비해, 이 미국제약무역협회는 약사들의 권익을 대변하고 공동의 이익을 추구하는 모임이었다. 이런 모임이 제약회사의 일개 세일즈맨인 리겟에 의해 만들어졌다는 사실이 놀라울 따름이다.

렉솔 생각과 유나이티드 드러그 컴퍼니
Rexall's idea and United Drug Company

이 시기 리겟의 머릿속에서는 '렉솔'이라는 회사의 콘셉트가 점점 더 구체화되고 있었다. 그것은 '렉솔 생각'이라고 불리는 것이었다. 독립 약제사들이 고품질 저가격의 렉솔제품을 후원하는 형식의 배타적 협력관계를 맺고, 그들이 독점으로 소유한 렉솔약국에서 판매하는 형태였다. 이제까지 전국 규모의 이런 비즈니스 아이디어를 내놓은 사람은 아무도 없었다.

이런 창의적인 아이디어를 가지고 있었음에도 불구하고 리겟에게는 회사를 설립할 자금이 없었다. 리겟의 아이디어와 추진력 그리고 성실성을 믿는 지지자들은 많이 있었지만, 이를 추진할 수 있는 자금이 부족했던 것이다. 여기에서 리겟의 인간적 매력이 다시 한 번 빛을 발하게 된다. 리겟의 지지자들이 그를 돕기 위해 모여 들었다. 그는 40명의 주주들을 모을 수 있었고, 그 주주들이 각각 4천 달러 씩 투자하면서 설립 자금 문제가 해결되었다.

이로써 유나이티드 드러그 컴퍼니(United Drug Company)라는 회사가 설립되었다. 아직 공장도 없고 제품도 없고 자본도 없이 단지 아이디어에 불과한 회사를 믿고 주주들이 투자에 동의했다는 것 자체가 당시의 상황을 생각하면 놀라울 뿐이다. 지금으로 보면 창의적인 아이템 하나만 가진 벤처기업이 투자유치에 성공한 셈이다.

창업에 앞서 리겟은 사업 아이디어들을 정리해 '렉솔 생각'이라는 정책으로 만들었다.

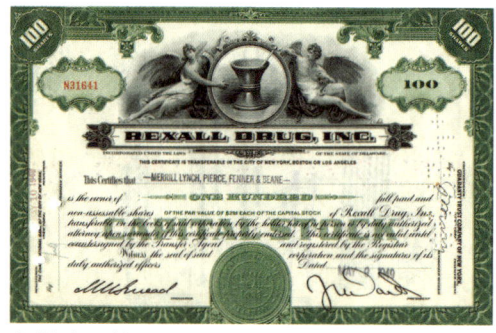 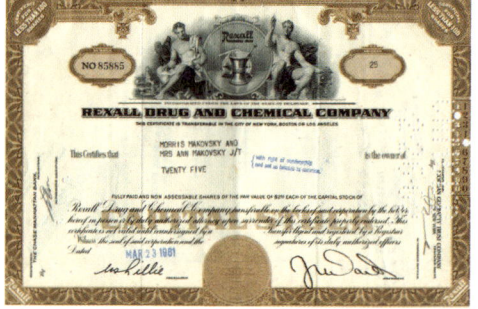

[렉솔의 주식] *Source : From the author's private collection*

1. 오로지 주주인 에이전트를 위해서 경쟁력 있는 브랜드 상품을 제조한다.
2. 미국의 각 도시 혹은 마을에는 지역을 관장하는 회원을 하나 이상 두지 않는다.
3. 직접 자사 브랜드로 제품을 생산한다.
4. 모든 제품들은 적절한 가격에 에이전트/주주에게 판매 한다.
5. 제품에 대한 관리권은 약사가 보유한다.

1903년 렉솔은 이렇게 태동되었다. 브랜드 이름은 리겟 사무실의 사환으로 일했던 한 소년의 생각에서 나왔다. "Rex of all = Rexall"(모든 것의 왕)이라는 뜻의 렉솔은 그가 생각할 수 있는 최고의 이름이었다. 또한 어떤 약사든 Rx가 prescription(처방된 약)을 뜻한다는 것을 알았기 때문에 렉솔은 사람들이 쉽게 익숙해질 수 있는 요소를 담은 브랜드 이름이었다.

렉솔은 언제 설립되었나요?

렉솔(Rexall)은 1903년에 루이스 콜 리겟(Louis Kohl Liggett)을 중심으로 40명의 주주들이 뉴저지(New Jersey)주에서 유나이티드 드러그 컴퍼니(United Drug Company)'라는 이름으로' 창립하였으며 장차 나올 첫 약품이름을 Saxona로 네이밍(naming)하게 됩니다. Rexall 이라는 브랜드 이름도 이때 확정하게 되는데,

첫째, Rx가 Prescription(처방된 약) 이라는 의미로 사용되는 것에서 힌트를 얻었고,

둘째는 왕이라는 뜻의 Rex와 모든 것이라는 All을 합성하여 모든 것의 왕(REX + ALL = REXALL)이라는 의미에서 Rexall로 명명하게 되었습니다. 유나이티드 드러그는 1902년에 '사무실과 공장을 설립해' 렉솔이라는 브랜드로 첫 약제품을 생산하기에 이릅니다.

40명의 주주들 중 한 명인 Hayes약제사가 1903년에 개장한 렉솔 최초의 프랜차이즈 약국 (CAN 아래 렉솔약국이 보인다)

Source : From Frank Sternad's private collection

리겟은 주주들에게서 모은 16만 달러 대부분을 브랜드 마케팅을 강화하는데 사용하였고, 이를 통해 대중들이 렉솔이라는 이름에 관심을 갖고 익숙해지도록 하였다. 또한 1903년에는 보스턴에서 렉솔 제품을 제조할 빈 건물을 임대해 물품의 생산도 시작했다.

바야흐로 '렉솔약국의 시대'가 열린 것이다. 최상의 약품을 만들어 진실하고 정직하게 처방해주고 판매할 수 있는 약국 프랜차이즈가 미국의 대중들 앞에 나타나게 되었다.
렉솔 상표를 전국의 각 도시 모퉁이에 위치한 통일된 브랜드의 상점을 통해 저렴하게 판매할 수 있도록 한 시스템은 즉각적인 성공을 거두었다. 유나이티드 드러그 컴퍼니의 전략이 대성공을 거둔 것이다.

리겟은 기존의 약국 가맹점에 영업권을 주는 것과는 별개로 렉솔의 이름을 건 직영 약국을 직접 차리기도 했다. 이는 국내 최대의 소매 약품 체인으로 도약하게 될 대담한 도전의 시작이었으며, 그가 그려 놓은 또 다른 사업적 아이디어이기도 했다.

1916년, 10여년 만에 렉솔약국이라는 이름으로 152개 직영 약국이 설립되었고, 6,000여 개에 이르는 약국과 프랜차이즈 계약이 맺어졌다.

그러는 동안 판매제품을 확대하기 위한 인수 작업이 동시에 진행되었다. 단순히 약품만 판매하는 것이 아니라 다양한 제품을 판매함으로써 소비자들의 방문 빈도수를 늘리려는 시도였다. 사탕과 초콜릿 공장을 인수하고 담배판매상 연합회와 향수회사까지 차례대로 인수했다. 렉솔약국에서 판매할 수 있는 제품의 종류가 점점 늘어나게 된 것이다. 이런 확장 작업을 진행하면서도 리겟은 프랜차이즈 계약을 맺은 약국들을 성공시키는 일도 소홀히 하지 않았다. 그는 직원

[렉솔약국 내부] Source : From the author's private collection

들을 위한 판매기술 교육 프로그램을 만들어 직원들의 기량을 끌어올리는 일에도 열심을 냈다.

이 시기에 <비놀의 목소리>보다 훨씬 업그레이드 된 <렉솔 매거진Rexall Magazine>이 창간되었다. 이 잡지는 광고는 물론이고 다양한 정보를 다루었는데 연애, 패션, 요리와 풍성한 오락 거리들을 담고 있었다. 이 잡지도 대성공을 거두어 1919년에는 판매 부수가 130만 부를 돌파하였다. 이는 당시 미국의 대표 잡지였던 타임지(Time)의 판매부수를 크게 웃도는 판매부수였다.

1920년, 뉴욕의 주식 중개인인 리처드슨(Richardson)은 언론에 렉솔에 대한 대중의 인식과 약국에 대한 생각이 어떻게 변화했는지에 대한 내용을 기고했는데,

이 기고문을 통해 렉솔은 다시 한 번 업계의 큰 주목을 받게 되었다. 그 내용은 다음과 같다.

렉솔, 영리 기업인가? 공익 기업인가?
United Drug Company: a Commercial Enterprise or a Public Utility?

최초의 프랜차이즈 약국으로 대중의 요구를 읽어내며 그들과 친밀하게 소통하는 것은 물론이며 지역의 현안문제까지 관심을 갖는 렉솔이 준 공익 기업으로 분류되고 있는 것은 아닌지 궁금증을 갖는 사람들이 많다. 약제상이 약사발과 막자로 약을 지어 팔던 시절부터 약국은 사람들이 사고를 당했거나, 병증을 완화하고 싶거나, 비상시에 언제든 도움을 구하는 곳이었다. 그것은 생산과 유통 그리고 지역주민과 긴밀하게 소통하려는 리겟의 경영 스타일로 인해 약국의 의미가 크게 바뀐 지금도 마찬가지다.

루이스 리겟에 의해 설립된 이 회사는 약제품은 물론이고 사람들에게 없어서는 안 될 유용한 생필품을 편리하게 사용할 수 있도록 개발하여 저렴하게 생산, 공급함으로서 일반 사람들의 삶에 큰 유익을 주고 있다. 뿐만 아니라 어느 곳에 있는 사람이든 병이 있을 때 응급처치를 받을 수 있고, 아프지 않더라도 건강과 관련된 정보를 제공해 주어 건강을 지키도록 하고 있다. 주민들이 당장 필요한 생필품을 구매하고, 때로는 만남의 장소를 제공함으로써 리겟의 렉솔약국은 도서관이나 전차노선과 같은 공적인 장소의 의미를 갖는 공간이 되었다.

이러한 친밀감은 소비자에 대해서만은 아니었다. 리겟은 약사들과도 특별한 관계를 유지하고 있었는데, 이는 '렉솔생각'의 뼈대는 약사들과의 관계라는 것을 그가 잘 알고 있었기 때문이었다. 이를 위해 그는 약사들과의 편지를 활용하여 친밀함을 유지하였다. 그는 단순한 사업적 관계가 아니라 서로를 걱정하고 사업의 성공을 비는 친구 관계가 되려고 노력하였다.

"친애하는 파트너께"로 시작되는 리겟의 이 편지들은 회사가 설립되고부터 시작되어 20년이 넘도록 계속되었다. 무려 270여 통에 이르는 진심어린 내용의 이 편지들이 미국 각 지역에 있는 파트너들에게 전해졌다. 이메일이라는 편리한 수단이 생긴 현대에조차 이런 식의 커뮤니케이션을 통해 소통하는 대기업 총수를 만나기 쉽지 않은 점을 생각하면 리겟이 약사들에 쏟은 애정을 짐작할 수 있다.

그의 첫 편지 내용을 보면 그가 이 편지들을 왜 보냈는지, 그가 편지를 통해 무엇을 기대하는지 알 수 있을 것이다.

친애하는 파트너에게
<비놀의 목소리> 연재의 편집에서 손을 뗀지도 꽤 됐고 여러분과 더 가깝게 다가가야겠다는 생각이 들어 이제부터 2달에 한 번씩 편지로 찾아가고자 합니다.
이제부터 여러분에게 보낼 편지에는 주로 렉솔에 관한 이야기가 주를 이루겠지만 여러분이 렉솔 이외의 다른 물건도 취급하는 것을 기억하기에, 출장을 다니면서 얻은 여러분에게 도움이 될 만한 정보라면 렉솔 이외의 것도 함께 보내드리도록 하겠습니다. 여러분이 렉솔이 아닌 다른 제품을 사도록 하려는 것이 아니라 여러분의 일반 사업에 도움이 된다면 렉솔 제품에도 더 많은 관심을 가져줄 것으로 기대하기 때문입니다.

유나이티드 드러그 컴퍼니의 주주들은 파트너입니다. 그렇기에 여러분은 간혹 총책임자인 저의 보고서를 받게 될 겁니다. 우리가 하는 일이 전국적으로 알려지면서 여러 이야기가 들리는데 우리를 시샘하고 질투하는 사람들이 있는 것에 비해 그렇게 심한 비난은 없는 것 같습니다. 반대로 우리가 지금 하고 있는 광고나 패키지 스타일은 전국적으로 좋은 평판을 받고 있습니다.

광고에 대한 말을 하나 보니 렉솔이 하는 일에 대해 좀 더 이야기 하고 싶습니다. 많은 분들이 25센트짜리 소화불량 알약으로 우리가 지출을 어떻게 충당할 수 있을지 염려하고 계십니다. 여러분의 경영간부들이 이 문제를 매우 신중히 다루지 않았겠습니까? 우리 운영진들이 REXALL이라는 단어를 알리는데 더 많은 노력을 한 것이 결실을 맺을 것이라 확신하시지 않습니까? 현재 의약품 하면 렉솔이라 할 만큼 잘 알려지지 않았습니까? 생각해보십시오, 이제 겨우 10주 된 기업이 벌써 이 정도의 인지도를 갖고 있습니다. 여러분이 소화불량 알약을 얼마나 팔았는지에 집중하지 마세요.

이렇게 친구에게서 받는 것 같은 느낌의 편지를 회사의 대표로부터 받게 될 때 사람들은 회사에 대해 전혀 다른 마음이 들게 될 것이다. 이 편지들은 사업적 아이디어를 제시하기도 했고, 어려움을 같이 헤쳐 나가고자 하는 격려의 내용일 때도 있었으며, 때로는 질책성의 잔소리를 담기도 했다. 이 편지를 통해 리겟은 약사들에게 자신의 생각을 나누었고, 약사들은 편지에 대한 답장을 보내면서 소통의 기회로 삼았다. 이러한 친밀한 소통과 감성 리더십의 경영 마인드로 리겟과 그의 파트너들은 동지이자 가족과 같은 충성스러운 관계를 유지할 수 있었다.

이 충성심은 1921년에 진가를 발휘하게 된다. 이 시기는 한창 사업을 확장하던 시기였는데, 주가가 폭락하면서 리겟은 파산에 직면하게 된 것이다. 그가 떨어지는 주가를 잡기 위해 추가적으로 매입한 주식까지 가격이 폭락하면서 맞은 결과였다. 그가 곤경에 처했다는 것을 안 '렉솔클럽'의 회원들은 재빠르게 대응했다. 그들은 먼저, 렉솔 제품을 더 많이 팔기 위해 자체적인 대규모 캠페인을 시작했는데, 이를 통해 얻은 매출의 40퍼센트를 유나이티드 드러그 컴퍼니에 되돌려 주기로 한 것이다. 여기서 더 나아가 그들은 리겟의 빚 탕감을 위해 '렉솔 로열티 트러스트 펀드(Rexall Loyalty TrustFund)'를 만들어서 리겟을 지원했다.

이 펀드를 통해 300만 달러의 자금이 조성되었고, 덕분에 리겟은 파산 상태에서 벗어날 수 있었다. 이렇게 회사의 경영자의 파산을 막기 위해 주주들이 헌신적으로 도움을 준 일은 미국 뿐 아니라 전 세계의 비즈니스 역사를 통틀어서도 그 예를 찾기 힘들다. 자칫 렉솔의 종말로 이어질 뻔했던 위기를 극복하게 된 것은 그가 평생 동안 파트너십을 가꾸기 위해 했던 노력의 결과였으며, 이 사건은 향후 그들의 관계가 더욱 돈독하게 되는 계기가 되었다.

리겟과 파트너들 사이의 이런 돈독한 관계는 리겟의 오픈된 경영 스타일에서 연유되기도 했다. 그는 회사의 정보를 유리한 것이나 불리한 것이나 파트너들과 솔직하게 공유한 것으로도 유명했다. 그에 관한 일화가 하나 있다.

나는 그를 존슨이라고 칭하도록 하겠다. 그는 큰 사업에서 초짜였다. 당시 그는 어렸고 소도시의 약국을 운영한 정도의 경험 밖에는 없었는데, 회사의 경영팀에 소속되었다. 경험이 많지 않은 그였지만 적자와 손실에 대해서도 모를 만큼 어리석지는 않았다. 회사가 235,000달러의 적자상태라는 것을 본 그는 견딜 수가 없었다. 단순히 근심했다고 말하는 것이 부족할 정도였다. 그는 소름이 끼쳤다. 그런 돈이 어디에 있단 말인가!

리겟이 미팅을 마칠 시간이 순식간에 찾아왔다. 정확한 금액과 사업 상황을 보고 해야 할 시간이 된 것이다. 대체 그걸 어떻게 설명할 것인가? 그가 무슨 말을 할 수 있을까? 그가 어려움을 이겨내는 몇 개의 재주가 있다는 것을 알고는 있지만, 회사의 회계 장부를 속일 수는 없었다. 존슨은 풀이 죽은 채 자리에 앉아서 리겟이 말한 후 닥쳐올 폭동을 기다리고 있을 수밖에 없었다.

시간이 되었다. 리겟은 일어나서 운명적인 종이를 손에 쥐고 그들을 향해 바라보았다. 서두를 짧게 하고 그는 읽기 시작했다. 그의 목소리가 울려 퍼졌다. 그는 천천히 하나하나 읽어 내려갔다. 그리고 가장 뼈아픈 적자 숫자를 소리 내어 또박또박 읽어 내려갔다.

리겟의 강한 목소리가 울려 피졌다. "자산: 헌금 $6,599.60. 수령할 수표 $1,800. 선금 $971.75, 공장 설비 및 시설 포함 $37,940.94. 상표권 및 의약품 공식 계정 $140,230. 그리고 마지막으로 손익 계좌 $95,074.84." 부채 총액은 $315,288.79로 계산되어 있었다. 자본금은 $300,000밖에 되지 않았다.

이제 비밀은 탄로 났고 존슨은 눈을 들 엄두를 내지 못했다. 리겟은 아무렇지도 않게 바라보는 사람들 눈앞에서 종이를 접고, "질문 있으십니까?" 하고 물었다. 방은 고요했다. 이 사람들은 금융업자가 아니라 약제사들이었다. 리겟이 다시 입을 열었다. 존슨은 속으로 외쳤다, "아니 왜 좀 가만히 좀 있지 않고!"
하지만 목소리가 다시 울려 퍼졌다. "이해 안 가시는 부분이 있다면 다시 설명해 드리겠습니다."

긴 정적이 흘렀다. 그리고 미팅이 마무리되었다.

존슨은 옆에 있던 옆문으로 재빨리 빠져나갔다. 리겟은 그곳에서 존슨의 팔을 붙들었다. "이 손 놓으시죠." 존슨이 중얼거렸다. "자네 왜 이러나?" 리겟이 진심으로 놀라 물었다. "어디 가는 건가?" "왜 이러냐뇨?" 존슨이 불같이 이야기했다. "방금 무서워 죽을 뻔 했다고요!"

"세상에!" 리겟이 소리쳤다. "지금 우리가 하는 일은 미국에서 가장 거대한 일이고 이것을 가지고 속이면 안 된다는 것을 모르는가? 속인다면 우리가 하는 모든 것이 물거품이 되어 버리네!"

리겟의 천재적인 마케팅과 정체성이 뚜렷해진 제품들, 그리고 전국적 광고 효과로 인해 렉솔 약제사들의 수익은 점점 늘어났다. 리겟이 시작한 이 구조는 수십 년간 지속되었고, 렉솔 브랜드는 이보다 더 오래갔다. 온 미국의 건물들에 오늘날까지도 여전히 밝은 주황과 파란색의 '렉솔 제약 광고판이 남아있는 것은 바로 그것이 의미하는 상징성과 브랜드에 대해 품었던 애정 때문이다.

렉솔 제품을 전국 모퉁이의 통일된 상점을 통해 저렴하게 판매할 수 있도록 한 시스템은 많은 독립 약제사들이 1930년대의 대공황을 이겨내는 데 큰 힘이 되었다. 그러나 리겟이 독립 약제사들의 후원자로서 명성을 얻기 시작한 것은 대공황 훨씬 이전이었다. 그 결과, 1928년 7월 유나이티드 드러그 컴퍼니의 실버 주빌리 박람회에서 리겟은 후원자로서의 그에 대한 존경과 애정, 그리고 감사의 표시로 제작된 초상을 수여받기도 했다. 그 박람회는 10,000명의 렉솔 딜러와 관계자들이 보스턴에서 함께 모인 대규모 행사였다.

수많은 회사의 인수를 통해 렉솔약국에서 판매될 믿을만한 제품을 확보하고, 약제사들과 프랜차이즈 약국들의 성장을 위한 다양한 마케팅 아이디어를 내면서 렉솔을 성장시켰던 리겟은 1941년 유나이티드 드러그 컴퍼니의 대표 자리를 내려놓고 현역에서 물러나게 되는데, 그의 나이 66세 때였다. 그가 경영에서 물러날 때, 전국적으로 렉솔의 이름을 건 직영약국은 600개, 프랜차이즈 가맹점은 8,000여 개였고, 직원 수는 16,000명, 판매 제품은 5,000가지였다.

리겟의 사임 이후에도 렉솔은 성장을 계속하여 미국뿐만 아니라 영국에 약 2,400개, 캐나다에 약 1,000여개 그리고 프랑스와 아주 멀게는 우간다와 남아프리카의 희망봉에서도 볼 수 있을 정도로 많은 약국과 세계 90여국에 상표를 등록하며 세계적인 기업으로 성장하게 된다.

1902년 어느 날 오후, 시애틀로 가는 기차 안에서 꾸었던 루이스 리겟의 꿈은 20세기 거의 모든 미국인들의 삶과 전 세계의 많은 나라에 영향을 끼쳤으며, 그가 창설한 미국의약품무역협회는 미국의 의약품 제조, 판매, 유통뿐만 아니라 의약품 발전에 혁혁한 역사를 만들어 냈다.

열여섯의 나이에 넘치는 상상력과 거침없는 추진력으로 자신의 미래를 향해 겁

없이 도전했던 소년 리겟은 많은 이들에게 사업적 영감을 주었을 뿐 아니라 열정과 설득력, 자신의 사명과 주위 사람들에 대한 완벽한 신뢰를 통해 폭넓은 분야에서 많은 성과를 이루어 냈다. 독서와 독학 그리고 사회 경험을 통해 얻은 배움을 비즈니스 세계에서 적극적으로 실천했던 리겟은 회계 전문가였으며, 호소력 짙은 화술로 사람의 마음을 움직이는 달변가였고, 미국의 역사가 인정하는 사람 중심의 휴머니스트 경영인이었다. 그리고 약사보다 더 많은 약학 지식을 소유했고, 약사의 입장을 잘 헤아리고 약제업에 능통했던 제약업계 경영자였다.

[리겟이 오코넬 추기경에게 기부했던 집 William Henry O'connell's House]
Source : From the author's private collection

렉솔의 아버지로 40년 이상을 보낸 리겟은 1946년 71세에 세상을 떠난다. 그는 보스턴 상공회의소 회장(President of the Boston Chamber of Commerce)이었으며, 공화당 국가위원회 매사추세츠 주 위원(Republican National Committeeman for Massachusetts) 등 정치가로서도 이름을 떨쳤다.

1916년부터 1937년까지 리겟은 매사추세츠 주 뉴톤의 체스트너트 힐에 9에이커 넓이의 사유지와 당시 30만 달러를 들인 저택을 소유하였는데, 그의 사후에 이 사유지와 저택은 윌리엄 헨리 오코넬(William Henry O'Connell) 추기경에게 기부되었고, 추기경의 사후에는 다시 보스턴 대학교에 기부되어 현재는 대학의 부속 건물로 사용 중이다. 이 대학교의 Upper Campus 전체가 리겟이 기부한 사유지이며 이후 현재까지 여러 동의 학교 건물이 여기에 신축 되었다.

리겟은 따뜻한 성품과 타인을 배려하는 인간적인 면모가 넘치는 위대한 리더였다. 그의 인간적인 경영은 많은 미국인들을 감동시켰으며, 이러한 그의 성품은 렉솔이라는 기업의 DNA에 녹아들어가 매력적인 회사의 모습을 만드는데 큰 기여를 했다. 100년의 시간이 흐른 현재에도 렉솔이 과거의 회사가 아니라, 현대적으로 느껴지는 매력을 가진 이유가 이러한 성품을 지닌 리겟에서부터 시작되었기 때문이라는 생각이 든다.

리겟이 죽은 후 그에게 보낸 한 파트너의 편지를 통해, 우리는 리겟이 무엇을 남겼는지를 알게 된다.

친애하는 파트너에게: 너무나도 빨리 떠난 그대여. 당신과 같은 위대한 리더십에게 얼마나 긴 인생이 주어진들 충분하겠습니까? 당신이 살다간 71년은 수 많은 사람들에게 최고의 것을 남겨준 시간이었습니다. 제약업계에서 살아갈 수 백 만의 남성들과 여성들이 당신을 사업인생 최고의 은인이라며 진지한 칭송을 올릴 것입니다. 당신은 벽돌이나 돌, 통계나 이익보다 오래 남게 될 것입니다. 당신은 선행을 실천한 정말 위대한 미국인입니다.

매사추세츠 뉴톤 묘지(Massachusetts Newton Cemetery)에 있는 루이스 콜 리겟의 가족묘. 엄청난 부를 소유했지만 소박하고 평범한 가족묘에 안장되어 있는 모습은 루이스 콜 리겟의 검소함과 겸손함을 엿볼 수 있다.

Source : From the author's private collection

기사를 통해 바라본 리겟 - 1

자신의 이상을 통해 친구를 얻어 준
가난한 소년의 실화;
그의 친구들은 그가 성공하도록 도왔다.

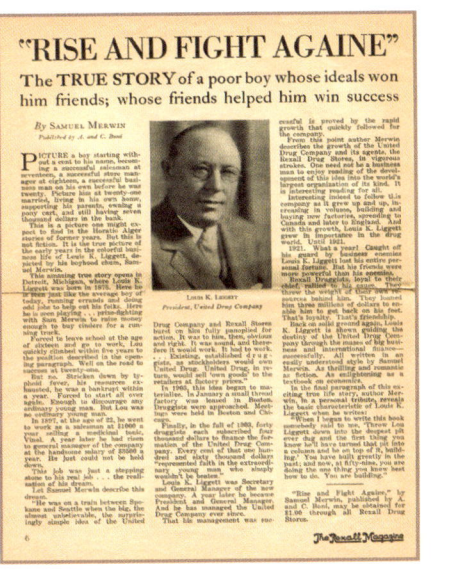

Source : From the author's private collection

1센트도 없이 시작했으나 열일곱살에 성공적인 세일즈맨이 되었고 열여덟살에 성공적인 상점의 관리인이 되었으며 20세가 되기 전에 자신의 사업체를 거느린 성공한 사업가가 된 소년을 그려 보라. 허레이쇼 앨저(Horatio Alger)의 문학 작품에서나 발견할 수 있는 이야기지만 허구가 아니다. 이것은 루이스 K. 리겟(Louis K. Liggett)의 실제 이야기다.

1898년에 그는 의학 강장제 제조회사인 비놀(Vinol)의 총 책임자로 승진하는데 이는 꿈을 실현하는데 초석이 됐다. 1903년에 이 생각이 구체화되었고, 그해 가을 40명의 약사들이 4천 달러를 출자하여 유나이티드 드러그 컴퍼니(United Drug Company)를 설립했다.

(- 중략 -) 그의 경영 능력은 회사의 급속한 성장을 통해 입증되었다. 1921년 사업 경쟁자들에 의해 허를 찔려 리겟(Louis K. Liggett)은 전 재산을 잃었다. 그러나 그의 친구들은 적들보다 더 강했다. 렉솔(Rexall)의 약사들은 그를 돕기 위해 모였다. 그들은 자신들의 자원을 모아 3백만 달러를 대출해 주어 그가 다시 일어서도록 도왔다. 이것이 충성이다. 이것이 우정이다. 다시 단단한 땅에 두 발을 내딘 리겟(Louis K. Liggett)은 대기업들과 국제적인 자금의 미로를 통해 유나이티드 드러그 컴퍼니(United Drug Company)를 성공으로 이끌었다. - 중략 -

기사를 통해 바라본 리겟 - 2

새로운 리겟 리더

Source : From Frank Sternad's private collection

1902년 27살의 특허 약 세일즈맨 루이스 리겟은 자신의 지역에서 각자 사업을 운영하는 소매 제약사들로 구성된 국가적 규모의 제약회사 설립에 대한 아이디어를 떠올리게 된다.

그는 곧 사업에 16만 달러를 투자하고자 하는 40명의 약사들을 만나게 되고 보스턴에 작은 공장을 열어 14명의 직원을 뽑아 렉솔 상표를 단 네 가지의 상품을 발표하게 된다.

미국, 캐나다, 영국 그리고 남아공에 위치한 1만 1천 지점 이상의 렉솔, 리겟, 그리고 아울 약국(마지막 두개는 회사 자체 소유)에 현재 납품되고 있는 5천여 개의 의약품, 과자류, 소다수 아이템을 제조하는 유나이티드 드러그 회사가 설립된 것이다.

02

승부사 리더십,
저스틴 다트

Adventurous Leadership, Justin Dart

리겟이 가난한 환경에서 개인적 노력을 통해 올라온 자수성가형 리더였다면, 두 번째 리더인 저스틴 다트는 성공한 제약 프랜차이즈인 월그린 출신의 럭셔리한 럭비 영웅 출신의 비즈니스맨이었다. 리겟이 아이디어와 사람 중심의 경영을 통해 제약업계의 새로운 흐름을 만들어내고 렉솔을 국민 브랜드로 만들었다면, 두 번째 리더는 달라진 제약산업 환경에서 승부사적 리더십을 요구 받았다. 다트의 리더십에 대한 평가는 관점에 따라 긍정과 부정이 많이 엇갈리고 있기도 하지만, 리겟의 40년에 걸친 리더십 하에서 노쇠해가고 있던 렉솔을 다시 살리기 위해 취한 그의 고민과 전략은 렉솔 역사에서 충분히 의미 있는 것들이었다.

모든 리더들이 동일한 환경과 조건에 놓여있지 않고, 위대한 리더는 주어진 조건 하에서 자기만의 독특한 색깔로 위대함을 드러낸다는 피터 드러커의 말처럼, 저스틴 다트에게서는 맞부딪힌 상황을 돌파해나가는 리더의 위대함을 발견하게 된다.

[저스틴 다트] *Source : From the author's private collection*

어린 시절과 성장기 Childhood and growing up

1942년 4월, 미국의 언론들이 최대 프랜차이즈 제약회사의 새로운 사장에 34세의 젊은이가 선출되었음을 일제히 보도하였다. 그가 바로 제약업계에 화려하게 등장하여 렉솔 역사를 끌어간 두 번째 리더인 저스틴 휘틀록 다트(Justin Whitlock Dart)였다.

1907년생인 그는 어린 시절에 리겟이 가진 것 같은 특별한 비즈니스적 비범함은 보이지 않았지만, 노스웨스턴 대학(NorthwesternUniversity)의 미식축구 선수 출신답게 다부진 외모가 눈에 띄는 인물로, 졸업 후 월그린(Walgreens)그룹에 재고

관리원으로 입사하면서 제약업계에 발을 들여 놓았다. 그는 월그린에서 뛰어난 판촉 아이디어와 영업력을 발휘해서 서서히 주변의 인정을 받기 시작했는데, 그의 장점은 주위 사람들이 내는 새로운 아이디어를 열린 마음으로 받아들이는 것과 업무를 적절히 위임함으로써 부하 사원들의 능력을 성장시키는 능력이었다. 무엇보다도 그의 충만한 에너지가 그를 돋보이게 했고, 주변으로부터 호감을 받게 했다.

월그린에서 운영이사로 근무하던 1931년에 그가 진행했던 구조조정은 임대비는 높으나 이익이 낮은 약국들을 폐쇄하고 기존 약국의 설비를 전면적으로 혁신한 것이었다. 다트의 이 혁신은 당시 기준으로는 혁명적이었다고 평가되었는데, 그 중 대표적인 것이 매장의 구조를 바꾼 것이었다. 그는 온갖 약품들과 고무제품 속에서 손님들이 샌드위치를 먹고 소다수를 마시는 모습이 음식을 먹기 위해 매장을 방문하는 고객들을 불편하게 한다고 생각했다.

그는 약국 디스플레이 구조를 변경하고 가운데에 낮은 벽을 설치하여 진열대와 음식 먹는 부스를 분리하는 방식으로 문제를 해결했다. 내부관리자들의 반대에도 불구하고 진행한 그의 디스플레이 구조변경은 큰 성공을 거두어 월그린의 도약에 큰 공헌을 하게 된다.

월그린 회장도 다트가 월그린의 성장에 기여한 것에 대해서는 잘 알고 있어서 다트가 월그린 회장의 딸과 이미 이혼한 후였음에도 불구하고, 1939년 사망 시에 그를 주요 상속인의 한 사람으로 지정하여 상당한 유산을 남겼다. 월그린 회장은 다트를 사위로서보다는 사업가로서 높이 평가했고, 이런 이유로 월그린에서 다트는 초고속 승진을 하게 되었다.

유나이티드 드러그 경영과 변화 주도
United Drug management and taking the lead for change

이 시기 리겟이 이끌었던 유나이티드 드러그 컴퍼니는 어려운 시기를 보내고 있었다. 프랜차이즈 약국들, 제약사들, 캔디공장들, 고무류 제조업자들, 문구 제조업자들, 그리고 렉솔 약품의 특허 등록된 의약품을 판매할 독점권을 지닌 10,000명의 독립 약사들로 이루어진 이 복합체는 리겟의 아이디어와 열정으로 20~30년대를 거치며 거대한 조직으로 성장했음에도 많은 비효율을 보이는 늙은 코끼리의 모습이 되어버렸다. 1928년에는 Drug Inc.라는 제약유통 분야 최대 사업자까지 포함하는 거대 연합체가 되었으나, 몇 년 뒤 이 사업자가 몰락하자 프랜차이즈를 담당하는 리겟 사가 따라서 파산하면서 결과적으로 렉솔 그룹 전체가 흔들리고 있는 상황이었다.

그렇지만 렉솔은 여전히 전 세계에서 가장 큰 제약 회사로서 미국 약국 5개 중 1개의 약국들이 렉솔과 관계를 맺고 있었고, 각 지역의 공장들도 활발히 가동되고 있었다. 40년대 들어 렉솔의 주식을 넘겨받은 투자그룹들은 렉솔의 새로운 회생을 위한 새로운 선장을 찾고 있었고, 그 적임자로 부상한 사람이 바로 월그린 출신의 젊고 잘 생긴 사업가인 저스틴 다트였다.

그는 다른 제약 체인인 '몽고매리 워드'가 제안한 연봉 15만 달러의 회장직을 거절하고 연봉 75,000달러의 유나이티드 렉솔의 회장직을 수락하였는데, 그의 조건은 단 한 가지 유나이티드 드러그 컴퍼니의 본사를 보스턴에서 캘리포니아로 옮기는 것이었다. 그는 처음 유통회사인 리겟의 회장과 유나이티드 드러그 컴퍼니의 부회장직으로 입사했으며, 곧 리겟의 후임자였던 조셉 캘빈으로부터 조직 전체의 회장직을 인수 받았다. 그 후 그는 렉솔의 리더로 34년을 보내게 된다.

다트의 임용과정에서의 에피소드는 그의 성격을 잘 보여준다. 다트의 임용에 비우호적이었던 대주주들의 대표자가 월그린에서의 그의 실수를 조목조목 나열하면서 그의 문제점을 지적하였다. 그 지적을 들은 다트는 오히려 그가 말하지 않았던 자신의 더 큰 실수를 이야기하면서 그 실수들이 자신의 능력 없음을 말하는 것은 아니라고 했다. 또 월그린 1세의 잘못에 대해 면접관들이 물었을 때 그를 보호함으로써 분위기를 오히려 반전시켰다. 면접관들이 그에게 오히려 호감을 갖게 되면서 어렵지 않게 면접을 통과할 수 있었다.

38세의 나이에 프랜차이즈 제약업계에서 가장 큰 회사의 경영자로서 거물이 된 다트는 초기에는 제약 사업에 집중했다. 어떻게 하면, 비효율적인 거대 기업 렉솔을 다시 회생시킬 수 있을까 하는 것이 그의 고민이었다.

첫 번째로 그는 회사의 경영 방식에 과감한 변화를 시도하였다. 렉솔의 모회사인 유나이티드 드러그 컴퍼니의 사업등록이 주마다 각각 다르게 되어 있는 것과 여러 제조사의 지주회사로 되어 있던 것에 대해 과감한 조직 개편을 단행했다. 복잡한 자회사 망과 경영과 판매조직의 이중 구조를 깨끗이 제거했다. 대신에 유나이티드 렉솔 소매부문(Retail Division)을 만들어 Owl, Sontag, Liggett's store같이 이전에 준독립적이었던 자회사들을 흡수하였다. 또한 소비자들이 유나이티드 드러그 컴퍼니의 복잡한 상표들을 거의 기억하지 못한다는 사실을 파악하고, 렉솔을 제외한 모든 다른 상표들은 폐기시키거나 아주 제한적으로만 사용하도록 명령하였다. 이러한 조치 후에 그는 지주회사는 유나이티드-렉솔 Inc., 회사이름은 '유나이티드-렉솔 제약(United-Rexall Drug Company)'으로 변경하였고, 1945년 2차 대전이 끝나자마자 기존 약속대로 본사도 보스턴에서 로스앤젤레스로 옮겼다.

다음으로 그는 만 명이 넘는 렉솔 프랜차이즈 약사들과 새로운 관계 설정이 필요하다는 판단을 하고 새로운 프랜차이즈 가맹 계약을 체결했다. 이 새로운 프랜차이즈 계약서는 현대의 프랜차이즈 계약과 유사한 것으로, 현대의 프랜차이즈 계약들이 다트의 이 계약의 영향을 많이 받았음을 알 수 있다. 새 가맹 계약서에 따라, 소매업자는 다음과 같은 내용에 동의해야 했다.

1. 본사가 후원하는 모든 대규모 세일에 참여한다.
To participate in every large scale sale sponsored by the company.

2. 본사가 판매하는 월간 판촉 서비스를 신청하고, 사용하고, 진열하고, 그 비용을 지급한다.
To subscribe, use, display and pay for the monthly promotion service from the company.

3. 본사의 월간 판촉 계획을 이용하여 자신의 광고와 판촉 활동을 만들고 이행한다.
Use the company's monthly promotion plans to make and carry out their advertisement and promotion.

4. 다양한 제품의 진열에 사용되는 모든 공간의 최소한 25퍼센트를 렉솔 제품 홍보에 사용한다.
Use 25% of all the space used for displaying variety of products for promoting Rexall products.

5. 모든 광고가 렉솔약국의 광고라고 밝힌다.
State that all advertisements are Rexall drugstore advertisements.

6. 본사가 배포하는 광고물을 사용한다.
Use advertisements distributed from the company.

7. 렉솔과 렉솔 판매업자들을 판촉하기 위한 목적으로 본사가 지출하는 비용을 분담한다.
Share all expenses from the company used for the purpose of promoting Rexall and Rexall distributors.

계약서 문구만 보아도 리겟 시대의 본사, 약국 간의 관계와 완전히 달라졌음을 짐작할 수 있다. 이전의 비교적 독립적인 지위가 부여되었던 약국들을 본사 통제 아래에서 일사분란한 조직으로 변화시키려는 다트의 의지를 엿볼 수 있다.

[라이프誌에 실린 저스틴 다트]

개인 약사들은 이 조치에 대해 불만을 표시했지만 이 방향이 어쩔 수 없다는 것을 받아들일 수밖에 없었다.

셋째로 그는 향후 렉솔의 방향성을 기존의 독립된 렉솔약국이 아닌 대형 체인매장인 '수퍼스토어(Super-store)' 구축으로 잡았다. 면적이 최소 4,000평방피트인 수퍼스토어는 넓은 주차장이 딸린 대규모 매장이 있고, 그 매장 내에 제품을 종류별로 나누어서 취급하는 모델이었다. 제약업계가 레드오션화 된 상황에서 20세기 초반 큰 성공을 거둔 소규모 지역 기반 렉솔약국 콘셉트로는 경쟁력을 갖기 어렵다는 판단에서였다. 이에 따라 규모가 작고 수익성이 낮은 회사 소유 매장들도 폐쇄되었다.

이 '수퍼스토어' 개념은 오늘날에는 아주 자연스러워 보이지만, 제약 업계에서는 제약유통 역사에서 가장 급격한 변화중 하나라고 말해진다. 수퍼스토어는 특정한 제품을 전문으로 취급하는 여러 부서로 나뉘어져 있는 아주 커다란 약국이라고 보면 된다. 오늘날 흔하게 보이는 드럭스토어 개념이다. 수퍼 스토어가 도입되면서 약사들은 약국에서 너무 많은 물품들을 판매한다고 불평했지만 다트는 물품을 줄이기보다는 늘리는 것이 좋다고 생각했다. 그는 더 많은 물품들이 추가될 수 있도록 마케팅을 단순화시키려고 했고 이 목적을 위해 수퍼스토어를 전문 부서화하였다.

다트에게 수퍼스토어는 멋진 상품 계획 이상의 것을 의미했다. 이것은 수퍼마

켓들과 백화점 및 다른 소매업자들이 약품을 함께 판매하는 방향으로 환경이 바뀌는 상황과 점증하는 경쟁에서 승자가 되기 위한 다트의 무기였다. 다트의

[렉솔약국] *Source: From the author's private collection*

이 전략들에 대해서는 부정적인 견해도 많은데 리겟 시대의 낭만적인 꿈에서 깨어나 다트가 닥친 비즈니스 상황을 본다면, 충분히 취할 수 있는 전략들이었다고 생각된다. 실제로 이 조치들은 리겟 때와는 이미 많이 변화된 시장에서 살아남기 위한 그만의 전략이었다. 리겟은 독립되고 분리된 영세 약국들만 존재하던 제약시장을 어떻게 하면 보다 현대적이고 마케팅적으로 의미 있게 변화시키고, 시장을 만들어낼 수 있을까를 고민했었다. 이에 비해 다트가 닥친 상황은 리겟의 성공 이후 이미 많은 업체들이 렉솔과 비슷한 비즈니스 모델로 가지고 치열한 경쟁을 펼치고 있었으며, 일부 업체는 렉솔을 위협할 수준까지 커져 있었다. 그는 이렇게 레드오션화 된 시장에서 어떻게 살아남을 것인가, 계속 성장하려면 어떻게 해야 하는가에 대한 대답을 찾아야 했다.

홍보와 광고에 대해서 다트는 리겟과 생각이 거의 비슷해서 대체적으로 리겟이 해왔던 방식을 따랐다. 라디오를 비롯한 TV에 젊은 담당자를 내세워 광고하는 방식을 선호했고 큰 성공을 거두었다. 그는 또 브랜드 인지도를 높이기 위한 시도로, 로스앤젤레스 매장 오픈 행사를 할리우드 지역의 특성을 반영해서 대규모로 준비하기도 했고, 상업용 헬리콥터를 구매하여 '렉솔 머시쉽(Rexall Mercy Ship)'이라 명명하고 응급도구와 약품, 항독제를 가득 채워 시민들의 응급요청에 응할 수 있도록 지원하기도 했다. 항시 대기해야 하고 거리 제한이 있는 헬리콥터라서 그 효율성에 대해서는 당시에도 의견이 분분했지만, 인간의 생명을 구하기 위해서는 어떤 응급 요청에도 응하는 것을 최우선으로 한다는 제약회사로서의 이미지를 부각함으로써 소비자들의 브랜드 선호도를 대폭 끌어 올릴 수 있었다. 이러한 전략 변화를 통해 렉솔은 1940년대에 상당한 성공을 거둘 수 있었다.

위기와 극복 Overcoming the crisis

그렇지만, 이후 1950년대는 다트에게 힘든 시기였다. 2,500명의 인원을 감축했으나 손실이 계속 되어 여러 비용 감축조치가 잇달아 취해졌다. 경영개선을 위해 1955년까지 매각을 진행한 결과, 회사 소유 소매 매장은 190개만 남았다. 2차 대전 직후의 600개 수준에 비하면 대폭 줄어든 숫자였다.

이렇게 제약사업에서 큰 폭의 후퇴를 하자, 그는 기업을 살리기 위한 방안으로 새로운 사업분야로의 확장정책을 과감하게 시도한다. 다트는 제약업 자체만으로는 장기적으로 살아남기 불가능하다고 판단했던 것 같다. 그래서 그는 제약업만이 아닌 여러 업종으로 사업 진출과 확장 정책을 활발하게 펼쳐 플라스틱 사업으로 진출했다. 1958년 의약품 소매업과 관련된 사업만 인수하던 전통을 깨고, 전혀 새로운 사업분야인 플라스틱 용기 제품

타파웨어

타파웨어(Tupperware)는 미국의 플라스틱 주방용품 브랜드로, 발명가이자 과학자였던 얼 타파(Earl S. Tupper)가 1946년 설립했다. 타파웨어라는 브랜드명은 설립자의 성(姓)에서 따왔다. 얼 타파가 페인트 통 뚜껑 테두리의 밀봉 효과에서 착안해 개발한 플라스틱 밀폐용기를 시장에 출시한 것이 타파웨어의 시작이다.

타파웨어는 1948년 자영판매원이었던 브라우니 와이즈(Brownie Wise)가 창안한 홈 파티(Home Party)라는 독특한 마케팅 기법을 통해 더욱 널리 알려졌다. 타파웨어는 안정성이 검증된 순수 원료만을 사용한 환경 친화적인 플라스틱 제품을 생산한다. 타파웨어는 웹스터 사전(Webster's Dictionary, 미국의 대표적인 영어사전)에 등재되었을 정도로 밀폐용기의 고유명사처럼 불리고 있으며, 현재 전 세계 100여 개의 국가에 진출해 있다.

1958년 브라우니 와이즈는 타파웨어를 떠났으며, 얼 타파는 렉솔제약(Rexall Drug Company)에 타파웨어를 매각했다.

회사인 '타파웨어 홈 파티즈(Tupperware Home Parties)'를 사들인 것이다.

과감하게 타 업종 확장전략을 펼쳤던 다트에 대해 렉솔의 은퇴자 중 한 사람은 이런 인터뷰를 한 적이 있다.

다트는 의약품 소매업에 대한 관심을 잃었습니다. 그것은 중요한 문제였습니다. 그는 '의약품 업계'에서 성장했지만 보다 큰 비전을 가지고 있었습니다. 적어도 마음속으로는 말입니다. 저는 그를 비난하고 싶지 않습니다. 그는 아주 똑똑한 사람이었고 렉솔을 위해서 많은 일을 했습니다. 그는 대단히 훌륭한 퇴직자 연금 제도도 만들었습니다.

렉솔 관계자들 대부분은 다트가 처음부터 의약품 소매업의 미래를 크게 보지 않았다는 것을 알고 있었고, 이 점을 우려했다. 실제로 다트는 한 인터뷰에서 제조업의 수익이 더 크고 장기적인 성장 가능성도 더 좋다고 보고 있다는 의견을 표명하기도 했다. 그는 의약품 소매업이 점차 사양사업이 되어 간다는 점을 남보다 빨리 본 것이다. 따라서 다트는 점점 프랜차이즈 가맹점을 돌보지 않고 있었다.

1969년 다트는 렉솔약국들과 맺은 프랜차이즈 계약을 모두 해지하겠다고 발표했다. 여기에는 독점적인 약품 거래는 물론 푸른색과 오렌지색의 간판, 렉솔이라는 이름 사용에 관한 모든 것이 포함되어 있었다. 다트는 렉솔 내부의 사람들과는 다른 계획을 가지고 있었던 것 같았다. 다트는 그가 사망하던 1980년, 여러 번의 실패에도 불구하고 인수계획을 포기하지 않았던 크래프트 푸드(Kraft Food)를 마침내 합병하고 렉솔을 다트-크래프트(Dart-Kraft)로 변경하는 것으로 그의 경력을 마무리한다.

그의 행보에 대하여 많은 사람들이 의문을 제기한다. 그의 죽음 이후, 한 주식

[타파웨어 광고] Source : From the author's private collection

시장 분석가는 "나는 다트가 그 거래를 원한 이유가 도무지 무엇이었는지 알 수가 없다"고 말했고, <포춘>지는 "왜일까? 그 답은 지금까지 사들이거나, 만들거나, 팔아치운 회사가 50개 이상에 달하는 저스틴 다트의 야망 속에 감추어져 있다."라는 답을 내놓기도 했다.

다트는 협동하여 다른 사람과 함께 일을 진행하는 사람이라기보다는 스스로 판단하고 결정하며 추진하는 스타일이었다. 이 부분에 대해서는 그 자신도 인정했다. 그는 화합형 리더라기보다는 오히려 승부사로서의 리더라고 하는 것이 적절할 것 같다. 의약 소매업의 사양화가 점점 확실해져가는 시점에 어떻게 해야 기업을 살릴 수 있는가? 기업이 성장하고 발전하기 위해서 리더는 어떤 역할을 할 것인가 하는 것은 언제나 모든 리더 앞에 주어진 과제이지만, 다트는 어쩌면 그 역할에 충실하려고 했던 것인지도 모르겠다. 그가 의료제약 프랜차이즈 사업에 적합한 인물이었는지에 대해 의문을 제기하는 사람들이 있긴 하지만, 그가 렉솔이라는 기업에 다양한 색깔을 입히고, 리겟이 만든 전통이 발전되도

크래프트 푸드

크래프트 푸드(Kraft Food)는 미국의 식품 제조업체로, 스위스의 네슬레와 함께 세계 2대 식품 기업이다. 155개 나라에서 9만 8000명의 인원이 일하고 있다. 크래프트에서 생산하는 수많은 브랜드 중 맥스웰 하우스, 필라델피아 크림 치즈 등 11개의 브랜드가 매년 10억 달러 이상의 매출을 올리고 있다.

1909년 크래프트의 네 형제들도 함께 참여해 J.L.크래프트브라더스컴퍼니(J.L. Kraft Bros. Company)를 출범시켰다. 일리노이 주에 자체 치즈 공장을 세워 1914년에는 31가지의 다양한 치즈를 생산, 판매하였다. 1930년 미국에서 치즈 시장 점유율 40%를 차지하며 내셔널 데어리(National Dairy), 보든(Borden)에 이어 세 번째로 큰 유제품 회사가 되었다.

1995년 회사 이름을 '크래프트 푸드'로 바꾸었으며, 2000년 비스킷 회사인 나비스코(Nabisco Hildings Corp.)와 합병하였다. 2010년 영국의 제과업체인 캐드버리를 197억 달러에 인수하였다.

[출처-네이버 지식백과]

록 한 공로는 인정해야 할 것 같다.

어쨌든 리겟과 다트라는 렉솔의 두 인물은 전혀 다른 색깔의 리더십으로 렉솔이라는 브랜드를 위대한 브랜드로 변화 발전시켰다.
다트의 시대를 지나면서 이제 의약 소매업 중심의 렉솔은 확실한 변화를 요구받는다. 리겟에서 시작한 새로운 제약업이 새로운 경쟁과 새로운 변화의 시대에 발전적인 변화를 어떻게 만들어갈 것인가 하는 숙제를 풀어야 하는 순간이 왔다.

리겟의 38년과 다트의 34년은 다른 색깔로 렉솔의 역사에 기록되어 있지만, 변화하는 비즈니스 환경에서 최선의 답을 찾으려는 노력은 계속되었다. 이 시점에 등장하는 인물이 바로 칼 드산티스이고, 그의 회사인 선다운이라는 기업이다. 그를 통해 렉솔이 추구하는 가치는 발전적으로 계승된다.

[크래프트 푸드 광고] Source : From the author's private collection

[크레프트 푸드]

1903년 제임스 L. 크레푸트(Jame L. Kraft)가 시카고에 조그만 치즈 도소매 회사를 설립하면서 시작하였다. 3년 뒤 동생 찰스와 함께 지역 소매업자들에게 공급하는 치즈를 가공하기 시작하였다. 이들 형제는 방부 처리된 치즈의 특허를 얻어 제 1차 세계대전때 미 육군에 대량으로 납품하였다. 스위스 네슬레 사와 더불어 세계 2대 식품회사이며 제품으로는 하인즈 케첩, 필라델피아 크림 치즈, 맥스웰 하우스 커피 등이 있다.

California Boom CONTINUED

DART'S MIGRATION

Drug president moves his company to California because he likes it

California's most spectacular business acquisition in its postwar boom has been Justin Dart, president at 38 of the United-Rexall Drug Company. Some time ago Dart told his company that if it wanted to keep him as president it would have to let him move the main office from Boston to Los Angeles. A Midwesterner by birth, Dart disliked Boston's climate, liked California's. To his directors he argued that, with income taxes so high, he could attract better executives by offering them good living rather than more money. He also pointed out that California had originated the supermarket and the drive-in. Dart then persuaded his employes that they would like California, assigned advance agents to buy 62 homes and rent floors in hotels to house them and finally obtained a B-17 to shuttle from coast to coast until every last executive, family, secretary, file, typewriter and dictating machine was in California.

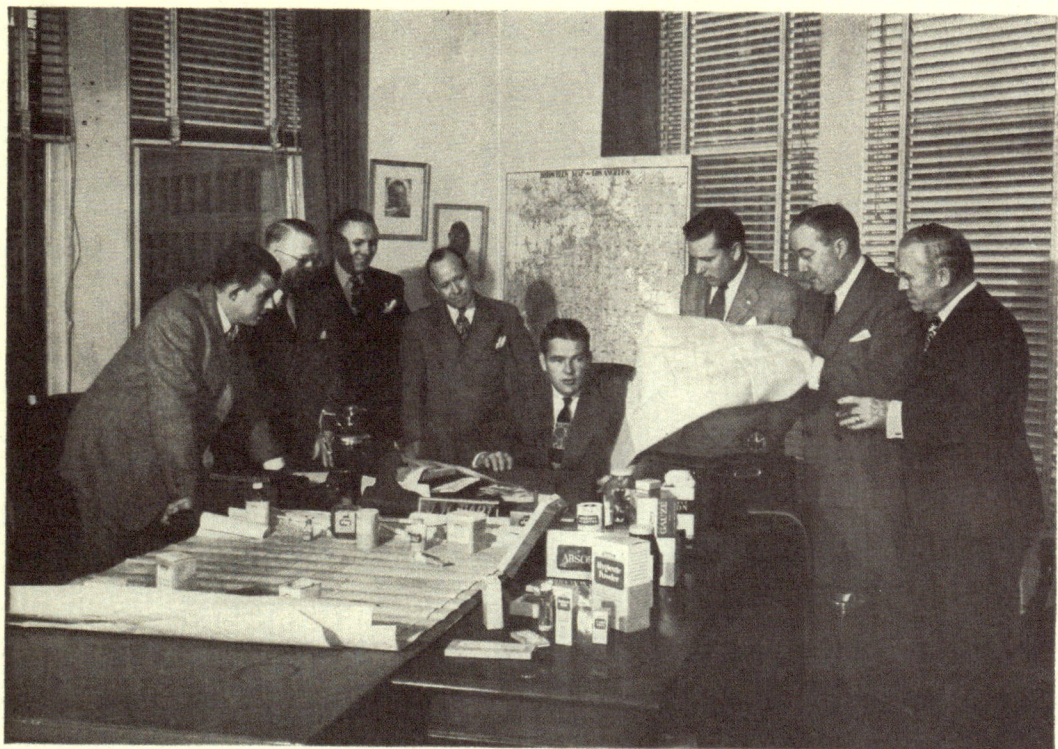

WITH OTHER EXECUTIVES of the United-Rexall Drug Company, President Dart (*seated*) discusses new building the company will erect. Dart argues that California is the best place for the management of business since, with the aid of teletypes and fast planes, management "can manage there just as efficiently and certainly more comfortably." United-Rexall's manufacturing operations will continue in the Midwest and East. Spread out before Dart are samples of packaging, a subject which greatly interests him.

THE SITE of the new "world headquarters" for United-Rexall, the world's biggest drugstore chain, is at Beverly and La Cienega Boulevards near the boundary of Los Angeles and Beverly Hills. Building which the company plans to erect will cost $2,000,000.

IN THE SUNSHINE which was one of the attractions that lured him to California, Dart plays ball with his wife, who is another California product he likes tremendously. Mrs. Dart is the former Jane Bryan, Warner Bros. starlet whom he married in 1939.

Source : From the author's private collection

기사를 통해 바라본 다트 - 1

다트의 이전 :
개인적 취향으로 회사를 캘리포니아로 이전한 제약회사 사장

전후 경제 호황 중 캘리포니아 주의 가장 눈에 띄는 기업 인수는 유나이티드 렉솔 제약회사의 38살에 사장이 된 저스틴 다트이다. 언젠가 그는 자신을 회사에 사장으로 계속해서 앉혀 두고 싶다면 본사를 보스턴에서 LA로 이전해야 할 것이라고 말한 적이 있다. 중서부 출신인 다트는 보스턴의 기후보다 캘리포니아의 기후를 훨씬 더 선호했고 소득세가 워낙 높은 탓에 돈보다는 삶의 수준을 높이겠다는 제안을 통해 더 나은 경영진을 구성해 나아갈 것이라고 이사진을 설득했다. 그리고 슈퍼마켓과 드라이브인이 캘리포니아에서 처음 시작되었다는 사실을 강조했다. 다트는 직원들에게 캘리포니아의 행복한 삶을 약속하며 그들이 거주할 62개의 집을 구매하거나 호텔방을 임대하고 모든 경영진과 가족, 비서는 물론 문서, 타자기, 구술 녹음기가 캘리포니아로 옮겨질 때까지 B-17 셔틀을 확보해 운행했다.

하단 왼쪽 사진은 세계에서 가장 큰 규모의 약국 체인점 유나이티드 렉솔의 새로운 '글로벌 본부' 현장이 로스앤젤레스와 비벌리 힐스의 경계선 근처에 있는 비벌리와 라 시에네가 대로에 위치하고 있음을 확인할 수 있는 사진이다.

유나이티드 드러그(Rexall)가
본사를 보스턴에서 로스엔젤레스로
이전하면서 미공군으로 부터 임대하여
사용했던 B-17 수송기

Los Angeles board room

Source : From the author's private collection

기사를 통해 바라본 다트 - 2

저스틴 다트는 **행동하는 사람이다**

렉솔의 사장인 저스틴 다트(40세에 연봉 7만 5천 달러)는 단지 캘리포니아의 기후가 더 낫다는 이유로 보스턴에서 헐리우드로 사무실을 옮겼다. 헐리우드에서 그가 자세를 잡고 있는 위의 회의실을 포함해서 호화로운 사무실들을 지었다.

그의 앞에 놓인 회의실 탁자는 개인회사중에 가장 크게 제작된 것이다. 그의 뒤에 놓인 벽화는 렉솔 버전의 사무실 지도이다. 무수히 많은 약국을 제외한 공장과 창고들을 나타내고 있는 건물들이 인쇄되어 있다. 벽화 왼편에는 렉솔 약사가 렉솔 제국을 조사하고 있다.

그러한 사치스러움은 1941년 다트가 회장이 된 이후로 렉솔의 전형적인 특징이 되었다. 다트는 약국을 상가로 전환하고 약사를 점진적으로 후퇴시켜 주목받는 부서의 뒷자리에 상대적으로 모호한 위치로 옮겨 놓은 책임이 있다. 그의 가장 두드러진 공로는 약국에 부스를 개발한 것이다.

비록 수 천 명의 지방 약사들이 처방전을 조제하고 나일론 스타킹이나 카메라를 팔지 못하는 한가한 날들을 보내는 것에 한숨을 쉬고 있을지라도 그들은 다트가 경영 개선에 올바른 처방을 세웠다는 것을 알고 있다.

CLOSE-UP

SUPER DRUGGIST DART

A handsome ex-football hero from Chicago who married a beautiful ex-movie actress from Hollywood is the head of huge United Drug

by ROBERT SELLMER

SALESMAN DART stands behind counter of one of the 550 United-Rexall drugstores which he controls as president. To those who made fun of drugstores for selling everything but drugs he replied by selling still more things: nylon stockings, toys and dog food.

THE current hero of the Los Angeles Chamber of Commerce is a young, ruggedly handsome businessman named Justin W. Dart, who enchanted local boosters last year by turning down the $150,000-a-year presidency of Montgomery Ward for the $75,000-a-year presidency of United-Rexall Drugs just so he could live in southern California.

To keep Dart from accepting the Montgomery Ward offer, the directors of United-Rexall had to move their home office from Boston to Los Angeles, but they tore up their roots willingly, convinced that the migration was more than worthwhile.

At 38 Dart is the nation's No. 1 chain-drugstore tycoon. As an executive of Walgreen's drugstores, prior to his association with United-Rexall, he helped make that business the best in its field by looking the old "my-God-what-will-they-sell-next" drugstore joke straight in the eye and then developing it until some of his emporia could scarcely be distinguished from department stores. When he left Walgreen's and went to United he reorganized that conservative firm, spent money freely and had the satisfaction of watching United stock rise from $2.88 in 1941 to $16.88 in 1946, even after a two-for-one split.

Dart himself has a simple explanation for his business success. "Hell," he says, "the only reason I got on so well at Walgreen's was that nobody with a grain of sense would go into the drug business in 1929." Dart went into it solely because a campus romance had ended in his marriage to Ruth Walgreen, daughter of the chain-drugstore wizard, Charles S. Walgreen. Right here a cynical biographer might think he had discovered the secret of Dart's rapid rise. He had applied that tried-and-true formula for business success: marry the boss's daughter. Dart himself admits, "For the first year Mr. Walgreen practically carried me under his arm." During that year he rose from a $25-a-week stock clerk to head of store operations for the entire chain, which at that time consisted of 375 stores.

But as an explanation for Dart's success, nepotism will not stand up. For presently, when he and the boss's daughter were divorced, the boss not only kept him on as general manager but left him a large share of the business when he died. By this time, under Dart's guidance, Walgreen's, with less than half the assets of United Drug, was making half a million dollars more annual profit.

Dart's friends and business associates are agreed that his principal attributes are an untrammeled receptiveness to new ideas, an unusual knack of entrusting work to his subordinates and an extraordinary fund of energy, the last of these being his most obvious characteristic. Called Superman by most of his female help, Dart goes through an office with the impetuousness of a substitute running out on the field in the last two minutes of a 6 to 6 tie; papers blow off desks, doors slam and minor executives jump as though a charge of bird shot had ripped through their swivel chairs. This performance is by no means all show. Dart manages, in addition to getting through a day's routine in about four hours, to speak at dozens of conventions, prowl unceasingly through as many of his stores as possible and occasionally play basketball with his Rexall trainees. In his spare time Dart has piled up 2,300 hours flying time since he first soloed in 1935, much of it piloting company planes around the country. He is an indefatigable, and not unskillful, golf and tennis player, serves as a director of United Airlines and the American Broadcasting Company, and ropes calves if there is a calf-roping contest in the neighborhood. An abstemious man, he frowns on drinking by his employes, an attitude which has resulted in a tremendous increase in the consumption of gum and mints by all his associates.

"Make money, but have fun doing it"

DART hugely enjoys his arduous and manifold activities. He likes to tell his Rexall trainees, "Make money, but have fun doing it." Once when Dart was working with Walgreen's the advertising head of the Chicago *Herald-American* came into his office to sell him advertising space. Dart would have none of it but the man lingered and nothing Dart could say would make him leave. Dart had on his desk a large box of body powder and in one corner of his office a sand wedge that he kept around for practicing his golf swing. Placing the box of powder on the floor and taking up the sand wedge, the fun-loving druggist said, "My friend, if you don't get the hell

Source : From the author's private collection

기사를 통해 바라본 다트 - 3

수퍼 제약사 다트

미모의 헐리우드 배우와 결혼한 잘생긴 시카고의 전-미식축구 영웅이 거대한 유나이티드 드러그의 수장이 되다

오늘날 로스앤젤레스의 상공 회의소 영웅은 바로 젊고 다부지고 잘생긴 사업가 저스틴 다트이다. 작년에 그는 단지 남부 캘리포니아에서 살고 싶다는 이유로 연봉 $150,000의 Montgomery Ward 회장직 대신 연봉 $75,000의 United Rexall Drug 회장직을 맡으며 지역 활성을 촉진시켰다.

- 중략 - 다트는 자신이 사업에 성공한 것을 다음과 같이 단순하게 정리했다. "뭐, 제가 Walgreen에서 성공한 이유는 1929년에 맨 정신으로 제약사업을 시작할 사람이 아무도 없었기 때문이죠." 다트가 그 일을 시작한 이유는 대학교에서 만나 결혼한 Ruth Walgreen가 체인약국의 사장인 Charles S. Walgreen의 딸이었기 때문이다. 냉소적인 전기 작가라면 이것이 다트가 급상승 할 수 있었던 비밀이라고 착각할 것이다. "사장의 딸과 결혼하라"는 이미 검증된 사업 성공 공식을 대입시키는 것이다. 다트도 첫 해에는 Mr. Walgreen이 자신을 업고 가다시피 했다고 인정했다. 당 해에 그는 주당 $25 주식 사무원에서 당시 375개의 약국을 모두 관리하는 사업본부장으로 올라섰다.

하지만 다트의 성공에 연고주의가 설 자리는 없다. 왜냐하면 그가 회장의 딸과 이혼한 후에도 회장은 그를 총지배인 자리에 그대로 두었을 뿐 아니라 사업의 큰 부분을 상속하도록 했기 때문이다. 이 때 그는 이미 United Drug의 절반밖에 안되는 자본으로 Walgreen의 연간 수익에 50만 달러를 추가적으로 내고 있었다.
다트의 친구들과 사업동료들이 말하기를, 다트의 주요 특성은 그의 새로운 생각을 자유롭게 받아들이는 것과 부하직원에게 아무런 걱정없이 일을 맡기는 것, 그리고 이미 모두가 눈치채고 있겠지만 끊임 없이 샘솟는 에너지이다. 수퍼맨이라는 별명을 가진 그는 오전 6시부터 오후 6시까지 일하며 쉴 새 없이 사무실을 돌아다니며 서류작업부터 외근까지 마다하지 않고 일했다. 다트는 하루 일과를 약 4시간만에 마치고는 12개의 컨벤션에서 연설을 하고 자신이 소유한 약국들을 답사하고 렉솔 교육생들과 농구 경기를 즐긴다. 그는 1935년에 여가활동으로 단독 비행을 시작한 이후로 2,300시간을 비행하며 그 대부분은 회사 비행기로 전국을 돌아다니며 보냈다. 그는 포기할 줄 모르는 꽤 실력 있는 골프와 테니스 선수이며 유나이티드 항공사와 ABC 방송사의 임원이며 동네에서 카프 로핑 시합이 있을 때면 송아지를 몰기도 했다. 절제의 삶을 추구하는 그는 직원들의 술 마시는 것에 눈을 찌푸렸고, 결국 그의 지인들은 술 대신 검과 민트를 달고 살 수 밖에 없었다.

"즐겁게 돈 벌자"

다트는 그의 많은 혹독한 활동들을 상당히 즐겨한다. 그는 렉솔 교육생들에게 "즐겁게 돈 벌자"라고 격려한다. 한번은 다트가 Walgreen에서 일하던 시절 Chicago Herald-American의 광고 대표가 그에게 광고란을 팔기 위해 사무실을 방문한 적이 있었다. 다트는 관여할 바가 없었으나 그는 도무지 다트의 사무실을 떠날 기색이 없었다. 당시 다트의 사무실 책상에는 바디 파우더와 한 구석에는 골프 스윙을 연습할 때 쓰던 샌드웨지가 놓여있었다.

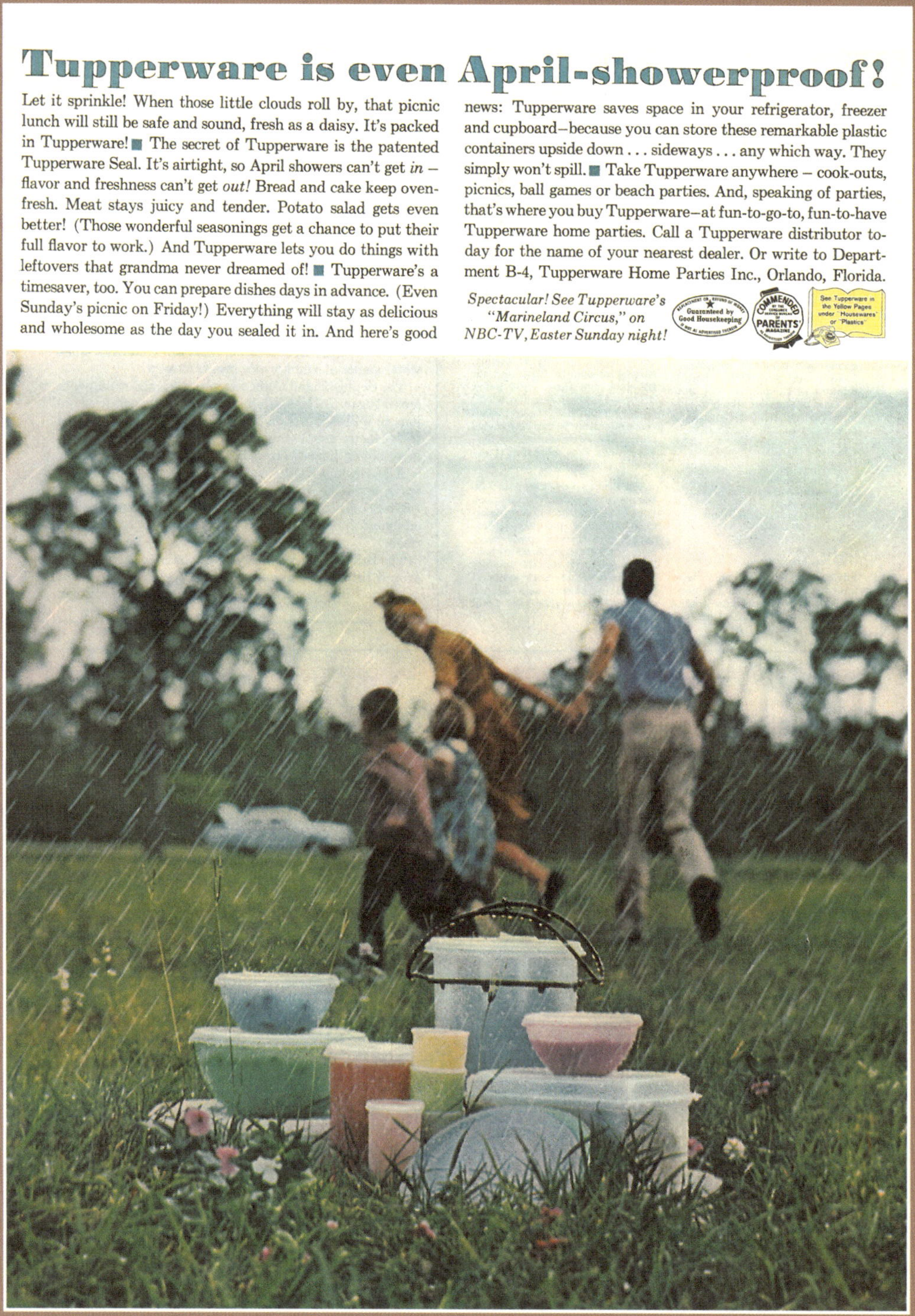

Tupperware is even April-showerproof!

Let it sprinkle! When those little clouds roll by, that picnic lunch will still be safe and sound, fresh as a daisy. It's packed in Tupperware! ■ The secret of Tupperware is the patented Tupperware Seal. It's airtight, so April showers can't get *in* – flavor and freshness can't get *out*! Bread and cake keep oven-fresh. Meat stays juicy and tender. Potato salad gets even better! (Those wonderful seasonings get a chance to put their full flavor to work.) And Tupperware lets you do things with leftovers that grandma never dreamed of! ■ Tupperware's a timesaver, too. You can prepare dishes days in advance. (Even Sunday's picnic on Friday!) Everything will stay as delicious and wholesome as the day you sealed it in. And here's good news: Tupperware saves space in your refrigerator, freezer and cupboard—because you can store these remarkable plastic containers upside down . . . sideways . . . any which way. They simply won't spill. ■ Take Tupperware anywhere – cook-outs, picnics, ball games or beach parties. And, speaking of parties, that's where you buy Tupperware—at fun-to-go-to, fun-to-have Tupperware home parties. Call a Tupperware distributor today for the name of your nearest dealer. Or write to Department B-4, Tupperware Home Parties Inc., Orlando, Florida.

Spectacular! See Tupperware's "Marineland Circus," on NBC-TV, Easter Sunday night!

Source : From Frank Sternad's private collection

저스틴 다트와 타파웨어

4월의 소나기에도 **끄떡없는 타파웨어**

비야 오너라! 갑작스럽게 찾아온 비에도 피크닉 음식을 신선한 데이지 꽃처럼 지켜줍니다. 타파웨어를 준비했거든요! 타파웨어의 비밀은 바로 특허된 타파웨어 봉인입니다. 4월의 소나기도 틈을 찾기 어려운 밀폐력으로, 향과 신선함을 유지합니다. 빵과 케이크는 갓 오븐에서 나온 것처럼 신선하게 보존됩니다. 고기는 항상 육즙이 가득하고 연합니다. 감자 샐러드는 시간이 지날수록 더욱 풍부해집니다! (놀라운 시즈닝의 맛이 시간이 지날수록 스며들며 더 맛을 내기 때문이지요.) 음식 남기는 걸 못 보는 할머니에게도 필요합니다. 타파웨어는 시간도 절약해 줍니다. 전날 음식을 준비하세요. (일요일 피크닉 음식을 금요일에 준비해도 좋습니다!) 만든 다음 날에도 똑같이 맛있고 완전한 음식을 즐기실 수 있습니다.

좋은 소식이 하나 더 있습니다. 눕혀놓아도 되고 뒤집어놓아도 되고 어떻게 놓아도 좋은 신통한 플라스틱 용기 덕분에 냉장고, 냉동고, 찬장의 공간을 절약할 수 있습니다. 도무지 새어나지 않거든요. 야외 요리건, 피크닉이건, 축구 경기건, 해변에서의 파티이건 어디든지 타파웨어와 함께하세요. 파티가 말이 나와서 말인데, 타파웨어를 구매하는 곳이 바로 오는 사람도 즐겁고 여는 사람도 즐거운 타파웨어 홈 파티랍니다. 타파웨어 공급자에게 전화해서 당신의 지역에서 가장 가까운 판매인의 이름을 물어보세요. 혹은 플로리다 주 올랜도 타파웨어 홈파티 주식회사의 B-4 부서로 연락주세요.

저스틴 다트와 크래프트 - 1

"논란의 중심, New Kraft Free Honey Dijon"

달콤한 꿀과 톡 쏘는 머스터드의 맛있는 조화.
지방과 콜레스테롤이 없는, 한번 맛보면 왜들 소란인지 이해할 수 있습니다.
무지방으로도 맛있는, 크래프트

03

또 한 명의
루이스 리겟,
칼 드산티스

The second Liggett, Carl DeSantis

리겟과 드산티스 Liggett and DeSantis

세상이 변했다. 1903년의 세상과 1986년의 세상은 다른 세상이다. 사람도 변했고, 소비 트렌드도 변했고, 사람들이 걱정하고 의식하는 것도 변했다. 1903년의 렉솔과 1986년의 렉솔이 같은 방향성과 같은 전략을 가질 수도, 같은 모습을 가질 수도 없었다. 비록 렉솔의 이름은 다트와 그 후 여러 사람의 손을 거치면서 달라졌지만, 렉솔의 가치가 사라진 것은 아니었다. 그 가치를 다시 한 번 되살린 인물이 바로 칼 드산티스였다.

칼 드산티스는 또 하나의 루이스 리겟이다. 성장과정과 비즈니스를 보는 시각, 그리고 전략적 방향성 설정까지 루이스 리겟과 상당히 많이 닮기도 했지만, 그 스스로 루이스 리겟의 역할을 해야 한다는 의무감도 많이 느꼈던 것 같다. 그의 자전적인 책 『Vitamin Enriched』에는 그가 이에 대해 언급한 부분이 등장한다.

렉솔의 이야기는 1902년 어느 오후 시애틀로 가는 기차에서 루이스 K. 리겟이 큰 꿈을 품으면서 시작됩니다. 20세기 동안 거의 모든 미국인의 삶에 영향을 끼쳤던 커다란 꿈이었죠. 리겟은 강력한 제약 유통 조직을 만들고, 이를 기반으로 프랜차이즈와 직영 렉솔약국들을 만들었습니다. 리겟의 다른 꿈들도 점차 실현되었죠. 그의 꿈은 각 주의 모든 카운티에 렉솔약국을 세우는 것이었습니다. 결국 그는 거의 25,000개에 달하는 약국에 렉솔 간판을 걸고, 렉솔 제품을 판매할 수 있었습니다.

리겟처럼 나도 꿈이 있었습니다. 나는 고객들에게 가장 순수하고 높은 품질의 비타민과 영양제를, 다른 공급자들보다 더 저렴하고 공정한 가격에 주고 싶었습니다. 나는 그 꿈을 위해 살아왔고, 앞으로도 그 꿈을 이루기 위해 살 것입니다. 그 꿈을 따라가다가 렉솔을 만났습니다. 내가 렉솔을 만났을 때, 그것은 말 그대로 멸종 위기에 빠진 동물과 같은 모습이었습니다.

내가 렉솔을 인수하던 날, 나는 루이스 리겟의 영혼이 내 몸 속에 들어온 듯한 느낌을 받았습니다. 그 후로 나는 그의 열쇠지기가 되었다고 믿게 되었고 지금까지도 그렇게 생각하고 있습니다. 오늘날 우리는 렉솔의 이름을 우리 회사의 간판에 자랑스럽게 내걸고 있습니다.

[Vitamin Enriched, 칼 드산티스]

리겟의 꿈이 비타민를 포함한 제약이라는 산업 전체에 대한 것이었다면, 드산티스의 꿈은 제약산업 중 비타민과 천연영양제에 대한 것이었다. 이 차이에도 불구하고 리겟과 드산티스가 비즈니스를 바라보는 시각은 놀라울 정도로 닮아 있다. 좋은 제품을 적절한 가격에 공급하는 것, 그리고 관련된 사람들이 같이 발전하는 것, 이 철학이 리겟과 드산티드에게서 공통적으로 보이는 비즈니스 철학이다.

드산티스가 렉솔의 역사에 등장하는 1990년에는 이미 비타민에 대한 사람들의 인식이 많이 달라져 있었다. 리겟의 시대처럼 만들기만 하면 팔리던 시대가

[칼 드산티스] *Source : From the author's private collection*

아니었다. 제대로 된 영양제에 대한 사람들의 요구가 커지면서 자연에서 온 천연 영양제를 찾으려는 사람들이 늘어나고 있었던 것이다. 단순히 비타민이나 건강식품이라는 이름만으로 사람들을 끌 수 있던 시대는 이미 지나갔다. 최고의 원료로 만든 최고 품질의 비타민과 건강기능식품을 찾기 시작한 것이다.

렉솔의 가치를 다시 발견한 드산티스는 원래 '선다운(Sundown)'이라는 회사를 경영하고 있었는데 이 회사는 플로리다를 기반으로 하는 건강 기능식품 전문 회사였다. 드산티스는 건강 기능식품 시장의 미래에 대한 천부적인 감각이 있었다. 신생회사로 급성장한 드산티스에게는 렉솔이 추구하던 품질 제일주의, 천연재료 중심의 약재개발 노하우와 함께 렉솔의 브랜드가 절대적으로 필요했다.

그는 1985년 렉솔과 선다운간의 합병을 추진한다. 당시 다트의 무리한 사업 확장의 여파로 경영난을 겪고 있던 렉솔 또한 구원자를 간절히 기다리고 있는 상태였기 때문에 협상은 비교적 쉽게 성사되었다.

드산티스가 경영한 '선다운'이라는 회사는 칼 드산티스가 1976년에 세운 회사이다. 1976년에 설립된 회사가 10년 만에 거대한 렉솔의 인수를 추진했으니, 이 회사의 성장 속도가 얼마나 빨랐는지 충분히 짐작할 수 있다.

어린 시절과 성장기 Childhood and growing up

그렇다면 드산티스는 누구인가? 그는 1939년 7월19일 보스턴에서 플로랜스 디산티스와 아메리코 드산티스의 둘째 아들로 출생하였다. 3살이 되던 1942년에 아버지가 갑자기 사망하는 바람에 그는 조부모가 사는 마이애미로 이사를 하게 되는데, 그에게는 아버지에 대한 기억이 전혀 없었다. 이런 이유로 플로리다는 그의 비즈니스 출발지가 되고, 선다운이라는 회사명도 뜨거운 이 지역의 특성을 반영하게 된다.

그도 경제적으로 부유한 것은 아니었지만 루이스 리겟보다는 여유가 있어서 대학을 다닐 수 있었다. 타고난 비즈니스 감각은 리겟과 비슷했던 것 같다. 그도 어려서부터 온갖 사업을 경험하는데, 리겟과 비슷한 시기인 13살 무렵부터 사업을 시작했다. 그때부터 그는 제초기 사업, 너구리 사업, 잉꼬 사업, 목공, 신문 배달 등을 했다.

13살에 제초기 사업을 처음 시작한 이야기에서 그의 사업가적 기질을 엿볼 수 있다. 당시 모든 남자 아이들은 용돈을 벌기 위해 자기 집이든 남의 집이든 잔디를 깎았다. 1950년대 초기 제초기는 수동이나 전기식이었고, 전동식 기계는 거의 없었다. 드산티스와 친구인 팻은 서너 대의 전동제초기를 구입할 비용을 마련하였고, 자기들 대신 잔디를 깎아 줄 다른 아이들을 고용하였다. 직접 자신의 몸을 움직여 돈을 번 것이 아니라, 직원을 두고 사업을 한 것이었다. 그들은 매월 약 50회 이상 잔디를 깎았고, 드산티스는 숫자에 소질이 있었기 때문에 장부를 관리했다. 이들은 잔디를 한 번 깎을 때마다 3~7달러를 벌었는데, 제초비를 7달러 받게 되면, 5달러는 일한 아이에게 지불하고, 이들은 2달러를 챙겼다.

13세 아이의 머리에서 나온 사업 아이디어치고는 대단하다고 하지 않을 수 없다. 그는 자신의 성장과정과 경영철학에 대해, 앞서 언급한 『Vitamin Enriched』에서 다음과 같이 기술하고 있다.

나는 부유하게 태어나지 않았습니다. 나는 렉솔이나 재산을 물려받지 않았습니다. 나는 아버지나 그 누구로부터 어떤 종자돈도 선물로 받은 적이 없습니다. 우리 회사 초기에 도움을 주었던 내 아내가 내 보물이라는 사실은 맞지만, 그녀는 재력가의 딸이 아니었습니다.

나는 혐오스러운 일을 하거나 부정한 방법으로 수익을 내지 않았고, 또 잘못한 일을 좋은 것인 것처럼 포장하지도 않았습니다. 나는 내 사업을 할 때 수익성이 좋은 연방정부나 지방정부 사업을 따내기 위해 청탁을 하지 않았습니다.
나는 주식이나 채권 또는 원자재 선물시장 등에서 번 돈으로 회사를 설립하지 않았습니다. 나는 수익을 얻기 위해 아파트를 사고팔지도 않았고, 노동자들을 탄압하지도 않았습니다.

나는 회사를 인수합병해서 많은 실업자를 만들어내고 내 은행계좌를 불리는 방식으로 부를 늘리는 일을 하지 않았습니다. 나는 회사의 중요 요직에 오르면서 다른 사람을 떨어뜨리는 일을 하지 않았습니다. 누군가가 나를 백만장자로 만들어 줄 발명품을 가지고 오지도 않았습니다. 나는 자수성가한 백만장자이며 스스로 '역경은 성공으로 가는 다리'

라고 생각하면서 살아왔습니다.

[Vitamin Enriched, 칼 드산티스]

이런 부에 대한 철학을 가진 드산티스는 비즈니스 세계의 밑바닥에서부터 경험을 쌓아나갔다. 고등학교를 졸업한 드산티스는 플로리다 주립대학을 다니다 미국의 대형약국 체인인 수퍼-X와 월그린의 소매 약국에 입사하게 된다.

그 뒤로 17년간 소매 약국에서 경력을 쌓았는데 플로리다와 노스캐롤라이나에서 직원으로 약국을 관리 경영하며 사업체 운영에 대한 기본적인 사항들을 배웠을 뿐 아니라 소비자들이 구매 결정을 어떻게 내리는지, 어떤 구매 권유와 프레젠테이션에 반응을 보이는지, 시간이 흐르면서 고객의 기호는 어떻게 변화하는지를 체득하게 되었다.

사업 훈련기와 선다운 Business training and Sundown

이 기간 동안 그는 소비자의 관심과 유행의 작은 변화도 알아챌 수 있는 예리한 시각과 민감한 귀를 개발하게 되었다.

드산티스가 가진 고객들과의 일상적인 상호 작용과 트렌드, 틈새시장을 포착하는 감각은 훗날 그가 새로운 방향을 찾기 시작했을 때 더 없이 소중한 자산이 되어 주었다. 그 즈음 그는 약국에 계속 머물러 있는 것은 성공에 한계가 있음을 깨닫고 다른 길을 고민하고 있었다. 하지만 2남 1녀 아이들의 뒷바라지도 아직 끝나지 않았고 자산도 크게 일궈놓지 않은 상황이라 무작정 약국을 뛰쳐나갈 수는 없었다. 드산티스는 적은 비용과 창의적인 아이디어로 할 수 있는 사업을 구상하고 구체화한 뒤 당장은 포기할 수 없었던 약국 일과 병행하기로 결정했다. 무엇이라도 해야만 목표를 이룰 수 있다고 생각했던 것이었다. 그것은 근무

시간 외에 더 열심히 일을 해야 한다는 뜻이기도 했다.

드산티스는 마이애미비치에서 약국을 관리하다가 북부의 추위를 피해서 남부 플로리다의 따뜻한 햇살을 찾아온 사람들이 피부를 진정시키고 보호하기 위하여 약국에 들른다는 사실을 포착했다. 그들은 햇빛에 익숙하지 않았기 때문에 피부가 햇볕에 쉽게 탔다. 그는 약사들과 함께 여행객들이 부담을 느끼지 않을 정도로 저렴한 가격의 '선다운'이라는 로션을 개발하여 판매하기 시작했다. 타고난 그의 영업력이 제대로 가동되기 시작했다. 결과는 대 성공이었다. 이것이 드산티스가 사업가의 세계에 첫발을 들여놓게 되는 사건이었고, 여기서 그의 회사 이름 '선다운'이 유래한다.

드산티스는 마케팅적 통찰력을 이용해 영양제와 건강용품에 대한 소비자들의 관심이 커지고 있다는 것을 읽어냈다. 건강한 삶에 대한 미국인들이 욕구가 점점 커지고 있음을 알게 되었으며, 그러한 추세는 앞으로 더 커지고 강해지리라는 것을 그는 누구보다 일찍 간파했다. 이러한 통찰력이 확신으로 굳어가면서 드산티스는 자신의 사업 계획을 세우고 구체화하여 1976년 비타민 통신 판매 사업을 시작한다.

1976년 9월 7일 드산티스는 선다운 비타민 주식회사를 설립하고 비타민 통신 판매사업을 시작하였다. 그는 브랜드를 SDV®로 정하고, 몇 가지 개발된 비타민 제품을 기반으로 집에서 사업을 시작하였다. 방 하나를 회사 창고로 만들었고 아내와 아이들이 직원이 되었다. 이를테면 '가족회사'였다. 주방의 식탁이 포장과 주문 처리 부서였고, 회계에 대한 지식이 있던 아내가 회계 담당을 맡고, 세 아이들은 학교가 끝나면 매일 같이 병에 라벨을 붙이고 배송 준비를 했다. 집 대문은 '발송 접수부서'가 되었다. 택배 직원이 매일 오후 대문 앞에 트럭을 대고

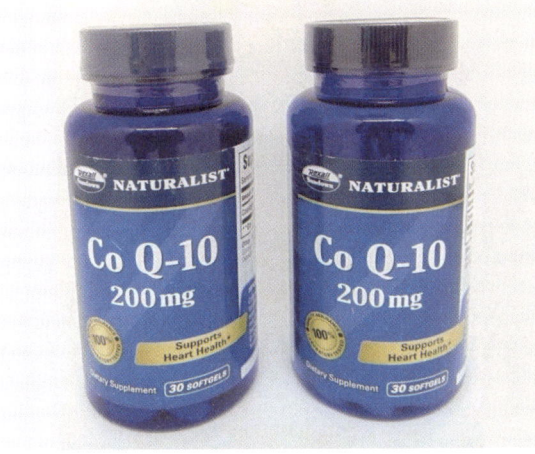

포장된 제품들을 수거해갔다.

1977년에 그는 종합비타민에서 C와 E를 제거한 제품 아이디어를 내놓는다. 대부분의 사람들이 종합비타민을 섭취하면서 C와 E 비타민을 별도로 섭취하고 있다는 사실을 발견하고, 비타민 C와 E를 제거함으로써 가격을 낮추어 출시한 것이다. 울트라맥스(불완전한 종합비타민)라는 이름으로 출시한 이 제품은 필요한 성분이 충분하게 포함되어 있으면서도 저렴한 종합비타민으로 확실하게 자리를 잡을 수 있었다. 고객들은 이 제품에 열광하였다.

그의 판촉 마케팅 계획은 단순했다. 만족한 고객들의 입소문과 주간지에 낸 광고가 전부였다. 그럼에도 불구하고 그의 통신판매 사업은 매일 매일 상승곡선을 그리며 대성공을 거두었다.

성공을 확신한 드산티스는 통신판매업에서 추가로 소매 약국 사업에 뛰어들었다. 이름이 알려지기 시작한 선다운 비타민을 판매할 약국 프랜차이즈 사업을 시작한 것이다. 사람들이 몰려들었고 그는 남동부와 북동부 플로리다에 300개의 약국을 열었다. 통신판매를 시작한지 5~6년 만의 일이었다.

바야흐로 건강식품과 비타민의 시대였다. 1980년대 초는 기대수명이 길어지면서 건강과 식품, 운동에 이르기까지 사람들의 건강에 대한 관심도가 점점 커져가고 있었던 시기였다. 건강기능식품 시장의 성장에 따라 선다운 비타민사도 같이 커갔다.

1990년대가 되면, 건강기능식품 시장이 또 크게 변하리라는 것을 드산티스는 본능적으로 알 수 있었다. 이제까지 건강식품 섭취 자체를 중요시하던 고객들이 점차 품질을 살펴보기 시작한 것이다. 가격이 아닌 품질로 건강기능식품을 고르는 시대가 오고 있다는 것을 그는 알 수 있었다. 예상되는 새로운 시대에 대비하기 위해서는 다른 전략이 필요했다. 품질을 단기간에 획기적으로 올릴 수 있는 방법이 필요했다.

렉솔 인수와 도약 Taking over Rexall and making the leap

1985년 드산티스는 뉴욕의 제약업계 컨퍼런스에 참석하게 되었다. 거기서 다른 제약회사 사람들과 정보를 나누던 중, '렉솔'에 대한 이야기를 듣게 되었다.

드산티스에게 렉솔은 그가 찾던 바로 그 회사였다. 오래된 최고의 기술력으로 천연 약품과 천연 영양제를 생산해 낼 수 있는 최고의 회사였던 것이다.

드산티스는 다음 날 비행기에 올라 세인트루이스로 날아갔다. 곧바로 렉솔의 이름, 제품, 자산을 인수하는 수백만 달러 규모의 계약을 맺었다. 자금난으로 힘들어 하던 렉솔은 자신을 제대로 알아봐주는 새 주인을 만나게 된 것이었다.

1985년 9월 선다운 비타민 주식회사가 렉솔제약을 인수하고, 1986년 2월 '렉솔' 상표 및 잔여자산 전체가 모두 렉솔그룹(선다운이 렉솔 자산 인수를 위해 설립한 회사)에게 매각됨으로써 매입 절차가 마무리되었다. 렉솔은 성장하던 영양제 업계에서 선다운의 입지를 단기간에 확실하게 강화시켰는데 드산티스는 렉솔의 천연 영양제 라인과 더불어 리겟에서 시작된 렉솔의 오래된 전설까지 가질 수 있게 되었다고 생각했다.

[렉솔 약국에 전시되었던 플레나민 비타민 샘플]

이후 1989년에 드산티스는 렉솔의 독립적인 약국들에서 비타민 제품들을 판매하기로 결정하였으며, 1990년 네트워크 마케팅 자회사인 렉솔 쇼케이스 인터내셔날을 설립하여 유통을 강화하였다. 이 렉솔 쇼케이스 인터내셔널은 독립 판매업자를 통해 150가지의 영양, 식습관, 동종요법, 개인관리 및 정수관련 제품을 판매하는 직접판매 유통업체였다. 이 업체는 과학적으로 충분히 연구된 천연제품을 직접 소개를 통해 판매하는 채널로서 소속 세일즈맨들이 각자 자신의 사업을 하는 구조로 되어 있었다. 1991년, 선다운 비타민 주식회사는 렉솔 선다운 비타민 주식회사로, 1993년에는 렉솔 선다운 그룹으로 사명을 변경하고 주식시장에 상장된다. 렉솔 쇼케이스 인터내셔날은 해외 사업의 확장 정책으로 중미와 아시아 시장으로 확대된다.

2000년 6월 5일 네덜란드의 로얄 누미코에 렉솔 쇼케이스 인터내셔날을 포함한 렉솔 선다운 전체가 인수될 때까지 렉솔 선다운은 나스닥에서 5억 달러 이상의 시장가치로 성장하였고, 50개국에 1,000가지 이상의 제품을 판매하는 기업으로 성장하였다.

리겟의 영광 재현 Revival of Liggett's glory

비타민 사업으로 시작한 드산티스는 렉솔을 인수한 후, 리겟이 설립한 렉솔의 영광을 재현하려는 꿈을 꾸었다. 그는 리겟이 추진했던 마케팅과 각종 광고 등에 매료되었으며 그 의미를 이해하고 이를 어떻게 현대의 환경에서 재현할 수 있을지 늘 고민하였다.

그의 사업 전략에는 렉솔과 리겟이 추진했던 것들에 대한 경외감이 깃들어 있었다. 그는 리겟의 전미 의약품 무역협회와 각 지역에 독점적으로 진출한 렉솔약국의 개념에 감탄했고, 영국, 캐나다, 심지어 남아프리카 공화국의 희망봉에까지 진출한 렉솔 브랜드를 존경했으며, 렉솔의 잡지였던 렉솔 어드밴티지와 렉솔 열차 등의 브랜드 마케팅을 배우려고 노력한 사람이었다. 항상 화제의 중심에 있던 1센트 세일을 비롯한 판촉활동에 대해서도 배워 자신의 매장에 적용하려고 노력했다.

리겟의 시대가 품질 좋고 믿을 수 있는 의약품을 저렴한 가격으로 가까운 곳에서 공급하는 것이 최대 이슈였다면, 그리고 친근감 있는 가족약사 느낌의 브랜드를 구축하는 것이 목적이었다면, 또 다트가 수퍼 스토어개념으로 제약사업을 전체 산업환경의 흐름에 뒤처지지 않도록 자리매김을 하려고 노력했다면, 드산티스는 20세기 말의 변화하는 비즈니스 환경 하에서 렉솔의 가치를 다시 한번 발견하고 이를 현대적으로 해석하고 발전적으로 계승하려고 노력한 경영자였다고 말할 수 있다.

그는 비타민을 비롯한 천연 의약품 시대의 도래를 예측하고 준비한 사람이었고, 자신의 강점인 비타민 사업을 렉솔의 사업모델과 제품 철학에 접목하는데 성공한 사람이었다.
 그는 리겟 시절의 렉솔약국과 프랜차이즈, 다트 시절의 대규모 드럭 수퍼스토어를 넘어 네트워크 마케팅이란 새로운 직접 판매채널까지 발전시킨 경영자이기도 했다. 그로 인해 렉솔 브랜드가 살아남았으며, 렉솔 쇼케이스 인터내셔날과 이를 이어받은 유티시티에서 리겟의 렉솔정신이 이어질 수 있었다.

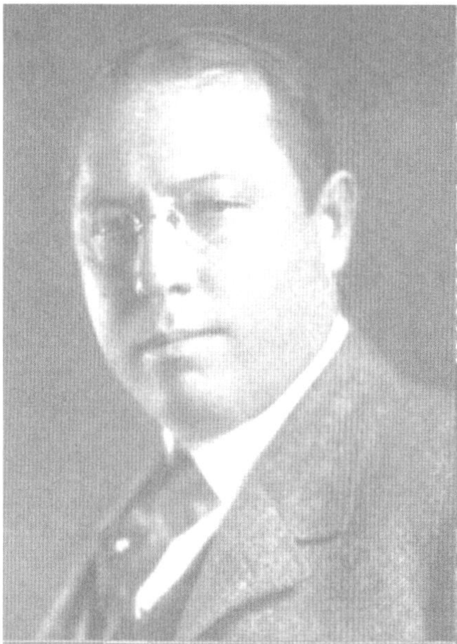

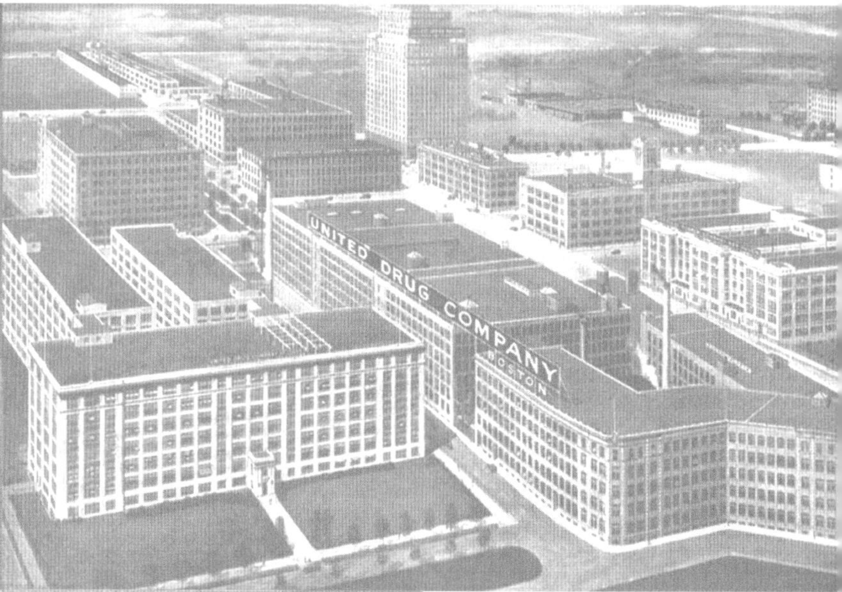

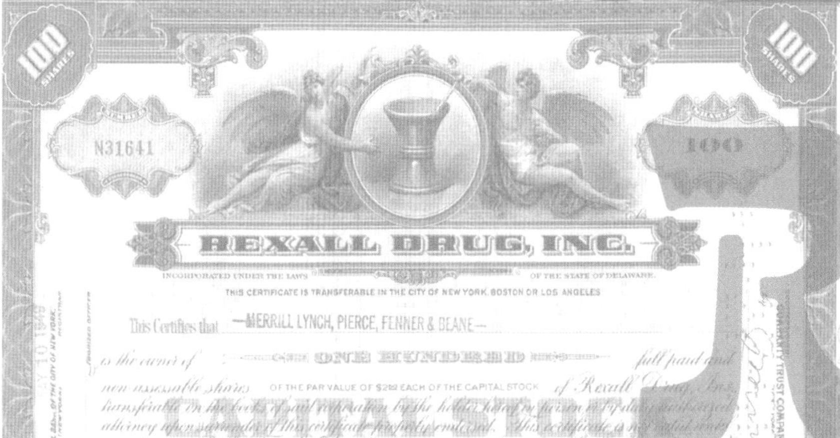

SOUVENIR FOLDER

1936 *Streamlined* CONVENTION

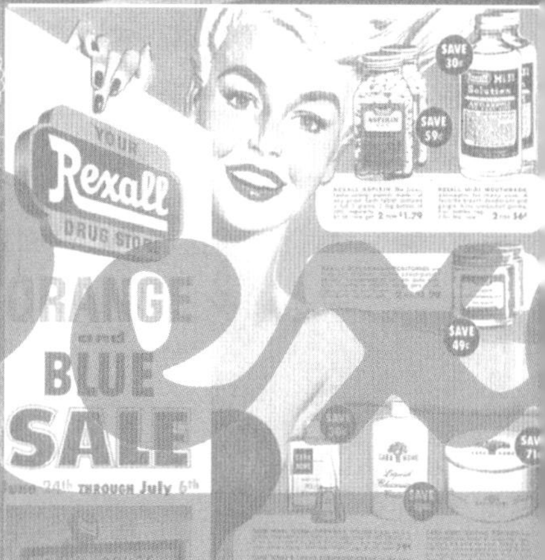

PART 2

전략이 다르다 –
"더 나은 세상을 꿈꿔라"

**Difference in Tactics –
Dreaming of a better world**

렉솔의 위대함은 어디서 나왔을까?
렉솔은 무엇이 위대한 것인가?

렉솔은 평범하지 않은 기업이었다. 몇 년 전 "모두가 Yes라고 할 때 No! 모두가 No라고 할 때 Yes!"라는 카피의 기업광고가 있었다. 렉솔은 전략적으로 그 길을 선택했다. 산업 전체가 당연하다고 생각한 방식을 당연하다고 생각하지 않고 더 나은 길, 더 높은 꿈을 꾸었다. 물론 훌륭한 리더들이 있어서 가능했던 꿈이지만 렉솔 구성원 전체가 다르게 생각하는 것을 당연하게 생각했고 받아들이는 기업문화가 아니었다면 가능했을까?

기업이 위대해지기 위해서는 평범하지 않은 차별성이 있어야 했다. 그럼 렉솔이 보여준 차별화는 무엇일까? 다른 기업의 차별화와는 어떤 다른 특징이 있을까? 비즈니스 세계에서 차별화란 소비자에게 제품이나 서비스를 제공함에 있어 한 기업이 다른 기업에 비해 더 높거나 더 만족스러운 가치를 제공하는 것을 의미한다. 이를 위해 기업들은 제품의 형태를 변형시키기도 하고 제공하는 시점이나 장소를 더 유용하게 제공하거나 용도를 복잡하고 다양하게 변형시키기도 한다. 하지만 그것만으로 궁극적인 차별성이나 경쟁 우위를 만들어내기는 쉽지 않다.

이런 차별화는 비즈니스의 세계에서 일반화된 비유인 '더 좋은 마차'를 만드는 수준이라고 할 수 있다. 렉솔의 차별화는 이와는 달랐다. '더 좋은 마차'를 만드는 것이 아니라 '자동차'를 만드는 차별화였다. '더 좋은 자동차'를 만드는 차별화가 아니라, '비행기'를 만드는 차별화였다. 근본적인 시장질서의 변화를 꿈꾸는 차별화였다.

먼저, 렉솔은 시장에 대한 접근에서 다른 경쟁자들과 달랐다.

[렉솔의 보여 준 위대한 기업의 차별성 - 마케팅계에서 최초로 시도된 렉솔 트레인과 1센트 세일]

Source : From the author's private collection

리겟은 당시 시장을 이해했고, 시장의 핵심 참여자인 약사들의 고민과 외로움을 먼저 이해하려고 했다. 그 이해를 바탕으로 기존 당연시되던 시장 질서를 흔들고자 했다. 이 밑그림에 따라 제품이 만들어지고 유통구조와 마케팅이 실행되었다.

또한 렉솔은 끊임없는 변화를 당연한 것으로 받아들이는 문화를 가지고 있었다. 20세기 초 기존의 시장 질서를 '렉솔 생각Rexall idea'이라는 새로운 아이디어로 흔들면서 큰 성공을 거둔 리겟의 렉솔은 다트의 시대에 수퍼스토어라는 새로운 개념으로 시장 질서를 다시 한 번 변화시켰으며, 드산티스의 시대에 또다시 제품과 유통 프로세스의 변혁을 만들어내었다.

렉솔은 인구통계학적 변화와 사람들의 취향 변화에 주목한다. 새로운 제품 니즈를 찾아내고 이를 소비자들에게 전달하기 위한 전략을 수립한다. 렉솔의 전략과 혁신은 항상 경쟁자들의 예상을 뛰어넘었고 가까이 따라오면 다음 계단으로 훌쩍 뛰어올라가는 것들이었다. 이제 우리는 이번 장에서 렉솔의 전략적 차별성, 시장에 대한 대응 내용을 사업모델의 혁신, 제품의 혁신, 유통구조의 혁신이라는 측면으로 살펴볼 것이다. 렉솔의 전략과 혁신을 통한 변신을 살펴보다 보면 우리가 자주 만나는 많은 기업들의 모습이 떠오르게 된다. 현대 기업들의 혁신 모델은 렉솔의 그것들과 많이 닮아 보인다. 렉솔은 당시의 구글이었고 아마존이었다. 애플이고 페이스북이었다.

04

사업 모델의 혁신 :
렉솔 생각
Business model: Rexall idea

리더는 혁신을 이뤄야 한다. 자신의 이름을 딴 식료품 수퍼마켓 체인으로 대대적인 성공을 거둔 세인스베리는 이렇게 말했다.

훌륭한 관리자가 갖추어야 할 특성으로 다른 모든 것들보다 중요한 것은 상상력이다. 성공적인 혁신가가 되기 위해서는 상상력이 풍부해야 한다. 리더에게 필요한 것은 비즈니스적 상상력이다. 리더의 상상력은 상황을 예견하고 변화에 대응하는 데 반드시 필요하다. 오직 활력 넘치는 상상력을 가진 리더만이 소비자, 동료, 가게의 점원 등 사람들 간의 예민한 이해관계 속에서 성장을 주도할 수 있으며, 이 능력은 산업이나 상업 분야에서 성공하기 위한 필수적인 요소이다.

[리더의 조건, 존 맥스웰]

비놀에 입사한 이후 리겟은 1899년부터 비놀클럽을 만들어 매년 약사들의 모임을 주관하였다. 이 비놀클럽을 2회, 3회를 신행하면서 참여하는 약사들의 수가 대폭 늘어나고 제약업계의 근본적 문제들에 대한 공감대도 폭넓게 파악할 수 있었다. 이를 기반으로 리겟은 1902년 전미제약협회 United Merchants of America 를 창설하는데, 이 협회는 미국내 약사들의 권리를 위해 일하는 단체였다. 이러한 활동을 하면서 리겟의 머릿속에는 '렉솔 생각'이 점점 구체화되어 갔다. 그 동안 누적된 제약업계 내 문제들을 근본적으로 해결해야 한다고 생각한 것이다.

렉솔 생각의 출발 배경 Where it all began

렉솔 생각이 출발한 배경을 한 번 살펴보자. 당시에 어떤 문제들이 제약업계와 약사들의 발목을 붙잡고 있었을까?

1) 지역 약사들의 외로움

당시 제약 시장의 공급은 '제약사 - 중간 도매상 - 지역 약국'의 구조로, 중간 유통을 담당하는 중간 도매상의 영향력이 커서 제약사와 지역 약국은 이 중간도매상에 종속될 수밖에 없었으며 특히 지역 약사들은 수동적인 역할 외에는 할 수 없었다. 더군다나 약사들을 대변할 수 있는 조직도 없었기 때문에 약사들은 외로움을 호소했다.

2) 신뢰할 수 있는 약품 제조사 부재

당시 제약사업에는 신뢰할 수 있는 제약사가 없었다. 그 결과 약의 효능에 대한 신뢰할 수 있는 근거도 없이 '만병통치약' 형태의 과장된 약품들이 판매되고 있었다.

3) 중간 도매상으로 인한 매출 대비 수익 감소 문제

약품 제조사의 제품이 중간 도매상을 통해서 공급되었기 때문에 약국이 판매를 하더라도 이익의 상당부분을 중간 도매상과 나누어야 하는 구조로 제조사나 약국은 수익이 감소할 수밖에 없었다.

4) 끊임없는 할인 경쟁에 따른 긴장과 소득 불안정
지역 내 여러 약국이 같은 약품들을 판매하고 있었기 때문에 끊임없이 할인을 하지 않으면 매출을 늘릴 수가 없었다. 결국 출혈경쟁을 할 수 밖에 없었고 이는 결과적으로 소득의 불안정을 초래할 수밖에 없었다. 비놀클럽을 통해 약사들과 제약업계의 이런 문제점을 공유한 리겟은 기존 제약업계의 사업모델과는 전혀 다른 혁신적인 사업모델 '렉솔 생각'을 제시한다.

회사설립 : 혁신적인 아이디어를 실현하기 위한 첫 단계
Establishing the company

새로운 아이디어는 새로운 조직을 통해서 실현해야 하는데, 창의적인 아이디어에도 불구하고 리겟에게는 회사를 설립할 만한 자금이 없었다. 리겟의 아이디어와 추진력 그리고 성실성을 믿는 지지자들은 많이 있었지만 이를 추진할 수 있는 자금이 부족했던 것이다. 리겟의 지지자들이 그를 돕기 위해 모여 들었다. 그 결과, 40명의 주주들로부터 각각 4천 달러 씩의 투자금을 받아 유나이티드 드러그 컴퍼니(United Drug Company)라는 회사가 설립되었다.

렉솔의 사업모델
이 회사를 기반으로 리겟은 자신의 아이디어를 '렉솔 생각'이라는 이름으로 정리했다. '렉솔 생각'은 다음과 같다. 이것이 향후 렉솔의 사업모델이 된다.

1) 오로지 주주인 에이전트를 위해서 경쟁력 있는 브랜드 상품을 제조한다. (The company manufactures carefully managed brand products exclusively for agents who are stockholders)

리겟의 '렉솔 생각'에서 가장 큰 혁신은 의학이 아닌 경제적인 면이었다. 1903년에 그는 독립된 약제사들을 모아 제조사로부터 유리한 조건으로 약국 물건을 구매할 수 있도록 하였다. 그 후 그는 고품질의 저렴한 생산 라인을 직접 구축하여 '렉솔 레미디 RexallRemidies'라는 이름으로 오직 렉솔약국 가맹점에게만 제공하여 판매하도록 했다. 의약품을 전속 매장을 통해 전국적 규모로 판매 한다는 것은 당시로서는 혁명적인 발상이었다.

일반 제조사 입장에서는 매출이 감소하는 것을 각오하지 않으면 안 되는 정책이었기 때문이다. 샌프란시스코의 '아울제약 the Owl Drug Co.'이 1892년부터 회사가 소유한 상점에서만 상품을 판매하는 정책을 시행하긴 했으나, 이 업체는 서부 일부 주에서만 활동하는 업체여서 영향이 제한적이었다. 유나이티드 드러그 컴퍼니는 1930년에 이 아울제약을 인수하게 된다. 렉솔 초기에 리겟이 약사들에게 보낸 편지에 이 정책과 관련된 내용이 언급되어 있다.

우리는 '연합이 곧 힘이다'라는 말을 믿습니다. 우리는 협력을 통해 더 많은 이익을 얻을 수 있다고 생각합니다. 렉솔인들이 더 큰 수익을 얻을 수 있도록 우리는 고품질의 상품을 낮은 가격에 제공할 것입니다. 렉솔인들의 뒤에는 세계에서 가장 큰 약국 물품 제조사인 유나이티드 드러그 컴퍼니가 있습니다. 제품을 만드는 원료들은 가장 좋은 물품임에도 불구하고 대량 구매로 가격을 낮추었기 때문에 여러분에게 낮은 가격으로 제공할 수 있습니다.

2) 미국의 각 도시나 마을에는 그 지역을 관장하는 회원을 하나만 둔다.
(Only one member in a city or a town in America can have access.)
리겟은 독립 약제사들이 높은 품질이면서도 낮은 가격인 '렉솔 레미디 및 렉솔의 독립브랜드 제품들'의 주주가 되는 형식의 배타적 협력관계를 구축하려 했다. 그리고 이 상품들은 주주들이 소유한 렉솔약국에서 독점적으로 판매되는 형태였다. 경쟁 체제로 인한 할인행사와 수익감소 등 그 동안 약사들을 힘들게 했던 문제들이 더 이상 발생하지 않도록 근본적으로 해결하려고 했다.

또 프랜차이즈 매장의 위치를 소비자들이 가장 이용하기 좋은 위치에 두는 전략을 취했다. 렉솔약국의 전형적인 위치 개념은 여기에서 생겨났다. 이 조건들을 결합하여 많은 렉솔약국들이 사방의 접근성이 좋은 메인스트리트에서도 두 도로가 만나는 모퉁이에 주로 위치하게 되는데, 여기서 렉솔약국은 "모퉁이 약국"이라는 공식이 생겨났다. 회사와 약사, 그리고 소비자 모두에게 득이 되는 마케팅전략이었다.

[렉솔 약제사들] *Source : From Frank Sternad's private collection*

Source : From Frank Sternad's private collection

3) 자사 브랜드로 직접 제품을 생산한다.
(The company manufactures trademark goods under its name.)

렉솔은 초기에는 제조사와 약국을 대표하여 협상함으로써 약품의 공급가격을 낮추는 전략을 세웠지만, 장기적으로는 직접 제조하여 공급하는 전략을 세웠다. 대량구매에 따른 원료 가격 인하와 중간 도매상을 배제한 직접 공급, 그리고 선주문에 따른 반품과 재고 비용 감소 등의 이점을 활용하기 위한 전략이었다. 이를 위해서는 강력한 브랜드가 전제가 되어야 했다. 앞에서 언급되었듯이 모든 것들의 왕이라는 의미의 '렉솔' 브랜드가 채택되었고, 렉솔에서 직접 만들어서

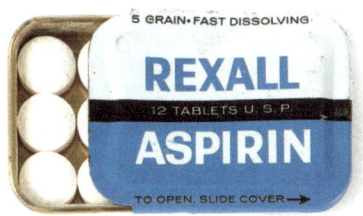 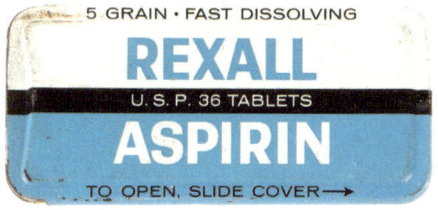

공급하는 약품에는 '렉솔 레미디'라는 상표가 부착되었다.

독자 브랜드 정책을 유지하기 위해서는 몇 가지 장치들이 필수적으로 요구되었다.

첫째는 약품의 질이 보장되어야 하고, 약품의 표준화가 필수적이다.

렉솔은 약제사들이 활용할 수 있도록 평균적으로 좋은 성과를 주는 약 혼합과 검증된 처방들을 제공했다. 렉솔 연구소에서는 수천 가지의 처방들과 다른 기록들이 각 케이스마다 의논되었다. 렉솔은 특정 질환 중심으로 약품을 개발했기 때문에 질병을 치료하기 위한 가장 적합한 처방만을 채택해서 제공하였다.

둘째로 브랜딩 활동이다. 렉솔 브랜드를 알리기 위한 활동이 필요하다.

지역 내 하나만 존재하는 독립된 약국의 매출이 늘기 위해서는 강력한 브랜딩 활동이 요구되었다. 따라서 렉솔에서 브랜드 마케팅과 광고, 홍보는 이 '렉솔 생각' 모델을 지탱하는 가장 중요한 요소로 간주되었으며, 렉솔은 이 부분에서 혁신적인 아이디어를 많이 시도한다.

효과적인 브랜딩을 위해 리겟의 유나이티드 드러그 컴퍼니는 전국적인 지명도를 가진 상품들과 직접 경쟁하는 방식으로 인지도를 높이는 전략을 취한다. 예를 들어 Mi-31 구강세정제는 이미 알려져 있는 리스테린과 비교하고, 비스마-렉스는 마찬가지로 전국적 지명도가 있는 펩토-비스몰과 비교하는 방식으로, 동일한 성분을 가졌지만 유나이티드 드러그 제품의 가격이 더 저렴하다는 내용을 광고했다.

약국들에서도 가능한 렉솔 브랜드의 약재들을 사용하려고 하였다. 신뢰성도 높았지만, 매출이나 수익에 도움이 되었기 때문이었다. 처방 합성에 사용되던 약재는 렉솔약국에서 UD(이후 RD) 브랜드로 유통되었다. 의사가 처방전에 '대체품 사용 불가'라는 특별히 명시하지 않는 경우, 렉솔 약제사는 항상 렉솔의 약으로 조제했다. 예를 들자면, Winthrop의 트레이드마크인 Luminal(진정제) 대신 UD브랜드의 페노바르키탈을 제공하는 식이었다.

Super Plenamins
수퍼 플레나민은 복합 비타민의 시초이다. 그 이전에는 종합비타민이 없었고 각 비타민제를 따로 따로 복용했고 영양체, 철분 영양제도 따로 복용했다. 수퍼 플레나민은 렉솔의 엄청난 성공작이 되었다.

렉솔은 ● Super Plenamins라는 종합 비타민과 미네랄 제품광고에 가장 많은 투자를 했고, 이 상품은 1960~1980년이라는 긴 시간 동안 상위권에 자리하면서 렉솔약국의 매출에 크게 기여한다. 동시대에 렉솔약국에서의 빅셀러는 전국적으로 광고된 브랜드들에게 경쟁하는 제품들이었는데, 예를 들면 렉솔 아스피린(Bayer 아스피린), 렉솔 제산제 코팅 아스피린(Bufferin), 렉솔 마그네시아의 우유(Phillips), Mi-31구강세정제(Listerine), Bisma-Rex(Pepto Bismol), Alurex(Maalox) 등이었다.

렉솔약국은 단순히 약만 팔던 곳이 아니었다. 조제약, 렉솔 레미디 같은 약품 외에도 면도기, 화장실 용품, 하모니 향수, 리겟 쵸콜릿, 펜웨이 쵸콜릿, 뤼트쵸콜릿, 심포니 정원과 로드 발티모아 문구, 맥시멈과 모노그램고무 제품 등 많은 종류를 팔았다. 이 제품들은 미국, 캐나다, 영국 등에 존재하는 10,000개의 렉솔약국에서만 살 수 있었다. 렉솔은 약품뿐만 아니라 이러한 제품들도 직접 제조공급하는 방식을 선호했다. 이러한 이유로 렉솔의 전성기에 렉솔은 제품 개발을 하는 연구소와 함께 많은 수의 공장을 전국 각지에 소유하게 된다.

4) 모든 제품들은 적절한 가격에 에이전트/주주에게 판매 한다.
(Manufactured goods are sold to agent/stockholders at a fair price to raise profit.)

렉솔 생각의 가장 기본 뼈대 중 하나가 중간 도매상 배제 모델이었다. 리겟의 생각에 모든 문제의 시작이 중간 도매상을 통해 구매하는 과거의 프로세스에서 출발한다고 판단했기 때문이었다. 중간 도매상을 배제함으로써 제조사는 적정 공급가격을 확보할 수 있었고, 판매하는 약국들은 중간 도매상에게 주는 마진 없이 수익을 확보할 수 있게 되었다.

상품의 물적 유통 기반에 대한 고려도 중요하게 되었다. 제품의 판매 전략에서 배송의 적시성은 판매가격이나 판매효율을 높이는데 필수적인 조건이기 때문이었다. 사실, 미국같이 큰 나라에서 중간 도매상 없이 다이렉트로 제 때 전국에 제품을 배달한다는 생각은 큰 무리가 따르는 전략이다. 특히 같은 기간에 일괄적으로 세일 행사라도 하면 큰 혼란을 겪을 수밖에 없었다. 초기에는 당시의 도로 상황이 문제가 되기도 했다. 전국 배송에 소요되는 시간이 왕복 5일이 넘다 보니 효율적인 유통을 위해 최소 15대 정도의 트럭이 필요했다. 하지만 이 15대로도 급속하게 늘어나는 렉솔약국들의 수요를 맞출 수가 없었다.

이를 해결하기 위해 전국적인 유통 시스템이 필요하게 되었다. 렉솔은 효율적인 배송을 위해 샌프란시스코를 시작으로 세인트루이스와 시카고 등지에 차례대로 중간물류창고를 건립하였다. 이 창고가 다른 회사의 중개상과 같은 역할을 하도록 시스템을 만든 것이다. 물류창고를 중심으로 한 유통망이 만들어지고, 약국들 간의 협력체계까지 완비되면서 렉솔 특유의 네트워크가 완성되었다.

원활한 물류 유통 시스템의 운영을 위해서는 그 시스템을 운용하는 직원들에 대한 교육이 중요하다고 리겟은 생각했다. 그래서 그는 본사와 매장에 고용된 직원들에게 경영대학의 커리큘럼에 버금가는 교육과정을 준비했다. 실제 보스턴 대학의 영업 관련 학과 교수가 교육과정을 만들고 지휘했다. 대학의 이론 과정과 렉솔약국에 적합하게 커스터마이즈된 프로그램을 이수하는데 직원들은 교재비 정도만 부남하면 됐다. 교육은 18개의 교과목에 대한 이론과 실습 교육이었는데, 수업의 주제는 각 품목별 판매방법을 비롯하여 판매 효율을 올리는 방법, 약국 서비스, 광고, 서류 작성법, 전화 응대법, 매장 관리와 상품 연구 방법, 그리고 홍보 등 폭넓은 분야에 걸쳐 있었다. 리겟이 약국들에 쓴 편지를 보면 그의 생각들이 드러난다.

그리고 이 상품들은 렉솔 제약사로부터 여러분에게 직접 배송됩니다. 단 한 푼도 도매에 쓰이지 않습니다. 이 새로운 계획이 여러분에게 더욱 신선하고 새롭고 더 효과적인 약국물품을 가져다 줄 뿐 아니라 실제로 돈을 절약할 수 있다는 것을 바로 아실 수 있습니다. 중개인의 수익을 제거함으로써 여러분은 비용을 그만큼 절약하게 됩니다. 여러분의 예산을 절감하는데 우리가 도움이 되는 이유입니다. 따라서 여러분은 좀 더 균형 잡힌 손익계획을 세울 수 있습니다. 렉솔약국을 운영하면서 여러분은 '안전하게 절약할 수' 있습니다.

[렉솔 직원들 교육을 위해 만들어진 영상물] Source : From the author's private collection

5) 제품에 대한 관리권은 약사가 보유한다.

(Druggist owns the right of management for the products.)

렉솔 생각에서 구상한 모델은 재고의 부담을 약국에서 가지는 것으로 했다. 그렇지만 약국의 부담을 줄여주기 위해 모든 주문은 선주문 방식이었다. 약국들이 필요로 한 물품을 선주문하고, 주문물량을 받은 후 생산이 진행되는 방식이었다. 물품 가격을 낮추기 위한 전략이었는데, 현대 경영의 JIT(Just-In-Time, 주문 후 생산 방식) 생산 방식과 유사한 시스템이라는 것을 알 수 있다.

렉솔 상표를 전국의 각 도시 모퉁이에 위치한 통일된 브랜드의 상점을 통해 저렴하게 판매할 수 있도록 한 새로운 아이디어는 즉각적으로 효과가 나타났고, 리겟의 천재적인 마케팅과 정체성이 뚜렷해진 상품들, 그리고 이와 결합된 전국적 광고효과로 인해 렉솔 약제사들의 수익이 대폭 증가하였다. 유나이티드 드러그 컴퍼니도 사업 시작 일 년 만에 직원의 숫자는 0에서 241명으로, 매출은 0에서 6만 1,777달러로 증가했다. 모두의 예상을 뛰어넘은 대단히 인상적인 출발이었고, 렉솔 100년의 문을 성공적으로 열 수 있었다.

렉솔 생각에 포함되어 있었던 것은 아니지만, 렉솔의 비즈니스 모델에서 주목할 만한 것이 하나 있다. 렉솔은 특허가 만료된 복제약 판매에 특별한 관심을 가졌다. 양질의 약품을 저렴한 가격에 제공한다는 렉솔의 정신과 부합한다고 보았기 때문이다. 바이엘Bayer 사의 아스피린과 관련해서 벌인 소송은 이런 점에서 매우 중요한 의미가 있었는데, 이 소송에 승소함으로써 렉솔은 또 한 번 성장하는 계기를 맞게 되었다.

바이엘 사의 아세틸살리실산 특허가 1917년 2월 27일에 만기되자 유나이티드 드러그 컴퍼니는 미국 특허청에 '아스피린'이라는 상표의 독점 사용을 취소

Source : From the author's private collection

해 달라고 청원했다. 기소는 1919년에서 1921년까지 계속되었다. 결국 유나이티드 드러그 컴퍼니가 승리를 거두며 아세틸살리실산을 '아스피린'이라는 이름으로 판매할 수 있는 권리를 인정받았다.

당시에 렉솔 생각은 혁명적인 발상이었다. 문제에 대해서는 모두가 공감하면서 아무도 해법을 내놓지 못했을 때 리겟의 천재성이 발휘되었다. 제조사와 판매자인 약국, 약국에서 구매하는 소비자들 모두를 만족시킬 수 있는 것으로서, 그의 획기적인 아이디어에 마케팅, 홍보 등이 결합하면서 성공적인 모델로 자리 잡게 되었다.

위대한 기업은 전략이 다를 뿐만 아니라 특히 비즈니스 모델이 경쟁사와 차별화되어 있다. 그들은 '좋은 마차'를 만들려고 노력하지 않고 '자동차'를 만들려고

노력한다. 렉솔의 모태가 된 렉솔 생각에 대한 리겟의 생각을 한 번 들어보자. 좀 길지만 그의 목소리를 통해 그의 구상을 좀 더 깊이 이해할 수 있을 것이다.

6개월 전 저는 웨더럴드 씨의 사무실에 앉아 비놀 직원과 이들이 쥐고 있는 소매업의 크기에 대해 이야기하고 있었습니다. 그들을 한 방향으로 묶고 공동의 이익을 도모할 수 있는 시스템이 필요하다는 이야기를 했습니다. 그래서 몇 가지 계획을 나눠 보았으나, 각자의 사업을 생각하는 수준을 벗어나지 못했습니다.

결국 저는 신뢰할 수 없는 특허 약품을 앞세운 회사들로부터 약국과 공동체를 보호할 수 있는 방법을 고안해 내었습니다. 그들은 1달러를 빼가면서 더 많은 돈을 벌게 해주겠다고 말하지만, 결국 몇 센트만을 쥐어주고 맙니다. 저는 일단 가난한 판매인들에게 집중했습니다. 저는 소매상인을 찾아다니며 저의 계획을 의논하고 생각을 굳혀 나갔습니다. 논의를 계속 하면서 구매제도에 대한 제 나름의 생각을 정리할 수 있었습니다. 그리고 제 생각을 이야기할 때마다 사람들이 열광하는 모습을 볼 수 있었습니다. 만일 이 계획이 성공한다면 우리를 이용하던 회사들로부터 우리는 판매원들과 판매약국의 이익을 지킬 수 있을 것입니다.

제 계획은 아주 실용적입니다. 저는 소매상인협회에 연관된 부분들을 분석했고, 그 안에서 강점과 약점을 찾기 시작했는데 결론적으로 몇 가지 방법을 찾아냈습니다. 대부분의 중소 도시에서는 판매이익이 잘 배분되는 반면 대도시에서는 도심 번화가에 약국이 있는 사람들만 이익을 보고 있다는 것을 알 수 있었습니다. 중소 도시의 약국은 덤핑이 불가능해서 특별한 이익을 얻을 수 없지만, 대도시의 약국은 덤핑 할인 판매로 인해 이익을 볼 가능성이 높습니다. 이런 경우 도시의 작은 약국들은 적자를 볼 수밖에 없습니다.

저는 지난 몇 년간 도시 내 약국들이 단합하는 모습을 보았고, 이러한 단합과 협업은 전국적인 협회가 아니면 할 수 없는 일임을 알게 되었습니다. 어떤 곳은 가격이 완전히 안정화되기도 했으나 여전히 많은 곳들은 깎아주기가 기승을 부리고 있습니다. 대도시에서 사업을 하며 더 많은 돈을 투자해야 하는 약국들도 사업을 유지하기 위해서는 뭔가 대책이 필요합니다. 매출을 올리려고 하다 보니 비싼 물건을 적게 파는 것 보다 어쩔 수 없이 물건을 싸게 많이 파는 방법을 선택하고 있습니다. 언뜻 이것이 맞는 것 같아 보입니다. 지난 10여 년간 이렇게 장사를 하는 약국만이 크게 성공을 하거나 살아남았기 때문입니다. 지금 특가판매를 거절하는 곳은 10곳 중 1곳 정도밖에 안됩니다. 그렇지만 이제 근본적인 대책이 필요한 시점이 되었습니다.

문제를 해결하기 위한 방안 중에서 가장 먼저 해야 할 것은 가격표 가지고 하는 장난부터 그만두는 것입니다. 이것만 서로 그만두면 문제해결에 더 다가갈 수 있습니다. 서로 손을 잡고서 제조업체가 여러분에게 재고가 남지 않도록 필요한 만큼의 물량을 직접 거래할 수 있도록 하는 건 어떻습니까?

오늘날까지는 그렇게 할 수 없었습니다. 이제는 공통의 이익을 추구할 때가 되었습니다. 지금까지는 중간 도매업자가 약국의 수익을 주관했습니다. 우리가 중매인과 같은 가격에 물건을 들여와서 팔지 말란 법이 어디 있습니까? 물건의 가격과 수량을 정하는 건 여러분의 몫입니다. 카운터 넘어 물건을 건네주는 사람이 여러분이지 않습니까? 눈을 열어 보면 여러분이 바로 제조업체와 손을 잡고 있는 직접적인 파트너입니다. 실제로 다친 사람의 필요를 보고 물건을 정해서 파는 사람이 당신인데 당신의 업적에서 5%~12%의 노동력을 중간 도매상이 가로채갑니다. 제조업체에게 이 소득을 여러분의 약국에게 넘겨 달라고 왜 말을 하지 못합니까? 그렇게 하면 당신은 제조업체와 더 좋은 관계를 맺고 소비자들에게 더 저렴한 가격으로 물건을 제공할 수 있습니다. 이야기를 들으면서 여러분은 이런 것은 특허약 뿐이라고 생각하실 수도 있습니다. 그렇지 않습니다. 약국에서 판매하는 모든 상품에 적용할 수 있습니다. 또 소매 약국이 취급하는 모든 물건이 다 포함될 수 있습니다.

이런 시스템이 실현되면, 가맹약국들은 경쟁사들의 가격보다 더 저렴하게 물건을 들여올 수 있게 됩니다. 그럼에도 불구하고, 옆집 경쟁자가 물건의 가격을 더 깎으면 어떻게 하느냐 하는 생각을 하실 것입니다. 두려워하실 것 없습니다. 같은 수준으로 가격을 할

인해서 판매한다고 하더라도, 여러분은 훨씬 높은 수익을 확보할 수 있기 때문입니다. 중간도매상을 거쳐서 공급받은 약국들은 가격 경쟁력에서 여러분을 이길 수 없습니다.

지난 수요일에 버지니아에 한 회사를 설립하게 되었는데 이 회사의 방침은 한 도시 당 오직 한 명의 주주만 허가하는 것입니다. 이 회사가 처음 할 일은 뉴욕에 사무실을 차리고 모든 주주들의 이익을 위해 발로 뛰는 것입니다. 매주 제출하게 될 보고서에는 새로운 제조업체와 여러 약들, 그리고 이들에 관한 사업계획서와 이들이 전국적으로 광고되고 있는지 아닌지 판단한 내용이 포함됩니다.

두 번째로 이 회사는 상품을 교환하는 상점 역할을 할 것입니다. 여러분께서 가장 잘 아시겠지만 미국 전역에는 100명 이상의 교환 거래인이 존재하며 그들은 판매 불가능한 물건을 반값에 구매하여 팔릴만한 지역으로 물건을 가져가서 제값을 받고 파는 방식의 사업을 하고 있습니다. 위와 같은 이치로, 이 회사가 일리노이에서 팔리지 않는 물건의 재고를 갖고 있는 약제사로부터 매사추세츠에서 이 물건이 필요한 약제사를 연결시켜 둘 다에게 이익이 분배되는 구조를 구성하도록 도와줄 수 있습니다. 이렇게 함으로써 결국엔 미국 전역에 있는 모든 주주들이 서로에게 이익을 끼치며 사업을 할 수 있는 구도로 만들어 갑니다.

세 번째로, 물품을 구매하는 상황입니다. 이 회사가 제조업체와 협상을 하여 여러분에게 물건을 직접 팔도록 할 것입니다. 이것이 모두에게 도움이 되는데, 이렇게 하면 일단 여러분의 주문서가 하나로 통합되고 제조사는 그들의 회계장부에 오직 현금으로만 지급되게 됩니다.

이 회사는 또한 미국 전역에 있는 제조업체와 협상을 해서 한 가지 특허약만 아니라 다른 약 라인까지 통합된 가격에 제공할 수 있도록 협의할 예정입니다. 칫솔을 예로 든다면, 칫솔 제조업체를 찾아가서 "신사 여러분, 약 1000군데에 1000명의 소매 약제사들을 소개합니다. 그들은 한 가지의 칫솔을 구매하기 원합니다. 다른 딜러와 거래하지 않고 이분들과만 거래하는 조건을 제시해 주십시오. 제가 알아보니 이렇게 하면 여러분에게도 따로 판매하는 것보다 이만큼의 추가적인 이득이 있더군요"라고 협상을 해서 거래가 성사되면 회사는 1000군데에 있는 약제사에게 칫솔 견본을 보내주고 얼마나 구매하기 원하는지 요청하도록 합니다. 그리고 이 모든 주문을 취합하여 현금으로만 거래를 하도록 합니다. 여러분은 주문서를 보내실 때 이에 해당하는 현금을 동봉하여 보내시는 것으로 거래가 성사되게 됩니다.

그래서 결국 여러분은 여러분의 경쟁사들은 손에 넣을 수 없는 상품을 판매할 수 있게 됩니다. 독점계약을 통해 좋은 품질의 칫솔을 다른 업체보다 저렴하게 판매한다는 광고를 마음껏 하셔도 되는 겁니다. 여러분이 그 칫솔로 얻은 평판은 다른 상품을 판매할 때에도 이용하실 수 있습니다.

자, 이렇게 여러분은 향수, 비누, 화장실 용품, 그리고 또 다른 잡화를 입수할 수 있습니다. 이 방식이 소매시장에 얼마나 큰 영향을 줄지 생각해 보셨나요? 제조사들이 여러분과 함께 기꺼이 사업을 하기를 원하게 될 것을 아시겠습니까?

05

제품의
혁신
Innovative Products

렉솔의 제품개발 철학 Rexall's philosophy for product development

렉솔의 경영정신 안에 들어 있는 중요한 요소가 혁신이며, 그 혁신에서 중요한 부분이 고객이 안심하고 사용할 수 있는 제품 개발이었다. 렉솔 생각에서 독자적인 자체 생산 제품은 중요한 위치를 차지한다. 좋은 제품을 낮은 비용구조의 유통채널을 통하여 직접 제공하고, 이를 전국적인 마케팅활동을 통해 지원하는 것이 핵심 모델이기 때문이었다. 고객들이 신뢰할 수 있는 저렴한 제품이 이 구조의 핵심에 자리 잡고 있었다.

렉솔이 사업을 시작하던 시기의 의약품들은 제품의 정확한 성분이나 치료효과가 검증되지 못한 '만병통치약' 류의 제품들이었다. 렉솔은 치료효과를 검증할 수 있는 질 좋은 제품 공급을 목표로 삼았기 때문에 제품 연구 및 개발에 많은 노력을 쏟아 부었다.

리겟의 삶과 사업을 관통하는 신념은 "자신이 속한 업계나 공동체로부터 윤리적이라는 평판을 얻고 신뢰를 받는 일"이었다. 이는 렉솔의 제품력에도 해당되

[렉솔 연구소] *Source : From the author's private collection*

는 것이었는데 최고의 제품을 생산하기 위한 연구와 개발에 지원과 노력을 아끼지 않았고 덕분에 자부심을 가질만한 제품들이 늘 렉솔 약국의 매대 위에 채워졌다.

렉솔의 약사들은 항상, "렉솔이 만드는 5,000개 이상의 제품은 현대 과학의 은혜를 입은 대단히 우수하고, 완전하고, 믿을 수 있는 것들입니다"라고 큰소리 칠 수 있었다. 회사는 약사들이 신뢰할 수 있을 뿐 아니라 고객들에게 적극적으로 권할 수 있는 품질이 좋은 제품을 생산해야만 했다. 또한 일반 대중들에 대해서는 렉솔 제품이 기존의 경쟁 브랜드 제품만큼 혹은 그보다 좋다는 점을 설득시켜야 했다. 이 두 가지 일이 다 성공해야만 렉솔의 사업은 성공할 수 있었다. 이렇게 의약품 관리를 하다 보니 렉솔에서 개발되고 판매되는 일반 의약품들은 그 효능을 널리 인정받았다. 당시에 다른 제약사들은 임상 실험을 하지 않았으나 렉솔은 품질 관리와 실험을 초기부터 중요한 정책으로 삼았다.

제약시장 규제와 렉솔의 대응 Drug market regulation and Rexall's response

렉솔이 사업을 시작하고 얼마 되지 않았을 때, 제약 시장에 거센 바람이 불어온다. 새로운 규제가 생긴 것이다. 1906년 연방 정부가 식품 및 약품 위생법(Pure Food and Drug Act)을 통과시키면서 제약 규제에 발을 들여놓기 시작했는데, 제조사가 제품에 들어있는 모든 성분을 제품 라벨에 표시할 것을 강제하는 법안이었다. 경쟁사들에게는 큰 문제가 됐지만 렉솔로서는 전혀 문제될 것이 없었다. 회사가 생산을 시작한 이래 계속 그러한 정책을 실행하고 있었기 때문이다.

의약품의 질을 높이기 위한 활동 뿐 아니라 급속하게 늘어가는 약품과 제품들을 소비자들에게 효과적으로 설명할 수 있도록 약사들에게 광고 전단을 제공했는데 이는 약사들의 수고를 덜어 줄 뿐 아니라 렉솔에서 새롭게 선보이는 제품을 소개하는 신선한 방식이기도 했다. 그 중 하나에 렉솔 약품의 질에 대해 설명하는 내용이 있다.

옷이나 식료품을 살 때는 품질이 좋은 것을 고집합니다.
품질이 가장 중요한 고려 사항인 것이죠.
그렇다면 약을 살 때는 어떻습니까? 그때도 품질을 고집합니까?
약을 살 때는 다른 어떤 것을 살 때보다 품질을 고집해야 합니다.
시간이 지나거나 보관을 잘못하면 효능이 저하되는 약품이 많이 있습니다.
개탄스럽게도 약사가 아닌 여러분이 차이를 모를 것이라는 생각을 하고서 품질이 떨어지는 약품을 판매하는 약사들도 있습니다.

이 때문에 약을 살 때는 더 주의를 기울여야 합니다.

우리는 제품에 대한 철저한 연구와 실험을 거친, 약효가 보장되는,

순도 100%의 약만을 취급합니다.

우리가 그렇게 하지 않는 것을 여러분들이 알게 될까 두려워서가 아닙니다.

우리는 항상 만족을 주고 기대한 만큼의 결과를 내는 약을 파는 약국과만

거래를 하기 때문입니다.

올바른 사업은 금전적인 보상 외에 보람과 성취감을 얻을 수 있습니다.

품질 요건은 약품에만 적용되는 것이 아닙니다.

품질 요건은 고무 제품, 향수, 문구, 빗이나 솔 등 우리가 취급하는

모든 다른 제품 라인에도 적용됩니다.

렉솔약국에서는 언제나 착한 가격에 좋은 품질의 제품을 구입할 수 있습니다.

[렉솔의 기업 이미지 광고] Source : From the author's private collection

퓨어테스트 외에 다른 아스피린은 없도록 하세요.
다음과 같은 사실을 아신다면:
퓨어테스트 아스피린만이 진정한 아스피린이며, 소비자가 구할 수 있는 유일하게 믿을 수 있는 아스피린입니다. 퓨어테스트 아스피린은 즉각 진통 효과가 나타납니다. 법적, 화학적, 치료적인 면에서 모두 진정한 아스피린!
-퓨어테스트 아스피린은 몇 초 내에 분해됩니다.

5백만 명에게 선택된 아스피린!
심장에 무리를 주지 않는 아스피린
1925년에 5백만 명 이상의 사람들이 렉솔약국에서 아스피린 정을 구매했습니다. 그 품질을 강력하게 보증하듯이 말입니다.
유나이티드 드러그 컴퍼니 제품 중 가장 많이 팔린 단일제품으로서 이 제품을 상시 진열하지 않는 렉솔약국은 지속적 판매 기회를 놓치는 것입니다.

퓨어테스트 아스피린 정은 다음과 같은 크기로 제공됩니다.
12개 통 - 정가 15센트
24개 통 - 정가 25센트
100개 병 - "자체가격 지정"
100개 병의 권장 소매가격은 69센트이나, 경쟁 조건에 따라 여러분이 유연하게 책정하시면 됩니다.

렉솔은 약품 뿐 아니라 점점 종류가 늘어나는 식품과 음료를 비롯한 다양한 생활용품들에 대해서도 소비자들이 렉솔이라는 브랜드만으로 믿고 사는 신뢰감을 심어주기 위해 심혈을 기울였다. 약사들은 자신이 속한 회사에 자부심을 갖고, 회사는 모두에게 더 좋은 것을 제공하기 위해 노력하고, 소비자는 그런 회사나 약사를 신뢰하는 것, 그래서 각자의 자리에서 충실하고 서로를 배려하는 관계 형성을 지향했던 것이 렉솔이 오래도록 사랑받게 된 비결이 되었다. 이렇게 품질을 강조한 렉솔 제품의 뒤에는 제품을 개발하고, 검사 및 인증까지 책임지고 있던 연구시설들이 있었다.

건강과 질병에 관련된 먹을거리나 약품만큼 많은 사람들이 안전성에 대하여 민감해지는 부분은 없을 것이다. 익히 이것을 깨달은 리겟은 렉솔의 초창기부터 양질의 원료 수급을 위해 심혈을 기울였는데 원료의 질과 관련해서는 지나치다 싶을 만큼 철저하고 엄격하게 관리를 해왔다.

렉솔의 연구실 Rexall laboratory

1910년, 회사를 시작한 지 불과 7년 만에 보스턴에 14만 평방피트 규모의 연구소가 만들어졌다. 품질 좋은 제품을 생산하고 새로운 제품을 개발하는 것에 전념하고 있다는 증거였다. 인수를 통해서나 다른 회사들과의 특별한 계약을 통해 많은 수의 신상품이 공급라인에 추가되었는데 약품을 비롯해서 렉솔약국에서 판매되는 모든 상품들이 대상이었다.

그 후 1935년 여름에 보스턴 공장부지에 4층 높이의 250ft x 75ft 건물이 새롭게 세워졌는데, 이 건물의 맨 꼭대기 층의 18,000 제곱피트 면적의 공간에는 '연구 및 기술부서(Department of Research and Technology)'가 위치하게 되었다. 1942년 4월에 그 이름을 '연구및 관리부서(Department of Research and Control)'로 바꿈으로써 이 연구부서의 설립 목적을 명확히 하였다. 이 연구실의 역할은 다음과 같았다.

"유나이티드 드러그의 약제 품질을 표준화하며 신제품을 개발(포뮬라 및 조제 형틀)하며 판매에 적합한 시장 조사 그리고 제조를 개선할 연구 진행 및 약의 안정성과 품위를 높이는 검사 방법을 개발한다."

[현재 노스웨스턴 대학교로 쓰이고 있는 렉솔 연구소]
아직도 건물에 렉솔의 흔적이 남아있다.

Source : From the author's private collection

Primary functions of the laboratory were to standardize the quality of United Drug pharmaceuticals, develop new products (formulas and dosage forms), find profitable markets for by-products generated in the factory, and conduct research into improved manufacturing and testing methods that would provide greater drug stability and elegance.

렉솔의 연구소는 초창기부터 세계 최고의 수준으로 운영되어 왔다. 세계 유수의 과학자와 의사로 구성된 연구원들은 현대 과학이 허락하는 한 가장 완전한 약품을 만든다는 자부심이 대단했는데 연구소에서는 연구·관리 전 분야를 담당하였고, 각 제품을 개발한 후 자체적으로 실험하고 승인할 수 있었다. 필라델피아 대학을 비롯한 여러 대학의 약학대학에서 오랫동안 사용하였으니 연구소의 수준에 대해서는 이론의 여지가 없었다. 연구소에서 개발한 제품의 품질과 효능은 까다롭기로 소문난 FDA 조사관조차도 인정했다고 전해진다.

[매사추세츠의 렉솔 공장 Massachusetts Rexall Factory]
Source : From the author's private collection

렉솔의 연구소는 "옳은 일을 함으로써 성공한다"는 리겟의 경영 철학이 고스란히 녹아있는 곳이었다. 400명에 달하는 인재들과 최첨단 시설이 갖춰진 렉솔의 연구소는 당시의 제약 연구소들 중에서 최신 최대의 연구소로 손꼽혔다. 회사는 연구원들에게 최고의 대우와 최신의 장비를 제공했다. 연구자가 자신의 기량을 마음껏 펼치며 원하는 대로 연구 개발에 매진할 수 있는 분위기가 조성되어 화학자들이나 의학자들 사이에서는 선망의 대상이었다.

연구소를 방문하는 일반인들뿐만 아니라 전문가들조차 그 시설을 보고 놀라움을 금치 못했는데 일반 연구소를 비롯하여 의약, 연구, 제어, 제조, 구매 및 판매 부서로 구성된 렉솔의 제약 회사 시스템은 지금과도 크게 차이가 나지 않을 정도의 수준이었다. 렉솔은 자체적인 처방 위원회까지 갖추고 처방 의약에 관한 여러 가지 문제들을 논의하고 방안을 제시하며 개선하고 발전시켰다.

그러다 보니 약제 개발뿐 아니라 연구 장비 개발에서도 남다른 기술력을 보유하게 되었다. 1936년 자체 개발한 비타민A 농축 측정기는 당시로서는 획기적이었다. 느린데다 심할 때는 20%의 오차를 보이는 그때까지의 생물학적 분석기와 비교했을 때 2%의 오차로 빠르게 비타민A 효과를 계산하는 장비 개발은 업계를 놀라게 하기에 충분했다. 이 외에도 기존의 장비보다 오차 범위를 현격하게 줄인 측정기들을 연이어 개발하며 다양한 약품 개발과 최상급의 품질을 끌어올리는데 크게 기여를 하며 제약업계의 주목을 받았다.

전쟁 중이었던 1943년, 한 잡지에는 이런 기사가 게재되기도 했다.

[세계인의 건강을 위한 렉솔의 행진]

미국뿐 아니라 캐나다, 영국, 프랑스 그리고 희망봉의 남아프리카까지 뻗어있는 렉솔의 연구소와 최첨단의 제조설비들은 이제 미국인의 건강뿐만 아니라 세계인의 건강을 생각합니다. 최고의 치료제를 개발하기 위해 렉솔 연구소의 등불은 오늘도 꺼지지 않고 있습니다. 미국이 잠들 때 희망봉에서는 태양이 떠오르고 렉솔 연구원은 끊임없이

[1911년에 사용하던 Rexall Factory. 현재는 아파트로 개조되어 사용 중이다]
Source : From the author's private collection

플리머스를 체크합니다. 가장 안전한 의약품 개발을 위해 렉솔의 연구원의 현미경은 오늘도 쉴 틈이 없습니다.

최고의 품질을 유지하기 위해 렉솔의 설비들은 최상의 조건을 유지하고 있습니다. 이렇게 생산된 우수한 품질의 의약품은 곧바로 렉솔약국으로 배송되고 중간 마진 없이 저렴한 가격으로 공급되고 있습니다.

1944년에도 이러한 노력은 계속되었고 그에 따른 성과를 자랑하고 있다.

미국의 건강 필요를 충족시키기 위해 "전속력으로 전진"
"Full ahead," to fulfill the needs of American health.

[LA에 있었던 세계 최대 규모의 렉솔 Drug Store] *Source : From the author's private collection*

'렉솔'은 미국의 건강뿐만 아니라 세계의 평화를 위한 전쟁물자 생산에 적극 동참하며 빼어난 품질과 안정성 그리고 신속한 공급으로 인한 공로로 '육-해군 E 상'의 영예를 안았습니다. 밤과 낮의 계속되는 고된 전시근로에도 렉솔의 모든 연구원들과 근로자들은 애국심을 바탕으로 전쟁물품과 의약품생산에 적극 협조하였습니다. 렉솔은 미국인들이 약품을 통해 얻고자 하는 가치를 충족시켜 왔습니다. 효능이 우수한 제품이 연구 개발되고 전국에 흩어져 있는 렉솔 공장과 물류시스템을 통하여 렉솔약국으로 직송되어 중간 마진으로 인한 가격상승 없이 공급되어 미국인의 건강을 지켜주고 있습니다. 이것이 렉솔 의약품을 구입할 수밖에 없는 가장 큰 이유입니다.

같은 간행물에서는 계속해서 연구소에 대한 노력을 알리며 신뢰를 더했다.

렉솔의 연구·관리부문은 모든 렉솔 의약품의 품질과 순도를 높게 유지하기 위해 세계적 수준의 산업 연구소에서 각 제품을 실험하고 승인하는 절차를 거치고 있습니다. 저명한 과학자와 우수한 의사로 구성된 연구원들은 현대 과학이 허락하는 한 가장 안전하면서도 치료효과가 매우 우수한 렉솔 제품을 만들기 위해 끊임없이 노력하고 있습니다.

단 하나의 공장 시설로 시작했던 렉솔의 제조공장들이 하나씩 늘면서 그 규모도 크게 성장했는데 밀워키 강변에 위치한 렉솔의 공장지대는 그 크기가 여의도의 1/3에 달하는 정도였다.

1950년의 연차보고서에 따르면, 렉솔은 모두 9개의 제조 시설을 관리하고 있었는데 그중 4개의 제조 시설이 일반 의약품, 처방 약품, 비상 의약품 등 5,000개가 넘는 의약품을 생산하고 있다.

[밀워키 공장] Source : From the author's private collection

제품 품질에 대한 렉솔의 자부심은 리겟이 보낸 편지들과 렉솔의 여러 간행물에서 그대로 드러난다.

품질이 전보다 좋아진 상품을 한번 받아 보시기 바랍니다. 여러분이 만족할만한 물건일 것입니다. 탈지면의 가장 큰 관심사는 청결인데 우리는 이 기준을 모두 지키기 위해 지리적 요소도 감안했습니다. 오염되지 않도록 특별히 신경 써서 물과 먼지까지 검사하고 있습니다. 렉솔의 탈지면이기에 철저히 소독하여 살균됩니다. 현존하는 시장에서 가장 높은 질을 자랑하고 있습니다.

우리는 타사의 여러 상품들을 실험해본 결과 불순물이 섞여 있었고 원료의 질과 순수성 면에서 문제가 있다는 판단이 들어, 확실하게 신뢰할 수 있고 품질을 보장할 수 있는 우리의 상품 라인을 구축하기로 결정했습니다. 가격은 폴더에 동봉하여 보내드립니다. 여러분의 수익을 충분히 고려한 낮은 가격이며 여러분이 진열만 하면 팔 수 있을 정도의 품질을 보장해 드립니다.

렉솔은 제품의 품질관리를 위해 전국 각지에 연구소와 함께 많은 시설을 운영하고 있었다.

1. 유나이티드 드러그 컴퍼니, 보스턴, 매사추세츠, 연구소 및 관리국 건물
2. 유나이티드 드러그 컴퍼니, 세인트루이스, 미주리, 남서 시설
3. 유나이티드캔디회사, 보스턴, 매사추세츠, 아트스타일 초콜릿 및 리겟캔디 제조
4. 퓨어푸드시설, 하이랜드, 뉴욕
5. 문구공장, 워체스터, 매사추세츠, 봉투제조
6. 유나이티드 유한제약회사, 토론토, 캐나다
7. 유나이티드 드러그 컴퍼니 도매점, 애틀랜타, 조지아
8. 문구시설, 롱아일랜드 시, 뉴욕, 심포니론 및 로드볼티모아 제조

9. 유나이티드 드러그 컴퍼니 도매점, 시카고, 일리노이
10. 코튼 공장, 밸리파크, 미주리, 응급 병원물품 제조
11. 고무 공장, 뉴헤이븐, 코네티컷, 캔트릭 상품 제조
12. 퍼시픽 코스트 도매점, 샌프란시스코, 캘리포니아
13. 초콜릿 정제시설, 맨스필드, 매사추세츠, $50,000 초콜릿 시럽 제조
14. 유나이티드 코튼 제품회사, 폴리버, 매사추세츠
15. 유나니티드 유한제약회사, 노팅엄, 영국

[렉솔 연구소와 공장 및 빌딩 (1936년에 미국 전역에 56개의 건물을 소유) **]**

Source : From Frank Sternad's private collection

내부 직원용 자료에는 유나이티드 드러그 컴퍼니의 건물 조감도 사진이 눈에 띈다. 사진 아래 설명에는 다음과 같은 내용이 실려 있다.

• 렉솔 연구소와 공장 사진설명: 여러분의 회사가 소유한 엄청난 규모 제조시설의 조감도이다. 사진으로 표시된 이 조감도에는 보스턴의 주 플랜트 및 사탕공장, 시카고, 토론토, 그리고 샌프란시스코 브랜치와 자회사들, 코네티컷 뉴헤이븐의 심리스 고무공장, 뉴욕의 마커스 워드 회사, 매사추세츠 워체스터의 셔먼 봉투회사, 뉴욕 하이랜드의 허드슨 밸리 퓨어푸드 회사, 미주리 밸리 파크의 미국 탈지면 회사, 그리고 매사추세츠 맨스필드의 초콜릿 정제 공장이 포함되었다. 다양한 생산 활동을 하고 있는 이 공장들의 총면적은 2,039,504평방피트이다. 삽화에 표시된 건물들 중에는 뉴욕시에 위치한 리겟 회사의 행정건물도 있었다. 유나이티드 드러그 컴퍼니는 영국의 부츠 사를 관리하며, 대영제국에서 가장 큰 제약 생산 공장 뿐 아니라 700개의 소매약국도 운영하였던 세계에서 가장 큰 체인 약국이었다.

렉솔 연구소와 공장

미국, 캐나다, 영국에 분포되어 있는 유나이티드 드러그 컴퍼니의 엄청난 제조시설과 연구소 보스턴의 주 플랜트 공장, 세인트루이스 공장, 시카고, 토론토 그리고 샌프란시스코 브랜치와 자회사들, 코네티컷의 뉴 헤이븐 공장, 뉴욕의 마커스 워드, 메사추세츠 웨체스터 셔먼, 뉴욕 하이랜드, 미주리 밸리 파크, 메사추세츠 맨스필드 공장들과 연구소의 총 면적은 2,039,504제곱피트이다. 뉴욕 맨하탄 심장부에 있는 행정건물도 보인다. 영국의 부츠(Boots)사를 인수했고 대영제국에서 가장 큰 공장 뿐만 아니라 700개의 약국을 소유했으며 세계에서 가장 큰 약국체인을 구축했다.

동종요법과 천연비타민 Homeopathy and natural vitamins

1960년대에 접어들어 비극적인 큰 사건 하나가 전체 제약업계를 크게 휩쓸고 지나갔다. 약학 사고의 대명사인 탈리도마이드(Thalidomide) 사건이 그것으로, 1957년 서독의 그뤼넨탈사(Grüenthal of West Germany)가 탈리도마이드 성분이 들어간 콘테르간(Contergan)이라는 수면제를 출시하였는데 임산부에게 입덧 진정제로도 처방 가능하도록 했다.

그러나 몇 년 후 팔 다리가 생략된 사지절단증 기형아 출생의 원인이 된다는 사실이 드러나며 제약업계 전체에 큰 파장이 일었다. 47개국에 판매되었고 그로 인해 전 세계에 걸쳐 최대 만 명 이상의 기형아가 태어났고 그중에 고작 50%만이 생존하게 되는 제약 제조업 사상 최악의 사건이 발생하게 된 것이다.

당시 광고에선 "1000알을 먹어도 죽지 않는 수면제의 혁명"이라고 했다. 인체에 아무런 해가 없다고 했기 때문에 임신부는 물론이고 아이들이 먹을 수 있도록 음료 형태로도 팔렸을 정도였다. 제약회사의 말만 믿고 의사들도 정확한 처방 없이 이 약을 권했다. 덕분에 날개가 돋친 듯 팔려 나갔던 이 약들이 큰 재앙을 몰고 왔다.

미국에서는 판매되지 않았음에도 사람들의 공포와 분노는 극에 달했고 의료계 전체에 온갖 비난이 쏟아졌다. 이 큰 재앙은 의약품의 제조와 유통에 윤리적 책임을 더욱 강화하는 계기가 되었고, 새로운 식품 및 제약 제조, 유통에 대한 연

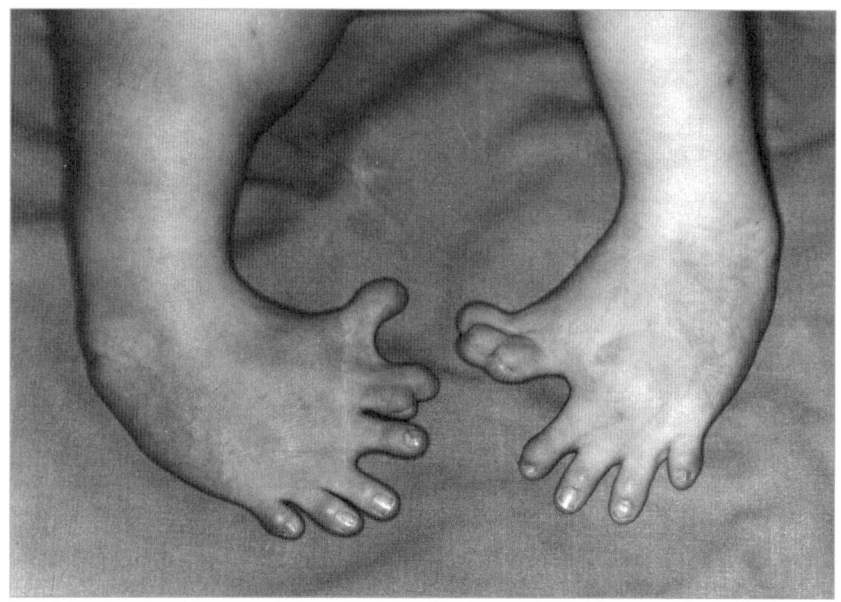

방 정부의 법률 및 규정이 제정되었다. 아울러 부작용 및 유해 성분에 대한 관리가 더욱 투명하게 되었으며, 이중 맹검법(盲檢法, blind experiment: 실험을 수행할 때 편향의 작용을 막기 위해 실험이 끝날 때까지 실험자 또는 피험자에게 특정한 정보를 공개하지 않는 것)과 같은 임상실험을 실시하게 하는 등, 소비자의 안전을 도모하기 위해 한걸음 나아가는 토대가 마련되었다.

전혀 관련이 없었던 렉솔의 연구소도 깊은 충격과 고민에 빠지게 되었는데 엄청난 불행 앞에 연구진들은 윤리적 책임감과 직업적 회의감을 느끼게 되었다.

1936년부터 이미 유나이티드 드러그 컴퍼니에서는 모든 의약품을 공정

규격에(미국 약전 및 국내 규칙서) 합당하게 제조 관리하였으며, 품질과 효과에 있어서 신뢰할 수 있는 매우 안정적인 약제품이라는 것을 의사와 렉솔 약제사들에게 확신시키기 위한 노력을 기울여 왔다. 또한 분야별 선임 소장에 의학박사를 고용하여 치료효과 및 성분에 관한 연구와 의약품 사용 설명서의 정확도를 책임지도록 했고, 용기, 라벨 및 의사들에게 공급되는 약전(藥典)에 심혈을 기울여왔다.

새로운 규정이 의약계에 등장하면서 제약 제조기술의 비약적인 발전을 이루는 계기가 되었지만 부작용에 대한 윤리적 압박감 또한 가중되었으며 이는 렉솔의 연구진과 경영진으로 하여금 제품 전략의 변화 필요성에 대해 심각하게 생각하는 계기가 되었다. 결국 약품의 부작용을 최소화하기 위해서는 '동종요법(homeopathy)'에 의한 천연약품 개발이 향후 나가야 할 방향이라는 결론에 도달하였다.

[렉솔 연구소와 연구원] *Source : From Frank Sternad's private collection*

'동종 요법'은 자연의학의 한 분야로 동종의 물질을 사용하여 치료한다는 유사성의 법칙에 근본을 두고 고대부터 전해져 오는 내용을 1790년대에 독일의 의사 사무엘 하네만(Samuel Hahnemann)이 정리하고 발전시켜 창시한 것이다. 질병이 나타나면 그 증상을 약물로 치료해서 병의 증상을 억누르는 대증적(對症的) 치료와 달리 근치적(根治的) 치료를 해야 한다고 주장한 것으로서, 증상은 우리 몸에서 깨진 불균형을 바로 잡거나 독소를 배설하기 위해 나타나는 반응이라 여기고 그 증상을 지지, 강화하는 처방을 하는 것이었다.

예를 들어, 감기에 걸려 열이 나는 것은 차가운 기운을 이겨내고 바이러스를 물리치기 위한 면역반응이기 때문에 차갑게 해서 열을 내릴 것이 아니라 오히려 이불을 둘러쓰고 땀을 빼주는 것이 근본 치료가 된다는 주장이었다.

이는 자가 면역치유방법으로 병균이나 바이러스 등의 병원체나 화학물질을 대신하여 자연에서 추출한 자연물질을 기반으로 하는 치료법인데 미국 내에서는 1938년 동종요법의 약전 시행이 합법화되면서 치료법도 인정받게 되었다. 꽃, 뿌리, 열매, 채소, 씨앗, 염분, 뱀의 독, 오징어 먹물 등 자연에서 추출한 천연 물질들로서 부작용이 없는 제제를 만들어 내는 것이 렉솔 연구진들의 목표였다.

렉솔의 연구진들이 동종요법에 매력을 느낀 데에는 특별한 이유가 있었다. 바로 동종 요법의 특징이자 장점 때문이었다.

1. 부작용이 없다.
(No side-effects)

2. 더 심각한 재발을 부르는 증상의 억압이 없다.
(No symptomatic suppression that causes serious recurrence)

3. 진단에 얽매이지 않고 증상의 관찰에 의존한다.
(Depends on observation of the symptom and not bound to diagnosis)

4. 동물을 통한 임상실험적 시도가 필요 없다.
(Clinical testing on animals is not necessary)

5. 개별 환자에 의존한다.
(Depends on individual patient)

6. 환자의 모든 것을 치료한다: 질병의 표면적 증상뿐만 아니라 환자의 몸 전체에 영향을 미치는 효과가 있다.
(Cure everything: Not only the surfacing symptoms, but also effects patient's whole body)

7. 신체의 질병이 싸우는 기전을 이용하여 효과적으로 질병을 치료한다. 이것은 가장 자연스럽고 효과적인 치료방법이다.
(Effectively cures disease using mechanism of the body fighting the disease, which is the most natural and effect treatment.)

8. 환경오염이 없다.
(No environmental pollution)

9. 모체의 질병이나 유해한 것이 자궁 안에서 태아에게 전염되는 것을 막을 수 있다.
(Cures child in uterus by preventing disease and hazardous materials to be passed on from mother.)

10. 인체에 잔류 약물이 남지 않는다.
(Medicinal remains is not left inside the system)

그렇게 시작된 렉솔의 천연 약제 개발은 1970년대까지 이어지면서 비타민 관련 제품이 극적으로 증가하게 되었는데, 1970년 렉솔에서는 100가지 종류의 비타민 제품이 개발되어 생산되었다. 이 비타민들은 대부분 한 가지 이상의 효능을 갖고 있어 장차 천연의약품 개발의 기반이 된다.

사실 렉솔에서 천연 약제나 천연 비타민의 개발은 전혀 새삼스러운 일이 아니었다. 비타민이라는 이름이 알려지기도 전인 1905년부터 렉솔에서는 천연 약물을 추출한 영양제를 만들어 왔는데 대구의 간에서 추출한 기름으로 비타민 A와 D가 함유된 오메가3 지방산을 이미 생산 제조 판매하고 있었다. 이 천연 생선 추출 기름은 아이들의 골격 기형질병인 구루병을 예방하기 위한 약으로 쓰였는데, 이 비타민에 대한 어떤 연구에서는 오메가3 지방산의 연쇄적인 소염 작용이 관절 강직이나 우울증을 완화시키는 데에도 효과가 있을 수 있다는 임상실험 결과를 제시하기도 했다. 1905년의 이야기이다.

비타민이라는 용어는 1912년의 신조어 'Vitamine'에서 유래되었다. 이는 처음에 쇠약증상이나(vital) 다른 영양 결핍성 질환에 의한 질병을 예

[세계 최초 렉솔 종합 비타민]
Source : From Frank Sternad's private collection

방하는 유기 미량 영양소의 식품 요소들이 화학적인 아민(Amines)류일 것이라고 생각되었기 때문에 붙여진 이름이었지만, 나중에 밝혀진 바에 따르면 티아민(Thiamine)으로 보면 맞는 말이지만 유사한 활성 미량 영양소가 아민류가 아님이 확인되면서 '비타민' 이라는 영문 표기로 줄여진 이름이다.

1920년대 중반, 상업용 비타민 A, D 및 반합성 비타민 C 보충제가 팔리기 시작하기 전까지 비타민은 오로지 음식 섭취를 통해서만 이루어졌고 이후 20세기 중반부터 비타민은 점차적으로 상용화되며 천연, 반합성 및 합성 비타민 식품 및 식품 보조제로 사용되었다.
1923년 유나이티드 드러그 컴퍼니는 병당 100정의 '렉솔 트리플 비타민 및 천연 철분(Rexall TripleVitamins with Organic Iron)' 판매를 시작하였는데 이는 오늘날의 종합 비타민의 시조라 할 수 있다. 그 포뮬라는 상대적으로 효능 있는 비타민 A, B, 및 C의 혼합물과 펩톤화 철분의 결합물이었다.

1931년에는 유나이티드 드러그의 대구 간유 상품인 '퓨어테스트(Puretest)' 라인을 출시하는데 비타민 D를 추가하여 성분을 강화시킨 비스테롤 대구 간유(Viosterol Cod Liver Oil) 상품으로 확장되었고, 매출 확대를 위해 오메가 산의 탁월함을 내용으로 하는 광고도 진행되었다.

진정한 생선 이야기
모든 비타민 - 검증됨
노르웨이산 로포텐 기름
질소 충전
순수하고 신선함
순한 맛
모두 동일한 효력! 새로운! 여러분만의 비오스테롤, 대구 간유, 10D

미국 의사 협회의 제안을 받아들여, 우리의 퓨어테스트 강화된 대구 간유의 이름을 '비오스테롤'로 통합하였습니다. 비스테롤 대구 간유에 대한 요청이 있을 때에는 위스콘신 알룸니 연구 제단에서 명시한 기준을 따르는 퓨어테스트를 제시하실 수 있습니다.

모든 효능이 배가 되었습니다 -5D에서 10D - 가격 인상은 없습니다.
상품 번호는 UF1900입니다. 여러분께 제공되는 가격은 1다스 당 $6.37이며 권장소비자 가격은 $1.00입니다.

퓨어테스트 비오스테롤 대구간유는 명백한 구루병 예방 및 치료 효과가 있습니다.
한 티스푼에 함유된 비타민 D는 기존 대구 간유 10티스푼과 같은 양입니다.

유나이티드 드러그 컴퍼니

[렉솔의 천연비타민 광고] Source : From Frank Sternad's private collection

1970년 초반부터 식품 및 보조식품 제조에 관한 소비자의 환경적 요소에 대한 관심이 증가 되었고 렉솔의 천연 비타민 및 다른 영양 보조식품 생산이 강화됨에 따라 미국 대중들 사이에서는 비타민 돌풍이 불게 된다. 이는 라이너스 폴링 박사(Linus Pauling)의 영향이 컸다.

폴링 박사는 1954년에는 노벨 화학상(Nobel Prize in Chemistry)을, 1962년에는 노벨 평화상(Nobel Peace Prize)을 수상한 이채로운 경력의 소유자인데 '메가 비타민 요법(Mega Vitamin Therapy)'을 창시하며 다량의 비타민이 질병에 미치는 영향과 개선 효과에 대한 연구를 발표했다. 그리고 1970년에 출간한 책 『비타민 C와 감기』가 선풍적인 인기를 끌면서 많은 사람들에게 그때까지 그리 크지 않았던 비타민의 효능에 대한 큰 관심을 이끌어냈다.

폴링박사는 캘리포니아 팰로앨토(Palo Alto)에 '라이너스 폴링 과학 및 약학 연구소(The Linus Pauling Institute of Science and Medicine)를 설립하였다. 그는 비타민 C에 관한 연구를 주관하며 인간의 비타민 C 합성이 유전적 돌연변이로 인해 저해되었다는 견해를 제시하였으며, 높은 육류 섭취 및 낮은 식물 섭취 등 인간의 식습관 변화가 비타민 C 결핍을 확산시키는 결과를 초래한다고 밝혔다. 폴링박사 본인도 매일 적게는 12gms 섭취하지만 감기 증상이 있을 시에는 40gms (80 x 500mg 정 정도의 양)로 섭취량을 늘렸던 것으로 유명하다.

폴링 박사는 그 이후로 심장병에 대한 비타민 기반의 요법에 대한 연구를 이어가며 더욱 사람들의 관심을 끌게 되는데 이 연구는 렉솔 연구소의 연구원들과 합작하면서 건강 기능 식품으로 시판되기도 했다. '셀룰러 에센셜(Cellular Essential)'이라는 이름의 이 제품은 비타민 C가 테플론(Teflon) 형태의 아미노산을 만들어 지방이 동맥벽에 달라붙는 것을 막아주는 역할을 하도록 하는 것이었다. 폴링 박사의 메가 비타민 요법 등의

[노벨상을 2회 수상한 라이너스 폴링박사]

영향으로 인해 1980년대가 되기 전까지 미국인들의 반 이상이 비타민을 비롯한 건강 기능 식품 섭취가 습관화 되었다.

이는 사실 환경의 오염과 달라진 식습관 등의 원인으로 필요한 영양소들을 음식으로 모두 섭취할 수 없다는 연구 보고와도 무관하지 않았다. 몸이 필요로 하는 비타민과 무기질 등을 보충하고 최상의 건강을 유지하기 위해선 건강 기능 식품을 섭취하는 것이 필수 조건이었다. 그러다보니 셀 수도 없이 많이 생산되는 건강 기능식품들 중에 가장 좋은 품질을 가려내는 일이 관건이었다.

> Only mass protest can [1]
> achieve the goal.
> I believe in non-violence.
> But the Establishment believes
> in violence, in force — in
> MACE, NAPALM, Police power,
> aerial bombing, nuclear
> weapons, war.
> So long as the selfishness
> of the Establishment remains
> determinative, our hope
> that the coming revolution
> will be non-violent has
> little basis in reality.
> The End

[1968년 라이너스 폴링박사 연설문]

이때의 비타민 시장은 이미 화학적인 분자 구조로 똑같이 만들어낸 영양소로 구성된 합성영양제가 장악하고 있었다. 그러나 자연에서 보충할 수 없는 영양소를 자연과 가장 가까운 형태로 섭취하는 것이 중요하다는 사실을 사람들이 서서히 인지하기 시작했다. 생각해보면 건강을 위한 필수 영양소를 자연에서 얻는 것이 가장 이상적이라는 것은 너무도 당연한 일이었다.

합성영양제는 자연의 영양소를 흉내 내도록 고안된 10여 단계의 과정을 거쳐 제조되는 것이다. 그러니까 자연이 만든 식품이나 식물 속에 한 번도 머문 적이 없는 순수한 합성물질인 것이다. 결론적으로야 합성영양제와 천연영양제의 분자 구조가 동일하지만, 실제 물체와 거울에 비친 물체가 같을 수는 없다. 흉내를 내어 언뜻 똑같아 보이지만 그 둘은 완전히 다르다. 합성영양제는 천연영양제에 비해 생물학적 활성도가 낮다. 이에 따라 그 효과도 현저히 낮을 수밖에 없다. 합성비타민의 인체 흡수율이 10% 정도인데 비해, 천연영양제의 인체 흡수율은 70~80%로 월등히 높다.

천연영양제를 만드는 과정은 합성영양제와는 전혀 다른 과정을 거쳐 만들어지는데 추출하고자 하는 비타민이나 영양소가 들어 있는 자연의 재료들을 채취하여 깨끗이 씻은 후 정제수를 붓고 여과기를 걸러 여과액을 모은다. 여과 과

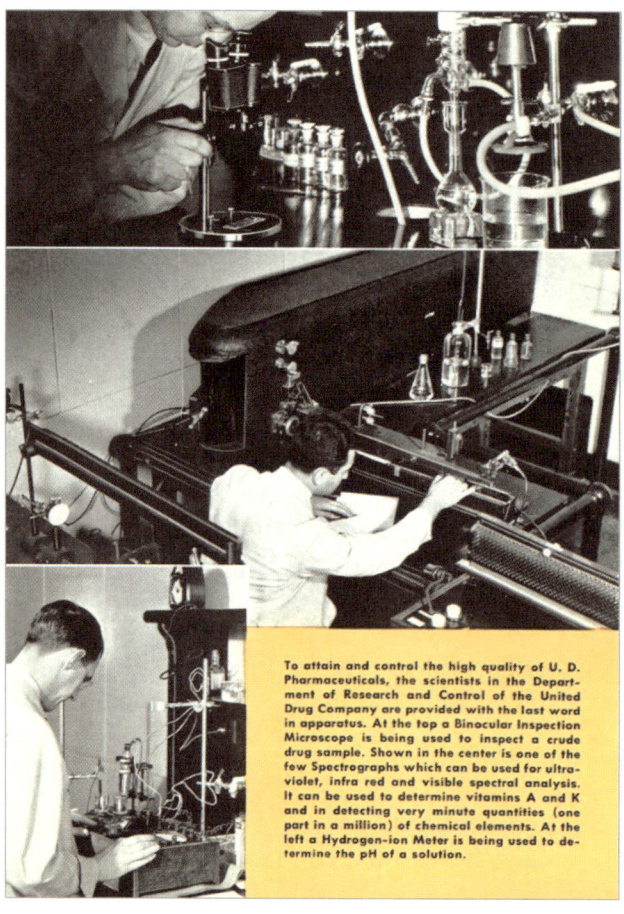

[렉솔 연구소와 연구 장비] *Source : From Frank Sternad's private collection*

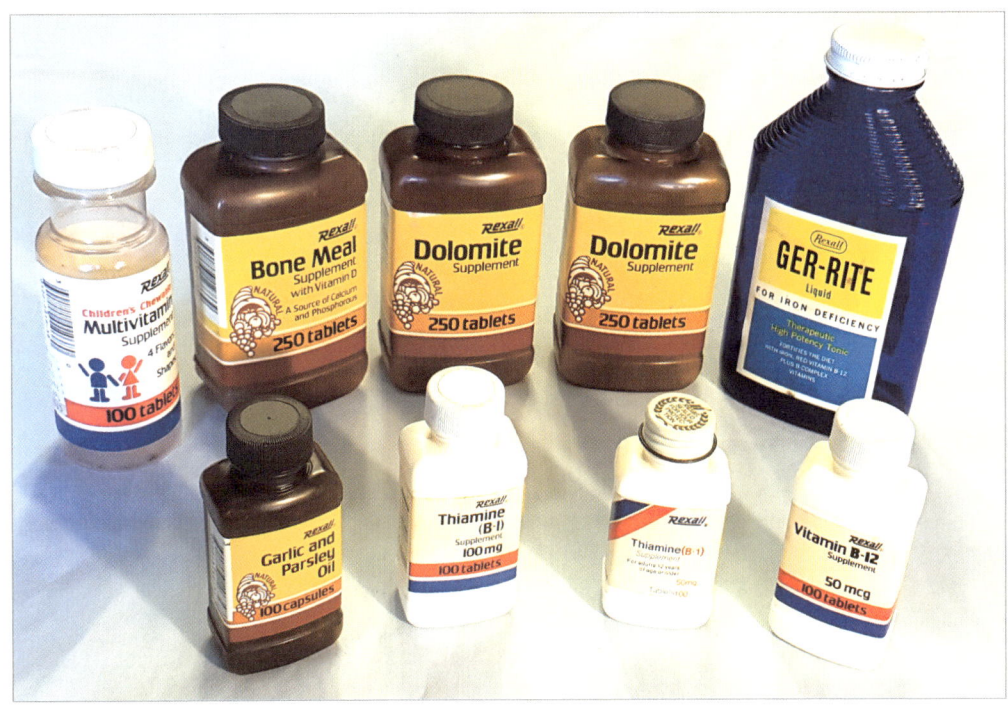

[렉솔의 다양한 천연비타민] *Source : From Frank Sternad's private collection*

정에서 영양제의 흡수를 방해하는 부분들을 제거하고 나면 추출한 여과액에는 영양소와 시너지 효과를 내는 보조 인자가 모두 들어있게 된다. 이 농축액은 낮은 온도에서 자연 건조시킨다. 간략하게 설명했지만 합성 비타민에 비해 훨씬 더 복잡하고 어려운 단계를 거쳐야만 한 알의 천연영양제가 탄생하는 것이다.

또한 서로 다른 영양소가 잘 혼합되어 인체에 잘 흡수되도록 하는 기술에 대한 렉솔의 연구는 당시 누구보다 앞서 있었다. 의학 연구지에 실린 렉솔의 대표종합 비타민제에 대한 설명이다.

진보된 코팅 과정

렉솔은 일반적으로 잘 어울리지 않는 비타민과 미네랄을 안전하게 혼합하는 독점적인 방법을 개발해냈다. '수퍼 플레나민(SuperPlenamins)'이 하나의 알약 형태로 만들어질 수 있게 한 이 과정은, 서로 어울리지 않는 혼합물 중 반응하는 물질에 코팅을 입히는 것으로 문제를 해결하였다. 보호막을 입힌 재료의 혼합물은 기계 과정을 거쳐 하나의 알약 형태로 찍혀 나온다. 그 후 알약에 층을 입힌다.

수퍼 플레나민을 제조하는 이 과정은 31개의 다른 단계를 거쳐야만 한다. 이 과정을 통해 생산되는 최고 품질의 비타민제는 식습관으로 인한 비타민 부족 현상으로부터 소비자를 효과적으로 보호한다. 그리고 모든 알약 하나하나는 믿을 수 있는 렉솔 품질 보증을 받은 제품으로서 라벨에 적혀 있는 그대로 비타민 및 미네랄 효능을 발휘한다.

렉솔이 만든 비타민 제품들과 사용법을 알아보자.

[렉솔의 천연 비타민]
Source : From the author's private collection

Source : From Frank Sternad's private collection

수퍼플레나민은

고객이 일반적으로 하루 섭취해야 하는 필수 비타민과 미네랄을 제공한다.

매일 누구나 식사와 함께 할 수 있는 훌륭한 처방이다.

알약 하나에 포함된 내용:

비타민 A_8,000 U.S.P

비타민 D_1,000 U.S.P

비타민 B1_2.5mg

비타민 B2_2.5mg

비타민 C_ 50.0mg

니아시나마이드_20.0mg

비타민 B6_1.0mg

비타민 B12_3.0 mcg

판테놀_ 5.0mg

간 분말 N.F._100mg

철분_15.0mg

칼슘_75.0mg

인_58.0mg

요오드_0.15mg

구리_0.75mg

코발트_0.15mg

망간_1.25mg

마그네슘_10.0mg

몰리브덴_0.25mg

칼륨_3.0mg

아연_1.0mg

니켈_0.1mg

물론 천연 영양제를 만드는 일이 하루아침에 아무나 할 수 있는 것은 아니었다. 비타민 제조는 긴 경험과 적절한 장비가 요구되는 복잡하고 전문적인 과정이며, 천연에서 온 영양제들은 노출, 열, 다른 비타민 및 타 화학물질과의 혼합으로 인해 효력을 잃을 수도 있는 물질이기 때문이다. 제대로 제조하지 않으면 효력을 잃어 라벨지에 표시된 효과를 소비자에게 전해줄 수 없게 된다는 뜻이다.

이러한 천연 영양제를 연구하고 손실 없이 제조 개발 방법을 오랫동안 익혀온 렉솔과 같은 회사에서만 가능한 일이었다. 렉솔의 천연 영양제와 약제의 제조기술은 1960년대에 이미 상당히 높은 수준에 올라와 있었고 이 내용은 잡지들을 통해서도 이미 알려져 있었다.

렉솔 비타민 제조 과정 Manufacturing process of Rexall vitamins

생산자의 도덕성

비타민 제조는 긴 경험과 적절한 장비가 요구되는 복잡하고 전문적인 과정이다. 비타민은 노출, 열, 다른 비타민 및 타 화학 물질과의 혼합으로 효력을 잃는다. 제대로 제조하지 않으면 효력을 읽어 라벨지에 표시된 효과를 소비자에게 전해줄 수 없게 된다. 렉솔과 같이 오랫동안 높은 평가를 유지한 기업은 대중에게 제공할 수 있는 그 모든 가치 중에 신뢰도를 가장 중요시 여긴다. 렉솔 신뢰도의 본보기인 렉솔 비타민은 모든 제조 과정에서 철저한 취급, 혼합, 그리고 실험 과정을 거친다. 소비자에게 라벨에 명시된 제품의 효능대로 제공하기 위해 모든 과정에 세심한 주의를 기울인다.

이런 노력의 결과로 1970년대가 되었을 때에 렉솔의 연구진들은 무려 100종류가 넘는 제품을 천연 비타민 또는 천연 치료제와 전통적인 치료제로 등록하게 되었다. 렉솔 연구소에서는 모든 영양소들의 특징을 잘 분석하여 서로 어울리지 않거나 흡수를 방해하는 요소를 제조 과정에서 제거하는 방법 등을 연구해 나갔는데 이는 다른 제약회사보다 수년이나 앞선 기술력이었다. 제조되는 영양제의 영양소들이 제조과정 중 손실을 입지 않고 완전히 효능을 발휘할 수 있도록 했다.

리겟은 일찍부터 이미 이런 시대 변화에 대한 선견지명이 있었던 게 틀림없다. 그는 1910년대부터 대규모 농장을 구입해 약품과 제품의 원료가 되는 작물들을 재배해왔다. 매사추세츠 주에 있는 플리머스에 호수를 끼고 있는 토양이 좋은 50만 평의 농장에서 약재를 비롯해 담배, 와인의 원료들을 직접 재배해서 양질의 원료들을 조달했던 것인데, 이렇게 전통 방식이나 천연 요법의 약재들을 꾸준히 연구하고 개발한 이면에는 리겟의 남모르는 노력이 숨어 있었다고 생각된다.

이렇게 천연 비타민과 천연 치료제에 대한 전통을 가지고 있던 렉솔은 칼 드산티스의 시대를 맞아 새로운 전기를 맞게 된다. 리겟의 시대와는 확연히 달라진 소비자의 요구와 취향에 따라 그 동안 서서히 증가하고 있던 천연 영양제에 대한 요구가 폭발적으로 증가하게 된 것이다.
1990년대를 지나 2000년대는 이제 천연 비타민과 전통적인 방식의 치료제가 시장의 주류가 된 시대가 되었다. 렉솔을 계승한 렉솔 선다운은 렉솔의 전통을 이어 받아 이 분야에서 선두를 달리는 업체가 될 수 있었다.

품질에 대한 자부심 Pride of quality

렉솔의 제품 품질에 대한 자부심을 보여주는 몇 가지 예를 살펴보자.

● 환불보장 서비스

렉솔의 혁신은 단순히 우수한 제품을 만들어내는데 제한되지 않았다. 품질에 자신감을 가진 렉솔은 당시 획기적인 환불보장 서비스를 소비자들에게 제시한다. 제품에 하자가 있거나 변심, 또는 사용 중에 만족하지 못할 시에는 어느 때든지 남은 약품과 영수증을 가지고 렉솔약국을 방문하면, 구입한 약국이 아니더라도 상관없이 현금으로 환불받는 서비스로서 당시에는 획기적인 소비자 보호 장치였다. 현대에는 일반화된 서비스가 되었지만, 최초로 이 서비스를 시작한 회사 중 하나가 바로 렉솔이었다는 사실은 놀랍다. 이 완벽한 소비자 보호 장치는 지금부터 100년 전에 시행된 것으로 품질에 대한 렉솔의 자부심을 상징적으로 보여주는 것이라고 할 수 있다.

● 품질 인증제도

렉솔은 국가의 공식적인 인증제도가 자리 잡기 이전부터 자체 인증 제도를 운영했다. 제품에 대한 검사, 검증 등을 확실하게 했다는 표시로서 소비자의 신뢰성을 올리는데 큰 기여를 했다. 다음은 이 품질 인증제도와 관련된 광고 문구이다.

이 도장이 여러분에게 무엇을 의미하나요?

모든 렉솔 제품에 주어지는 이 도장은 여러분의 건강 및 여러분의 가장 소중한 이의 건강과 중요한 관계를 맺고 있습니다. 건강은 우리의 가장 소중한 재산이며 온갖 수단을 동원하여 지켜야 한다는 것을 누가 말해주지 않아도 알고 계실 것입니다. 그 소중한 재산을 여러분의 지역 약국에 맡길 때엔 그들이 취급하는 병원물품,응급치료, 화장품 및 수많은 가정용품들이 가장 좋고 순수한지 확인해야만 합니다. 처방약, 약제 및 제약이라면 더욱 더 현대 과학에서 가능한 가장 높은 기준에 미치고 있는지 한 번 더 확인해야 합니다. 렉솔약국을 여러분의 가정 약국으로 삼으신다면 충분히 그러실 수 있습니다. "검사필-유나이티드 드러그 컴퍼니 연구기술부" 도장은 완전한 순수성, 일관성 있는 품질, 그리고 최대의 효능을 보증합니다. 모든 렉솔 제품은 렉솔약국으로 향하기 전에 시험을 거쳐서 인증을 받아야만 합니다.

유명한 유나이티드 드러그 컴퍼니의 연구기술부는 세계에서 가장 뛰어난 산업연구 연구실 중 하나입니다. 이곳에는 저명한 과학자들과 의사들이 직원으로 구성되어 있습니다. 유나이티드 드러그 컴퍼니 연구기술부는 가장 최신 장치 및 도구로 연구 과제를 진행합니다. 약 이외에도 화장품, 사탕, 소다수, 및 잡화를 다루기 때문에 그 어떤 연구시설보다 다양한 시험이 진행됩니다.

연구부에서는 상업생산 이전에 소형제조시설로 제조과정을 시험하기 때문에 상업생산 이후 문제가 생기지 않도록 합니다. 연구실의 다른 한 쪽에서는 들어오는 원료와 마감된 상품을 검사하여 처방위원회의 높은 기준에 적합한지 확인합니다.

기억하세요 - 오직 렉솔약국에서만 이 검사필 렉솔 상품을 구하실 수 있습니다.

유통의
혁신
Innovative distribution

리겟이 구상한 '렉솔 생각'이 작동하는 주요 메카니즘을 살펴보면 다음과 같다.

- 독점적 판매망인 10,000개 이상의 렉솔약국에서 선주문
- 대량 판매망을 독점적으로 확보함에 따라 규모의 확장을 통해 양질의 재료를 낮은 가격에 구매
- 수준 높은 연구시설과 인력을 통한 품질관리
- 선주문 대량 물량의 확보에 기반한 대량생산과 규모의 경제 도달로 상품생산 비용 절감
- 중간 도매상을 거치지 않고 직접배송을 통한 유통비용 절감
- 독점적 판매망인 렉솔약국은 낮은 가격에 물품을 공급 받음
- 경쟁사에 없는 독자 브랜드 품목을 판매하기 때문에 할인 경쟁이 불필요하게 되고, 적정 수익률 확보 가능
- 렉솔 본사의 강력한 광고 및 마케팅 활동 지원
- 지역 내 판촉을 위한 다양한 판촉도구 제공
- 소비자 측면에서는 신뢰할 만한 양질의 제품을 저렴한 가격으로 구입 가능

유통 측면에서 보자면 '렉솔 생각'은 기존의 '제조사-중간 도매상-약국-소비자' 구조를 '렉솔-렉솔약국-소비자'의 구조로 변화시켰다. 이것이 1902년 리겟이 일으킨 렉솔혁명의 가장 중요한 요소 중 하나였다. 이 유통의 혁신은 시장에서 큰 반향을 일으키며 렉솔을 성공한 기업으로 변화시키고, 제약 유통 환경 자체를 근본적으로 뒤흔들어 놓는다.

그런데 20세기를 거치면서 리겟이 구상한 이 구조가 무너진다. 렉솔약국은 다트의 시대를 거치며 점점 쇠퇴하고, 수퍼스토어 형태의 매장에 밀려나면서 새로운 변화의 시대적 요구를 감지한다. 아날로그에서 디지털로 폴더폰에서 스마트폰으로의 진화에 기민하게 대응했던 기업만이 생존할수 있었듯이 렉솔은 근대 약국의 뉴 패러다임을 유산으로 남기고 새로운 변화와 혁신을 통한 재탄생을 위한 자기죽임을 선택한 것이다. 렉솔약국이 사라진 후에는 렉솔 생각에서 추구한 개념은 더 이상 무의미하게 되었는가?

시대의 변화와 제약 유통 Changing times and pharmaceuticals distribution

칼 드산티스 시대에 렉솔의 재발견이 이루어지면서 크게 두 가지의 혁신이 일어난다. 하나는 제품에 있어서의 혁신이며 다른 하나는 유통에 있어서의 혁신이다.

제품의 혁신은 앞에서도 언급된 바 있는 천연비타민과 전통의약의 재발견이었다. 렉솔의 비타민 제조 전통이 드산티드가 여러 해에 걸쳐 발전시킨 비타민 제조 노하우와 만나면서 새로운 시장 환경에서 활짝 꽃을 피게 되었다.

유통의 혁신은 중간 도매상을 배제한 독점적 판매채널에 주목하면서 발전했다.

렉솔약국의 역할을 누군가가 할 수 있다면 현대에도 렉솔 모델은 여전히 유효할 수 있다고 생각한 것이다. 이것이 바로 드산티스하에서 새롭게 시작된 직접 판매 네트워크 마케팅 모델이었다. 드산티스 시대의 유통 모델은 내용적으로 리겟의 렉솔 생각 모델과 거의 유사하다.

- 수십만~수백만에 이르는 독점적 직접 판매 조직에서의 선주문
- 대량 판매망을 독점적으로 확보함에 따라 규모의 크기를 이용해 양질의 재료를 낮은 가격에 구매
- 수준 높은 연구시설과 연구 인력을 통한 품질관리
- 선주문 대량 물량의 확보로 인한 대량생산과 규모의 경제 도달로 인한 상품생산비용 절감
- 중간도매상을 거치지 않는 직접배송을 통한 유통비용 절감
- 독점적 판매망인 직접 판매조직은 낮은 가격에 물품을 공급 받음
- 경쟁사에 독자 브랜드 품목을 판매하기 때문에 할인 경쟁이 불필요하게 되고, 적정 수익률 확보 가능
- 지역 내 판촉을 위한 다양한 판촉도구 제공
- 소비자 측면에서는 신뢰할만한 양질의 제품을 저렴한 가격으로 구입 가능

렉솔의 모델과 비교할 때 차이가 있는 항목 하나는 '전국적인 규모의 마케팅과 광고' 부분이다. 새로운 모델에서는 기존의 마케팅과 광고를 직접 판매 조직을 통한 인적 소개와 판촉활동으로 대체함으로써 마케팅, 광고 등을 거의 하지 않는다. 여기서 절감된 비용은 당연히 상품 가격을 낮추거나 판매자의 수익 증대로 이어진다. 이 유통모델을 실현하기 위해 드산티스는 <u>렉솔 쇼케이스 인터내셔널(RSI)</u>을 설립해서 시장을 넓혀간다.

2000년, 렉솔 쇼케이스를 포함한 렉솔 선다운은 1896년 네덜란드에서 설립된 유아 의료 영양제 제조회사인 로얄 누미코에게 인수되면서 제품의 다양성을

추가로 확보하게 되고, 네트워크 마케팅의 영역을 확장한다. 로얄 누미코를 모회사로 두면서 제품 개발과 네트워크 마케팅의 든든한 지원군을 얻게 된 것이다. 이때부터 렉솔 쇼케이스는 네트워크 마케팅 업계 내에서 본격적인 성장을 시작하였다.

두 회사의 합병 Merger of the two companies

2001년에는 네트워크 마케팅 업계의 또 다른 대기업인 엔리치 인터내셔널(ENRICH International)과 대대적인 합병을 하게 된다. 엔리치는 1972년 설립된 회사로 독자적으로 허브 캡슐화를 성공시킨 탄탄한 네트워크 마케팅 회사였다. 렉솔 쇼케이스와 엔리치 인터내셔널이 합병하면서 '유니시티 네트워크'라는 이름으로 재탄생해서 현재에 이른다.

두 회사의 합병을 계기로 본격적인 글로벌 네트워크 마케팅의 시대가 열리게 되었고, 새로운 유통모델은 전 세계를 대상으로 사업을 진행할 수 있게 되었다. 리겟이 미국의 지방 소도시에서 그렸던 생각이 전 세계의 각 도시에서 현실화된 것이다.

당시 미국의 경제 전문지들은 이 뉴스들을 앞 다투어 다루며 이 두 거대 기업의 합병을 예의주시했는데 그 중 <Network Marketing>지에 실렸던 한편의 내용을 옮겨보자.

[4억 달러의 신생 회사 A $400 Million Start-Up]
- 하나가 되려고 하는 두 문화의 이야기 -
A tale of two cultures about to become one by Jason Forsythe

코카콜라와 펩시. 예일과 하버드. 햇필드와 맥코이. 렉솔과 엔리치.
Coke and Pepsi, Yale and Harvard. The Hatfields and McCoys. Rexall and Enrich.

[번역주: 햇필드와 맥코이 Hatfields and McCoys]
미국 남북전쟁 직후를 배경으로 웨스트버지니아~ 켄터키 주 경계지역의 햇필드 가문과 맥코이 가문 간에 1863년~1891년 동안 서로 용납할 수 없었던 분쟁

[출처 - 구글 이미지]

렉솔과 엔리치? 맞는 말이다! 멀리서 보면 이 둘은 본질적으로 같다(결국 이 둘 다 거대한 성공적인 네트워크 마케팅 회사가 아닌가?). 그러나 안에서 보면 이 둘은 사람들의 기억에 아주 오랫동안 경쟁관계에 있었다.

모든 것이 변하고 있다고 리차드 비짜로(Richard Bizzaro)는 말한다. 가정과 같은 작은 다단계판매 회사는 사라졌다. 네트워크 마케팅이 당당하게 서야 할 때이다. 리차드 비짜로는 크게 생각하는 것을 좋아하는데 오늘 그는 큰 것 이상의 것을 생각하고 있다. 그는 네트워크 마케팅 업계의 새 장이 열리고 있다는 느낌을 받고 있다. 이번 대규모 합병건 때문이다.

4월 1일(April Fools' Day: 만우절이 아니다!), 직접 판매에서 가장 알려진 이름인 엔리치와 렉솔

이 도끼를 묻고 팔을 맞잡고 결합하여 유니시티 네트워크를 형성한다. 이 둘이 함께 하는 새로운 회사는 로얄 누미코의 네트워크 마케팅 부문을 형성할 것이다. 로얄 누미코는 28,500명의 종업원과 300명의 과학자와 40억 달러 이상의 연간 판매액을 보유하고 있는 100년 된 유아-의료-영양제조업자이다. 1999년의 로얄 누미코의 또 다른 인수, 즉 미국에서 제일가는 영양 보충제 공급자인 GNC의 인수와 더불어, 이 네덜란드 회사는 전 세계에서 가장 강력한 영양-기반 회사 중의 하나가 되었다.

렉솔과 엔리치의 합병은 영양제 업계를 바꾸기에 충분하며 전 세계의 네트워크 마케터들은 이 회사의 리더들이 이것을 잘 이루어 나갈지 지켜보게 될 것이다. 서류상으로 합병하는 것과 생산업 베이스인 엔리치와 다른 사업베이스인 렉솔의 두 문화를 결합시키는 일은 별개의 일이다. 엔리치의 판매업자들은 제품을 먼저 판매하려 하고 비즈니스는 두 번째로 생각하며, 렉솔은 비즈니스가 우선이고 제품 판매는 나중이라고 생각한다. 엔리치의 최고 판매자 20명중 19명이 여성이고, 렉솔에서는 정확히 이 반대이다.

스탠리 셀레스틴(StanleyCharleston): "네트워크 마케팅 기업을 합병시키는 일은 쉬운 일이 아닙니다. 전통 기업들을 합병시키는 일이 훨씬 더 쉽습니다. 이런 이유 때문에 네트워크 마케팅 업계에서 합병의 사례를 보기가 쉽지 않습니다. 많은 사람들이 유니시티의 합병이 성공적일지 지켜보고 있습니다. 한 가지는 분명합니다. 우리는 업계 내에서 앞으로 더 많은 기업 간 결합을 볼 것이라는 사실입니다. 이런 일이 발생하면 누가 메인 플레이어인지 분명히 알게 될 것입니다."

- 큰 것이 더 좋은가? -
전 엔리치 인터내셔널의 회장이자 CEO이며 현재 로얄 누미코의 네트워크 마케팅 부문 회장이자 CEO인 리차드 비짜로는 이런 규모의 합병이 미래의 흐름이라고 생각하고 있다. 그는 말한다. "네트워크 마케팅의 성장률은 현재 마이너스이다. 그러나 렉솔과 엔리치의 지난 2년 동안의 결합 성장률은 30%인데 이는 이 둘이 시장의 선도자들이기 때문이다."

[엔리치 제품들 (출처-구글 이미지)]

모회사인 로얄 누미코에게 유니시티는 4억 달러의 신생 유력기업을 의미한다. 이뿐 아니라 로얄 누미코라는 이름은 정당성을 부여하는데 이것은 브랜드에 예민한 네트워크 마케팅업계에서는 매우 중요하다. 'Royal'이라는 이름은 네덜란드 왕이 가장 존경할 만한 네덜란드 기업에게 주었던 명칭이기 때문이다. 로얄 누미코가 먼저 합병을 제의했다. 유니시티는 이 합병을 통해 유아에 강점을 갖고 있고 정맥을 통한 영양 주입 분야의 전문성이 있는 로얄 누미코의 연구결과를 활용할 수 있게 되었다.

데이비드 매스트로이아니(Mastroianni): 로얄 누미코는 자신들이 개발한 제품을 팔 수 있는 곳이 없었기 때문에 자신들의 제품을 시장에 내보낼 수 있는 우리 회사와 같은 브랜드와 회사를 찾고 있었습니다. 그들은 좋은 제품을 많이 개발했지만, 스스로 브랜드를 만들어 마케팅하기에는 너무 비용이 많이 들어 그저 연구실에만 갇혀 있었습니다. 그와 같은 정교한 제품에는 구전 마케팅이 잘 들어맞는다는 사실을 깨달은 그들은 칭찬을 받아야합니다. 그들은 네트워크 마케팅이 그들이 발견한 것들을 소비자의 손에 전달하는 효과적인 방법이라는 것을 깨달은 것입니다."

엔리치의 판매업자인 자니스(Janis)와 글렌 브라운(Glen Brown)은 로얄 누미코에서 실험을 통해 입증된 제품들을 팔게 될 것이라고 기대하고 있고, 또한 유니시티의 eCommerce와

온라인 쇼핑망의 활용을 기대하고 있다. "인터넷을 통해 전 세계에 판매하는 것은 렉솔이 아주 잘하는 일이고 우리에게는 약점이었습니다. 이제 우리는 두 회사의 최고의 제품들을 다양한 방식으로 팔게 될 것입니다."

리처드 비짜로도 이 의견에 동의한다. "유니시티가 로얄 누미코의 과학을 만나서 이제 최고의 제품을 판매할 수 있게 되었습니다. 렉솔과 엔리치 간에는 문화적 차이가 있지만, 우리는 특허 받은, 매우 정교한 로얄 누미코의 제품들에 접근할 수 있습니다. 저는 이 점이 우리가 문화적 차이점을 극복하는데 큰 역할을 할 것이라 믿습니다."

- 첫 단계 -

이 합병이 일반 판매원들에 의해 받아들여질지에 대한 첫 시험대는 1월에 L.A와 애틀랜타에서 있었던 두 번의 사전 미팅이었다. L.A에서 있었던 첫 번째 금요일 미팅은 모두가 지켜보겠다는 태도로 시작되었다. 2000명의 판매원들은 새로운 회사가 어떤 회사가 될지 듣고 싶어 했다.

리처드 비짜로와 최고 판매원들은 이미 9개월 동안 합병을 계획해 오고 있었다. 유니시티는 렉솔과 엔리치의 보상 프로그램의 장점들을 채용한 보상 프로그램을 실시할 것이고, 결합된 회사는 약 450개의 제품을 판매하게 될 것이었다. 매스트로이아니(Mastroianni)는 기억한다. "미팅에서 알려지지 않은 사실들이 많이 있었지만, 결정이 이미 내려졌고, 계획이 있다는 사실에 판매자들은 행복해 했습니다.

그러나 그는 도전이 있었다는 사실도 숨기지 않았다. "서로 다른 문화와 철학을 통합한다는 일은 극도로 어려운 일이었습니다. 네트워크 마케팅은 감정이 많이 개입되는지라 모두를 만족시킬 수는 없습니다. 그러나 우리는 전문가들입니다. 합병이 합리적이라면 우리 모두는 그 결합을 끌어안습니다."

"완벽한 결혼"

렉솔의 전형적인 최고 판매원인 제프 맥은 말한다. "저는 유니시티가 겁나지는 않습니다. 왜냐하면 우리는 계속 렉솔이라는 이름을 유지하기 때문입니다. 로얄 누미코와 더불어 우리는 그들의 광범위한 연구 개발과 더불어 전통과 역사를 말할 수 있게 되었습니다. 엔리치와 더불어 우리는 우리의 핵심 역량에 추가로 영양제와 웰빙 관련 제품들을 얻게 되었습니다. 우리들이 하지 않았던 것들을 그들은 아주 잘합니다. 이것은 완벽한 결혼입니다."

에디 스톤은 또 다른 렉솔 출신의 최고 판매원인데 합병 뉴스를 처음 들었을 때 다소 마음이 불편했었다. "처음 뉴스를 들었을 때 나의 경쟁자와 함께 일한다는, 아니 결혼한다는 사실이 염려되었습니다. 그러나 저는 유니시티의 경영진이 선별과정을 통해 각 그룹의 최고의 것을 운영하기로 했다는 것을 알게 되었습니다. 저는 우리 앞에 특별한 기회가 갑자기 다가왔음을 알게 되었습니다. 제가 갖고 있던 제한된 패러다임을 내려놓고 저는 유니시티를 껴안으며 새로운 가능성을 볼 수 있었습니다. 이것은 서로 전혀 다른 회사 간의 결합에 의해 모험심 넘치는 기업가 정신을 공유하고 있는 사람들이 도전할 만한 환경이 되었다는 것을 의미합니다."

반면에 엔리치의 판매원들은 제품에 대한 시험으로 시작했다. 더그(Doug)와 셰리 로렌스(SherryLawrence)는 유능한 네트워크 마케팅 사업가였는데 잘못된 계약 때문에 미쯔비시 자동차 대리사업에서 실패한 후 셰리는 그 동안 엔리치 제품을 직접 판매해왔다. 처음 9주 동안 24 파운드의 손실을 보았지만 첫 해에 8만5천 달러를 벌었다. 더그는 자신의 직업을 그만 두고 엔리치 사업에 전념하였다. 6년 만에 그들은 모든 빚을 갚고 안락한 여섯 자리의 수입을 올리고 있다.

그들은 엔리치가 좋았지만 합병을 환영했다. 셰리는 말한다. "로얄 루미코의 우산 아래에서 두 강력한 회사가 결합할 때, 이것은 커다란 안정감을 줍니다. 재정적 지원 때문에 급료 지불을 염려할 필요가 없고, 특히 이 경우에는 새로운 제품 개발에 선두주자가 되어야 한다는 염려를 하지 않아도 됩니다. 우리는 이미 유니시티를 위해 사람들과 계약하고 있습니다."

- 성 고정관념?-

대이라 데이비슨(DariaDavidson)은 독특한 렉솔의 판매원이다. 그녀는 응급실 의사였고 로스쿨에 다니고 있었으며 캔사스 심장학회의 회장이자 두 딸의 엄마였다. 41세에 암 진단을 받고난 후, 그녀는 재택근무를 하면서 자신의 의학 배경을 활용할 수 있는 직업을 찾다 렉솔에 합류하였고 이제는 전업 의사 시절 이상의 수입을 올리고 있다.

그녀는 말한다. "엔리치 판매원들은 그 동안 비즈니스 기회를 판매하는 것보다 제품을 파는데 더 초점을 맞추었다고 들었습니다. 저는 이미 엔리치의 판매원들로부터 비즈니스를 시작하고 네트워크를 형성하는 방법을 알려 달라는 요청을 받고 있습니다. 두 문화를 걱정할 필요는 없을 것 같습니다. 왜냐하면 풀타임으로 일하는 우리 모두에게 분명한 것은 비즈니스가 먼저이기 때문입니다.

- 반드시 돈에 관한 것만은 아니다(역자주: 네트워크 마케팅이 제공하는 좋은 점)

데브라와 더그 존스: "우리는 우리가 만들기 원하는 라이프 스타일을 자유롭게 즐길 수 있었습니다. 나의 삶이 없다면 1년에 백만 달러를 벌어도 쓸모없는 일입니다. 네트워크 마케팅에서 당신은 엄청난 수입을 얻을 수 있습니다. 당신은 또한 당신에게 소중한 사람들과 보낼 수 있는 시간을 가질 수 있습니다."

자유를 얻는 것은 엔리치의 또 다른 판매업자인 그렉 에싼(Greg Essyan)이 가장 중요시 여기는 것이기도 하다. 전직 변호사였던 그는 1987년 주식 시장 폭락으로 투자한 돈을 잃게 되자 풀타임으로 원치 않게 법률 관련 일을 하게 되었고 이때부터 4년 동안 네트워크 마케팅을 연구한 후 엔리치에 합류하였다. 그는 2년 반 만에 매달 다섯 자리 수의 수입을 올리게 되었다. 그는 말한다. "변호사로서 나의 우주는 맨해튼, 좀더 정확히 말하자면 맨해탄의 아주 작은 구역이었고 시간은 빠르게 흘러갔습니다. 매일 아침 6시 36분 급행열차에 앉으면 매일이 똑 같아 보입니다. 이제 매일은 다르며 저는 이집트의 피라미드와 전 세계의 많은 것을 보았습니다. 이 모든 것이 엔리치 덕분입니다."

그렉 에싼이 예일대학을 다니고 있을 때 존 하렘자는 8년 전에 렉솔에 합류하였다. 그는 전에 공장의 감독이었는데, 난독증 때문에 서명을 읽고 수표책을 결산하는데 어려움을 겪었다. 렉솔에 합류한 후 그는 네트워크 마케팅에 관한 책을 2권이나 썼다. 그는 렉솔의 최고 수입자 20인 중의 한 사람이다. 그는 말한다. "네트워크 마케팅은 내가 꿈꾸지 못했던 세계를 나에게 주었습니다. 네트워크 마케팅이 나의 자기 확신과 자기존중과 자기가치를 세워 주었습니다. 제 세계는 이전에 제가 자라난 반경 200 마일이었습니다만, 이제 저는 세계를 여행하며 네트워크 마케팅의 성공이 가져다주는 모든 것을 경험하고 있습니다."

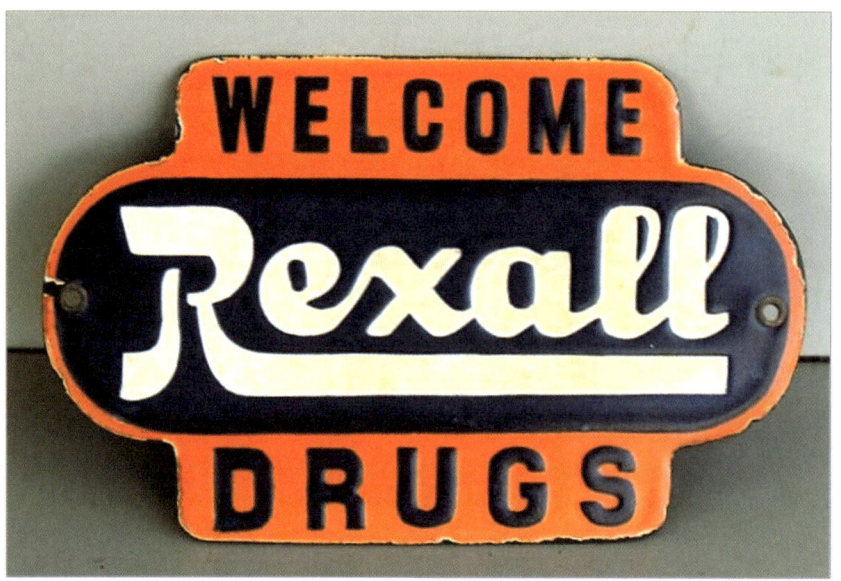

분명히 제품 對 비즈니스라는 두 문화의 상이한 특징은 유니시티의 앞날에 난관이 예상된다는 말은 틀린 말은 아니다. 그러나 성공적인 두 네트워크 마케팅 회사에서 같은 것들도 발견할 수 있다. 그것은 시간의 자유, 재정 문제의 자기 결정, 그리고 개인의 성장과 능숙한 리더십 기술 등 자신의 삶을 재창조한 사람들의 이야기이다. 유니시티가 문화적인 차이를 메꾸고 초거대 기업을 세움으로써 수천의 성공 이야기를 추가할 새로운 기회를 만들어 낼 수 있을 것인가?

리처드 비짜로는 절대적으로 그렇게 될 것이라고 말한다. 그와 함께 일하는 조직원들도 분명히 그렇게 될 것이라고 동의한다.

[출처 : Network Marketing, Jason Forsythe]

리겟이 외로운 약사들을 위해 생각해낸 렉솔 생각은 20세기 미국 사회에서 렉솔약국이라는 유통 모델로 약사, 소비자 등 많은 이들에게 혜택을 주었고, 21세기에는 다시 혁신적인 모델인 직접 판매 네트워트 마케팅 모델로 판매자와 소비자에게 이익을 주는 모델로 새롭게 다가오고 있다.

렉솔은 비즈니스 모델의 혁신, 제품의 혁신, 유통모델의 혁신을 통해 스스로의 위대함을 증명해 보였다.

Source : From Frank Sternad's private collection

위대한 렉솔 /렉솔의 역사 - 1

1903년 보스턴에서 **최초의 공장**을 가동하다!

1903년 메사추세츠 주 보스톤에 설립된 최초의 렉솔 공장. 보스턴의 리온 거리에서도 미술관과 오페라 극장 옆에 위치하고 있다. 여기에서 렉솔은 제약회사의 혁신은 물론, 문화의 혁신을 시작했다. 렉솔은 약국에 프랜차이즈의 개념을 세계 최초로 도입했으며, 오늘날과 거의 흡사한 프랜차이즈 체계를 갖추고 있었다. 월마트나 케이마트처럼 여러회사의 제품을 취급하는게 아니라 렉솔이라는 이름으로 상점을 오픈하고 오로지 렉솔 제품만 취급했다.

렉솔은 미국인들에게 있어 단순히 약국이나 제약회사의 의미를 훨씬 뛰어 넘는다. 아이들은 아이스크림과 만화책을 사러 가면서 자랐으며, 어른들에게는 소다수를 마시면서 세상사는 이야기와 이웃과의 소통을 나누던 문화교류의 장이었다.

"일단 사용해 보고 효과가 없으면 렉솔 간판이 있는 렉솔 약국에 오면 현금으로 되돌려 줍니다."
위 내용은 렉솔의 광고 문구 중 하나이다.
렉솔이 고객의 건강과 제품의 품질에 얼마나 많은 관심을 가졌는지 알수 있다.

위대한 렉솔 /렉솔의 역사 -2
세계에서 **가장 큰 공장**

렉솔 주요 공장은 보스턴과 세인트루이스(1920년 건축 당시 세계에서 가장 큰 공장)에 있으며 약품, 비타민, 화장실 용품 및 포장재의 생산에 주력했다. 사탕, 고무 제품, 솜 및 반창고, 음식 제품(분수 시럽, 향신료, 포도주스, 커피 및 차), 사무용품(편지지 첩, 문구, 포장지 등)과 같은 다른 상품 생산은 추가적인 공장 건축이나 구매를 통해 이루어졌다. 이 창고들은 유통센터로써 철도운송을 통해 공장에서 재고를 배송받았다. 출발지와 목적지의 선창에는 짧은 지선이 운영됐다. 특급 철도 에이전시와 같은 지역 철도가 주변 마을 배송을 맡았고 지방 화물 회사들(말/마차 및 동력차)이 각 상점으로 배송을 하거나 약사들이 직접 역에서 상품 상자를 수거했다.

Source : From Frank Sternad's private collection

BIGGEST DRUGSTORE

Rexall has a Hollywood opening with free orchids and bandages

On Sept. 15 the great westward migration of the Rexall Drug Company from Boston to Hollywood officially came to an end. Searchlights against the sky by night and the glare of sunlight on glass and chrome by day indicated that the new Owl Rexall Drug Store was open for business.

The Hollywood Owl is, of course, the world's biggest drugstore. The building also houses the main offices for the nation-wide Rexall chain, which includes 507 company-owned stores and about 10,000 affiliates. To be sure that the Owl's opening would not pass unnoticed, there were 22 film stars, a helicopter, Governor Earl Warren and 16 other speakers at the ceremonies. Rexall's President Justin W. Dart gave several thousand balloons, free bandages and 10,000 orchids to his customers. Despite this auspicious start, one executive was strangely pessimistic. "Why didn't they wait until January to give away orchids?" he said. "Maybe we'll have to drag people into the place by then."

OWL'S INTERIOR has a well-planned obstacle course for Rexall's customers. To get a package of cigarets (*left rear corner*) they must first pass the Beauty Bowl (*right foreground*). After that they must safely bypass counters of clocks, electrical supplies, sporting and household goods, radios, phonographs, toys, cameras, books and liquor

당시, 〈타임〉지와 쌍벽을 이루던 〈라이프〉지에 실린 사진과 기사다.

Source : From Frank Sternad's private collection

위대한 렉솔 /렉솔의 역사 - 3

할리우드에 문을 연 **세계에서 가장 큰 약국**

렉솔 약국, 화초와 붕대를 들고 할리우드 입성

이 약국은 전국적인 렉솔약국을 위한 주요 사무실과 캘리포니아 최초로 에어컨 설비를 갖추고 있었다. 507개의 직영점과 1만 개의 제휴사를 포함하고 있으며 22명의 영화배우들과 헬리콥터, 주지사 얼 워렌과 16명의 연사들이 행사장에 함께 했다. 렉솔의 저스틴 W. 다트 사장은 수천 개의 풍선과 무료 붕대, 1만 개의 화초를 고객에게 나누어 주었다.

당시 렉솔 매거진에 기재된 기사. 캘리포니아에서 첫 번째 에어컨 설비를 갖춘 오피스 빌딩.

Source : From the author's private collection

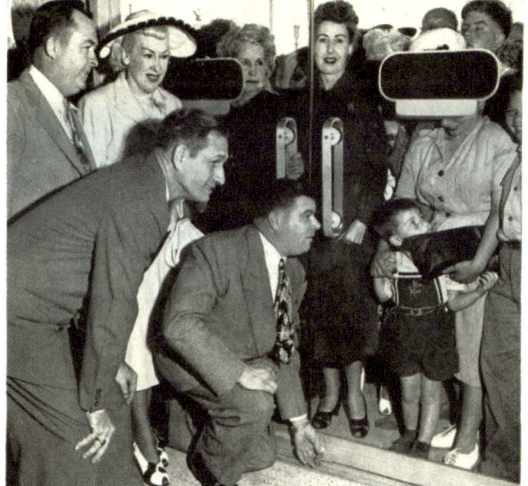

Source : From the author's private collection

위대한 렉솔 /렉솔의 역사 - 4

세계에서 **두 번째로 큰 약국**

로스앤젤레스 매장 오픈 당시 전경

왼쪽 사진은 로스앤젤레스 렉솔 약국 오픈일에 3만 5천여 명의 사람들이 약국 문이 열리기 전 줄을 서 있는 모습이다. 이 약국은 세계에서 두 번째로 큰 약국으로 오픈일 행사로 할리우드에서 18명의 배우들을 초청하고 고객들에게 3천 개의 화초와 무료 면도기를 나누어 주었다. 엄청난 인원으로 인해 기절하는 여성도 있었다. 16명의 경찰이 질서유지를 위해 힘썼으나 생각했던 것보다 훨씬 더 많은 3만 5천 명 정도의 인파가 방문해 문전성시를 이루었다. (사진 - 〈라이프〉誌)

최고의 번화가에 위치했던 렉솔약국

렉솔 약국은 미국 최고의 번화가에 자리 잡고 있었다. 어떤 건물은 그 당시 연간 10만달러의 임대료를 지불해야 되는 위치에 있기도 했다. 오른쪽 사진은 헤럴드 스퀘어에 위치했던 렉솔 약국 - 뉴욕 최고 번화가 중 하나인 헤럴드 스퀘어에 당시 10만 달러(현재 1백억 원에 육박하는 금액)의 비용을 들여 임대했다. 연간 임대료 1백억 원을 지불했던 것을 보면, 렉솔 약국의 규모가 얼마나 컸었는지 알 수 있다.

> **헤럴드 스퀘어** [Herald Square]
> 뉴욕 6번가, 34번가와 브로드웨이가 만나는 곳에 있으며, 근처 상점 지역을 통틀어 일컫는다. 신문사인 〈뉴욕 헤럴드(New York Herald)〉 인근에는 경쟁 신문사인 〈뉴욕 트리뷴(New York Tribune)〉의 발행인 호러스 그릴리(Horace Greeley)의 이름을 딴 그릴리 스퀘어(Greeley Square)와 매디슨 스퀘어(Madison Square), 타임스 스퀘어, 코리아 타운이 있다.
> - 네이버 지식백과

미국의 번화가 중 하나인 뉴욕 맨해튼에 위치했던 렉솔 지사.
빌딩 전체를 다 사용하였으며 (첫번 째 사진)
현재는 동일 부지에 60층 빌딩이 신축 중이다. (두번 째 사진)

Source : From the author's private collection

위대한 렉솔 /렉솔의 역사 - 5

렉솔, **세계 최초** PDR에 등재되다!

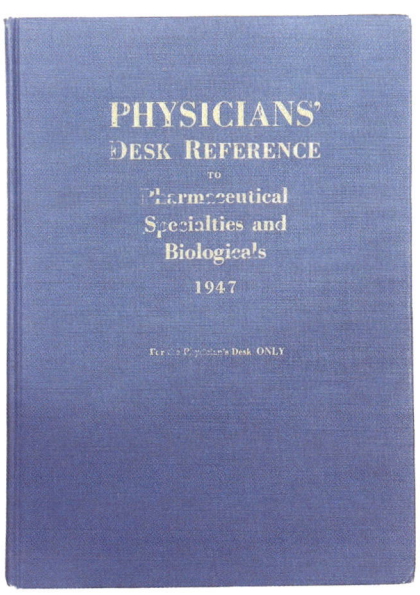

1947년 처음 발행된 PDR (Physician's Desk Reference)에 렉솔제약의 31개 의약품이 등재되었다. 이는 당시 렉솔제약의 우수성을 가늠해 볼 수 있는 좋은 잣대가 된다.

이후 렉솔제약의 의약품은 매년 PDR에 등재되었으며, 주목할 것은 1950년 발행된 PDR에 렉솔 비타민 38종이 등재되었다는 것이다.

비타민 용어가 만들어지기 이전부터 동종요법 천연치료제를 연구하고 제품화했던 렉솔제약의 쾌거이며 이것은 세계최초로 독립된 비타민 연구소를 가진 렉솔의 당연한 결과로 평가되었다.

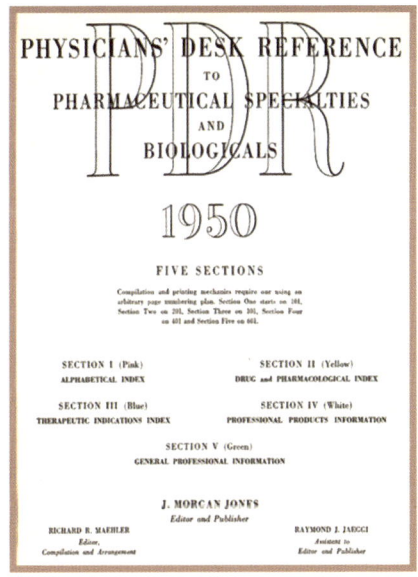

Source : From the author's private collection

국가를 위해 희생을 마다 하지 않은 기업, 렉솔

렉솔은 이익만을 추구하던 회사가 아니었다. 렉솔은 국민들로부터 벌어들인 수익을 가장 유익하게 사용하는 방법을 아는 회사이며 렉솔이 국가와 국민을 위해 얼마나 많은 노력을 했는지 알 수 있다.

해군 'E' 어워드(Army-Navy 'E' Award)를 수상

진주만 공격과 2차 세계 대전 당시, 렉솔은 전쟁 지원을 홍보한 공로로 해군 'E' 어워드(Navy 'E' Award)를 수상했다. 또 다른 자회사인 사탕 공장은 엄청난 양의 K 휴대식량을 생산했다. 왼쪽사진은 해군 'E' 어워드를 수상하는 모습이며 오른쪽 사진은 상패이다.

1달러에 100피트 순양함을 빌려 주다

미국이 1차 세계 대전의 소용돌이에 휩쓸렸던 시기, 렉솔 창업주 리겟은 국방부 장관에게 렉솔라이트들을 군의 징병 담당자로 활용하는 방안을 건의했으며 100피트 순양함을 구입해 일 년에 1달러만 받고 미국 해군에 구잠정으로 대여했다.

위대한 렉솔 /렉솔의 역사 - 7

렉솔 3대 회장, **닉슨 부통령에게 표창을 받다**

미국이 1차 대전의 소용돌이에 휩쓸려 들어가고 있던 시기, 렉솔 창업주 리겟은 국방부 장관에게 렉솔라이트들을 군의 징병 담당자로 활용하는 방안을 건의했으며 100피트 순양함을 구입한 뒤 일 년에 1달러를 받고 미국 해군에 구잠정으로 대여했다.

수고했네:
부통령 리차드 닉슨이 렉솔 3대 회장 존 보울즈에게 폴란드 포즈난에서의 업적에 대한 표창장을 수여하고 있다. 연미 무역국의 박람회 책임자인 월터 F 쉐퍼도 동석했다. 이날 전시회에 함께한 모든 렉솔 약사에게도 표창장을 수여했다.

보울즈 렉솔회장이 연미 표창장을 받다.
부통령 닉슨이 포즈난 박람회 기여에 대한 감사 표창장을 수여하다.
8월 11일에 존 보울즈는 부통령 리차드 M 닉슨으로부터 폴란드 포즈난에서 열린 국제 무역 박람회에 대한 공헌을 치하하는 표창장을 수여받았다. 보울즈는 렉솔 제약 회사와 미국의 모든 렉솔 약사를 대표해 수여식에 참여했다. 6월 7일부터 21일까지 진행된 포즈난 박람회는 미국의 렉솔 약국의 본보기다. 이로서 렉솔은 철의 장막 뒤에서 열린 박람회에 참가한 첫 미국 약국 회사가 된 것이다. 그와 그의 아내인 노르마가 그곳에서 한 대표적인 활동은 미국 약국에서 판매하는 일반적인 약품들을 홍보하는 것으로써 정부와 기업 리더들의 존경을 한몸에 받았다.

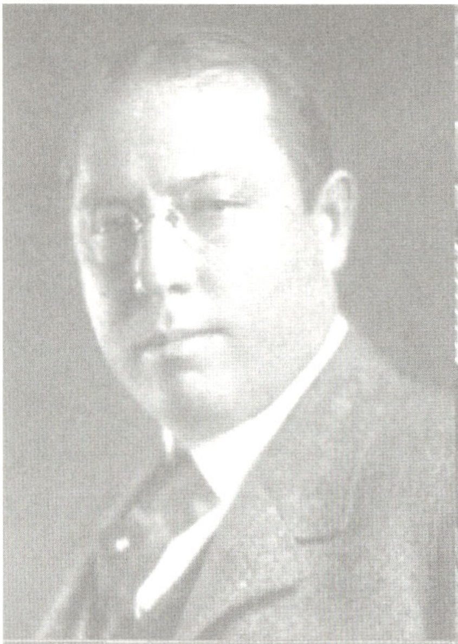

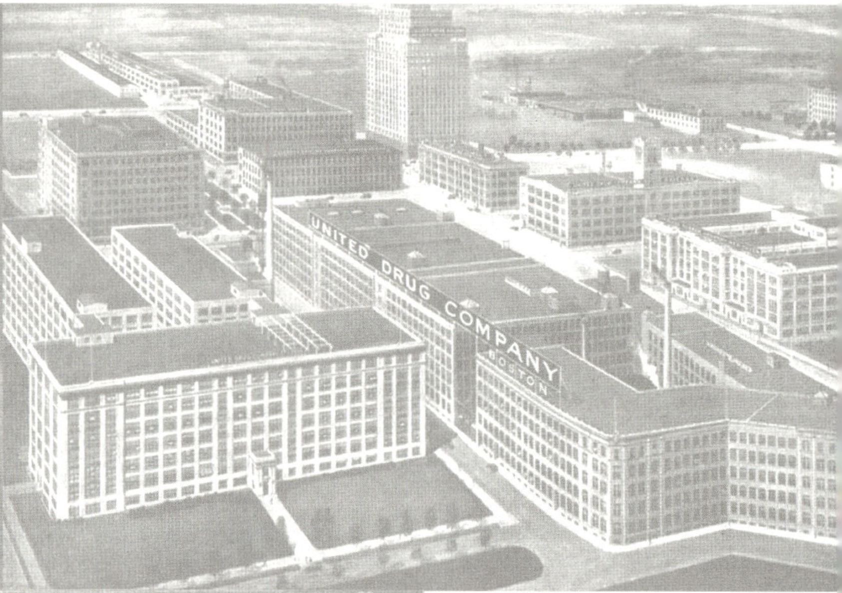
UNITED DRUG COMPANY
BOSTON

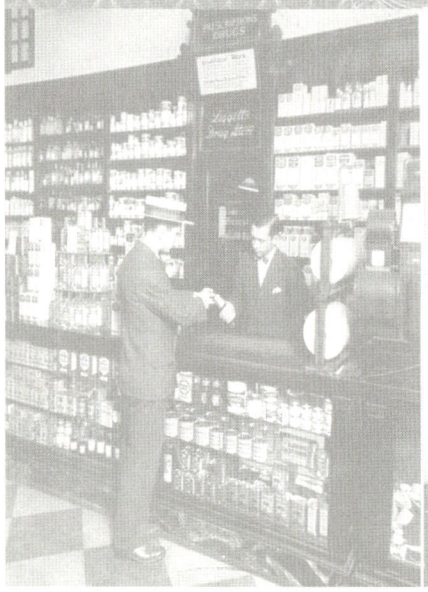

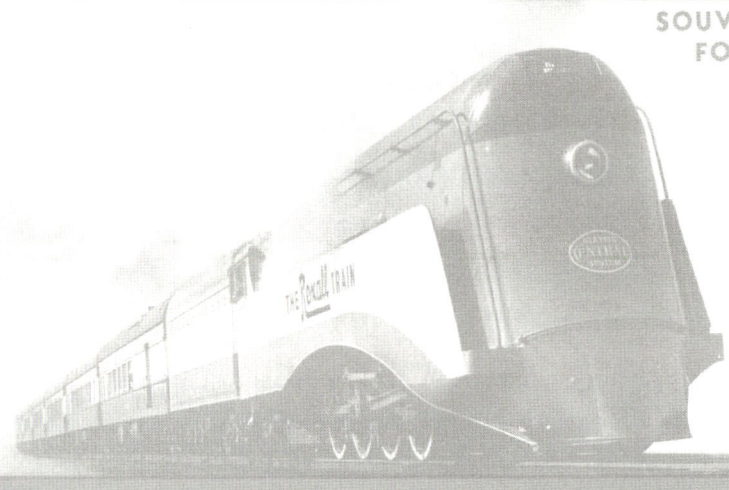

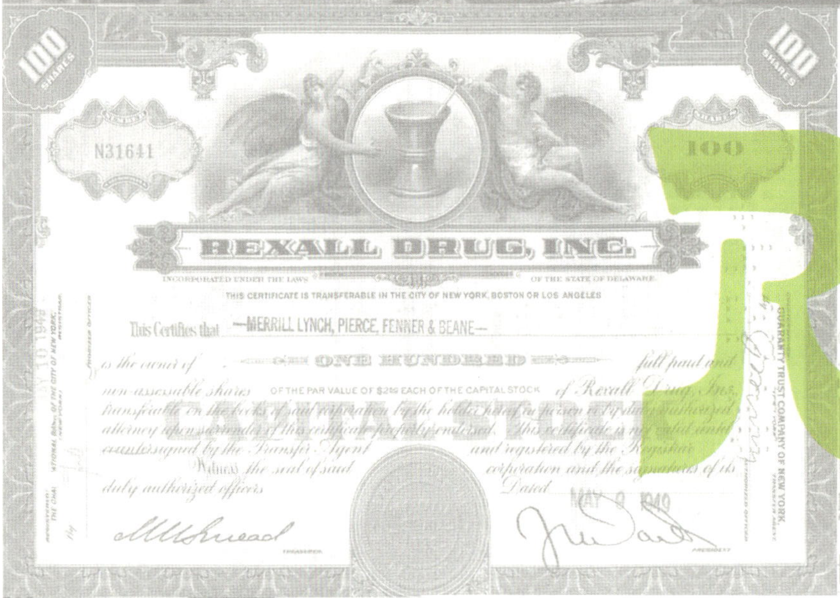
100 SHARES
N31641
100
REXALL DRUG, INC.
INCORPORATED UNDER THE LAWS
OF THE STATE OF DELAWARE
THIS CERTIFICATE IS TRANSFERABLE IN THE CITY OF NEW YORK, BOSTON OR LOS ANGELES
This Certifies that —MERRILL LYNCH, PIERCE, FENNER & BEANE—
is the owner of
ONE HUNDRED
full paid and
MAY 8 1940

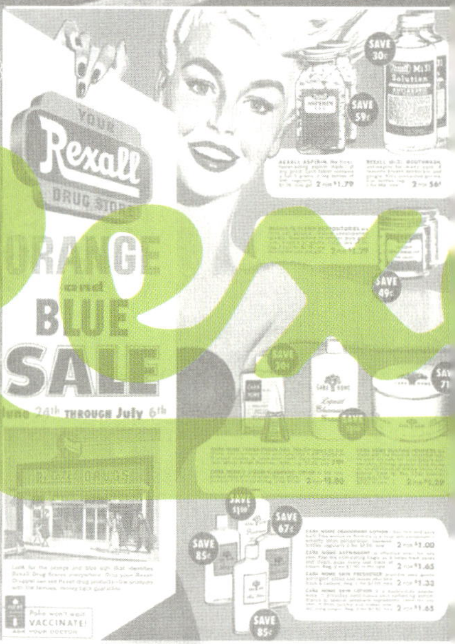
YOUR
Rexall
DRUG STORE
ORANGE
and
BLUE
SALE
June 24th THROUGH July 6th

SOUVENIR
FOLDER
THE Rexall TRAIN
1936 Streamlined CONVENTION

PART 3

마케팅이 다르다-
"기존의 틀을 깨라"

Difference in Marketing

사람들이 렉솔에 관심을 가지는 이유의 대부분은 렉솔의 마케팅 때문이다. 렉솔의 광고, 렉솔의 홍보, 렉솔의 마케팅, 렉솔의 판촉 등 렉솔의 마케팅은 그 자체로 경쟁사는 말할 것도 없고, 당시의 어떤 기업도 생각하지 못할 정도로 기발한 것들이 많았다. 다양한 마케팅 아이디어들이 시험되었고 대부분이 큰 성공을 거두었다. 유튜브에 들어가면 아직까지도 TV시대 초창기에 방영된 렉솔의 TV광고가 여러 편 올라와 있는 것을 볼 수 있는데, 지금 보아도 재미있고 아이디어가 번뜩이는 광고들이다.

그러면 렉솔의 마케팅, 광고는 다른 회사들과 어떤 차이가 있을까? 무엇이 아직도 렉솔의 광고를 매력 있다고 생각하게 하는 것일까? 마케팅 영역에서 렉솔의 위대함은 어떤 방식으로 나타났을까?
렉솔의 마케팅은 두 가지 면에서 다른 기업들의 광고 마케팅과 근본적인 차이를 보이고 있다.

첫째, 렉솔은 브랜딩 중심의 마케팅이었다.
요즘 표현으로 말하자면, 렉솔은 기업 이미지 광고에 신경을 많이 쓴 기업이었다. 개별 상품 광고 홍보도 많이 했지만, 렉솔은 해당 상품을 팔기 위해 광고나 홍보를 했다기보다 그 광고를 통해서 소비자들이 렉솔이라는 기업을 어떻게 바라보게 할 것인가에 신경을 많이 썼다. 따뜻한 회사, 신뢰가 가는 회사, 가성비가 높은 회사 등으로 렉솔의 이미지를 만들어 내려고 애쓴 기업이었다. 브랜딩이 판촉보다 강한 마케팅이라는 것을 100년 전에 이미 알았던 기업이었다. 여기에 렉솔의 위대함이 있다. 그런 이미지를 통해 멀리 떨어진 멋지고 고고한 회사가 아닌 가족 같은 회사로 자리매김하고 싶어 했다. 그것은 언제든지 쉽게 다가갈 수 있는 회사의 이미지였다.

•광고 마케팅에서도 끊임없이 품질과 인증제도를 이야기하고, 동네의 판촉자료에까지 왜 렉솔은 가격이 낮은지를 설명하는 등, 장기적인 이미지에 집중하는 광고와 홍보를 했다. 그런데 이런 이미지와 브랜딩 중심의 마케팅은 효과를 내기가 쉽지 않다. 비용도 많이 들고 시간도 오래 걸린다. 그럼에도 불구하고 일단 구축되면 굉장히 강력한 힘을 발휘하며 쉽게 무너지지도 않는다. 렉솔은 단기 마케팅보다는 장기 마케팅을 했다고 할 수 있다. 호흡이 긴 마케팅이었다고 할까?

둘째로 렉솔은 전사적 마케팅 기업이었다.
전략 부분에서 언급했듯이 렉솔이라는 회사는 '렉솔생각'이라는 아이디어를 중심으로 시작한 회사이다. 렉솔생각의 뼈대는 독점적 제조사(렉솔)와 독점적 유통망(렉솔약국), 거기에 이 유통망을 지원하는 광고, 마케팅이다. 이 세 축이 유기적으로 기능할 때만이 렉솔생각이 기대하는 효과를 만들어 낼 수 있다. 따라서 마케팅은 두 주체인 제조사와 유통망이 돌아갈 수 있게 만드는 근육과 같은 역할을 하는 기능이다. 렉솔이 초기부터 광고 마케팅에 온 힘을 다 쏟은 이유가 여기에 있었다.

이러한 이유로 렉솔생각을 중심으로 렉솔이라는 기업이 하는 모든 활동이 곧 마케팅이었고, 마케팅의 재료로 활용되었다. 회사 브랜드를 정하는 것, 새로운 제품을 개발하는 것, 제품을 개발하는 연구소와 관련된 것들, 제품을 검사하는 것과 인증, 배송과 유통 모든 것이 마케팅으로 활용되었다. 렉솔의 광고나 판촉 자료를 보면 우리가 놀라는 이유가 바로 이것 때문이다. 다른 기업들이 광고로 잘 활용하지 않는 것을 렉솔은 편안하게 활용한다. 그리고 큰 성공을 거둔다. 이 두 가지 특징은 우리가 살펴볼 브랜딩, 광고 홍보, 판촉의 세 영역에서 모두 드러난다.
브랜드 마케팅에서 우리는 렉솔 브랜드 마케팅 원칙을 중심으로 이야기할 것이

•미국의 많은 메이저 장난감 제조업체들이 렉솔에서 사용하는 상업용 자동차 디자인을 모티브로 미니어처 자동차를 만들어 판매하였다. 당시로서는 세련된 색감과 디자인이었으며 어른 아이 구분 없이 선풍적인 인기를 끌었다. 렉솔이 미국인의 삶 속에 얼마나 큰 영향을 끼쳤는지 가늠해 볼 수 있는 좋은 예이다.

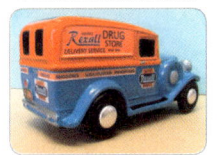

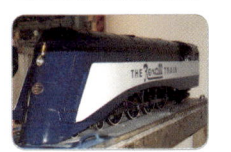

다. 아울러 원칙별 구체적인 사례들을 살펴보고, 추가로 브랜딩과 관련 있는 각종 BTL 마케팅, 플레이스 마케팅, 문화 마케팅 사례들과 심지어 CSR 활동까지 살펴보게 될 것이다.

광고, 홍보에서는 주로 매체 광고 중심으로 이야기할 것이다. 잡지 광고, 라디오 광고, TV 광고 등을 시대 순으로 구체적으로 살펴보고 어떤 특징이 있는지를 알아볼 것이다.

판촉에서는 전국적 판촉행사와 지역별 판촉으로 구분하여 어떤 특징이 있으며, 구체적으로 어떤 판촉이 진행되었는지 구체적인 사례 중심으로 이야기할 것이다.

마케팅에 실패하는 기업들은 항상 표피적인 마케팅에 집중한다. 광고를 해도 특정 유명배우 등을 내세워서 꾸미는 광고를 한다. 그런 광고는 인기가 있는 것 같지만, 장기적으로 그 회사의 자산이 되지는 않는다. 그렇지만 마케팅을 잘 하는 회사들은 광고를 어떻게 할 것인지 이전에 스스로의 가치에 대해 먼저 고민한다. '나는 누구인가?'를 먼저 찾고 이것을 어떻게 전달할 것인가를 고민한다. 렉솔의 마케팅에 대한 이야기를 하면서 우리는 잘된 마케팅이란 무엇이고 잘못된 마케팅은 또 무엇인지 가릴 수 있는 안목을 갖추게 될 것이다.

07

브랜드
마케팅
Brand Marketing

새로운 카테고리를 개척하는 회사에서 새로운 브랜드를 만들고, 이를 기반으로 브랜드 마케팅을 하는 것은 중요하다. 특히 '렉솔생각'에서 드러나듯이 전국적인 네트워크 약국들을 기반으로 비즈니스를 확장하겠다는 생각을 가진 렉솔에서 브랜드 마케팅은 가장 중점을 두는 마케팅 영역이 될 수밖에 없었다.

1902년 태어난 렉솔이라는 브랜드는 리겟 사무실에 근무하던 월터 J. 윌슨이라는 청년의 생각이었다. 새롭게 사용할 브랜드를 고민하고 있던 리겟에게 라틴어에서 왕을 뜻하는 Rex와 모든 것을 의미하는 All을 합성한 REXALL이라는 이름을 그가 가지고 왔고, 리겟은 마지막에 L을 하나 더해 REXALL이라고 결정하였다.

"Rex of all = Rexall" (모든 것의 왕)이라는 뜻의 이 브랜드는 그가 생각할 수 있는 최고의 이름이었다. 또 이 브랜드명은 Rx가 prescription(처방된 약)을 뜻한다는 것을 아는 모든 약사들과 소비자들에게 친근하게 다가갈 수 있는 브랜드명이었다.

렉솔이라는 브랜드는 리겟이 가졌던 '렉솔생각'에서 출발한다. 브랜드 마케팅에서 가장 중요한 것은 그 브랜드의 진정성이다. 아무리 브랜드 마케팅을 잘한다고 해도 그 브랜드의 정신과 생각에 진정성이 결여되어 있다면 성공하기는 어렵다. 렉솔의 브랜드 마케팅이 성공한 가장 큰 요인이 바로 이것이다. 렉솔에는 '렉솔생각'이라고 하는 브랜드 진정성이 있었다.

[렉솔의 기업이미지 광고] *Source : From the author's private collection*

'렉솔생각'의 핵심은 독립 약제사들이 고품질 저가격의 '렉솔 제품'을 후원하고 주주들이 소유한 렉솔약국에서 이 제품을 판매하는 것이다. 중간 도매상을 배제한 유통 방식과 지역의 프랜차이즈 약국들을 지원하기 위한 각종 브랜딩 활동, 전국적인 판촉 활동 등은 이 모델을 가능하게 하는 중요한 요소이다. 렉솔의 브랜드 마케팅이 핵심을 차지하고 있었기 때문에 렉솔은 사업 초기부터 브랜딩과 마케팅에 온 힘을 쏟지 않을 수 없었다. 지금도 미국의 건물들에 밝은 주황과 파란색의 렉솔 제약 광고판이 남아있는 것은 이 브랜드의 진정성과 노력에 대한 미국인들의 애정이라고 할 수 있다.

렉솔의 브랜드 마케팅은 몇 가지의 방향성을 가지고 진행되었다.

방향성 1: 개별 상품보다는 브랜드 자체의 노출에 주력
Direction 1: Focusing on exposing brand itself over individual goods

렉솔은 초기 광고에서부터 렉솔이라는 브랜드를 부각시키기 위해 많은 노력을 했다. 지역별로 하나씩 밖에 없는 약국의 매출을 올리기 위해서는 렉솔 브랜드에 대한 긍정적 소비자 인지가 절대적으로 필요했기 때문이다.

기업의 성공에 있어서 제품의 품질을 높이려는 노력 이상으로 적절한 브랜드 마케팅은 중요하다. 브랜딩만 잘 되어 있다면 제품 하나 하나를 굳이 광고하지 않아도 상표가 붙어있는 것만으로 충분한 광고 효과를 만들어낼 수 있고, 대표 상품의 광고만으로도 전체 상품 광고의 효과를 얻을 수 있기 때문이다. 처음에 브랜드 이미지를 확실하게 구축해 놓으면 대중들은 자연스럽게 해당 제품을 집어들 수밖에 없게 된다. 당시 비즈니스계에서는 아직 잘 알지 못했던 홍보나 기업 이미지의 중요성을 리겟은 이미 간파하고 있었다.
회사 설립 초기에 브랜드를 알리기 위해 리겟은 다양한 판촉 방법과 수단을 끊임없이 만들어냈다. 매체를 통한 홍보활동도 열심히 했지만, 지방의 약사들이 회사와 약국을 알리는 자료로 사용할 수 있도록 다양한 판촉 자료들을 제공했다. 아울러 적극적인 판촉 프로그램을 통해 지역 내 약국이 지역사회에서 홍보되도록 했다. 매장이 늘어나고 전국적인 캠페인이 가능해지자 회사는 렉솔의 약사들이 지역과 전국적인 판촉 활동을 연계시킬 수 있도록 다양한 도움도 제공하였다.

독감 바이러스 백신

독감 바이러스 백신에 대해 유행성 독감에 맞서 싸우고 통제할 무기에 대한 의사의 조언.

[렉솔의 광고] Source : From the author's private collection

1차 세계대전 후 12개월 만에 2천만 명 이상의 군인들과 시민들이 지독한 유행성 독감으로 죽었습니다. 이 하나의 단일 질병으로 인해 한 해 동안 사망한 사람의 숫자가 전쟁 4년 동안 16개 참전국 전체에서의 사망자보다 더 많습니다.

제2차 세계대전 중에 육군 의무부와 일반 과학자들은 그와 같은 전염병의 재발을 방지하기 위해 효능이 좋은 백신을 개발하였습니다. 이 독감 바이러스 백신은 독감 바이러스 A와 B 모두를 80%이상 예방할 수 있습니다. 백신 접종은 일반적인 감기와 유행성 감기와 호흡기 감염의 수를 획기적으로 감소시킵니다.

그러나 일단 독감에 걸리고 나면 백신은 효과가 없습니다. 백신의 역할은 예방입니다. 면역반응은 백신 접종 후 1주일 후에 시작되고 개인마다 다양하긴 하지만 효과는 몇 개월간 지속됩니다. 여러분 자신과 여러분 가족의 백신 접종 가능 여부에 대해 문의하십시오.

이것을 기억하십시오: 여러분의 의사는 여러분의 건강에 가장 중요한 보호자입니다. 그는 독감 백신과 같은 예방 약품들을 제공해 줍니다. 몸이 아플 때 의사에게 상담하십시오. 심각한 병에 대해 자가진단하려고 하지 마십시오. 무조건 그의 지시에 따르십시오. 믿을 수 있는 약국에서 처방약을 받으십시오.

렉솔약국

다음은 유명 약사를 활용한 브랜드 홍보물로서, 유명한 캘리포니아의 약사가 왜 자신이 렉솔 제품을 추천하는지 설명한다.

렉솔은 오랫동안 앞서가는 약사들이 선택하는 브랜드로 알려져 있다. 이유는 많겠지만, 토마스 D. 스웨인은 그 이유를 이렇게 정리해서 이야기한다. 그는 등록된 약사이자 캘리포니아 파사디나의 A.D.C 렉솔약국의 소유주이다.

"나는 우리 매장에 전국적으로 홍보되고 있는 많은 제품들을 취급하고 있지만, 렉솔 브랜드는 제가 가장 추천하는 제품들입니다. 그 이유는 저의 20년 경험에 비추어 볼 때, 렉솔은 그들의 제품을 100% 보장하기 때문입니다. 나는 렉솔이 지속적으로 연구를 하고 있으며 모든 제품에 대해 타협하지 않는 품질을 고집하고 있음을 알고 있습니다. 여기에 덧붙여서 렉솔 제품들은 품질에 비해 가격도 적절합니다. 어떤 고객도 그보다 더 좋은 조합을 찾을 수 없을 것입니다."

"다음에 약품이 필요하시다면, 여러분 동네에 있는 렉솔 매장을 방문해 보세요. 그러나 진열된 모든 제품이 다 렉솔 제품은 아니라는 것을 기억하세요. 먼저 렉솔 브랜드 제품을 문의하거나 찾아보세요. 렉솔 브랜드를 사게 되면, 완벽한 만족을 얻을 수 있습니다. 만족스럽지 않다면 즉시 환불도 가능합니다."

스웨인 씨는 자신이 무슨 말을 하고 있는지 잘 알고 있는 것 같다. 디트로이트 대학 졸업생으로서 그는 지역사회의 복지와 건강에 기여하고 전문적인 의료서비스에 헌신한 사람이다. 그는 가장 혁신적인 렉솔 약사에게만 주어지는 렉솔 명예점포상을 수상했다.

렉솔은 판매에는 제품만이 아니라 렉솔의 이미지도 포함된다고 생각했다. 이 이미지는 렉솔 약사들이 담당할 부분이었는데, 이러한 활동을 통해 렉솔 약사들은 자긍심과 함께 주인의식을 가질 수 있었고, 사업적 파트너로서 자신의 의미를 찾을 수 있었다. 렉솔이 초기에 실시한 디스펩시아와 렉솔 론칭 브랜드 광고를 살펴보면 초기에 렉솔이 브랜드 마케팅을 어떤 시각으로 바라보았는지 드러난다.

첫 광고의 대상이 된 Dyspepsia는 소화불량을 일컫는 고어이다. 인간의 위는 사람이 입에 무언가를 넣기 시작한 시점부터 문제를 발생시켰고, 현대인들이나 마찬가지로 렉솔이 처음 사업을 시작한 시기에도 사람들은 다양한 소화기 계통의 문제로 인해 고통을 받고 있었다. 1902년 가을, 유나이티드 드러그 컴퍼니는 회사의 첫 브랜드 론칭을, '디스펩시아 치료'라는 광고로 시작했다. 새롭게 개발된 첫 약품의 이름은 명쾌하고 직접적인 '렉솔 디스펩시아 알약'이었으며, 차질산비스무트, 산화마그네슘, 대황, 카시아 및 펩신 성분 등이 포함된 알약이었다. 약품의 성분에 대해서는 포장 라벨에 표시되어 있지 않았지만 유나이티드 드러그 컴퍼니의 '비밀을 없애자' 주의에 의해 렉솔 약제사들이 요구하면 정보를 받을 수 있었다.

당시 총책임자였던 루이스 리겟은 광고가 렉솔생각을 현실화하는 핵심이라는 것을 제대로 이해하고 있었다. 전국적인 신문광고를 위해 $100,000 이상의 초기 자본이 거의 다 사용되었으며, 반대하는 사람들에게 리겟은 "계속해서 렉솔 광고를 하는 한 유나이티드 드러그 컴퍼니는 영원할 것입니다"라고 주장하면서 밀어붙였다. 디스펩시아 알약은 제품에 대한 선전 뿐 아니라 렉솔 상표를 극적으로 소개하기 위한 수단으로 활용되었다. 그것은 굉장히 독창적인 아이디어의 신문광고였다.

REXALL이라는 회사명의 알파벳이 매일 한 글자씩 공개되었다. 첫 날은 R, 이튿날은 RE 하는 식으로 6일간 계속되었다. 대문자의 이 알파벳들은 소년병사가 들고 있는 깃발에 표시되었고, 캡틴 렉솔이 꼬마 병장 처브의 앞으로 뛰어와 차렷 자세로 서는 모습으로 등장했다. 추가적인 자막이나 설명 없이 매일 계속된 이 광고는 궁금증을 유발하며 흥미를 자아냈다. 후에 유나이티드 드러그 컴퍼니에 의해 공개된 어떤 광고 초본에는 일반적인 군대의 캡틴들이 근육질이고 남성적인데 비해, 광고에서 그가 입은 오버코트와 코르셋은 너무 어싱적이지 않느냐는 이야기가 나오기도 했다. 켄터키 렉싱턴의 모닝 헤럴드지에서 근무하

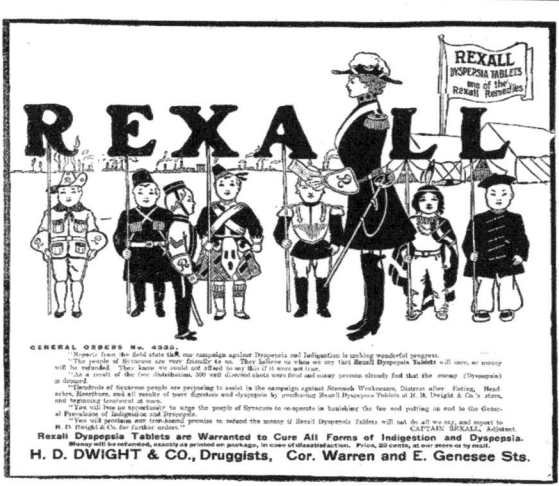

[렉솔 최초의 광고, 디스펩시아 광고] 114년 전 광고지만 굉장한 기획력이 돋보인다.

Source : From Frank Sternad's private collection

는 한 기자는 이 장교가 '매력적인 아마존 여전사'라고 독자들에게 설명하기도 했다.

다섯 째 날인 금요일에 등장하는 이 만화 패널에는 REXALL이라는 글씨가 갑자기 보이고 "처음으로 매장을 방문하는 100명의 소화불량 죄수를 위해 장군의 명령 No. 2701에 의거하여 25센트짜리 100알의 렉솔 디스펩시아 알약을 공짜로 나누어 드림"이라는 부제가 함께 등장했다. 토요일에는 상표명이 다시 한 번 강조되어 드러났다. 100통 무료 제공 약속과 함께 25센트를 내고 산 제품이 불만족스러울 경우 현금 환불을 보장했다.

토요일의 장군 명령 No. 4335에는 "적군 디스펩시아를 향해 500발 명중"이라고 하며 같은 숫자의 제품 제공을 홍보했다. 매사추세츠의 약제사 헤이즈와 피어슨 회사는 다음 월요일에 다른 광고를 통해, 비로 인해 약속된 물량이 모두 배포되지 않았기에 화요일에 렉솔 디스펩시아 알약 공짜배포를 재개한다고 올리기도 했다.

다른 지역의 토요일 신문에서는 "강렬한 관심이 집중되었음. 캡틴 렉솔과 작은 군대는 제작된 광고 중 가장 독특한 시리즈를 만들어냄"이라고 밝혔다. 이 시리즈는 지역 약제사가 고안해 낸 것이라는 내용이 여러 글에 수차례 명시되기도 하였는데, REXALL이라는 글씨가 순차적으로 등장할 때에는 호기심으로 인해 신문 판매율이 증가할 정도였다고 한다. 한 카피라이터는 "이와 같은 광고를 하기 위해서는 몇 달 동안의 구상, 그림을 그릴 화가들과 숙련된 카피라이터가 필요하다"라고 하며 약제사의 작품이라는 것을 인정하지 않았다. 그는 또한 디스펩시아 알약은 앞으로 등장할 약 중 하나이며, 각 질병을 겨냥한 렉솔 레미디 제품들이 보장 제도와 함께 팔리게 될 것이라고 주장했다. 이러한 발언들은 렉솔 레미디에 전문성을 부여하려는 브랜드 마케팅 노력의 일환으로, 당시 일반적으로 많이 팔리던 '만병통치약' 류 약품들과의 차별성을 드러내기 위해 의도된 것이었다.

처음으로 이 광고 시리즈를 접한 지역은 매사추세츠 워체스터(홀 &라이온의 렉솔 에이전트가 근무하는)와 뉴욕 시라쿠사(H.D. 드와잇& Co.)였으며, 아이다호 보이시 같은 비교적 외딴 지역은 1904년 7월이 되어서야 만날 수 있었다.

초기에는 이 매력적인 캡틴이 아이들과 함께 매체를 통해 행진하며 제품을 소개하면서 제품과 렉솔 브랜드를 계속해서 홍보하고 알렸다. 1906년 11월에는 20세기 도심지에 사는 미국인들이 많이 앓던 신경 소모 질환을 위한 글리코인산염이 함유된 강장제 아메리칸티스 엘릭셔를 소재로 한 신문 광고가 나갔다.

렉솔은 그 당시에 300개의 제품들을 '한 질병 당 한 약품'이라는 문구와 함께 팔고 있었다. 두루뭉술하게 파는 만병통치약 류의 약품과의 차별성을 부각시키기 위해, 렉솔은 초반부터 효능을 확인할 수 있도록 특정 증상에는 특정 약품이라는 콘셉트를 분명히 했다. 이를 통해 렉솔이라는 브랜드에 대한 신뢰성을 높일 수 있었다. 1907년 봄, 노스캐롤라이나 스테이츠빌 신문의 광고에서는 꼬마 병정들이 '렉솔 93 헤어토닉'이라는 글씨를 뿌리고 있었다.

캡틴 렉솔이라는 독창적인 광고의 뒤에는 노련한 광고인이면서 동시에 유나이티드 드러그 컴퍼니의 회계원이자 비놀 체스터&켄트의 사장이던 제임스 테일러 웨더럴드가 있었다. 그는 14년간 여성을 위한 매사추세츠 린 약품 제조사와 리디아 E. 핑컴 약품회사의 제품 광고를 성공적으로 이끌어 왔던 인물로, 자신의 확실한 상표를 소유하고 있었으며 - 리디아 핑컴 자신의 위엄 있는 초상화 - 이를 포장과 광고물에 사용하고 있었다. 그가 사용하던 이미지가 웨더럴드와 리겟에게 영향을 주어 모성 본능을 일으키는 캡틴의 모습을 탄생시켰던 것 같다. 결국 이 캡틴 캐릭터는 남성과 여성 소비자 모두에게 호소할 수 있는 군인 캐릭터로 큰 성공을 거두었다. 유나이티드 드러그 컴퍼니의 이 데뷔 광고 캠페인에 자금이 집중적으로 투입되면서 주주들로부터 놀라움과 불안을 두루 불러일으켰다. 총책임자인 루이스 리겟은 그들의 불안을 1903년 3월 중순에 '친애하는 파트너들' 편지를 통해 진정시키려 했다.

광고와 관련하여, 렉솔이 하는 일에 대해 몇 마디 하고자 합니다. 많은 분들이 25센트짜리 소화제를 팔아서 우리가 쓰는 이 비용을 다 만회할 수 있겠느냐고 우려하고 있다는 것을 알고 있습니다. 우리 실행위원회가 이 문제를 깊이 고려하지 않았겠습니까? 우리의 처음 목표는 REXALL이라는 단어를 소개하는 것이고, 그 다음은 소화제를 파는 것이었습니다. 비록 REXALL 단어를 한 글자씩 광고하는 것이 꽤나 비싸긴 했지만 지금 여러분의 마을에서 렉솔이라는 이름이 알려졌다는 사실을 기억한다면, 실행위원회의 생각이 옳았다는 것이 증명되지 않았습니까? 그리고 아시다시피 많은 구매자들에게 렉솔은 이미 여러분의 진열대에 있는 다른 제품만큼이나 유명하지 않습니까? 생각해보십시오. 우리가 사업을 시작한 지 이제 10주 밖에 되지 않았는데, 캡틴 렉솔과 그녀의 아이들은 벌써 사람들의 머릿속에 렉솔을 심어주었습니다. 여러분이 소화제를 판매한 양과 관계없이 여러분의 상점에 벌써 두드러지는 존재감을 주지 않았습니까? 우리는 7월에 빌보드에 큰 포스터를 걸 것인데, 7월 4일이 되면 여러분 마을에서 캡틴 렉솔과 그녀의 아이들을 모르는 사람은 한 명도 없을 것입니다.

여러분이 연구실에 대한 소식을 목이 빠지게 기다리고 있다는 것을 알고 있습니다. 지금 매우 순조롭게 진행되고 있습니다. 딱 5개월 전 우리는 5층짜리 빈 건물과 그 안에는 채워 넣어야하는 6천 피트의 공간이 있었습니다. 대체 어떻게 채워야할지 막막했는데, 이제 다음 가을쯤이면 오히려 새 공간이 추가로 필요하게 될 것 같습니다. 우리가 지금까지 잠자고 있지 않았다는 것을 숫자로 표현해 드리겠습니다. 지난 2월 우리는 12명의 직원으로 시작했습니다. 3월 1일에 60명이 되었고, 오늘 150명을 넘어서고 있습니다. 3월 15일부터 4월 15일 동안 소화불량 알약 200,000개를 포장하여 내보내고 우리 자체 공장에서 관련된 모든 포장이나 라벨지 등을 생산하고 있습니다. 우리의 인쇄부서는 네 개의 거대 인쇄기와 6개의 프린트기를 한 달 내내 돌리고 있습니다. 우리의 주주가 40명에서 251명으로 늘어났습니다. 우리의 광고부서는 밤을 지새우며 일하고 돈 한 푼 낭비하지 않고 있습니다. 우리는 특허약에 대한 50가지 다른 패키지를 우리 시설로 만들어내고 있는데, 이것은 보통 큰 일이 아니었습니다. 이 정도면 충분하지 않습니까?

리겟은 브랜딩을 단기 매출과 직접적으로 연결시키는 것은 불합리하고 기업의 장기 성장을 위해서 바람직하지도 않다는 사실을 명확히 알고 있었다. 브랜딩은 몇 달, 몇 년이 아니라 수십 년을 바라보고 해야 한다는 사실을 그는 말하고 있는 것이다.

렉솔이 대중의 이목을 집중시키고 호기심을 자극한 후 시간차를 두고 그 다음 철자들을 공개하는 방식으로 렉솔이라는 브랜드를 각인시킨 광고기법은 1990년대 후반에서 2000년대로 넘어 오면서 다시 크게 유행하게 된다. 100년을 앞서간 렉솔의 대표적인 예라고 할 수 있겠다.

방향성 2: 전국적인 지명도를 가진 상대와의 비교를 통한 브랜딩

Direction 2: Comparison with nationwide renowned brands

브랜드가 언더독(아직 시장에서 메인을 차지하지 못하는 브랜드)의 위치에 있을 때는 브랜딩이 쉽지 않다. 이를 극복하기 위한 브랜드 마케팅 전략으로 렉솔은 자사의 제품을 전국적인 지명도를 가진 경쟁제품과 직접 비교해서 자사 제품의 장점을 강조하는 방식의 공격적인 브랜드 마케팅을 진행하였다.

렉솔은 비슷한 품질과 성능을 가진 상품을 더 저렴하게 판매한다는 것을 강조하였다. 예를 들어 Mi-31 구강세정제는 리스테린, 비스마-렉스는 펩토-비스몰, 그리고 렉솔 완하제 시럽은 플레쳐의 캐스토리아를 경쟁상대로 삼고서 비교 광고를 했다. 이 전략은 큰 성공을 거두었다. 소비자들이 저가의 상품을 선호하던 1930년대 대공황 시기에 이 전략으로 인해 많은 렉솔 독립 약제사들이 경제적 위기를 극복할 수 있었다. 이것으로 리겟은 약사들의 후원자라는 명성을 얻게 된다.

방향성 3: 품질 요소를 활용한 브랜딩
Direction 3: Putting quality elements to use

2차 대전 시기에 렉솔은 이미 자체 브랜드의 순수성과 높은 수준의 품질관리 능력을 브랜드에 활용하고 있었다. 퓨어테스트 라인의 화학, 약초, 그리고 비타민 라벨에는 순도와 적합성에 대한 공정규격준수 선언문이 항상 적혀 있었고, 식물성 제품은 기존의 금속용기 포장을 '승리의 포장'이라고 불리는 판지용기로 변경하여, 여기에 절구와 절굿공이를 돌리는 손의 그림과 함께 '실험실 인증'이라고 적힌 새로운 로고를 새겨 넣었다.

 렉솔 제품에 '실험실 인증'이라는 표시를 부착하여 인식시킴으로써, 고객들이 개별 상품이 아니라 렉솔 상품 전체에 대한 신뢰를 가질 수 있도록 했다. 이는 인증이 없는 경쟁사 제품에 대해서는 상대적으로 믿기 어려운 제품이라는 것을 역광고히는 부수적인 효과도 거둘 수 있었다.

방향성4: BTL 마케팅 적극 활용
Direction 4: Putting BTL marketing to use

렉솔 트레인 Rexall train

렉솔의 브랜드마케팅에서 대표적인 것이 바로 '렉솔 트레인'이었다. 열차의 칸 칸마다 렉솔에 관한 모든 것을 싣고 미국 전역을 누비며 약사들과 대중들을 찾아간다는 발상이었다. 많은 탈거리들 중에서도 열차는 가장 고전적이면서 사람의 감성을 자극하는 것으로, 이 아이디어를 낸 사람이 바로 리겟이었다.

렉솔 트레인 보드게임

대공황 중에 위축되었던 미국의 경제에 활력소가 되었던 렉솔기차는 미국 전역을 관통하며 미국인들에게 희망을 주었다. 특히 어린아이들에게는 평생 잊지 못할 이색적인 경험이 되었다.

처음 접해보는 최첨단 하이테크놀로지의 웅장한 기차의 위용은 오늘날의 어린이들이 우주왕복선을 박물관이 아닌 자신이 살고 있는 동네에서 발사되는 모습을 접하는 것과 같은 황홀한 경험이었다. 기차가 멈추고 환호하는 아이들에게 렉솔트레인 보드게임을 나누어 주었는데, 렉솔은 이 보드게임을 렉솔약국에서 오랫동안 판매하였다.

렉솔이라는 이름으로 공동체 의식을 가지는 것이 회사와 렉솔, 서로에게 얼마나 큰 응원과 의지가 되는지 리겟은 잘 알고 있었다. 그는 틈나는 대로 공식적인 모임이나 연회를 주최하여 격려하고 신제품 발표회를 열곤 했다. 그러나 전국적으로 약사들의 수가 7600명이 넘게 되자 한 곳에 모인다는 것 자체가 불가능해졌다. 그래서 리겟은 직접 렉솔과 함께 그들을 찾아 가기로 결심하였다. 곧바로 열차 제작사인 풀먼 컴퍼니(Pullman Company)에 전화를 해 12칸짜리 특별 열차를 구입했고, '렉솔 트레인'이라고 로고를 새긴 밝은 푸른색 외관의 열차에 렉솔 제품을 빼곡하게 채웠다.

그렇게 보스턴 본사에서 출발한 렉솔 열차는 여정이 끝날 때까지 4만 8000킬로를 달리면서 150여 개의 도시를 방문했다. 도시마다 꼬박 하루 동안 머물면서 사람들을 만났는데 모두 수십만 명의 사람들이 이 렉솔 열차를 방문했다. 신시내티만 해도 방문객의 수가 15,000명이었다고 한다. 또 인구가 16,000명인 미주리 주 모벌리를 방문했을 때는 열차를 탄 사람이 전체 인구의 절반이 넘는 8,200명이었다니 그 인기가 어느 정도였는지 충분히 짐작할 수 있다.

렉솔 열차에서의 일정은 아침에는 주주이기도 한 체류 도시 인근의 약사들과 업무 회의를 진행했고, 이후에는 대중들을 위한 공개 체험 행사가 진행되었다. 또한 저녁시간에는 렉솔의 약사들과 그 가족들을 위한 식사와 댄스 타임이 이어졌다. 이 렉솔 열차는 렉솔의 홍보와 함께 각 매장의 판촉 행사와도 연계되었는데 열차가 지나는 일정에 맞춰 해당 도시의 약사들은 고객들에게 미리 안내를 하고 매장 사은품이나 판촉물에 렉솔 열차 탑승권을 포함시켰다. 말하자면

[렉솔 트레인 안내 책자] Source : From the author's private collection

[렉솔 트레인 티켓] Source : From the author's private collection

제품 전시장이 고객들을 찾아가는 서비스인 셈이었다. 그야말로 전무후무한 홍보 방식이며, 현대의 스페이스 마케팅의 원조라고도 할 수 있다.

이 열두 칸의 열차는 다양한 마케팅 목적을 달성할 수 있도록 꾸며져 있었다. 차는 칸칸마다 다른 콘셉트로 꾸며졌고 이름도 정해져 있었다. 수록된 당시의 열차 내부 사진들과 함께 보면 참고가 될 것이다.

기관차 바로 뒤 칸인 1호차는 인기몰이 중이던 보온 용구 이름을 딴 '캔틀리크(Kantleek)'로 기차의 정비소 역할을 했고 2호차는 렉솔 붕대 라인의 이름인 '퍼스트 에이드(First Aid)'로 승무원과 직원들을 위한 휴게 공간이자 숙소로 사용됐다. 3호차부터 뒤로 세 칸은 대중들에게 개방됐는데, '애드-밴티지(Ad-Vantages)'라는 사내소식지 이름의 3호차는 소다수 기계가 구비된 초현대식의 약국 모습을 재현하고 있었다.

완벽한 디스플레이에 거울을 절묘하게 이용해 물건이 모두 구비된 완전한 약국의 모습이었는데 소비자들이 탑승해 전시 제품을 꼼꼼히 구경하고 제품들에 대한 정보를 렉솔 약사들로부터 들을 수 있도록 했다. 소다수도 한 잔 씩 마시면서 말이다.

4호차 '리서치(Research)'에는 면적 18,000평방피트의 보스턴의 렉솔 연구소를 세부적으로 묘사하고 있었다. 실제 연구소에는 10마일이 넘는 전선과 5마일 길이의 배수관, 그리고 800개 이상의 크롬 수도꼭지가 있었는데 50대 이상의 대형 트럭에 실을 수 있는 재료와 장비들이 이 현대적인 연구조사부를 채우고 있었고 주 복도는 247피트의 길이이며 대형회의실을 포함하여 30개의 방이 있었다.

모든 의약품들의 품질과 순도를 시험할 뿐만 아니라 제약회사를 위해 구매한 모든 원료를 시험하고 승인하기 위한 연구소가 3개 있었다. 여러 개의 조사연구 실험실이 있었는데, 각 실험실에는 두 명의 화학자와 세 명의 보조연구원이 있

렉솔 트레인을 보기 위해 인근에서 온 차량들로 장사진을 이루고 있는 모습은 현재와 다를 바가 없어 보인다.
(건물 앞쪽에 렉솔 트레인) Source : From the author's private collection

Source : From the author's private collection

었다고 한다. 의약품, 약품, 신선 식품, 화장품, 비타민제품, 물리화학 제품, 그리고 박테리아관련 연구 작업이 이루어졌으며 두 개의 최첨단 암실은 스펙트로스코프, 폴라기스코프, 플루로스코프, 그리고 포코마이크로그래픽 기구 같은 최첨단 장비들을 갖추었다. 각 연구조사부서에는 40명이 넘는 화학자, 의사, 그리고 직원들이 일하고 있었다.

또 렉솔의 히트 제산제였던 '비스마 렉스(Bisma-Rex)'에서 이름을 딴 5호차에는 렉솔의 생산 공장을 고스란히 축소한 모형을 전시했는데 어린 고객들을 위한 교육적인 효과도 높아 렉솔 약사들을 으쓱하게 했던 칸이었다.

렉솔의 화장품 브랜드인 '카라-놈(Cara-Nome)'인 6호차는 이름답게 생산되는 화장품들을 진열한 우아한 쇼케이스로 채워져 있었다. 또 고객들을 위해 미용 상담사가 상주하면서 미용에 관한 조언을 하고 무료 샘플도 나눠 주었다. 한쪽 코너에서는 초콜릿이 7단계의 과정을 거쳐 제작되는 것을 보여주어 아이들의 마음을 사로잡았다. 덕분에 이 칸은 여자들과 아이들로 항상 붐볐고 고객 만족도도 가장 높았다.

7호차의 이름은 렉솔의 욕실용품 라인인 '클렌조(Klenzo)'였다. 이곳은 낮 동안에는 88명 정원의 강당이 되어 강연회가 열렸고 저녁에는 좌석을 치운 후 최대 300명이 렉솔 오케스트라(Rexall Train Orchestra)에 맞추어 춤을 출 수 있도록 마련된 무도회장으로 변신했다.

Source : From the author's private collection

그 다음으로 8호차 '심포니(Symphony)'는 렉솔 약사들을 대접하기 위한 식당 칸이었는데 일류 요리사들이 내놓는 최고의 요리를 풀코스로 즐길 수 있었다. 변변한 레스토랑도 없던 작은 마을의 약사들에게는 정말 흥분되는 일이었다는 후기가 사내 소식지를 통해 전해지기도 했다.

[렉솔 열차가 목적지를 향해 출발하기 전 축하하면서 샴페인을 터뜨리는 루이스 리겟]

Source : From the author's private collection

교육장으로 이용되었던 9호차 '애드리안(Adrienne)'의 뒤를 이어 당시 인기 최고였던 구강 청결제 'Mi-31'의 이름을 딴 10호차는 바와 무도장으로 구성된 라운지 칸이었다. 때때로 7,8,9,10호차 네 칸에 수백 명의 사람들을 한 번에 모아서 교육을 하고, 식사를 대접하기도 했다.

초콜릿 라인 이름의 11호차 '조안 매닝(Joan Manning)'과 비타민 라인 '퓨어테스트(Puretest)'에서 이름을 딴 12호차까지 두 칸은 렉솔 열차여행 중 리겟이 주로 이용했던 곳인데 고급스럽게 꾸며진 집무실과 접대실이 갖춰져 있었다. 이곳에서 리겟은 여행 중에도 차질 없이 업무를 보고 또 다른 프랜차이즈 계약을 체결했으며 때때로 소규모의 특별한 만찬을 주최하기도 했다. 모든 것을 갖춘 렉솔 빌딩 한 채가 통째로 움직였다고 할 수 있다. 열차 안에서 이 모든 일들이 벌어졌다는 사실이 정말 놀랍다.

렉솔 열차는 가는 곳마다 밴드와 대중들, 그리고 연예인들까지 나와 열렬한 환호를 했다. 도착을 알리는 현수막이 내걸렸고 각 지역 신문들은 도착 사진을 머리기사로 장식하곤 했다. 모든 이들에게 렉솔 열차는 정말 멋진 시간과 기억을 주면서 달렸다. 대공황 시기였음에도 열차를 구경하려는 사람들이 모이면서 짐꾼들과 인근 가게들은 잠시나마 호황을 누렸을 정도라고 한다.

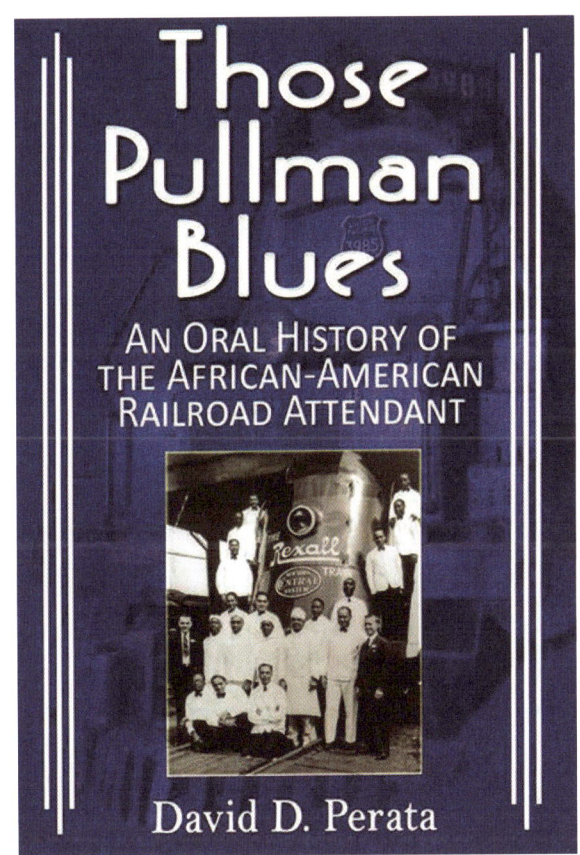

[책표지로 쓰였던 렉솔 열차]

위대한 렉솔 / 렉솔트레인 - 1

렉솔트레인 칸 구성

렉솔 트레인은 칸마다 다른 컨셉으로 컨벤션을 열었다. 그리고 그 칸들의 이름은 수많은 렉솔 제품 중에서 대표가 되는 제품 중심으로 이름을 지었다. 80년 전 이런 기획을 했다는 것 자체가 참 놀라운 일이다.

아홉 번째 칸 '애드리안(Adrienne)'의 뒤를 따르는 것은 토마스의 말에 따르면 한 때 미국에서 가장 인기가 좋았던 구강 청결제였던 "미31"의 이름을 딴 칸이었다. 미31은 바와 무도장이 있는 라운지 칸이었다. 방금 설명한 네 칸은 한 번에 수백 명의 사람들을 수용해 교육하고, 대접할 수 있었다.

열 번째 칸은 그리 성공적이지 못했던 초콜릿 라인의 이름이 붙은 '조안 매닝'이 다음 칸이었다. 후위를 맡은 것은 대규모 비타민 라인인 "퓨어테스트"와 약사들이 "앤 드라이(앱솜 솔트와 러빙 알코올 등)"라고 부르는 것이었다. 이곳은 리지가 여행 할 때 이용하던 곳으로 비전을 가진 중요한 인물에 걸맞는 고급 시설을 갖추고 있었다. 리지는 이 칸을 소규모의 만찬과 식사를 주최하고 때로는 또 다른 프랜차이즈 계약을 따내는데 이용했다.

여덟 번째 칸 '심포니'는 렉솔라이트들의 식당이었다. 풀먼의 직원들이 점심과 저녁을 제공했다. 토마스에 따르면(렉솔 스토리, p. 31), "토스트에 올린 꿩고기, 버터 소스를 곁들인 바닷가재 꼬리 석쇠 구이, 버지니아산 글레이즈드 햄 구이 등이 제공되었다. 작은 마을의 약사에게는 정말 흥분되는 일이었다! 남자의 마음을 얻는 길이 맛있는 음식을 먹이는 것이라는데, 사람을 주문서로 이끄는데도 좋은 방법임에 틀림없었다.

일곱 번째 칸은 렉솔 약사들 전용인 '클렌조'는 렉솔의 욕실 용품, 치약 등에 주어진 라인 이름을 땄다. 이 칸은 낮 동안에는 88명 정원의 강당으로 쓰였고 저녁에는 좌석을 치워 렉솔 오케스트라에 맞추어 춤을 줄 수 있게 만들어졌다.

여섯 번째 칸은 렉솔의 화장품 브랜드인 '카라-놈'이었다. 이 칸은 당연히 카라놈 라인을 진열한 우아한 쇼케이스로 채워져 있었다. 화장품 상담사가 상주하면서 미용에 관해 조언하고 샘플을 제공했다. 다소 어울리지 않는 듯 하지만, 가장 인기 있었던 것은 초콜릿 제작 7단계를 보여주는 전시였다. 특히 여성과 어린이들은 샘플, 전단, 안내 책자 등의 기념품과 렉솔에 대한 아주 좋은 인상을 안고 이 칸을 떠났다.

다섯 번째 칸은 '비스마-렉스'로 렉솔의 수퍼스타 제품이 주인공이었다. 비스마-렉스는 제산제로 경쟁 제품과 마찬가지로 브로모-셀처(Bromo-Seltzer 이후 위험한 부작용이 있다는 것이 드러난 제품)의 성공에서 영감을 얻은 제품이었다.

네 번째 칸인 '리서치'에는 1마일 0.5인치 축도의 유나이티드의 보스턴 연구소 부문 모형이 있었다. 대중(그리고 렉솔라이트들)은 연구실과 시험 활동에 대해 알 수 있었고 지역 렉솔라이트들은 고객에게 어린이를 위한 교육적 가치를 이야기할 수 있었다.

세 번째 칸은 사내 간행물인 《애드-밴티지》의 이름을 땄다. 애드-밴티지와 그 뒤를 따르는 세 칸은 대중에게 개방했다. 정차할 때마다 사람들은 디스플레이를 구경하고 렉솔 약사들에게 제품과 앞으로 출시된 제품에 대한 이야기를 들었다. 하루 저녁은 만찬과 무도회를 위해 남겨두었다.
애드-밴티지는 디스플레이와 거울을 이용해서 물건이 모두 구비된 완전한 약국의 모습을 재현했다. 여기에는 시럽이 가득 찬 소다 공급기도 포함되어 있었다. 대단한 인기였다!

첫 두 칸은 렉솔 제품에 초점을 맞췄다. '캔트리트'는 마개가 없는 이중 기능 온수포병의 이름을 딴 것이었다. 캔트리크가 기관차 바로 뒤를 따랐다. 캔트리크는 기차의 서비스센터였다. 다음 칸은 렉솔 밴디지 라인의 이름을 딴 '퍼스트 에이드(First Aid)'로 승무원과 직원들을 위한 공간이었다.

문화 마케팅 Cultural marketing

그 외에도 문화와 예술, 스포츠에까지 다방면을 아우르는 렉솔의 브랜드 마케팅 전략은 우리가 익히 알고 있는 '문화 마케팅'의 전형이다.

1963년, 렉솔 창사 60주년 기념 음반은 컬럼비아 레코드사(Columbia Records)가 당대 최고의 인기 가수들의 곡들을 2장의 음반에 빼곡하게 수록해 제작했는데 그저 한 기업의 기념 음반이라기엔 그 가치가 상당히 높아 소장용으로도 인기가 높았다고 한다. 그리고 그래미상 시상식장에서도 렉솔의 이름을 자주 찾아볼 수 있었는데 한동안 렉솔이 그래미상을 후원했기 때문이었다.

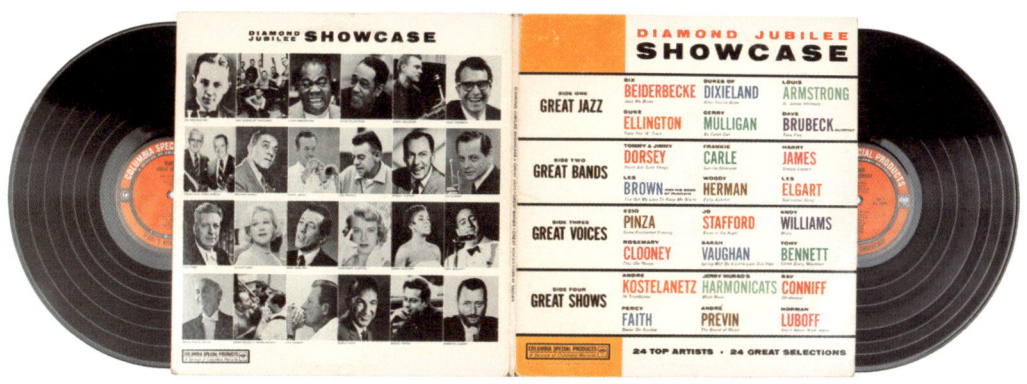

[렉솔 창사 60주년 기념음반] Source : From Frank Sternad's private collection

또 각종 스포츠 경기장에서도 렉솔의 로고를 흔히 찾아볼 수 있었는데 야구, 농구, 미식축구 팀 등 다양한 팀의 후원사로도 활약하며 지원을 했다. 특히 지역이나 학교의 어린이 스포츠 팀에도 지원을 아끼지 않았는데 미래의 고객들에 대한 브랜드 이미지 인식 효과와 잠재적 고객 확보를 위한 브랜드 홍보 활동의 일환이었다.

[렉솔이 후원한 유스베이스볼팀]
Source : From Frank Sternad's private collection

공중 의료지원 Rexall Mercy Ships

렉솔제약은 캘리포니아에서 긴급 구조용 벨 항공기 모델 47 헬리콥터를 통해 공중 의료지원을 운용했다. 앰뷸런스가 늦을 때에 의사가 환자를 빨리 후송하기 위해 이용되었지만, 종종 수재나 동떨어진 캠핑장소와 같이 도로 상으로 접근 할 수 없는 곳에서 환자를 이송하는 용도로도 사용했다. 비상의약품, 해독제, 구조 및 보조 장비와 새로 개발된 인공호흡기를 탑재한 이 항공기는 수직 이륙 기능을 통해 재해원조 업무를 수행하기에 적합하게 만들어졌다. 이 렉솔 항공기는 앰뷸런스의 기능보다는 제약회사로서 환자의 필요에 항상 대응할 수 있도록 준비가 되어 있다는 것을 강조하는 브랜드 이미지 향상 차원이었다.

[렉솔 머시 쉽 Rexall Mercy Ship]
렉솔의 의료 구조용 벨 항공기 모델 47. 인공호흡 장치를 포함한 응급치료 및 구조장치를 탑재한 이 헬기는 비상 의약품 긴급 지원과 응급 환자 수송에 용이한 수직이륙기능을 탑재했으며 재해원조 업무를 수행하기 적합한 신형 로터리 날개에 175마력의 엔진으로 운영되며 시속 100마일로 운행이 가능했다.

스페이스 마케팅: 로스앤젤레스 매장 오픈 Space marketing

35,000명의 고객들이 떼를 지어 오픈 행사에 몰려들다!!

캘리포니아에서 활동해보지 않은 사업가라면 여기 그려진 광경이 아마도 과소비를 부추기는 오픈행사라고 생각할지도 모른다. 그러나 수퍼-상술의 땅인 이곳에서는 이런 할리우드 방식의 개업식은 필수적이다. 그러니 8월 20일에 로스앤젤레스에서 열린 렉솔의 새로운 약국 개업식은 이곳에서는 일상적으로 벌어지는 일일 뿐이다. $3의 상품을 $2.99의 할인가에 판매하는 것과 마찬가지이다. 18명의 연예인들을 할리우드에서 직접 초청하였고, 고객들은 3,000송이의 난초와 셀 수 없을 정도로 많은 무료 면도기를 향해 달려들었으며 저녁에도 10개의 서치라이트를 따라 하루 일과를 마친 로스앤젤레스 시민들이 모여들어 16명의 경찰관들이 질서유지를 위해 동원될 정도였다. 기절하는 여인들이 속출하였지만 다행히 금방 깨어나서 대기 중인 앰뷸런스를 쓸 필요는 없었다.

[세계에서 두 번째로 큰 렉솔약국 개장을 취재한 라이프지]

크렌쇼&스토커 거리의 사거리 모퉁이에 약국이 생겼다는 소식은 이미 로스앤젤레스 전체에 알려져 예상보다 훨씬 많은 35,000명의 고객들이 일대를 점령하였다. 세계에서 두 번째로 큰 규모의 성공적인 약국 개업식 행사에 렉솔 관계자는 큰 자부심을 가졌을 것이다.

이 라이프지의 취재 기사를 보면 신제품 론칭일의 애플 매장 앞을 보는 것 같은 착각이 든다.

[크렌쇼 & 스토커 거리]

영국왕의 캐나다 방문 기념 주화 발행
Commemorative coins issued on King of England's visit to Canada

캐나다에서 온 뉴스

다가오는 왕의 캐나다 방문을 기념하여, 유나이티드 드러그 컴퍼니는 캐나다 자치령 전역에 있는 렉솔약국을 위해 특별 기념메달을 제작합니다. 이 메달은 변색되지 않는 알루미늄, 작은 적색과 백색과 청색의 리본, 그리고 코트나 옷에 부착하기 위한 작은 핀으로 만들어졌습니다. 이 예술성 높은 메달의 전면은 단풍잎 위에 새겨진 왕들의 양각 초상을 담고 있으며, 글이 둥그렇게 씌여 있습니다. "George 6세 - Elizabeth여왕 - 캐나다 방문 - 1939"
뒷면은 영국 국기와 왕관과 캐나다의 국기 그리고 다음과 같은 말로 양각되어 있습니다. "왕이시여 만수무강하소서."

Source : From the author's private collection

보스톤 기구 마케팅: 기구를 이용한 브랜딩행사
Hot air balloon marketing in Boston

보스톤 최초 비행

"풍선은 오기도 하고 가기도 하지만 렉솔 치료는 영원히 지속된다"라는 사실을 선언한 후에 피커링 교수와 우주 비행사 J. 글리돈을 싣고서 1908년 9월15일에 매사추세츠 피츠버그에서 열기구 비행을 시작했다. 렉솔은 회사 초창기부터 브랜드 마케팅에 상당한 투자와 관심을 기울인다. 다음 안내광고들은 소비자에게 렉솔이 어필하고자 하는 것이 무엇인지를 알게 해준다.

미국이 이 표지를 찾다

이웃이 약국에 들어가는 걸 보면 가족 중에 누가 아픈가 하고 생각하던 시절이 있었습니다. 현대의 '렉솔약국' 표지판은 당신과 당신의 이웃이 평상시에 건강과 행복을 유지하기 위해 방문하는, 언제나 당신의 평안과 안녕을 위한 많은 상품을 제공하는 유쾌한 등대입니다. 동시에 우리 지역의 렉솔약국은 높은 기준을 준수하는 신속한 과학적 처방, 약국 물품 및 약을 제공하며 39년간 렉솔 내 전국 상위 기록을 유지한 것을 자랑스럽게 여깁니다.

당신의 렉솔 제약사는 질병이 발생했을 때 당신의 의사와 협력하여 일합니다. 정식 약사들이 의사가 주문한 처방대로 가장 좋고 순수하고 신선한 재료를 사용하여 처방약을 조제합니다. '렉솔 상품'이라고 적힌 약국 물품은 신뢰할 수 있습니다. 만족하지 못하는 분을 위해 환불 보증제도도 실시하고 있습니다. 그 어떤 사업단체도 그들의 상품이 고품질을 보장한다고 확신하지 않는다면 할 수 없는 보증제도라는 것을 아실 것입니다.

모든 렉솔 상품은 유나이티드 드러그 컴퍼니사의 연구기술부에서 검토되고 인증됩니다. 이 보증제도는 10,000개의 렉솔약국에서 실시되고 있습니다. 또한 미국인들에게 '렉솔약국' 표지판은 최저가를 의미합니다. 렉솔의 상품 전략 덕택으로 렉솔상점에서는 가장 고품질의 상품을 가장 낮은 가격에 구하실 수 있습니다. 이 전략에 의해 렉솔 상품은 미국 동쪽 해안에서 서쪽 해안까지 퍼져 있는 유나이티드 드러그 컴퍼니의 공장들에서 렉솔약국에 직접 배송됩니다. 대량생산을 통해 제조비를 최소화하며, '공장에서 여러분에게' 직접 배달되기 때문에 중간에 발생하는 여러 비용이 없어져서 가격거품이 사라집니다. 여러분의 지역 제약사로서 1942년에는 여러분이 렉솔약국 표지판을 보고 들어와서 쇼핑하시도록 초대합니다. 그리고 여러분에게 행복한 새해를 기원합니다.

렉솔약국은 이 마을에서 최저 가격이라는 것을 기억하세요. - 언제나

다음 안내광고도 왜 렉솔약국을 이용해야 하는지를 잘 설명하고 있다.
여러분 인생에서 가장 중요한 쪽지 한 장

이것은 당신의 의사 처방전입니다. 이 쪽지 한 장에 종종 여러분, 혹은 여러분의 사랑하는 이의 인생이 달려있기도 합니다. 하지만 이것이 생명을 구하는 행동이 되기 위해서

는 다른 봉사자의 손을 거쳐야만 합니다. 여러분의 약사입니다. 최종분석을 통해 당신의 의사의 실력과 기술을 당신에게 전달해 줄 사람이 바로 그입니다. 약사에게 처방전은 절대 '쪽지 한 장'이 아닙니다. 그것은 중요한 지시입니다. 쓰여 있는 그대로입니다. 합성할 때에는 고도의 관심을 갖고 해야 하며 양은 정확하게 측정해야 하고 정확도는 재확인해야 합니다. 재료는 신선하고 균일한 효능을 가져야 합니다. 지시는 명확하고 정확해야 합니다.

오늘 여러분의 약사는 한 가지를 더 제공합니다. 그의 실력, 경험, 그리고 도덕성과 함께 렉솔 약사의 뒤에는 항상 세상에서 가장 큰 제약 연구소가 버티고 있습니다. 그들은 가장 새롭고 순수하며 신선한 약의 원천입니다. 그들은 약사의 기대에 어긋나지 않도록 최선을 다합니다. 매일 매년 렉솔의 과학자들이 당신에게 가장 최신의 경이로운 약을 제공하기 위해 일하고 있습니다.

렉솔이라는 이름을 지닌 모든 제약 제품은 신뢰하셔도 좋습니다.

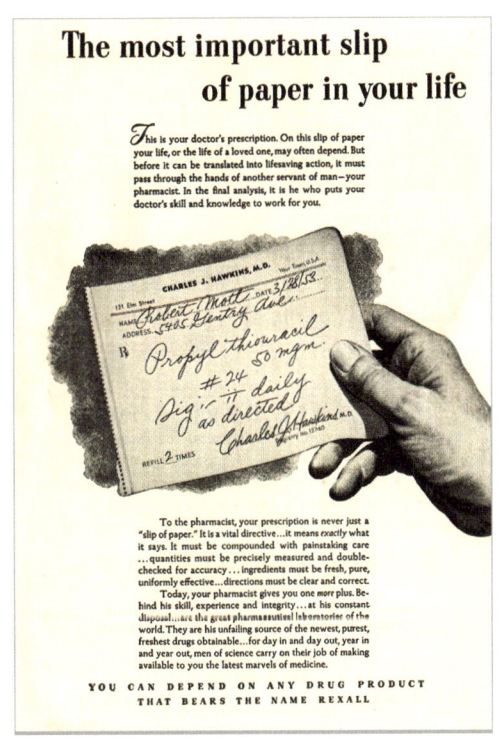

위대한 렉솔 / 렉솔마케팅 - 1

100년 전부터 시작된 렉솔의 칼라 마케팅

위 표지는 1919년에 발간된 〈렉솔 알마닉〉(1년에 한 번 발간)의 표지와 표4 이미지이다. 렉솔은 로고에 오렌지와 블루 색상을 사용했는데 〈렉솔 알마닉〉 표지에도 이러한 고유 색상을 사용했다.

100년 전 회사가 칼라 아이덴티티를 확립하고 적용된 색상을 모든 인쇄물에 사용했다는 점에서 상당히 획기적이다.

오렌지와 블루 색상은 광고에도 적용되었다.
(렉솔의 제품인 '클렌조' 치약 광고)

회사의 고유 색상인 오렌지와 블루로 나뉘었다. 할인율로 세일을 분류한게 아니라 색상으로 분류했다는 점이 색다르다.

옆 표지는 1968년과 1969년에 발간된 〈렉솔 알마닉〉 표지이다. 오렌지와 블루 색상의 아이덴티티가 적용되었으며 50년 전 표지이지만 지금 봐도 전혀 촌스럽지 않을 정도로 세련된 디자인이다.

Source : From the author's private collection

위대한 렉솔 / 렉솔마케팅 - 2

인기 스포츠 미식축구를 후원한 수퍼 플레나민 광고

미국 내에서 미식축구는 최고의 인기 스포츠다. 렉솔은 활력 넘치는 미식축구 이미지를 통해 비타민제 수퍼 플레나민을 복용하면 활력이 넘친다는 의미를 전달했다. 내셔널리그와 아메리칸리그를 모두 후원했다. 왼쪽 광고에서의 모델은 아직도 깨지지 않는 기록을 보유한 수퍼스타 테리 브래드쇼(Terry Paxton Bradshaw)이다.

테리 브래드쇼 [Terry Paxton Bradshaw]
피츠버그 스틸러스가 1970년대 스틸커튼 디펜스를 앞세워서 명가로 군림할 당시
팀의 공격을 책임진 지휘자. 조 몬태나 톰 브래디와 더불어 수퍼볼 4회 우승 기록을 보유한,
수퍼볼 최다 우승 쿼터백이라는 대기록의 소유자.
또한 수퍼볼 역사상 2연패를 두 번 이상 달성한 유일한 쿼터백이기도 하다.
[출처 - 네이버 두산백과]

미국의 미식축구연맹인 NFL을 후원한 렉솔 수퍼 플래나민의 또 다른 광고들

Source : From the author's private collection

위대한 렉솔 / 렉솔마케팅 - 3

전설의 홈런왕 베이브 루스를 후원하다

렉솔은 스포츠 마케팅의 하나로 미국 최고의 홈런왕이었던 베이브루스와 그의 소속팀 뉴욕 양키스를 후원했다. 더불어 여러가지 홍보물을 만들었는데, 아래 수첩은 뉴욕 양키스에 관한 소식과 야구에 대한 자세한 정보를 담고 있다.

베이브 루스 [Babe Ruth]
미국에서 가장 인기가 많았던 프로야구 선수로 메이저리그를 대표하는 홈런 타자이다.
볼티모어팀에서 프로선수를 시작해 보스턴 레드삭스를 거쳐
뉴욕 양키스에서 활약하며 메이저리그 최다홈런기록을 수립하였다.
[출처 - 네이버 두산백과]

야구의 기본 상식을 알려주는 수첩, 왼쪽에 렉솔 제품 광고

Source : From the author's private collection

위대한 렉솔 / 렉솔마케팅 - 4

아마추어 팀과 어린이 **스포츠 팀을 후원하다**

렉솔은 프로 스포츠 팀 외에 지역 아마추어 팀, 어린이 스포츠 팀에도 후원을 아끼지 않았다.
아마추어 농구 팀, 어린이 야구 팀 등이 후원 대상이었다.

렉솔 로고가 새겨진 농구복과 농구공을
들고 있는 아마추어 농구 팀

Source : From Frank Sternad's private collection

렉솔 로고가 새겨진 유니폼을
입고 있는 어린이 야구 팀

Source : From Frank Sternad's private collection

08

광고
홍보

Promotion in Advertisement

리겟이 '렉솔생각'의 아이디어를 처음 내고, 비놀클럽에서 자신의 구상을 이야기 하던 1900년대 초, 그가 40명으로부터 각각 4,000불씩 모은 16만 달러가 유나이티드 드러그 컴퍼니의 출발이었다. 그렇게 모은 16만 달러의 거의 대부분을 그는 광고비용으로 사용하였다.

렉솔을 광고와 홍보의 혁명이라고 이야기하는 사람들이 많다. 렉솔이라는 회사 자체가 당시 혁명적인 회사이기도 했지만, 그 중에서도 광고나 홍보 영역은 특히나 다른 기업들에서 시도된 적이 없는 내용이 많았기 때문이다. 그렇지만 렉솔이 시작하고 난 이후에는 많은 기업들이 오랫동안 그것을 모방하고 흉내내왔다.

이런 식이다 보니 렉솔의 모든 광고들만 모아놓아도 당시의 문화나 시대의 트렌드를 읽어내는 것이 가능할 정도이다. 광고업계에서두 렉솔의 광고는 거의 광고의 교과서처럼 취급되고 있다.

그럼, 이제 그 창의적인 아이디어로 얼마나 파격적인 홍보와 광고를 했는지 잡지, 라디오, TV 등의 ATL광고를 중심으로 알아보자.

1) 인쇄 매체 광고 Print media advertisement

홍보와 소통을 중요시하는 리겟은 지면 매체도 잘 활용한 경영자였다.

<비놀의 목소리(Voice of Vinol)>

리겟의 첫 잡지는 비놀 근무 시절 발행한 <비놀의 목소리>라는 간행지였다. 이 잡지는 작은 크기에 두 가지 컬러로 제작되었고, 표지마다 비놀 직원의 얼굴들로 장식되어 있다. 편집자는 당연히 리겟 본인이었다. 그를 아는 사람들은 이 책자가 리겟의 정복될 수 없는 영혼이 담긴 책자였다고 이야기한다. 그의 '목소리'를 담은 이 간행지는 많은 이들에게 횃불과 같았다고 그들은 말한다.

리겟은 격언도 잘 만들어냈는데 간행물에 자신만의 표현을 많이 실었다. "모든 행동은 선하건 악하건 벽에 던져진 고무공처럼 던져진 강도만큼 강하게 나에게 되돌아온다"라는 말이나, "세상은 거울이다. 당신이 세상을 향해 품은 마음이 반영되게 된다. 자신이 보는 악하거나 선한 세상은 내가 얼마나 악하거나 선한지를 알려준다." 또 "당신이 앉은 의자가 앉아있기에 너무 딱딱하다면 일어서라. 당신 앞에 큰 바위가 가로막는다면 굴려버리거나 타고 넘어라. 돈을 원한다면 벌어라. 자신감을 원한다면 스스로 합당하다는 증명을 하라. 코끼리의 가죽을 벗기기가 생쥐를 벗기기보다 힘들지만 어려울수록 그 가죽은 가치가있는 것

이다." 등의 격언을 실었다.

이런 글을 간행물에 게재하면서 그는 약사들과 마음을 교류하려고 했다. 그리고 스스로도 그렇게 살려고 노력했다. 그의 간행물이나 비즈니스가 성공한 이유는 그 말을 한 사람이 그 삶을 살아가고 있었기 때문일 것이다. 이것은 그가 믿고 살아가는 종교와도 같았다.

<렉솔 애드-밴티지(Rexall Ad-vantage)>

'렉솔'을 창업하면서 그는 거의 동시에 <렉솔 애드 밴티지(Rexall Ad-Vantage)>라는 사내 소식지를 발간하기 시작했다. 매체를 통한 공감대 형성이 유대관계를 형성하고 신뢰감을 쌓아 가는데 큰 역할을 했음은 두말 할 나위 없다. 이 잡지에는 다채로운 판촉 아이디어들이 실렸는데 샘플 광고, 윈도우 디스플레이 사례, 고객에게 보내는 편지 등이 실렸다.

또 이 간행지의 한 코너에는 판촉 아이디어를 제공하는 약사에게 원고료를 지급하는 섹션이 있어서 그들을 자극하기도 했다. '1센트 세일'도 이 코너에서 진행한 약사들의 아이디어 경쟁에서 발굴된 것이었다. 50페이지가 넘는 이 잡지가 성공한 데에는 이렇게 약사들의 참여를 유도한 덕택이었다. 판촉이라는 것 자체를 몰랐던 약사들이 이 잡지를 통해 홍보의 필요성과 홍보요령을 터득하게 된 것이다.

렉솔약국의 전문성에 대해 고객들에게 인지시키는 목적으로 작성된 광고는 약사들에게도 의학적인 정보를 꾸준히 알려주는 매개체가 되었다. 이를 통해 렉솔 브랜드에 대한 신뢰가 깊어졌으며, 판촉 마케팅에도 기여했다. 아래는 그 중 한 내용이다. 정보 제공과 홍보의 목적을 같이 가지고 있는 광고이다.

[렉솔의 기업 이미지 광고] *Source : From the author's private collection*

인간의 몸이 사용하는 아미노산은 23가지로 알려져 있다. 그 중 열 가지는 생명을 유지하는 데 필수적이다. 그것들은 성장과 피부재생에 필요하며, 질병과 싸우고 감염을 막는다. 또 기운을 유지하고 건강유지에 있어 중요한 역할을 한다.

몸은 단백질을 가지고 있는 육류, 계란, 생선, 유제품, 고기 등 다양한 음식으로 아미노산을 만든다. 단백질이 충분히 함유되지 않은 식사는 성장과 회복에 필수요소가 부족하게 되어 자칫 질병에 노출될 수 있다. 단백질 결핍은 심해지면 죽음에 이를 수도 있다.

일반적인 상황에서 몸은 균형 잡힌 식사를 통해 스스로 필수 아미노산을 섭취한다. 그러나 굶주림이나 질병으로 인하여 소화기관이 허약해지거나, 상처나 수술로 인해 제 기능을 일시적으로 하지 못할 때가 있다. 그러면 몸은 곧 무력해 지고 스스로 충분한 단백질을 섭취할 수 없게 된다.

그런 경우에는 소화가 잘 되도록 만들어진 아미노산 형태의 단백질이 도움이 된다. 혈관에 직접 투여할 수도 있고 먹을 수도 있다. 아미노산은 영양학적으로 극적인 개선효과를 가져온다. 아미노산은 감염에 대한 저항력을 높이고 재생 능력을 높이기 때문에 수술 전후에 매우 유용하다.

경우에 따라 의사들은 평균 이상의 아미노산을 임산부와 수유중의 산모에게 처방하기도 한다. 아미노산은 심한 화상, 상처, 궤양과 골절의 빠른 회복에 도움이 된다고 알려져 있다. 또한 노인들의 특정 알레르기, 빈혈증, 간과 콩팥 질병 등에도 도움이 된다. 아미노산의 추가적인 효능을 찾기 위해 렉솔의 연구소에서는 연구 활동이 계속되고 있다.

Source : From the author's private collection

아미노산의 사용 시에는 숙련된 의사의 정확한 진단에 의한 처방과 예후 관리가 필수적이며, 개인의 자의적인 판단으로 사용되어서는 안 된다. 오남용으로 인해 섬세한 신체 조직에 해가 될 수 있음을 기억해야 한다.

당신의 상태가 아미노산을 필요로 하는 상황이라면, 처방할 수 있는 당신의 주치의를 찾아가라. 주치의와 상의하라. 그의 지시를 무조건 따르라. 당신의 주치의 다음으로는 당신의 약사가 당신 건강에 있어 가장 중요한 안내자이다. 그의 의학적 식견, 지식, 그리고 진실성은 항상 당신을 위해 서비스를 제공할 준비가 되어 있다.

<렉솔뉴스>와 <렉솔 매거진> Rexall News and Rexall Magazine

1912년부터 렉솔에서는 소비자를 대상으로 한 <렉솔 뉴스(Rexall News)>를 발행하기 시작했다.

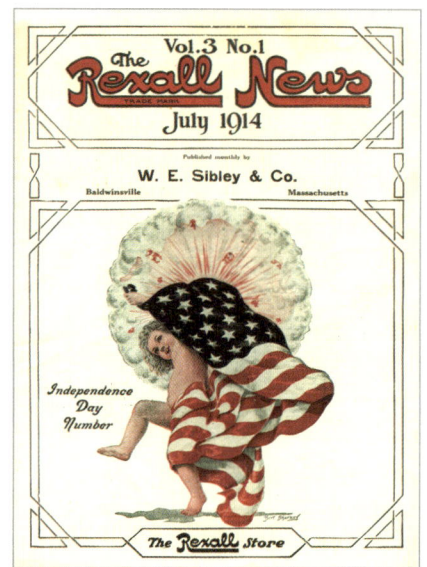 

[렉솔 매거진 표지] *Source : From the author's private collection*

이 잡지는 얼마 후 <렉솔 매거진>으로 명칭이 변경된다. 이 잡지는 주로 여성 소비자를 대상으로 하여 렉솔 제품의 광고는 물론이고 다양한 정보를 다루었는데, 연애, 패션, 요리와 풍성한 오락거리들을 담고 있었다. 이 잡지를 렉솔약사들이 각별하게 생각하는 것은 앞 뒤 표지에 개별 약국명을 새겨서 각 약국이 필요한 부수만큼 주문할 수 있었기 때문이었다. 또한 같은 지역 다른 업체의 광고를 개제할 수 있도록 광고란을 뒤표지에 마련해 두어 약국의 수익도 창출할 수 있게 하였다. 본사로부터 5백부를 4.50달러 정도의 가격에 사서 소비자에게 배포할 땐 그 몇 배의 홍보효과를 안겨주었던 것이다. 오늘날 마사 스튜어트Martha Stewart와 같은 역할을 한 것이다. 이 잡지도 대성공을 거두어 1919년에는 판매

부수가 130만 부를 돌파하였다. 이는 당시 미국의 대표 잡지였던 <타임> 지의 판매부수를 크게 웃도는 판매부수였다. 또 의학 상식이나 생활 정보, 그리고 달과 별자리로 예측한 날씨 예보에 렉솔 광고로 채워진 알마낙(Almanac)이 일 년에 한 번 씩 간행되어 많은 가정에서 사랑을 받았다.

<렉솔 매거진>은 한 기업의 소비자 대상 잡지임에도 불구하고 가장 많은 미국인들이 구독하는 간행물로 인식되며 수십 년 간 발행 되었다. 그러다 보니 유명인들이 표지모델로 나서기도 했는데, 그 해의 아카데미 남녀 주연상을 받은 배우들부터 그래미상 수상 가수들, 가장 핫한 인기 배우들까지 두루 <렉솔 매거진>의 표지를 장식했다. 나중에는 새 영화나 새 노래를 홍보하기 위한 필수 조건으로 렉솔 매거진을 선택할 정도였다.

인쇄매체를 통한 렉솔의 지면 광고의 차별성은 다른 회사 매체의 경우 제품 정보만 보여줬던 데 비해 렉솔은 제품이 아닌 기업 전체의 이미지 광고나 짧은 콩트 같은 스토리텔링 기법들을 사용해서 더 눈길을 끌었다. 다양한 광고의 콘셉트를 시도하며 시대를 앞서 나갔던 것이다.

렉솔약국에 보낸 리겟의 편지에 <렉솔 매거진>을 바라보는 그의 애정과 생각이 드러나 있다.

개척자가 처음으로 해야 하는 일은 지면을 준비하는 일이다.

여기에 새로운 렉솔라이트(Rexallites-렉솔 비즈니스를 처음 시작하는 사람을 지칭함)를 위한 좋은 힌트가 있습니다.

풍성한 수확을 원하는 농부는 누구라도 심고 뿌리며 땅을 주의 깊게 준비해야 한다는 것을 압니다.

새롭게 렉솔라이트가 된 당신은 새로운 땅 위에 개척을 하는 것과 같습니다. 당신의 렉솔 프랜차이즈는 당신의 비옥한 땅에 빛나는 타이틀이 될 것입니다.

당신은 당신과 당신의 고객들에게 렉솔 플랜이 지니는 큰 가치를 확신하고 있지만, 당신의 고객들도 그 이름의 의미를 아는 지 확신할 수 없습니다.

물론 그들은 세계적으로 유명한 렉솔이라는 이름을 알고 있을 것입니다. 그러나 그들이 사는 곳에 렉솔약국이 없다면 품질과 서비스에서 렉솔이라는 이름이 지니는 좋은 것들을 체험하지는 못할 것입니다. 현명한 당신은 고객들이 다음의 사항들을 알게 될 때, 당신의 광고를 통해 더 많은 렉솔제품을 판매할 수 있을 것이라는 것을 알게 될 것입니다.

1. 렉솔의 판매 가격은 어떻게 결정되는지
2. 이것이 고객에게 어떻게 돈을 절약하게 하는지
3. 렉솔의 브랜드 네임들이 무엇인지
4. 이 브랜드들이 왜 우월한지

당신이 고객들에게 이것을 가르치는 일이 그들이 장기간에 걸쳐 렉솔 제품을 구매하게 하는 유일한 방법입니다.

당신의 회사는 당신에게 이를 위한 효율적 수단을 제공하고 있습니다. 그것은 <렉솔 매거진>입니다. 이 간행물은 경쟁사나 공개시장 광고주들은 사용할 수 없는 광고매체입니다. 이것은 당신의 렉솔 추수를 위해 땅을 경작하게 해 주는 최신의 '쟁기'입니다.

<렉솔 매거진>은 고객들에게 배포되는 16페이지의 월간지입니다.
이 잡지는 미국의 제약회사에 의해 발행되는 그 어떤 매체보다도 더 많은 기업(렉솔) 광고와 15가지 이상의 렉솔 제품에 대한 직접 광고를 담고 있습니다.

<렉솔 매거진>의 특별한 매력은 이 모든 광고가 오락과 서비스 기사들과 섞여 있기 때문에 고객이 알아차리지 못한다는 것입니다. 독자는 그것이 광고라는 사실을 거의 깨닫지 못한 채 단지 렉솔로부터 받은 귀한 선물로 인식하면서 처음부터 끝까지 읽는다는 점입니다.

모든 <렉솔 매거진>에는 당신의 개별 약국 이름과 주소, 전화번호 그리고 슬로건이 실려 배포됩니다.

<렉솔 매거진>은 당신의 렉솔 메시지를 당신이 속한 커뮤니티의 가정들에게 직접 전달해 주며, 모든 가정은 당신이 광고한 상품을 전국적으로 광고되는 제품들로 인식하게 됩니다.

<렉솔 매거진>은 가정 지출의 85%를 사용하는 가정의 주부들에게 어필하도록 특별히 고안되어 있습니다.

이 친밀한 잡지는 여성 자신의 언어- 패션, 미용, 가정 장식 -로 그녀들에게 말하며, 도움이 되는 조언들을 짧은 이야기, 영화에 대한 소개 등을 포함하고 있습니다.

당신은 <렉솔 매거진>을 한 부당 1센트라는 낮은 가격으로 준비할 수 있습니다. 당신이 렉솔 대리점이 된, 그리고 일 년의 봄인 지금이 <렉솔 매거진>을 사용할 때입니다. 당신에게 샘플용 잡지를 보내드립니다. 아래의 쿠폰을 잘 간직했다가 다음 주소로 우편 신청해 주시기 바랍니다.

<렉솔 매거진>에는 스토리를 가진 광고들이 많이 실렸다. 눈에 띄는 스토리 광고 한 편을 살펴보자.

Source : From the author's private collection

- 5시 15분에 끓아떨어진 프랭크 -

뭐가 잘못 되었을까요
당연히 프랭크죠!
잘 차려입은 젊은 남성이 이렇게
아름다운 여성이 있음에도 자리를
양보할 수 없다는 것을 상상해보세요.
만약 프랭크가 하루 일과로 저렇게
녹초가 되었다면,
프랭크의 아내는 그의 약품 수납 선반을
점검해야 할 때입니다.

당신이 아는 것처럼, 그녀는 수납선반에
가정 응급 상황에 맞는 약들만이 아니라
비타민과 같은 영양제들도 같이
채워 넣는 것이 현명한 것이죠.

특히나 약상자에 친숙한 렉솔 상표가 붙어 있을 때, 모든 제품들이
순수성과 정확성을 위해 이중으로 점검되었다는 것을 확신할 수 있습니다.
당신의 의사와 렉솔 약사들은 처방전을 처리하면서 좋은 품질을 자부합니다.
10,000개 이상의 독립된 약사들이 수백 가지의 신뢰할 수 있는
렉솔 약들과 관련된 제품의 유통에 함께 하고 있습니다.

그리고 렉솔의 광고 중 놀라운 광고가 또 있다. 다이어트와 관련된 광고이다.

다이어트가 현대의 전유물이 아니고 당시에도 이슈가 되었던 것을 알 수 있다. 렉솔은 1952년에 이미 다이어트 제품을 출시하고 광고했다. 천연 식물 성분으로 만들어진 이 다이어트 약은 그저 제품 소개만 하는 것이 아니라 제품을 사용한 소비자의 사용전과 후의 달라진 모습을 함께 싣고 있는데 요즘 광고에 비해서도 전혀 떨어지지 않는다. 이렇게 고객이 달라진 모습을 이용하는 광고 마케팅은 당시에는 새로운 기법으로서 소비자에게 신뢰를 심어주는 역할을 했다.

이 광고의 내용은 쥬디 내쉬(JudyNash)라는 여성이 극적인 다이어트에 성공해서 렉솔의 다이어트 패키지인 앤 딜레이필드(Ann Delafield)에게 보낸 편지로 구성되어 있는데 내용은 이렇다.

[1948년의 다이어트 광고]

Source : From the author's private collection

광고가 나간 후 엄청난 반응이 생겨난 이 광고는 렉솔약국 매장에 홍보용 POP를 만들어 전시했다.

"존경하는 딜레이 필드 씨에게,

당신이 추천해준 렉솔 다이어트 프로그램의 도움으로 나는 27파운드라는 도저히 믿어지지 않는 체중 감량에 성공하게 되었습니다.

렉솔 다이어트 프로그램은 배고픔을 잊게 해주었을 뿐만 아니라 적은 식사량에도 생생한 에너지를 유지할 수 있어 신비할 따름입니다.

이보다 더 완벽한 다이어트 방법은 없을 것입니다.

더 기쁜 것은 나의 주치의가 내 건강이 완벽하다고 하면서 당신의 처방에 대해 크게 감명 받았다고 했다는 것입니다.

- 쥬디 내쉬(Judy Nash)"

[렉솔 매거진 모델들]

[지미 듀란티 Jimmy Durante 와 Rexall Summer Show]

지미 듀란티(1893~1980)는 미국 코미디언, 가수, 라디오인, 그리고 배우였다. 그는 희극적인 연기와 자신의 큰 코를 웃음거리로 만들며 사람들에게 알려졌다. 그는 1969년 TV만화 특집 '프로스티 더 스노우맨(Frosty the Snowman)'의 성우로 유명했으며 이 프로그램은 첫 등장 후 여러 해 동안 방영되었다. 그는 1945년 4월 6일, 뉴욕에서 방송하는 듀란티-무어 라디오쇼를 맡으며 렉솔과의 광고 계약을 맺었다.

듀란티와 그의 두 파트너는 계약 수수료를 따로 내지 않고자 에이전시

지미 듀란티
Jimmy Durante

브로드웨이 공연장, 보드빌, 그리고 나이트클럽들을 휩쓴 놀라운 타고난 공연가들과 함께한 20세기 전반기는 연예계 최고의 시대였다. 그 중 쇼 비즈니스의 기록에서 지미 듀란티만큼 길고 지속적인 커리어를 기록한 연예인은 그리 많지 않다. 지미 듀란티가 처음 명성을 얻게 된 것은 뉴욕 식당과 나이트클럽에서 '랙타임 지미' 연기를 하기 시작할 무렵이다. 크레이튼, 잭슨, 그리고 듀란티는 순식간에 마을에서 가장 웃긴 코미디언으로 명성을 얻으며 1920년 중반에 보드빌에서 시작한 이 팀은 뉴욕 팰리스 극장에서 장기 상영까지 하게 되었다. 1929년 브로드웨이는 그들을 "쇼걸"의 출연자로 초대했고, 1930년 콜 포터의 "뉴요커들"이 시작될 무렵 듀란티는 이미 스타가 되어있었다. 1947년 가을에 무어가 떠나며 지미 듀란티는 가수 페기리와 배우 빅터무어가 조연으로 등장하는 렉솔 제약회사를 위한 NBC의 새로운 시리즈의 호스트를 맡았다. 시끄럽고 떠들썩하며 심히 유쾌한 "지미 듀란티 쇼"는 이전보다 더 유명해졌다.

를 통하지 않고 직접 렉솔 광고 에이전시를 찾아갔다. 당시 렉솔은 듀란티의 말에 의하면 '매우 신사적인 회사'인 필라델피아의 N.W. Ayer를 매우 신임했기에 광고 계약을 맺을 때에 변호사도 데려 오지 않았다.

렉솔광고는 라디오 쇼 막간을 이용하여 방영되었다. 여름에 듀란테-무어 쇼가 방영되지 않을 때 렉솔은 '렉솔 써머쇼(Rexall Summer Show)'를 그 자리에 대신 방영하며 유명한 연예인 레이 볼져(Ray Bolger)를 출연시켰다. 볼져의 버라이어티쇼에서는 코미디 스킷에 약국이 등장하였고 이는 렉솔 스폰서십과 연관되어 있다. 추가적으로 '렉솔 서머쇼'에는 프랭크 시나트라(Frnak Sinatra)와 그라우쵸 막스(Groucho Marx)와 같은 여러 유명한 가수와 배우들이 등장했다.

렉솔은 이후 4년간 여름마다 계속해서 교체된 Summer Show를 그대로 유지하며 1946년에는 웨인 킹(Wayne King), 1947년에 팻 오브라이언(Pat O'Brien)과 린 배리(Lynn Bari), 1948년에는 팻 오브라이언과 브루스(Virginia Bruce), 그리고 1949년에는 거이 롬바르도(Guy Lombardo)를 등장시켰다. 이중 여러 프로그램이 장기 방송되는 센세이션을 일으키기도 했다.

[엘리자베스 테일러]

Elizabeth Rosemond Taylor (1932~2011.3.23.)

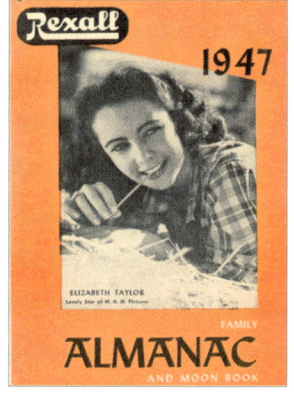

영국 런던에서 출생하여 1939년 제2차 세계대전 발발한 직후 미국 로스앤젤레스로 이주하였다. 1942년 10세에 영화 <귀로 There's One Born Every Minute>로 데뷔하였고 <작은 아씨들 Little Women>, <신부의 아버지 Father of the Bride>등의 작품으로 큰 인기를 얻었다. 모두 다섯 번의 아카데미상 여우

주연상 후보에 오른 끝에 1961년 <버터필드 8>, 1967년 <누가 버지니아 울프를 두려워하랴>로 아카데미상 여우주연상을 수상하였다. 1985년부터 에이즈 퇴치운동에 참여하고, 1999년 '엘리자베스 테일러 에이즈 재단'을 설립하여 자선활동을 펼쳤으며 1999년 12월 영국 왕실로부터 여성에 대한 기사(knight) 작위에 해당하는 데임(dame)작위를 받았다. 2011년 3월 울혈성 심부전증으로 인한 합병증으로 세상을 떠났다.

[프레더릭 마치(표지-왼쪽)] Fredric March

프레더릭 마치는 1929년 영화 <더미 Dummy>로 데뷔하여 명성을 얻었다. <지킬박사와 하이드 Dr. Jekyll and Mr. Hyde>(1933)와 <우리 생애 최고의 해 The Best Years of Our Lives>(1947)로 2번 아카데미 남우주연상을 수상하였다. 그 밖에 <세일즈맨의 죽음 Death of a Salesman>(1951) <가을의 정원 The Autumn Garden>(1951) <밤으로의 긴 여로 Long Days Journey into Night>(1956)등에서 노련한  성격연기를 보였으며, 마지막으로 <아이스맨 코메스 The Iceman Cometh>(1973)에 출연하였다.

[노마 시어러(표지-오른쪽)] Noma Shearer

노마 시어러의 본명은 에디스 노마 시어러(Edith Noma Shearer)이다. 1923년 MGM의 전설적인 제작자인 어빙 탈버그(Irving Thalberg)와 출연 계약을 한 후 1927년 탈버그와 결혼하였다. 아카데미상 후보에 6번이나 지명되었으며 그중 1930년 출연한 영화 <이혼녀 The Divorced>로 아카데미 여우주연상을 수상하였다. MGM최초의 유성 영화 <메리 더건의 재판 The Trial of Mary Dugan>(1927) <배

릿 오브 윔폴 스트리트 The Barretts of Wimpole Street>(1934) <로미오와 줄리엣 Romeo and Juliet>(1936) <마리 앙뜨와네트 Marie Antoinette>(1938) <여자들 The Women>(1939)등의 영화에 출연하였다.

[윌레스 비어리] Willace Beery

노아 베리 수상 1934년 제2회 베니스 국제영화제 골드메달 남우주연상 1933년 제5회 아카데미 남우주연상 수상. 마타하리, 안나카레니나의 그레다 가르보, 필라델피아의 스토의 러스허쉬, 더 골드윈 플라와 스위니 리버의 안드리아 리즈, 스타워즈의 케이 베이커, 마크어브 뱀파이어, 춘희, 48 아워스의 엘리자베스 앨런, 스타탄생, 벤허, 제7의 천국의 자넷 게이너, 쿼바디스, 애수의 로버트 테일러, 당신을 원해요, 빛나는 승리의 페기도우, 위대한 지크펠드와 대지로 각각 2회에 걸쳐 아카데미 여우주연상을 수상한 루이제 라이너 등 렉솔 매거진과 알마낙은 유명한 월드 스타들이 거쳐 가는 필수코스로 인식되었다.

2) 라디오 광고 Radio commercial

라디오는 전국적인 광고에 혁명적인 기회를 제공했고, 당연히 렉솔은 그 기회를 놓치지 않았다. 렉솔은 '토킹 페니'를 등장시키는 프로그램이나, 대표적인 음악 프로그램인 '지미 듀랜트 쇼(Jimmy Durant Show)'와 엄청난 인기를 모았던 '아모스와 앤디(Amos and Andy)'라는 코미디 프로그램 등을 후원하는 방식으로 광고를 진행했다.

[미국 최대 프로그램 콩쿠르상인 에미상(Emmy Awards)을 수상했던 ●패트릭 오브라이언(Patrick O'Brien)이 렉솔이 협찬했던 NBC Summer Theater를 진행하고 있다.]

Source : From the author's private collection

● **패트릭 존 오브라이언**
<Patrick John "Pat" O'Brien>

(1948.2.14생) 미국 작가이자 라디오 호스트로, 1981년에서 1997년 까지 'CBS 스포츠'의 스포츠 캐스터로 1997년부터 2004년까지 '액세스할리우드'(Access Hollywood), 그리고 2004년부터 2008년까지 '더인사이더'(The Insider)의 앵커 및 호스트로 가장 잘 알려져 있다.

오브라이언은 두 번의 CBS (1992년 겨울 및 1994년), 그리고 네번의 NBC(2000, 2002, 2004, 그리고 2012)를 통해 여섯 번의 올림픽 경기를 맡았으며 그는 CBS에 있을 때 월드시리즈, 수퍼볼, NBA 결승전 및 파이널포(Final Four)의 시합 전 호스트를 맡기도 했다. 그는 1998년에 출판된 'Talkin' Sports: A B.S.-er's Guide'의 저자이며 2014년에는 자서전인 'I'll Be Back Right After This'를 출판하였다.

가장 특이하고도 흥미로운 렉솔의 라디오 활동은 1950년대 초반의 '필 해리스와 알리스 페이 쇼(PhilHarris and Alice Faye Show)'였다. 코미디언 겸 가수였던 필 해리스와 배우 겸 가수였던 알리스 페이 부부가 진행했던 이 쇼는 익살스러운 설정과 기막힌 유머들로 듣는 내내 웃음이 끊이지 않았던 인기 코미디 쇼였다. 이 방송은 프로그램 뿐 아니라 광고도 에피소드처럼 자연스럽게 극에 포함시켜 방송

작가가 전체 대본을 썼는데 극 중간에 주인공이 렉솔약국을 가거나 약사를 만나는 설정으로 약국과 약에 대한 정보를 제공했다. 지금의 PPL방식과 비슷하다고 볼 수 있겠다.

- **필 해리스-앨리스 페이쇼**
<Phil Harris-Alice Faye Show>

1948년부터 1954년까지 방송된 NBC 라디오 프로그램으로 The Fitch Bandwagon 이라는 이전의 음악 코미디 프로그램이 Rexall의 후원 아래 독립적인 쇼로 발전하였고 NBC의 주요 일요일 프로그램으로 자리를 잡았다. 가수이자 밴드 리더인 Phil Harris와 그의 아내인 여배우이자 가수인 Alice Faye는 다소 무모한 가정에서 두 딸을 양육하는 자신들의 허구화된 부부의 모습을 연기했다.

"Good health to all from Rexall" 전설적인 성격파 배우인 Gale Gordon은 다소 거만하고 사람의 기를 죽이는 Rexall의 대표 Mr. Scott으로 등장했고 쇼는 진지한 Rexall 광고로 끝을 맺었는데 이 광고는 베테랑 조연 배우 Griff Barnett이 연기한 우렁차고 정신이 번쩍 드는 "Rexall Family 약사" 목소리를 연기했다.

Rexall은 The Phil Harris-Alice Faye Show를 1950까지 후원하다가 경쟁 프로그램인 CBS의 The Amos 'n' Andy Show로 후원을 옮겼다.

유튜브:
https://youtu.be/hKBXMMv66N8

● [필 해리스 - 앨리스 페이 쇼] Source : From the author's private collection

직접적이지 않은 세련된 방법으로 진행되는 이러한 광고는 청취자들의 시각과 의견에 영향을 주어 렉솔약국에 대한 신뢰까지 높이는 놀라운 작용을 했다. 그야말로 광고의 목적에 가장 잘 부합한 것이었다. 그들은 약사의 전문적인 이미지와 인간적인 이미지를 높였고 렉솔의 제품이 "현대 과학이 만들 수 있는" 가장 우수하고, 완전하고, 믿을수 있는 것이라는 근거를 제공했다. 그 뒤로 아모스와 앤디(Amosn and Andy)라는 코미디 토크 쇼가 인기를 이어받았는데 렉솔 사내 소식지가 프로그램의 인기와 광고의 효과를 생생하게 알렸다.

[● 바바라 월터스(Barbara Walters)의 1센트 세일 광고]

렉솔은 라디오에서 광고를 시작한 이래 청중들에게 다가가기 위한 노력을 멈추지 않았습니다. 올해 1월부터는 매주 일요일 저녁 그 어느 때보다 많은 사람들이 렉솔 광고를 들었습니다. 아모스와 앤디를 통해서지요.

닐슨의 전국 청취률 조사에 따르면 아모스와 앤디, 이 훌륭한 코미디 팀이 라디오 프로그램들 사이에서 꾸준히 3-4위 자리를 수성하고 있다고 합니다. 전국에서 3위라니 대단하지 않습니까? 그만큼이나 놀라운 일은 사방의 렉솔라이트들(Rexallites)로부터 자발적이고 호의적인 언급이 쇄도했다는 점입니다. 렉솔의 라디오 프로그램은 현재 전 렉솔 가족의 열화와 같은 성원을 받고 있습니다. 대중의 호의적 반응은 첫 번째 에피소드에서부터 시작되었습니다. 모든 도시와 마을의 렉솔 약사들은 사랑받는 코미디 팀의 진심과 광고 메시지에서 진심을 느꼈다고 합니다. 약국으로 들어서며 "아모스 앤 앤디가 들러보라고 해서요"라고 말하는 새 고객을 만나는 일이 도처에서 일어나고 있습니다.

● 바바라 월터스
<Barbara Walters>

(1929.9.25생)는 미국의 방송 저널리스트이자 저자이며 NBC TV News "The Today", "The View", "ABC Evening News"의 공동 진행자였다. 그녀는 뛰어난 인터뷰 능력과 시청자 사이에서 높은 인기를 얻었으며 뉴스 프로그램에서 "공동 진행자"라는 첫 타이틀을 획득한 여성이 된다.

1976년, 방송 분야의 여성 개척자로서 그녀는 네트워크 저녁 뉴스의 첫 공동 앵커가 되어 ABC News 주력 프로그램에서 일하게 되었고 전례 없는 연봉 1백만 달러를 받게 된다. 1979년부터 2004년까지 그녀는 ABC 뉴스매거진인 "20/20"에서 Hugh Downs와 공동으로 진행 하였으며 1989년에 미국 텔레비전 명예의 전당에 입회하였고 2000년에 Walters는 텔레비전 예술/과학 Academy로부터 평생 공로상 외에 수많은 상을 수상했다.

유튜브:
Rexall one cent sale

이런 인기에 힘입어 후크송처럼 단번에 기억되고 따라 부르기 쉬운 렉솔의 CM송도 남녀노소 모두에게 사랑받았는데 이런 CM송만 모은 레코드판이 따로 판매될 정도였다. 특히 아스피린의 광고음악이 당시에 단연 인기였다.

아모스 앤 앤디쇼
<The Amos n Andy Show>

The Amos n Andy Show 는 1928년부터 1960년까지 미국에서 성공적인 인기를 거두며 장기간 방영된 라디오 쇼이다. 영화배우인 프리만 고스덴(Freeman Gosden)과 찰스 코렐(Charles Correll)이 이 쇼를 호스트 하였다. 고스덴은 아모스 존스의 캐릭터 성우를 담당하였고 코렐은 그의 조수인 앤드류 호그 브라운(앤디)의 성우를 담당하였다. 쇼 호스트들은 백인이었으나 쇼의 배경은 흑인들이 주로 거주하는 할렘 지역이 배경이었다.

두 명의 백인 호스트가 흑인 캐릭터를 연기하는 일이 당시에는 사회적으로 허용되었으나 오늘날 이것은 인종차별로 여겨진다. 1951년 이 쇼는 라디오에서 텔레비전으로 이전되며 CBS에서 방영되었다. 이 쇼는 픽션 캐릭터인 '아모스'와 '앤디'의 희극적 삶에 초점을 맞춘 연기가 주를 이루었다. 캐릭터들이 무지한 빈민층을 풍자하였다는 이유로 몇몇 흑인 단체들로부터 비난을 샀으나 그 외의 흑인 사회로부터 지지를 받기도 했다. 아모스 앤 앤디 프로그램은 라디오 명예의 전당에 올랐으며 렉솔은 1950~1954까지 후원했다.

유튜브:
https://youtu.be/jVCl2W0Zr1s

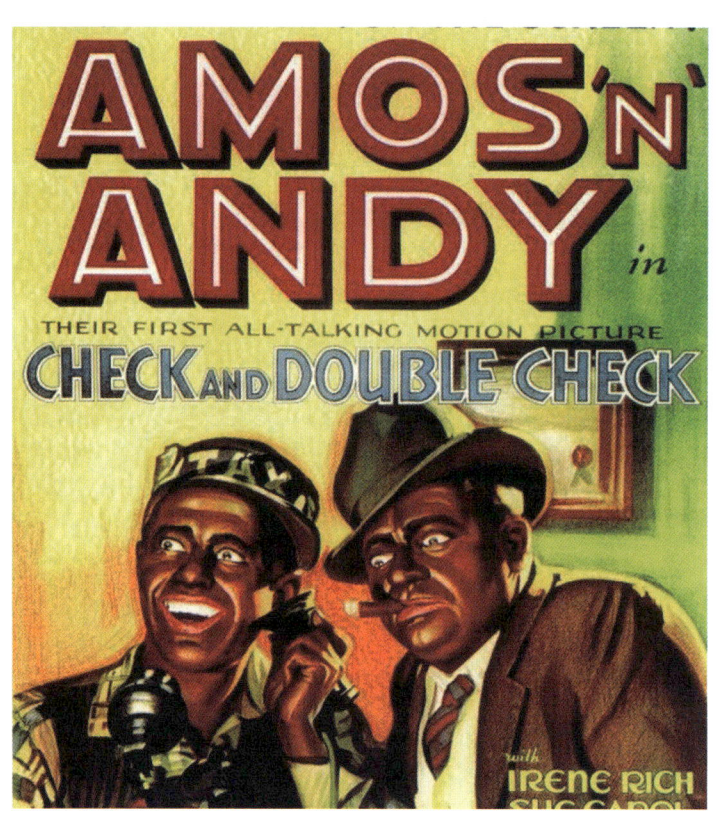

[● 아모스와 앤디 쇼]

다음은 30~40년대 렉솔이 후원한 주요 라디오 프로그램 목록이다. 주로 예능과 코미디 프로그램 형태로 진행되었으며, 목록을 보면 높은 인기로 인해 장기간 방영되는 것들도 다수 볼 수 있다.

1932 렉솔 라디오 파티, 렉솔 1 센트 세일
1933 렉솔 마법의 시간

1934 렉솔 마법의 시간

1935 렉솔 마법의 시간

1936 렉솔 마법의 시간

1937 렉솔 마법의 시간

1938 렉솔 마법의 시간

1939 렉솔 마법의 시간

1940 렉솔 스타행진

1941 렉솔 스타행진

1942 렉솔 스타행진

1945 할리우드 리뷰, 지미 듀란트와 개리 무어 쇼, 레이 볼져와 함께 하는 더 렉솔 써머쇼

1946 웨인 킹과 함께 하는 더 렉솔 써머쇼

1947 패트 오브라이언과 린 배리와 함께 하는 더 렉솔 써머극장

1948 패트 오브라이언과 버지니아 브루스와 함께 하는 더 렉솔 써머극장, 더 필 해리스- 앨리스 페이 쇼

1949 거이 롬바르도와 함께 하는 더 렉솔 써머 라디오쇼

1950 사립탐정 리차드 다이아몬드

1951 아모스 앤 앤디

1944년과 1945년 기간은 리겟에서 다트로 경영이 넘어가는 시기로 상대적으로 광고를 할 여력이 없었던 것으로 보이는 점이 눈에 띈다.

렉솔 쏭 Song

렉솔의 공중파 광고에서 특이한 것이 하나 있다. 렉솔 쏭이다. 청취자들의 귀에 익숙하게 함으로써 멜루디만으로 오랫동안 기억하는 효과를 만들어내기 위해 렉솔 쏭이 제작되어 사용되었다. 내용은 다음과 같다.

렉솔 이름 렉솔 명성은 매일 커지고

렉솔 사인 렉솔 줄은 길을 인도해

어떤 어려움이 있어도 렉솔 매장에 오면 우리는 최고

렉솔 매장은 점점 더 늘어가네.

사람들이 말하기를

오렌지, 화이트, 블루에 새겨진 R-E-X-A-L-L을 주세요.

R-E-X-A-L-L약은 통하네 통하네

일을 잘 할 수 있도록

하지만 아니고 만약 아니고

사람들은 모여들고

렉솔로 오세요.

R-E-X-A-L-L R-E-X-A-L-L R-E-X-A-L-L

영문 Rexall Song

Our Rexall name our Rexall fame is growing every day,

Our Rexall sign, our Rexall line is sure to lead the way,

In every test we'll be the best from last to store display,

And then more and more in your Rexall store,

You will hear the people say;

just give me R-E-X-A-L-L, done up in orange, white and blue,

R-E-X-A-L-L only Rexall drugs will do, will do,

As to the job we'll all do so well,

They'll be no buts, no ifs, no more

When they pop in and drop in

And stop in to shop in a Rexall store.

R-E-X-A-L-L, R-E-X-A-L-L, R-E-X-A-L-L

(song repeats)

The Rexall Song - YouTube] https://www.youtube.com/watch?v=geQrZO1PSpg

3) TV 광고 Television commercial

TV가 등장하면서 광고의 판세 또한 많이 달라졌다. 렉솔의 라디오 광고들은 새로운 매체로 대체되었다. 렉솔은 이러한 전환을 또 한 번의 기회로 활용했다. 1957년 렉솔의 연차 보고서 내용 중 전국 광고 캠페인 효과에 대해 언급한 내용을 보면, 네트워크 텔레비전과 라디오 '공연'에서 처음으로 한 시간에 걸쳐 렉솔의 1센트 세일을 홍보한 10월 13일에 신기록을 세웠다고 한다. 선봉을 맡은 렉솔의 전국 광고 프로그램으로는 NBC-TV와 라디오에서 동시 방송된 '피노키오(Pinocchio)'로서, 이 광고로 인해 1센트 세일 기록이 갱신되었다. 당시 6일간의 행사는 렉솔 역사상 가장 성공적인 1센트 세일이었다.

Source : From the author's private collection

미키 루니
<Mickey Rooney>

Mickey Rooney (본명 조셉 율 주니어) 미국 라디오, 영화, TV, 또한 브로드웨이 배우이다. 미키 루니는 나이 17개월 때부터 공연가인 부모님과 함께 공연 인생을 했다. 1924년 그가 네 살 때 부모가 이혼하고 그는 게스트하우스 매니저로 어머니가 일하는 할리우드에서 그녀와 함께 살았다. 그의 "미키"라는 이름은 1927~1936년에 진행되던 78개의 단편영화의 캐릭터인 '미키 맥과이어'(Mickey Mcguire)의 역할로 일하며 얻은 별명이다.

그는 오랜 기간을 배우로 일하며 아바 가드너와(Ava Gardner) 주디 가랜드(Judy Garland)와 같은 유명한 여배우들과 함께 나란히 출연을 하기도 했다. 아래 사진은 라디오 및 TV 쇼인 "피노키오"(Pinocchio)에서 출연하여 렉솔 의상을 입고 출연하며 렉솔 마케팅 캠페인에 관련된 홍보를 하고 있는 모습니다. 루니는 당시 시리즈를 맡으며 렉솔의 대변인으로 나섰다. 4번의 아카데미상에 (Academy Award nominations) 지명 되었으며 에미상(Emmy Awards)을 수상하였다.

미국 라디오, 영화, TV, 또한 브로드웨이 배우인 미키 루니는 나이 17개월 때부터 공연가인 부모님과 함께 공연 인생을 했다. 1924년 네 살 때 부모가 이혼하자 그는 게스트하우스 매니저로 어머니가 일하는 할리우드에서 그녀와 함께 살았다. 그의 '미키'라는 이름은 1927~1936년에 진행되던 78개의 단편영화의 캐릭터인 '미키 맥과이어(Mickey Mcguire)'의 역할로 얻은 별명이다.

[미키 루니 Mickey Rooney] (Joseph Yule, Jr.: 1920.9.23.~2014.4.6.)
Source : From the author's private collection

그는 오랜 기간을 배우로 일하며 아바 가드너(Ava Gardner)와 쥬디 가랜드(Judy Garland)와 같은 유명한 여배우들과 함께 나란히 출연하기도 했다. 위 사진은 라디오 및 TV쇼인 '피노키오(Pinocchio)'에 출연하여 렉솔 의상을 입고 출연하며 렉솔 마케팅 홍보를 하고 있는 모습이다. 루니는 당시 시리즈를 맡으며 렉솔의 대변인으로 나섰다. 4번의 아카데미상에 지명되었으며 에미상을 수상하였다. 조사 자료도 이 공연의 광범위한 인기를 입증하고 있다. 닐슨에서는 피노키오의 시청자가 당시에 5천만이 넘는다고 발표했다. 또 다른 시청률 조사 기관 트렌덱스(Trendex)는 미국에 보급된 절반 이상의 TV가 렉솔이 후원한 '피노키오'에 채널이 고정되어 있었다고 보고했다.

'피노키오' 후원 후에는 이어서 '헨젤과 그레텔(Hansel and Gretel)'을 후원했다. 일요일 저녁시간에 가족 모두가 시청할 수 있는 고전이나 뮤지컬 등을 중심으로 후원하면서 렉솔은 가족의 이미지를 만들어 나갔다. 하지만 TV에서는 라디오처럼 프로그램 전체를 후원하기에는 너무 큰 비용이 들었다. 그래서 그 후에는 30초나 60초의 짧은 광고 중심으로 집행하게 된다. 이때에도 렉솔은 유명인들을 전속모델로 기용해서 인기 프로그램의 중요 광고 시간대를 대부분 장악했다.

100년에 걸친 렉솔 광고와 홍보 활동을 완벽하고 세세하게 다 풀어내는 것은 불가능할 것이다. 그럼에도 불구하고 분명한 것은 렉솔이 시대에 따라 변하는 매체들을 적절하게 활용해서 효과적인 광고 홍보를 했다는 점이다. 다른 업체와의 차별성을 유지하면서 렉솔만의 색깔을 드러내는 광고를 만들고, 시대를 선도했다. 이런 렉솔의 마케팅적 상상력과 만 명이 넘는 약사들과의 시너지를 통해 렉솔은 위대한 브랜드를 만들 수 있었다는 생각이 든다. 무엇보다 렉솔은 사람들의 이목을 집중시키는 법을 잘 알고 있었던 것 같다. 렉솔의 광고는 사람의 필요를 찾아내서 그 필요에 대응한다는 렉솔의 정신이 잘 반영된 분야였다. 소비자의 소비 트렌드와 필요를 제대로 짚어낸 것이 지금까지도 렉솔의 광고를 사람들이 찾아서 보는 이유가 될 수 있을 것이다.

Source : From the author's private collection

위대한 렉솔 / 렉솔의 광고 - 1

첫 여행 - 첫 정류장

필요한 것을 다 챙긴 게 확실한가? 초보 엄마와 아빠는
불안감을 없애려 하지만 소중한 소포를 한번
더 쳐다보며. 무언가 꺼림직하다.

마치 세상에 자신들의 아기와 똑같은 아기가 있는 것처럼!
절대, 분명, 집으로 돌아가는 경이로운 열흘을 위해 의사가 적어 준 것처럼
그렇게 많은 것들이 필요할 만큼 아무것도 중요한 것은 없다.

당신의 약사가 내보이는 친숙한 렉솔 간판이
새로운 의미를 부여하는 순간이 있다.
그것은 수백 개의 가장 좋은 약들과 관련 제품들이
준비되어 있다는 것이다.

일상 용품과 사소한 비상 사태에 필요한 것들…
당신의 의사와 렉솔 약사들이 처방 조제에 고집하는 정확성과
탁월성을 가진… 참을 수 없는 파랑과 흰색의 라벨…
렉솔 연구소가 보장하는 순수함.

전국에 1만 명 넘는 약사들이 렉솔 제품의 품질을 위해
함께 기여하고 있다. 여러분 집 근처에서도 찾을 수 있다.
유나이티드 렉솔 제약 회사.

Source : From the author's private collection

"배앓이 아냐! 불면증이라고!"

"빌, 내 생각에 우리 딸은 그냥 즐거운 것 같아. 밤을 좋아하는 거야! 하지만 열심히 해. 우유 준비 다 되었어!"
"나도 준비가 다 되었어, 그만둘 준비! 밤 새는 일은 정말 힘들어!"

불쌍한 빌 보우맨은 밤 시간에 아기 돌보기를 배운다. 아주 어려운 방법으로 말이다. 아기가 집에 온 뒤, 빌과 조앤이 배운 한 가지가 있다. 두 세대에 걸쳐 미국 의사와 가족들이 살아온 신뢰성 규칙 즉 약국 제품은 언제나 렉솔이란 사실!

보우맨 가족과 수백만의 가족들을 위해 렉솔 연구소는 렉솔 제약, 처방약과 물품들을 완벽하게 만들었다. 그들은 아기에게는 뭐든 최고를 사용해야 한다는 것을 안다. 기술과 과학, 그리고 의약 기술에 모든 주의를 기울였다고 믿는다. 이것이 바로 그들이 렉솔 약국에서만 찾을 수 있는 안전하고, 확실하고, 순수한 의약 제품을 사는 이유이다.

1만 개 넘는 렉솔 약국이 당신의 건강을 위해서 존재한다. 익숙한 파랑과 오렌지의 렉솔 사인을 보면 구별할 수 있다.

기억하자. 아기에게 최고의 것이라면, 가족에겐 더 나은 것이라는 것을.

Source : From the author's private collection

위대한 렉솔 / 렉솔의 광고 - 3

그리고 그처럼 온화한 사람!

그날 밤 아버지가 한 말은 가족을 놀라게 했다. 그러나 밤중에 발가락을 부딪히고, 정강이가 벗겨지는 일은 몇 안 되는 적절한 표현을 요구한다.

이 또한 손상된 부위를 치료하기 위해서 약품 수납 선반을 찾게 된다. 그때가 응급 사태에 맞는 것들로 채워놓은 당신 자신의 선견지명에 감사할 때다.

당신이 구입한 약품들이 친숙한 파랑과 흰색 라벨이 붙어 있는 렉솔 제품들이라면 두 배로 감사할 수 있다. 그래서 처방전을 채우는 의사와 렉솔 약사들이 갖고 있는 순수성과 효능에 대한 기대에 부응하기 위해 유나이티드 렉솔 연구소가 모든 제품들을 이중으로 검증한다.

당신의 렉솔 약국은 이러한 약품들과 그와 관련한 제품들을 수백 가지 보유하고 있다.

"—on the top shelf, darling!"

• "Can you beat men! Can't find anything when it's staring them right in the eye — even under normal circumstances. To say nothing of a minor crisis like when Bob cuts himself shaving right before train time.

"Thank goodness I know the medicine chest by heart. Certainly saves me many a trip in a household that uses it as often as we do!"

And it certainly saves the day many a time to have a medicine chest that's well prepared for the usual daily emergencies. Particularly when the supplies carry the dependable Rexall label. For that means every item is top quality — double-checked and guaranteed by United-Rexall Laboratories — for the same purity and accuracy your doctor and your Rexall druggist value so highly in prescription materials.

Over 10,000 independent Rexall druggists distribute hundreds of these fine drugs and related products. There's sure to be one near you.

For a lot of fun hear JIMMY DURANTE and GARRY MOORE on the Rexall Drug Radio Show, Fridays, 9:30-10:00 P.M., EST, Columbia Network.

REXALL MEDICINE CABINET
FEATURE-OF-THE-MONTH

Rexall (Mi31) Antiseptic Solution

A quick, safe, effective antiseptic that you'll find convenient for many daily uses... mouth wash, gargle, first aid dressing.

REXALL FOR RELIABILITY
PHARMACEUTICALS • HOUSEHOLD REMEDIES • TOILETRIES

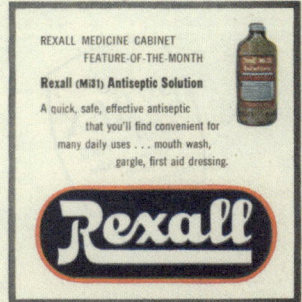

Source : From Frank Sternad's private collection

위대한 렉솔 / 렉솔의 광고 - 4

"선반 맨 위에요 여보!"

"남자들이란! 바로 눈앞에 있는 물건도 못 찾는다니까요."
"열차 시간을 맞추느라 급하게 면도하다 상처를 내는 일은 말도 말고요."
"내가 눈감고도 약 상자를 외우기 망정이지. 아니었으면 얼마나 집안을 왔다 갔다 했겠어요."

잘 구비된 약 상자 덕분에 오늘도 무사한 하루입니다.
특히 믿을 수 있는 렉솔 제품들로 구비되어 있기 때문이죠.
렉솔 제품들은 유나이티드 렉솔 연구소에서 이중으로 검증되어
모든 상품이 최상의 품질을 유지합니다.
여러분의 의사와 렉솔 약사들의 처방약에 대한 높은 기대치를 충족시키기 위해서요.

1만 명 이상의 신뢰받고 있는 렉솔 약사들이
이 약과 또 관련된 약들을 수백 개 넘게 제공했습니다.
여러분 가까운 곳에서도 찾아보실 수 있습니다.

위대한 렉솔 / 렉솔의 광고 - 5

미국 약제상의 자화상

Source : From Frank Sternad's private collection

위대한 렉솔 / 렉솔뉴스 표지

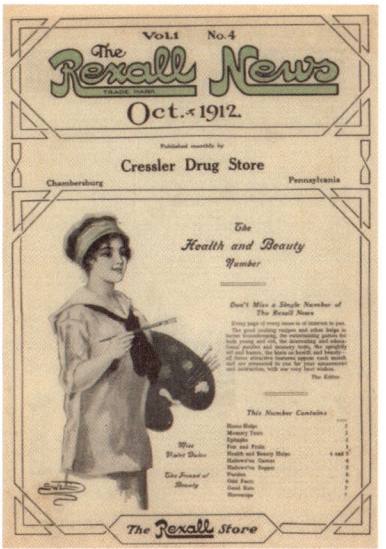

[렉솔뉴스 1912년 10월호]

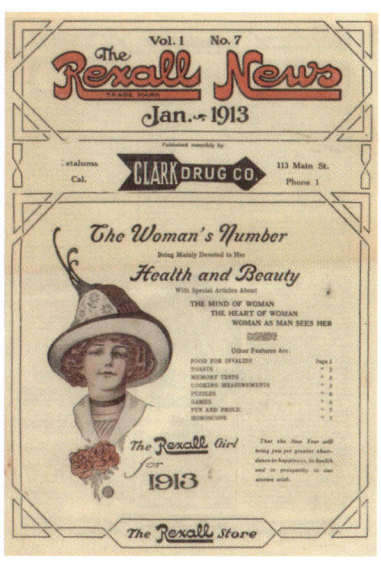

[렉솔뉴스 1913년 1월호]

[렉솔뉴스 1912년 11월호]

[렉솔뉴스 1913년 2월호]

Source : From Frank Sternad's private collection

위대한 렉솔 / 렉솔매거진 - 1

엄청난 판매고를 올린 **렉솔 매거진**

Source : From the author's private collection

렉솔 매거진은 렉솔 뉴스의 발전된 버전이다. **렉솔 매거진은 당시 엄청난 판매고를 올렸는데 매달 130만 부가 판매되었다**(비슷한 시기에 타임지는 10만부 판매).

렉솔 매거진은 고객에게 배포되는 16페이지의 월간지다. 이 잡지는 미국의 제약회사에 의해 발행되는 그 어떤 매체보다도 더 많은 기업(Rexal) 광고와 15가지 혹은 그 이상의 렉솔 제품에 대한 광고를 담고 있다. 렉솔 매거진의 특별한 매력은 이 모든 광고가 알아 차리지 못하게 오락과 서비스 기사들과 섞여 있어서 독자는 그것이 광고라는 사실을 거의 깨닫기 못하고, 그것이 렉솔로부터 받은 귀한 선물로 인식하여 처음부터 끝까지 읽는다는 점이다.

모든 렉솔 매거진은 약국 이름과 주소, 전화번호 그리고 슬로건이 실려 배포된다. 여성의 언어-패션, 미용, 인테리어 정보로 말하며, 영화에 대한 소개나 생활에 도움이 되는 조언들을 짧은 이야기로 소개한다.

274 · **Rexall**, 100세 시대를 미리본 사람들의 100년 이야기

위대한 렉솔 / 렉솔매거진 - 2

시대를 뛰어넘는 아이디어로 제작되었던
렉솔 매거진

1919년부터 제작한 렉솔 매거진의 기획력과 디자인은 정말 놀랍기 그지 없다. 저자가 한국인이기에 80~90년 전 우리나라 상황과 비교해서 생각할 수 밖에 없는데, 그때 당시에 계절별 패션 동향과 제안, 상식 퀴즈, 사진과 일러스트의 합성 등은 시대를 앞선 구성력일 뿐만 아니라 지금 많이 사용되는 내지 편집 컨셉이기도 하다.

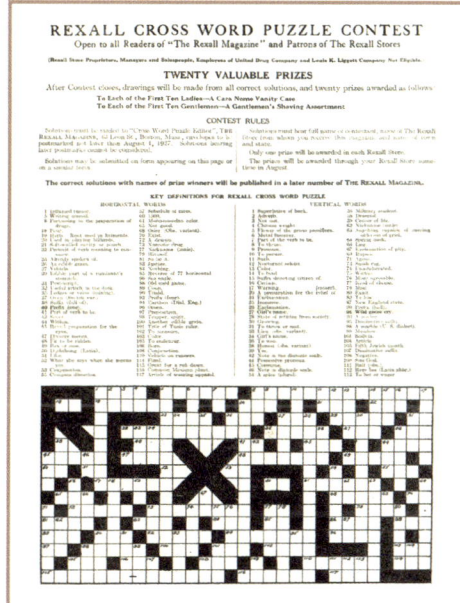

1927년 7월 렉솔 매거진 내지 편집 중 하나이다. 가로 세로 낱말 맞추기 퀴즈인데 재미있는 것은 빈 칸에 렉솔(REXALL)의 철자를 활용해 렉솔을 홍보하고 있다.

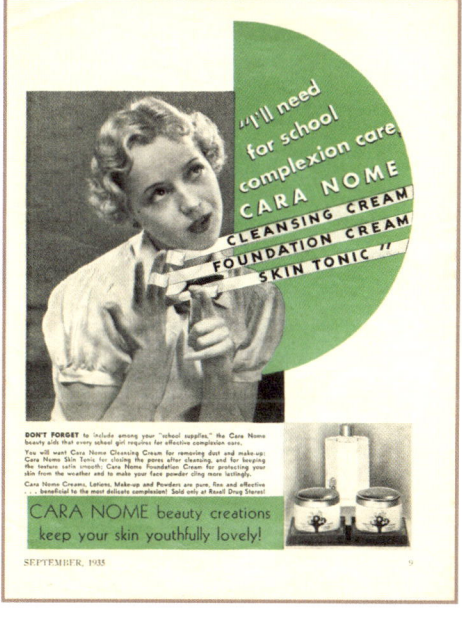

1935년 9월 렉솔 매거진 내지 편집 중 하나이다. 렉솔 화장품 카라 놈 광고인데 여자 모델의 목과 손 부분을 보면 일러스트와 사진의 합성으로 이루어져 있다. 컴퓨터 그래픽이 없던 80년 전에 이러한 기술과 기획력을 선보였다는 점이 정말 놀랍다.

Source : From the author's private collection

위대한 렉솔 / 렉솔매거진 - 3

당대 최고의 인물들을
렉솔 매거진의 모델로

렉솔 매거진에는 그 시대에 최고의 인물들 - 아이젠하워 대통령부터 맥아더 장군, 할리우드 스타들까지-이 표지 모델로 등장한다. 현대 광고에서 가장 많이 사용되고 있는 광고 컨셉인 '스타 마케팅'을 렉솔은 1930년대 부터 적용해 온 셈이다.

Douglas MacArthur
[더글러스 맥아더]

태평양전쟁 미군 최고사령관. 제2차 세계 대전이 일어나자 진주만을 기습한 일본을 공격해 1945년 8월 일본을 항복시키고 일본 점령군 최고사령관이 되었다. 한국 전쟁 때는 UN군 최고사령관으로 부임해 인천상륙작전을 지휘했다. 하지만 중공군과 전면전을 두고 트루먼 대통령과 갈등을 빚어 해임되었고 '노병은 죽지 않는다. 다만 사라질 뿐이다'라는 말을 남겼다.

출처 - 네이버 지식백과

Source : From Frank Sternad's private collection

위대한 렉솔 / 렉솔매거진 - 4

Vivien Leig
[비비언 리]

1913년 11월 5일 차밭으로 유명한 인도 서벵골 주 다르질링(Darjeeling)에서 출생했고, 본명은 비비안 메리 하틀리(Vivian Mary Hartley)이다. 그녀의 아버지는 인도에서 활동하는 사업가였다. 5세 때 영국으로 귀국한 후, 파리 꼬메디 프랑세즈에서 연극을 배우고 런던 왕립연극학교에서 연기 공부를 했다. 1934년 여학생 역으로 영화에 출연한 것을 시작으로 여러 무대와 영국·미국 영화에 출연하였다.

연극 무대는 엘시노어에서 공연한 〈오필리아〉(1937)가 대표적이다. 영화는 〈시저와 클레오파트라 Caesar and Cleoptra〉(1945), 〈안나카레리나 Anna Karenina〉(1948)에서 연기하였다. 그녀의 대표작인 〈바람과 함께 사라지다〉(1939)에서 여주인공 스칼릿 오하라역(役)의 성공으로 세계적인 배우가 되었으며 아카데미 여우주연상을 수상했다. 그리고 말론 브란도와 함께 출연한 영화 〈욕망이라는 이름의 전차〉(1951)로 두 번째 아카데미 여우주연상을 받았다. 〈애수(哀愁) Waterloo Bridge〉 등 많은 영화에서 활약했다.

- 수상 -
1963년 토니상 뮤지컬 부문 여우주연상
1953년 제6회 영국 아카데미 시상식 여우주연상
1952년 제24회 아카데미 시상식 여우주연상
1951년 제15회 베니스영화제 여우주연상
1951년 제17회 뉴욕 비평가 협회상 여우주연상
1940년 제12회 아카데미 시상식 여우주연상
1939년 제5회 뉴욕 비평가 협회상 여우주연상

출처 - 네이버 지식백과

William Daniel Leahy
[레이히]

미국의 군인 · 외교관. 1897년 해군사관학교를 마치고 1927~1931년 병기국장 · 1931~1933년 구축함대사령관 · 1933~1935년 항해국장 · 1936~1937년 전투함대사령관 · 1937~1939년 해군작전부장. 퇴역한 후 푸에르토리코(Puerto Rico) 총독(1939~1940), 이어서 주재 프랑스 대사 (1940~1942)로서 대(對) 비시(Vichy) 정부 공작을 담당했다. 루스벨트 대통령의 막료장(幕僚長)으로서(1942~1949) 제2차 세계 대전 중에는 3군의 조정 · 연락에 진력하고, 또 포츠담회담(1945)에도 열석했다. 그동안 원수(1944), 전후엔 트루먼 대통령의 반공 세계 정책의 추진에 큰 영향을 주었다.

출처 – 네이버 지식백과

Greta Garbo
[그레타 가르보]

스웨덴 스톡홀름 출생. 1922년 백화점 점원이었다가 영화계에 데뷔, 1923년《예스타 베를링의 전설 The Story of Gosta Berling》의 주연으로 뽑혔다. 1925년 감독 모리츠 스틸레르를 따라 미국으로 건너가 할리우드 MGM의 인기스타로 오랫동안 은막의 여왕으로 군림하였다. 우수(憂愁)를 머금은 듯한 미모와 어딘지 불행한 면모가 엿보이는 쓸쓸한 분위기는 그녀 자신까지도 폐쇄적인 성격으로 만들었으며, 1928년 연인인 감독 모리츠 스틸레르의 죽음은 그녀를 더욱 고독하게 만들었다.

36세 때 연예계에서 은퇴, 뉴욕에서 은둔생활을 하였다. 무성영화시대의 대표작으로《육체와 악마 Flesh and the Devil》(1927)《안나 크리스티 Anna Christie》(1930) 등이 있으며, 유성영화시대 이후의 대표 주연작으로《마타하리 Mata Hari》(1931)《그랜드 호텔 Grand Hotel》(1932)《크리스티나 여왕 Queen Christina》(1933)《안나 카레니나 Anna Karenina》(1935)《춘희(椿姬) Camille》(1936)《니노치카 Ninotchka》(1939) 등이 있다.

출처 – 네이버 지식백과

위대한 렉솔 / 렉솔매거진 - 6

Katharine Hepburn
[캐서린 헵번]

캐서린 헵번은 미국의 영화, 연극, 텔레비전 배우이다. 그녀는 세련된 여성으로, 의지가 강한 연기를 맡아오면서 자신의 이미지를 구축했다. 그녀는 스크루볼 코미디에서 드라마, 영화로 연기 영역을 확장했고 아카데미 여우주연상을 네 차례 수상하였다.

코네티컷의 부유하고 진보적인 가족에서 태어난 그녀는, 브린모어 대학교를 다니는 동안 연기를 시작하였다. 4년 동안 극장에서 연기를 한 그녀는 영화에 데뷔하기 전에 브로드웨이에서 성공을 거두었다. 영화계에 들어와 찍은 첫 작품인 《모닝 글로리》로 그녀는 아카데미상을 수상하게 되었다. 그러나 이후 그녀는 '흥행의 독약'이라는 표현을 들으면서 RKO 라디오 픽처스와의 계약을 파기하면서, 메트로-골드윈-메이어로 건너가 《필라델피아 스토리》로 성공하게 된다. 이후 그녀는 스펜서 트레이시를 만나 25년 동안 커플로 영화에 나오게 된다.

그녀는 《아프리카의 여왕》에 출연하면서 드라마 영화에서 성공을 거두게 되고 1960년대에 《초대받지 않은 손님》, 《겨울의 사자》로 아카데미상을 연속으로 수상받게 된다. 이후 그녀는 《황금 연못》으로 다시 한번 아카데미상을 수상했다. 그녀는 1994년에 마지막으로 영화에 출연하였는데, 그때 나이가 87세였다. 그녀는 2003년에 96세의 나이로 사망하였다.

그녀는 20세기 미국 여성의 전형적인 모습이었으며, 여성의 인식을 변화시키는데 영향을 주었다. 1999년에 미국 영화연구소는 그녀를 위대한 여자 배우에 1위로 선정하였다.

출처 – 네이버 지식백과

위대한 렉솔 / 렉솔매거진 -7

Barbara Stanwyck
[바바라 스탠윅(오른쪽 인물)]

바바라 스탠윅은 〈브로드웨이 나이츠(1927)〉에서 부채춤 댄서로 스크린에 데뷔했으며 할리우드 황금기의 주연 여배우 중 가장 섹시한 인물이었다. 〈레이디 이브(1941)〉에서 헨리 폰다가 연기한 뱀 전문가를 유혹하려는 여자 사기꾼에서는 코믹하게, 〈이중 배상(1944)〉에서 프레드 맥머레이를 유혹해 살인에 끌어들이는 필리스 디트릭슨 역으로는 지독히도 진지하게 섹시함을 발휘했다. 종종 '아카데미상을 한 번도 받지 못한 가장 뛰어난 여배우'라고 불리는 스탠윅은 후보에는 네 차례 올랐지만 1981년에 받은 공로상을 제외하고는 한 번도 수상하지 못했다.

〈애니 오클리(1935)〉에서는 처음으로 너덜너덜한 서부 의상을 입고도 멋진 모습을 보여주었고 〈스텔라 달라스(1937)〉에서는 존 크로포드의 비슷한 역할에 비해 신파극에서도 훨씬 진솔하게 감동을 이끌어낼 수 있음을 증명했다. 초창기에 그녀가 맡았던 역할들의 건방진 대사는 스크루볼 코미디로도 잘 옮겨졌다. 〈매드 미스 맨튼(1938)〉과 〈코네티컷의 크리스마스(1945)〉에서 그녀는 큰 웃음을 선사했다. 〈이중배상〉 이후로 〈마사 아이버스의 위험한 사랑(1946)〉을 비롯하여 필름누아르를 몇 편 더 만들었다. 〈두 명의 캐롤 부인(1947)〉과 〈크라이 울프(1947)〉, 〈살인전화(1948)〉와 같은 영화에서는 남편 역의 험프리 보가트와 에롤 플린, 버트 랭카스터 때문에 고통받고 히스테리에 짓눌린 연기를 정말로 훌륭하게 소화해 냈다. 50년대에는 중년의 색정증 환자 역(〈밤의 충돌(1952)〉과 〈블로잉 윈드(1953)〉)과 목장주(〈캐틀 퀸 옵 몬태나(1954)〉, 〈포티 건즈(1957)〉)를 연기하고 60년대 중반에는 영화계에서 은퇴한 후 텔레비전에서 성공적인 연기 활동을 이어갔다.

Robert Taylor
[로버트 테일러(왼쪽 인물)]

네브래스카 주에서 출생했다. 학생 연극을 거쳐, 단려한 용모가 촉망을 받아 1934년 영화계에 들어갔다. 메트로 영화의 대표적 미남역을 맡아 《춘희(Camille)》(1937)의 그레타 가르보, 《애수》(1940)의 비비언 리 등 대표적 여배우의 상대역이 되었으며, 의젓한 인품과 변함 없는 외모로 오랫동안 스타의 자리를 지켰다.

출처 - 네이버 지식백과

위대한 렉솔 / 렉솔매거진 -8

Chester W. Nimitz
[체스터 니미츠]

체스터 윌리엄 니미츠(영어: Chester William Nimitz, 1885년 2월 24일 ~ 1966년 2월 20일)는 제2차 세계 대전 동안 미국과 연합국 군대의 태평양 부대를 지휘한 총사령관이었다. 1939년에는 잠수함 분야에서 미국 최고 권위자였으며, 미해군 항해국의 국장이었다. 생존했던 마지막 미해군 원수(Fleet Admiral)이다.

니미츠는 웨스트포인트에 진학하여 육군 장교가 되기를 희망하였지만 가능한 자리가 없었다. 니미츠가 살던 지역의 하원 의원이던 제임스 L 슬레이든(James L. Slayden)은 니미츠에게 해군에 한 자리가 있는데, 이를 가장 적합한 지원자에게 줄 것이라고 말했다. 니미츠는 이것이 교육을 더 받을 수 있는 유일한 기회라 여겼고, 그 자리를 얻기 위해 여가 시간을 공부하면서 보냈다. 1901년 니미츠는 텍사스의 12번째 하원 의원 선거구로써 미국 해군사관학교에 입학하였다. 이후 1905년 1월, 144명 중 7등이라는 우수한 성적으로 졸업했다.

그는 제1차 세계 대전 중에는 대서양 잠수 함대 참모장, 1939년 해군부 항해국장, 1941년 12월 태평양 함대 사령관에 임명되어 D.맥아더가 담당한 태평양 남서부를 제외한 태평양에서의 최고 사령관이 되었다. 1944년에 원수가 되고, 1945년 12월~1947년 12월 해군참모총장을 역임했다.

현재 니미츠가 태어난 텍사스 주 프레더릭스버그의 집은 기념관이 되었다.

출처 - 네이버 지식백과

Dwight D.Eisenhower
[드와이트 D.아이젠하워]

미국의 군인이자 정치가로, 미국 육군 원수이었고 1953년부터 1961년까지 미국의 34번째 대통령을 지냈다. 제2차 세계 대전 동안에 그는 유럽에서 연합군의 최고 사령관으로 일했으며, 1944-1945년에는 서부 전선에서 노르망디 상륙 작전을 비롯한 프랑스와 독일 지역 공격에 대한 책임을 맡아 공격을 계획하고 감독했다. 1951년에 그는 첫 번째 나토(NATO) 사령관이 되었다.

전임인 민주당 트루먼 대통령 당시 발생한 한국 전쟁을 종결시키기 위해 노력했으나, 휴전까지만 이끌어 냈다. 그가 사망할 때까지 한국 전쟁의 종결은 끝내 보지 못했다.

1953년 그는 한국 전쟁 휴전 조약을 이끌어 냈다. 이는 그의 선거 공약으로 선거 운동 당시 한국 전쟁의 장기화 우려를 불식시키기 위하여 '제가 대한민국에 가겠습니다' 라는 말을 남겼으며, 실제로 당선 직후 대한민국을 방문하였다. 아이젠하워는 1960년 6월 8일 신임 주미 한국 대사 정일권의 신임장 제정에 즈음하여, 4·19 혁명에도 불구하고 "미국 정부와 동 국민은 한국을 계속 지지할 것이며 한국의 독립을 보전하겠다는 엄숙한 언약을 고수할 것이다"라고 확언했다.

그는 "공산군의 침략으로 말미암아 황폐화된 대한민국이 현저히 부흥되어 가고 있음"을 눈으로 직접 보기 위하여 한국을 앞으로 방문하게 되는데 기대를 걸고 있다고 말했다. 실제로 1960년에 다시 한국을 방문했는데, 이는 미국의 대통령 신분으로서 최초의 방문이었다. 그는 한국 전쟁의 종결·자유 경제의 복귀·건전한 재정 등의 정책을 시행했다.

출처 – 네이버 지식백과

09
판촉
마케팅

창업자 리겟의 발상은 당시로서는 엉뚱하거나 기발하다고 생각할 수밖에 없을 정도였다. 그의 독특한 판촉활동은 늘 사람들을 몰고 다녔다. 사람들이 모였다는 것은 마케팅으로서의 목적을 달성했다고 할 수 있을 것이다. 렉솔은 많은 것에서 최초라는 타이틀을 가진 회사이다. 렉솔은 자체적으로 제품을 만들고, 공장에서 가맹 약국에 직접 납품하고 판매함으로써 제품 프로세스 전체에서 비효율을 극도로 줄이고자 했다. 선도적인 회사로서 이 사업모델이 원활하게 돌아가려면 브랜딩과 판촉활동이 중요했다. 가맹 약국들에 대한 소비자들의 관심을 불러일으키고, 약국의 매출을 증대시켜야 했기 때문이었다.

렉솔 판촉의 주요 특징 중 하나는 경쟁사에 비해 낮은 가격으로 판매할 수 있다는 것을 적극적으로 브랜딩과 판촉에 활용한 것이다. '렉솔생각'으로 만들어진 안정적인 가격구조의 장점을 활용했다는 점이 렉솔 판촉의 놀라운 특징이다.

이를 위한 방안 중의 하나가 렉솔의 '자가브랜드(own brand)' 전략이다. 렉솔은 렉솔약국에 오늘날 우리가 '자가브랜드'라고 부르는 상품들을 공급하였다. 이 '자가브랜드'의 강점은 타 브랜드의 제품보다 훨씬 더 낮은 가격으로 매장뿐 아니라 소비자에게 공급할 수 있다는 것이었다. 인기 있는 자가 브랜드를 독점하여 판매하게 되면, 더 이상 가격할인 경쟁을 할 필요가 없어지기 때문이다. 중개상이나 도매상을 거치지 않고, 경쟁사와 할인 경쟁도 없는 상품이기 때문에 판매자들은 40%라는 높은 이윤을 얻을 수도 있었고, 원하는 경우 이중 상당 부분을 소비자에게 돌려줄 수도 있었다. 렉솔은 이런 경쟁력을 판촉에 적극 활용한 것이다.

렉솔의 판촉은 브랜드 마케팅이나 광고 홍보에 비하면 그 구조는 비교적 단순하다.

1) 렉솔 본사에서 진행하는 전국적인 판촉
    - 1센트 세일
    - 사은 경품 행사
2) 지역별 자체 판촉 행사: 렉솔 매거진을 이용한 홍보
    - 경쟁사 제품에 비해 좋은 품질과 낮은 가격 홍보
    - 신뢰할 수 있고, 동네 가족 같은 감성에 호소하는 광고

렉솔은 판촉을 위하여 '1센트 세일', 경품 프로모션 등 전국 단위 판촉행사를 진행하기도 했지만, 지역의 약국들이 판촉활동을 할 수 있도록 다양한 도구를 제공하였다. 그 도구 안에는 각종 판촉 자료, 판촉 프로그램 매뉴얼, 그리고 상호 간의 응원과 격려 등이 있다. 이때 가장 많이 활용된 것이 '렉솔 애드밴티지 Rexall Ad-vantages' 라는 매체로 여기에는 다양한 판촉 사례들과 활용 방법들이 안내되어 있어서 지역의 렉솔약국들이 유연하게 활용할 수 있었다.

전국적 판촉

1) 1센트 세일 Rexall One-Cent Sale

많은 미국인들이 렉솔 하면 가장 먼저 떠올리는 것이 '1센트 세일(Rexall One-Cent Sale)'이다. 크리스마스만큼이나 이 세일 행사를 기다렸다는 말이 있을 정도였다. 그만큼 기발하고 인상적인 판촉행사로 매번 성공을 거두며 수십 년 간 지속되었다. 행사 방식은 세일에 포함된 제품 중에서 하나는 원래 가격에 사고 두 번째 제품은 추가 1센트에 살 수 있도록 하는 것이었다. 1914년부터 일 년에 두 번, 봄과 가을에 열린 이 행사 기간이면 온 미국이 들썩이고 전국의 렉솔약국은 사람들로 발 디딜 틈이 없을 정도가 되곤 했다. 이쯤 되면 '1센트 세일'과 '렉솔약국'을 모르려야 모를 수 없는 상황이 된 것이다. 행사 자체가 홍보이자 광고 효과

[렉솔 약국 내부] *Source : From the author's private collection*

로 작용했다.

또한 매번 진행하면서도 새로운 아이디어를 계속 추가하고, 다양한 매체를 다른 방식으로 활용하였다. 나중에는 기업 홍보를 위한 광고가 아니라 광고 그 자체가 대중들에게 오락거리를 제공하는 일종의 문화가 되는 수준까지 발전하였다.

초기 1910년대에는 렉솔약국의 판촉 전단지나 입에서 입으로 전하는 구두 홍보가 대부분이었다. 그러나 렉솔이 어느 정도 기반을 잡아가고 지역 사회에서 좋은 평판을 받으면서 예상을 훨씬 뛰어넘는 정도로 고객들이 호응하기 시작했다.

이 '1센트 세일'은 소비자, 약사, 제조사 모두를 만족시킨 성공적인 가격 판촉이었고, 그 후에 많은 유통점들이 모방하면서 다양한 변형 모델들이 나오게 된다. 현대의 원 플러스 원 등의 오리지널 버전이 바로 이 '1센트 세일'이라고 할 수 있다. 그렇지만 이 판촉 프로그램의 성공 가능성에 대해서는 렉솔의 약사들조차 처음에는 반신반의하는 분위기였다. 그러나 횟수를 거듭할수록 실패 없는 판촉 행사라는 것이 입증되었고 행사가 끝나면 렉솔 약사들의 흥분된 감정이 고스란히 전해지는 메시지들이 쏟아지곤 했다.

저는 1센트 세일의 열광적인 지지자로 돌아선 사람입니다. 사실 저는 이 계획의 시도를 겁냈습니다. 1센트 세일에 대비해 많은 제품을 사들였지만 팔리지 않아 재고를 쌓아두는 상황이 발생할 수 있다고 생각했기 때문입니다. 하지만 그것은 제 기우였습니다. 기간 내에 준비된 제품들은 거의 판매되었고, 오히려 할인가에 구입했던 제품이 좋았다며 재구매하려는 사람들까지 생겼습니다.

- 와이오밍 주 휘틀랜드. 호프먼(State of Wyoming, Whitland. Hoffman)

[렉솔의 기념주화 You can depend on guaranteed Rexall products]

Source : From the author's private collection

성공이 거듭되면서 힘을 얻은 약사들은 자신만의 독특한 아이디어로 판촉 전략을 짜기도 했는데 도움이 될 만한 아이디어는 모임이나 미팅에 나와서 공유하기도 했다. 또 그 아이디어들은 사내 소식지를 통해 전국으로 전파되기도 했다. 다음 이야기는 1920년대 수동식 전화기에 교환원이 있던 당시의 시대상이 그려지고 있다.

이 전략을 한번 시도해 보십시오. 제가 우리 지역의 전화 교환원에게 한 가지 제안을 했습니다. 지역 전화 가입자들이 걸어 온 전화를 연결할 때마다 1센트 세일 날짜를 알려달라는 요청을 했던 것입니다. 교환원들에게 우리 렉솔의 사탕 한 상자씩을 주겠다는 약속에 모두들 기꺼이 승낙을 해 주었습니다. 홍보 효과요? 말해 무엇 하겠습니까?

- 아이오와 주. 챈들러(State of Iowa. Chandler)

1930년대로 들어서면서는 1센트 세일 홍보를 위해 라디오를 적극적으로 활용하기 시작했다. 1센트짜리 동전의 애칭에서 따온 '토킹 페니(Talking Penny)'라는 말하는 동전 캐릭터를 만들어서 큰 호응을 얻기도 했다. '토킹 페니'는 렉솔이 후원하는 라디오 방송 프로그램에 출연해 렉솔을 직접 광고하는 역할이었다.

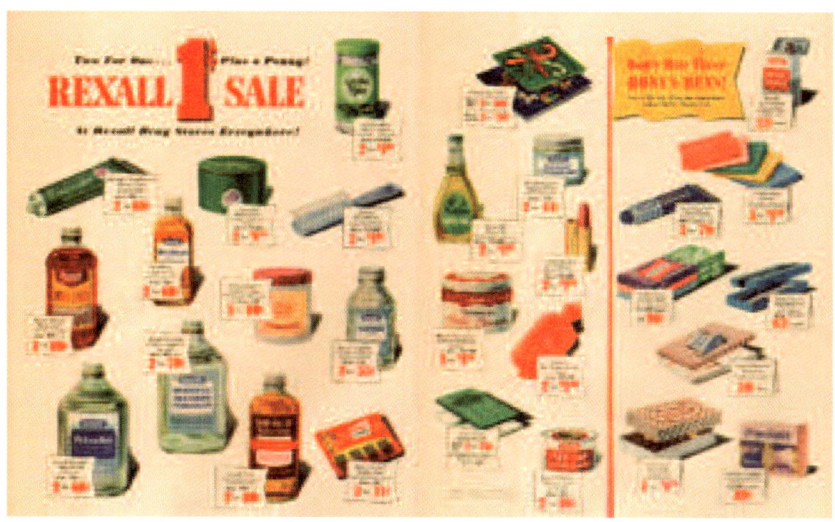

[렉솔의 원센트 세일 광고] *Source : From the author's private collection*

당시에는 광고를 따로 녹음해서 광고시간에 틀어주는 것이 아니라 방송 중간에 아나운서가 직접 출연해 생방송으로 광고 멘트를 하는 시대였다. '토킹 페니'는 아예 한 발 더 나아가 프로그램의 패널로서 진행자와 함께 방송을 진행하다가 적절한 시간이 되면 광고를 하는 방식으로 운영되었다. 이를테면 음악과 토크, 유머 사이사이에 렉솔 광고가 혼합되어서 방송에 나간 것이다.

방송 내용 중 '토킹 페니'는 이렇게 자기 소개를 한다.
페니: 안녕하세요, 여러분. 네, 저는 토킹페니입니다. 렉솔약국에서는 상당히 중요한 역할을 하죠. 음악계에서 보자면 밴드 리더 만큼이나 중요한 역할을 한답니다.

그리고 음악이 나온 후 다른 출연자와 같이 '1센트 세일'에 대한 토크를 이어가며 청취자들에게 행사 내용과 일정을 기억하게 하였다.

페니 : 여러분, 지금 렉솔 매장을 방문해보세요.
진행자 : (렉솔맨 - 약품 왕국의 최대 행사. 이번 주 화요일부터)

토요일까지 나흘 동안 렉솔 약사들이 연중행사인 1센트 세일을 개최하기 때문입니다. 이 세일 기간 동안 렉솔의 제조사와 소매 업체는 친구를 더 만들기 위해 이윤을 포기하기로 했답니다.

자, 상품가격을 들어보십시오. 일상적인 통증과 두통을 빠르게 완화시키는 퓨어테스트 아스피린, 100정 들이 한 병에 49센트!

페니 : 1센트만 더하세요. 50센트에 200정을 살 수 있습니다.

진행자 : 최고의 품질을 자랑하는 렉솔 구강 청결제. 1파인트 한 병에 49센트.

페니: 1센트만 더하세요. 50센트에 2파인트.

방송이 끝날 때는 자신의 역할을 청취자들에게 확실히 각인시키는 것으로 마무리를 했다.

진행자 : 여러분, 전국을 들썩이게 만든 렉솔의 작은 동전에게 귀를 기울여 보시죠.

페니: 친구들, 미국인 여러분, 동포 여러분, 귀좀 빌려주세요. 제가 힘을 좀 쓸 수 있도록 저를 렉솔약국으로 데려가 주세요.

진행자 : 이상 만 개의 일류 약국을 가진 렉솔 제공입니다.

[출처: 미키 C. 스미스 , The Rexall Story]

1950년대 라디오에서 TV로 홍보매체가 바뀐 후에도 그 인기는 꾸준했는데 웬만큼 유명한 방송 프로그램에서는 '1센트 세일'의 광고를 모두 볼 수 있었다. 1968년 '렉솔 리포터'에 따르면 1센트 세일에 대해서만 15,000개의 광고가 사용되었다고 하니까 엄청난 광고였다.

2) 전국적 사은행사

1003개의 그림 - 1003개의 당첨 기회!!!

렉솔은 전국적인 사은성 판촉행사를 자주 진행하였다. 사은행사들은 신규 출시 되는 제품이나 회사에서 전략적으로 판매를 장려하는 제품을 대상으로 진행하였는데, 대부분의 렉솔약국들이 이 행사에 참여해서 자체 매출확대의 기회로 삼았다. 다음은 1962년에 자동차와 현금을 경품으로 해서 진행한 사은행사의 전단지 내용이다.

[렉솔의 경품 광고] Source : From the author's private collection

렉솔의 Big Money-Tree 콘테스트에서 1만불과 썬더버드 자동차를 타가세요!

사지 않고, 생각해 내거나 이해만 하셔도 됩니다.
그저 당신의 렉솔 약사에게 왜 렉솔의 수퍼 플레나민이 미국에서 가장 많이 팔리는 비타민-미네랄 제품인지 말해 달라고 요청하세요.
철분과 Red 비타민 B를 포함한 11가지 비타민과 11가지 미네랄 등 23가지 식품 요소들이 하루복용 수퍼 플레나민 1정에 모두 들어있습니다.

1등상 : 현금 1만 달러와 1962년산 포드 썬더버드 1대
2등상 : 현금 5천 달러와 1962년산 포드 팰콘 퓨츄라 1대
3등상 : 현금 2천5백 달러와 1962년산 포드 팰콘 퓨츄라 1대
4등상 : 현금 1천 달러와 렉솔 수퍼 플레나민

이 쉽고 흥미진진한 경품행사에 참여하기 위해서는:
그저 당신의 렉솔약사에게 왜 렉솔의 수퍼 플레나민이 미국에서 가장 많이 팔리는 제품인지 말해 달라고 요청하세요.

렉솔 제품들은 렉솔약국에서만 판매됩니다. [Your Rexall Store] 표시가 있는 상점에서 렉솔 브랜드 상품을 요청하세요.
렉솔 수퍼 플레나민은 판매 후 불만족하는 경우 환불을 보장합니다.

지역별 자체판촉

지역별로 진행된 자체 판촉은 본사 및 각 지역 렉솔약국들의 아이디어를 지역의 렉솔약국이 활용하는 방식이었다. 여기서는 렉솔 애드-밴티지에 실린 판촉 광고를 중심으로 소개한다. 어떤 판촉들이 어떤 방식으로 진행되었는지 이해할 수 있을 것이다.

Spring Tonic 판촉행사

기운 충전하세요!
이 반짝이는 새로운 계절을 열정으로 즐기세요! 겨울나기의 고통으로 인해
강장제가 필요하다면…
영양 결핍으로 인한 혹은 단순 빈혈 때문에 평소 같은 활기와 활력이
나지 않는다면, 렉솔 약사와 상의하세요! 펩토나나바인랜드 토닉 혹은
렉솔 사르사 토닉 (16온즈에 $1.25), 혹은 렉솔 철분제,
간과 골수 복합제(8온즈에 $1)를 이용해 보세요.

당신은 상상할 수 있습니까?
(렉솔의 비타민 A를 제품을 홍보하기 위한 간접 판촉)

당신은 상상할 수 있습니까?
큰 넙치는 간 오일이 풍부한 대구와 다른 생선의 먹이이기 때문에
큰 넙치의 간 오일은 비타민 A을 풍부하게 제공하는 원료라는 사실을!

당신은 상상할 수 있습니까?
큰 넙치간 오일이 대구 간 오일보다 200배 강력하다는 사실을.

당신은 상상할 수 있습니까?
큰 넙치는 머리의 오른쪽에 두 개의 튀어나온 눈이 있어서 돌아서지 않고
사방을 볼 수 있답니다.
큰 넙치는 또한 보호색을 갖고 있어서 몸의 윗부분을 카멜레온처럼 변화시켜서 환경과
자신을 일치시킵니다.

당신은 매달 이 잡지에 실리는 "당신은 상상할 수 있습니까?" 난을 즐겨 읽습니까? 많은
독자들이 이 코너가 흥미로울 뿐만 아니라, 매우 교육적이라는 내용을 글로 보내왔습니다. 우리는 이 "당신은 상상할 수 있습니까?" 코너에 실린 내용에 대한 근거를 보관하고

있습니다. 이 근거들은 렉솔 제품으로부터 도움을 얻은 분들로부터 자발적으로 온 내용을 포함하고 있습니다. 이 코너는 John M. Cosidine 씨에 의해 편집됩니다. 그는 유나이티드 드러그 컴퍼니 의약부서의 전 관리자였고, 현재는 영업부서의 관리자입니다.

당신은 상상할 수 있습니까?

공급선의 선장이 23개의 퓨어테스트, 7,500개의 5그램짜리 퀴나인 캡슐, 그리고 다른 렉솔 제품을 가지고 아마존 강을 따라 정글을 들어갈 때의 안도감을!

당신은 당신의 아이들의 성장에 얼마나 큰 관심을 갖고 있습니까?

Emily Gary Wallace

당신은 상상할 수 있습니까?

당신은 다음의 사실을 알고 있습니까?
1. 퓨어테스트 대구간 오일의 매 한 방울이 비타민 A와 D를 보존하기 위해 이산화탄소로 가득 차 있다는 사실을.
2. 이 그림에 등장하는 주입기계가 매 근무일마다 퓨어테스트 대구간 오일을 필요로 하는 사람들에게 이 오일을 공급하기 위해 전속력으로 가동된다는 사실을.
3. 각각의 병들은 고객이 병을 열 때까지 비타민이 보호되도록 밀봉되어 있다는 사실을.
4. 비타민 보호를 위해 호박색 병들이 항상 사용된다는 사실을.

주: 렉솔의 역사에서 그 어느 때보다 더 많은 퓨어테스트 대구간 오일이 1934년 출하되었습니다.

당신을 위해 일해요

나는 당신의 렉솔 약사입니다. 위대한 회사 렉솔과 협력하여 저는 당신의 건강을 보호하기 위해 일합니다.

제 약국에 렉솔 표시가 부착된 것을 보셨을 겁니다. 이것은 당신을 위한 안전하고, 확실

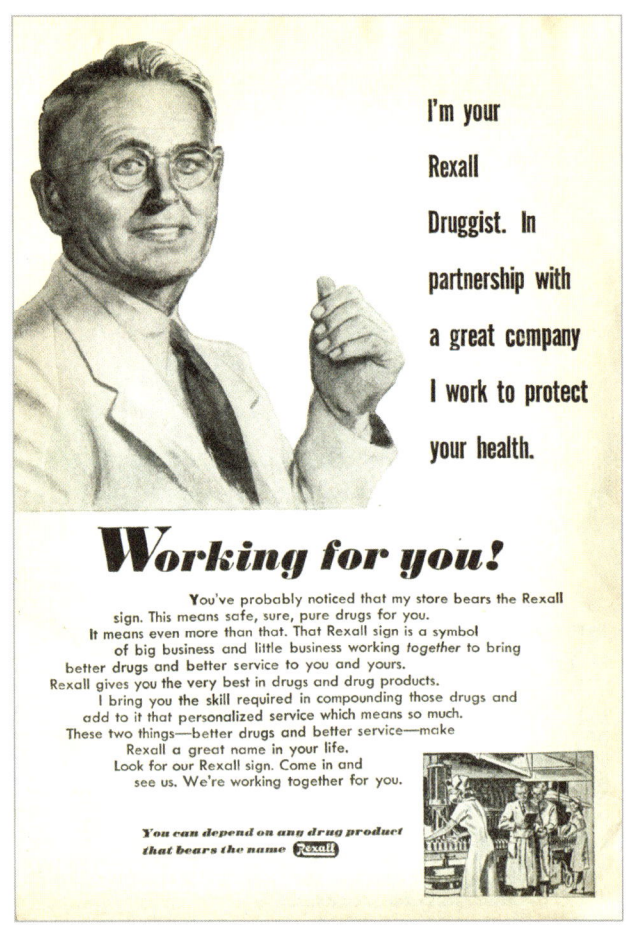

Source : From the author's private collection

하고, 순수한 약을 의미합니다. 이 렉솔 표시는 큰 사업자와 작은 사업자가 협력하여 여러분에게 보다 나은 약과 서비스를 제공하겠다는 약속을 의미합니다. 렉솔은 의약품과 관련제품에 있어 당신에게 최선을 다합니다. 저는 이 약을 제공받아서, 환자 개인의 상황에 맞도록 처방합니다. 좋은 약과 좋은 서비스 이 두 가지를 통해서 당신의 삶에 렉솔이라는 이름이 중요하게 되도록 하겠습니다. 렉솔 표지를 찾으십시오. 들어오셔서 우리를 만나십시오. 우리는 협력하여 당신을 위해 일할 것입니다.

당신은 렉솔 브랜드를 단 모든 의약품을 신뢰할 수 있습니다.

현대 의학의 유익을 당신에게 가져 옵니다.

과학자들에 의해 의학 분야의 중요한 발견들이 이루어지고 있습니다. 오늘날 50% 이상의 처방전이 10년 전에는 알려지지 않은 약들을 포함하고 있습니다. 이와 같은 기술의 발달에 보조를 맞추기 위해, 우리는 새로운 약들의 재고를 완벽하게 유지하고 있습니다. 다음에 당신의 의사가 처방을 할 때, 정확하게 신뢰할 수 있는 서비스를 받기 위해 당신의 처방전을 우리에게 가져 오세요.

-당신의 렉솔 처방전 사업부서

등록된 약사가 항상 당신을 돕기 위해 대기하고 있습니다.
렉솔약국에서 작년에 1억 건 이상의 처방전 조제가 이루어졌습니다.

건강이 불확실할 때, 품질은 결코 비싼 것이 아닙니다.

우리는 처방전을 제시받으면 바로 조제할 수 있도록 새롭고 표준적인 약의 재고를 항상 유지합니다. 모든 처방전은 자격을 갖추고 등록된 약사가 특별한 주의를 기울여 처리합니다. 당신의 건강을 지키는 것이 우리의 일입니다.

신속하고 친절한 처방전 조제 서비스는 우리에게 맡기세요.

당신의 렉솔 약사

렉솔 진통제

초기 근육통이나 신경통으로 인해 불편하시다면 피부에이 진통제를 부드럽게 마사지하듯 발라보세요. 진정효과와 통증완화 효능에 감격하실 것입니다. 1온스 튜브 당 소매가가 65센트이나 할인하여 32센트에 저렴하게 판매중입니다.

- 렉솔 비타민 제품 전단지

제대로 된 것을 제대로 된 가격에

당연하죠. 렉솔인데..

천연 비타민은 간, 밀, 과일, 그리고 채소와 같은 신선하고 완전한 식품으로부터 만들어집니다. 이들은 자연이 제공하기 때문에 모두 자연적으로 영양의 균형이 이루어져 있습니다. 또한 자연이 제공하는 모든 추가적인 보조 요소들까지 제공합니다. 여러분이 자연을 통해 얻는 것과 동일한 방식으로 여러분에게 전달됩니다.

[각종 제품별가격표]
-렉솔 내츄럴 제품들: 종합 비타민 및 미네랄 알약
-렉솔 제품들: 소야레시틴 캡슐
-렉솔 내츄럴 제품들: 비타민 A 캡슐
-렉솔 내츄럴 제품들: 비타민 B 종합 알약, 렉솔 6M, 밀배아유 캡슐, 렉솔 츄어블,렉솔 10그레인 U.S.P, 렉솔 로즈힙, 렉솔 프로틴 파우더

또한 여러분에게 신선하고 높은 효과의 비타민 보조식품을 제공하기 위해 엄격한 연구실에서 자연의 비타민을 복제했습니다. 많은 경우, 한 캡슐이나 알약에는 여러 효과를 주기 위해 한 가지 이상의 재료가 혼합되어 있습니다. 몸에 좋은 만큼 먹기도 좋습니다.!

[제품별 가격표 (4-1107-3)]
렉솔 알파캡, 렉솔비타민 C 알약, 렉솔 비타민 C 병, 렉솔 츄어블 비타민 C 알약, 렉솔 맥주 효모 알약, 렉솔 디칼슘포스페이트 캡슐, 렉솔 철분함유 고효능 종합 비타민, 렉솔 니아신 알약, 렉솔 테라민 M알약, 렉솔티아민 염화수소산염 알약 등

지역의 렉솔약사들은 전국적인 1센트 세일행사, 사은판촉 행사에 참여하면서 지역별로도 다양한 제품 단위 판촉을 통해 지역주민들에게 다양한 건강정보를 제공하고, 건강을 상담해 주면서 지역의 핵심 장소로 자리를 잡을 수 있었다.

이런 증상이 있으신가요?

이런 증상이 있으신가요?

5분만 더?
시계가 "일어나!"라고 할 때, 이불이 너무도 무겁게 느껴지나요? "5분만 더" 하며 이불 밑으로 숨어버린다면? 형제여, 당신은 가장 생생해야 할 아침을 피곤으로 시작하는군요. 플레나민을 먹어 보세요.

불만 끄면 잠드나요?
여자 친구가 춤을 추고 싶을 때, 당신은 리드하나요, 혹은 앉아서 구경만 하시나요? 최고의 순간에 눈도 제대로 뜨지 못할 정도로 피곤하다면 무언가 잘못된 것이 분명하죠. 플레나민을 먹어보세요.

4시 증후군
늦은 저녁 시간만 되면 지치고 어디 누워 쉬고만 싶나요? 식습관 때문일 수 있답니다. 한계에 닿는 듯한 느낌이 지속된다면 정상이라고 볼 수 없지요. 플레나민을 먹어보세요.

신경이 곤두서나요?
아침에 남편과 아이를 준비시킬 때면 신경이 곤두서나요? 빨래, 요리가 너무나 괴롭기만 하고 초인종 소리마저도 짜증이 나시나요? 삶을 즐겁게 사셔야죠. 플레나민을 먹어보세요.

결핍 우울증?
영양 전문가들의 말에 따르면 많은 성인들이 균형 잡힌 식습관을 위해 필수적인 비타민을 충분히 얻지 못하고 있습니다. 고소득층, 중산층, 저소득층 모두 똑같이 말이지요. 플레나민은 최소 필요량 이상의 모든 비타민 및 간 농축액과 철분을 함유하고 있습니다. 당신에게 안성맞춤이지요.

식사와 함께 렉솔 플레나민을 복용해 보세요.

플레나민 습관으로 비타민 결핍에서 벗어나세요.

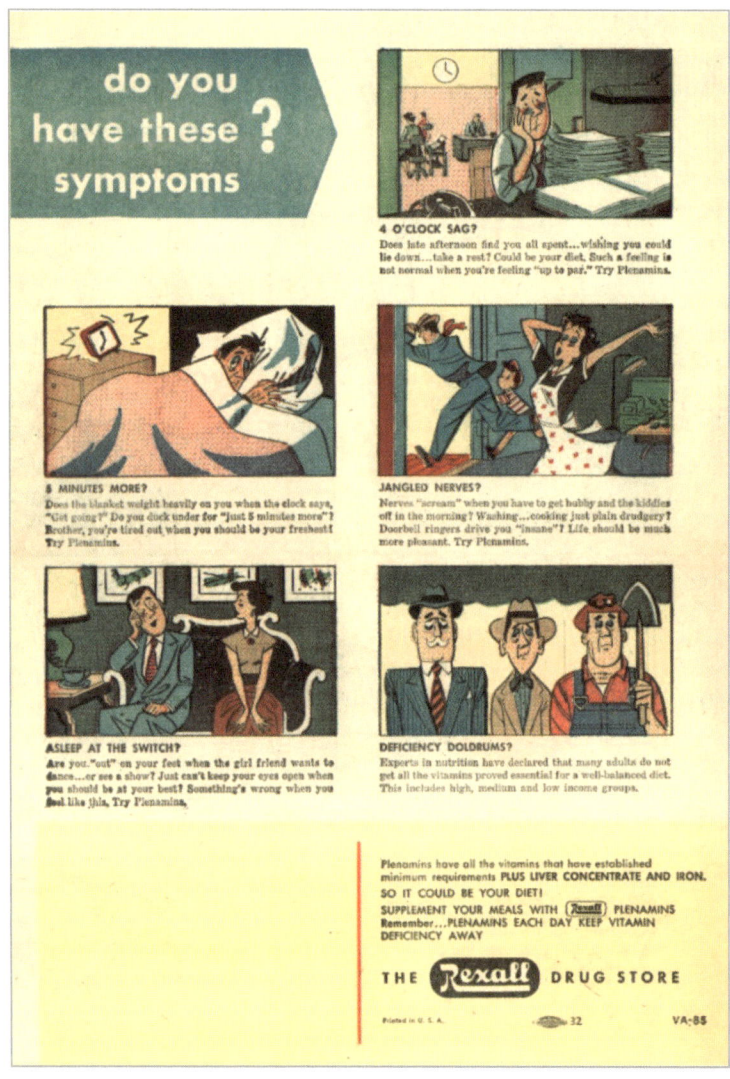

Source : From the author's private collection

렉솔의 광고와 판촉자료들을 들여다보고 있으면, 왠지 어디선가 한 번 본 것 같은 생각이 들 때가 많다. 이 자료를 처음 보았음에도 불구하고 말이다. 그것은 현재 우리가 TV 등의 매체에서 보는 광고나 판촉 속에 렉솔의 기법이 많이 포함되어 있기 때문이다. 렉솔이 시도한 다양한 광고, 판촉 기법들은 현재에도 다양한 기업에서 활용되고 있다.

위대한 렉솔 / 렉솔 마케팅

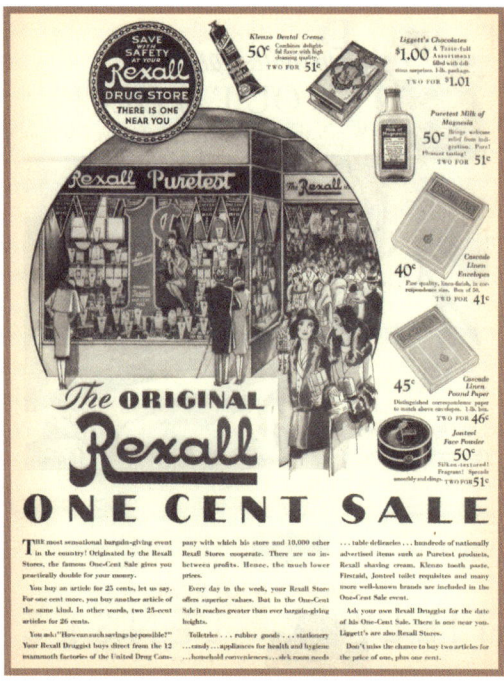

Source : From Frank Sternad's private collection

클렌조 덴탈 크림 50센트 - 기분 좋은 향과 강한 세척 효과. 두 개에 51센트

리겟 초콜렛 $1.00 - 1파운드 패키지에 들어있는 놀랍도록 맛있는 풍부한 맛의 종합 세트. 두 개에 $1.01

퓨어테스트 마그네시아의 밀크 50센트 - 소화불량 해소에 그만. 순수하고 기분 좋은 맛! 두 개에 51센트

캐스케이드 린넨 봉투 40센트 - 고품질, 린넨 마감, 크기별. 50개들이 박스. 두 개에 41센트

캐스케이드 린넨 파운드 종이 45센트 - 위에 봉투와 함께 할 종이 세트. 1파운드 박스. 두 개에 46센트

존틸 페이스 파우더 50센트 - 실크와 같은 촉감! 향기! 부드러운 발림과 흡착력. 두 개에 51센트

역사상 가장 놀라운 할인 이벤트! 렉솔약국에서 유래된 1센트 세일이 모든 것을 두 배로 드립니다. 예를 들어 무언가를 25센트에 사실 때 1센트만 더 내시면 같은 물건을 두 개 드립니다. 다시 말하자면 50센트 가치의 물건을 26센트에 드리는 것이지요. "그렇게 팔아서 남는게 있나요?"라고 물으실 수도 있겠지요.

렉솔 약사는 1만개의 다른 상점과 함께하는 유나이티드 드러그 회사의 12개의 대형 공장에서 물건을 직접 공수해 옵니다. 중간 마진이 없기 때문에 모든 물건의 가격이 저렴한 것입니다. 렉솔 상점에서는 어마어마한 가격으로 물건을 제공합니다. 그런데 1센트 세일 기간에는 할인가에 판매하고 있습니다.

화장품, 고무 제품, 사무 용품, 사탕, 건강 및 위생 용품, 가정 잡화, 병실 용품, 맛나는 식품 등 국내에서 광고 중인 퓨어테스트 제품, 렉솔 면도 크림, 클렌조 치약, 퍼스트에이드, 존틸 화장품 등 더 많은 유명 브랜드가 1센트 할인 이벤트와 함께합니다. 지역 렉솔 약사에게 정확한 1센트 세일 날짜를 물어보세요. 여러분 주변에 항상 있습니다. 리겟도 렉솔약국입니다. 한 개의 가격에 1센트만 더해서 두 개를 얻을 수 있는 이 기회를 놓치지 마세요.

위대한 렉솔 / 1센트세일 - 2

1센트 세일 -
5천 개 넘는 광고를 만들다

렉솔이 1센트 세일을 위해 만든 광고는 5천 개가 넘었는데, 사용할 수 있는 모든 광고 매체를 동원했을 뿐만 아니라 그 규모 역시 엄청났다.

이러한 노력과 마케팅의 힘이 더해진 덕분에 엄청난 판매가 이루어진 것이다. 신문과 광고, 잡지 광고, 전단 할인 광고, 예약 주문, 시내 중심가 모든 소매점의 안내판 같은 인쇄 광고와 사인물 광고뿐 아니라 '필 해리스/알리스 페이 쇼(The Phil Harris/Alice Faye Show)', '아모스 앤 앤디(Amos 'n' Andy)'와 같은 미국의 대표적인 라디오 프로그램에서 1센트 세일을 광고했다.

텔레비전 시청이 급속도로 증가한 뒤에는 동화 뮤지컬 〈피노키오〉, 일요일 저녁 8시에 방송된 National Velvet, TV 애니메이션 〈이상한 나라의 앨리스(The New Alice in Wonderland)〉, 또한 미국에서 두 번째 장수 프로그램인 프랭크 블래어(Frank Blair-저널리스트)진행의 〈The Today Show〉 등을 활용한 수많은 광고를 방영했다.

위대한 렉솔 / 1센트세일 - 3

다양한 매체를 선보인 렉솔의 1센트 세일 광고들

위대한 렉솔 / 1센트세일 - 4

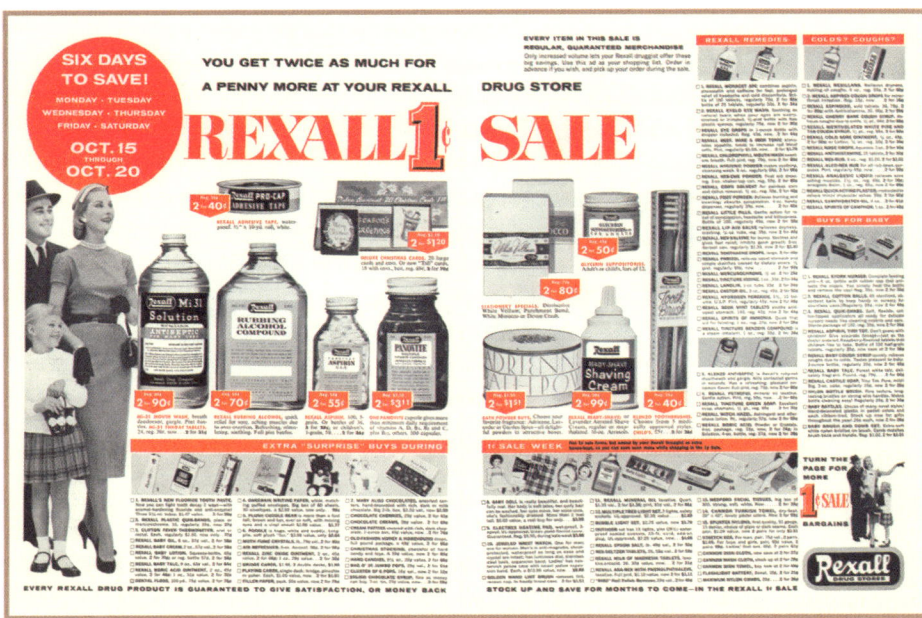

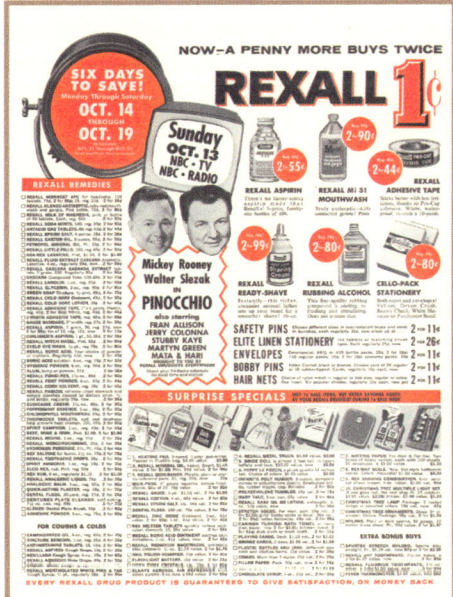
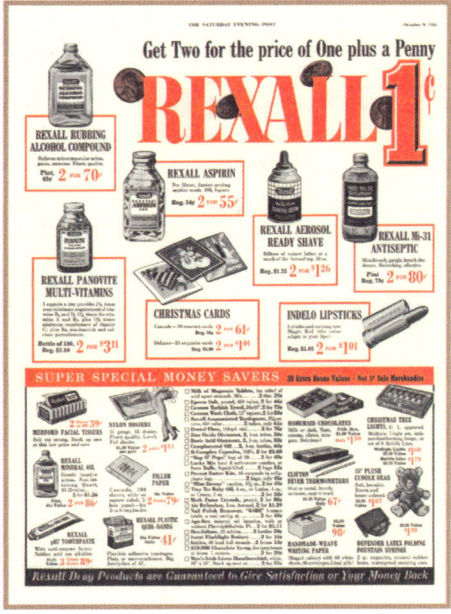

Source : From the author's private collection

위대한 렉솔 / 1센트세일 - 5

1센트 세일 –이상한 나라의 앨리스를 각색한 **애니메이션 광고**를 만들다

렉솔은 광고를 애니메이션으로 제작하기도 했는데 바로 TV 특별 프로그램인 〈이상한 나라의 앨리스(The New Alice in Wonderland)〉였다. 작가 루이스 캐럴의 고전 작품을 현대적으로 각색한 이 60분짜리 작품은 1966년 3월 30일 ABC방송을 통해 방송되었다. 앨리스가 그녀의 개를 위해 공을 튕길 때, 그 공이 거실의 TV를 통과해 마법과 같이 사라진다. 개와 앨리스는 그 공을 쫓아가다 이상한 나라에 들어간다. 1센트 세일에 대한 애니메이션 광고들이 유명인의 목소리 연기를 한 등장 인물들을 뒤따른다.

애니메이션을 제작해 남녀노소 모든 연령층의 관심을 끌어 냈다는 점이 마케팅 전략에 있어서 참으로 획기적이다.

위대한 렉솔 / 1센트세일 -6

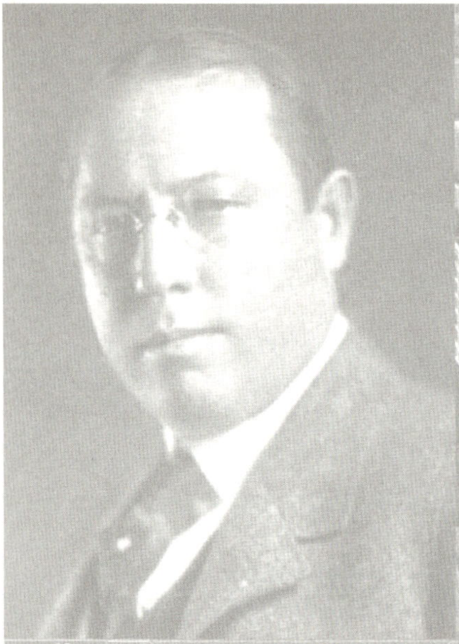

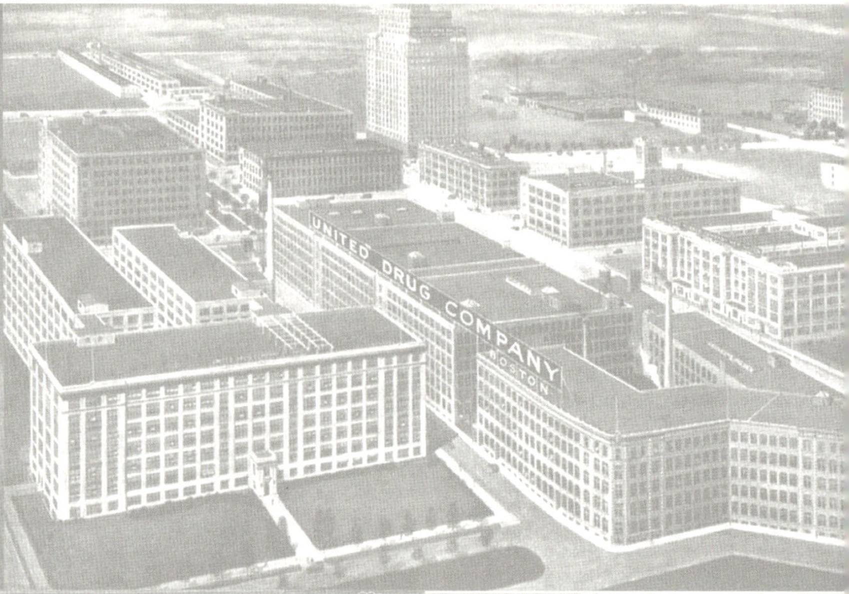

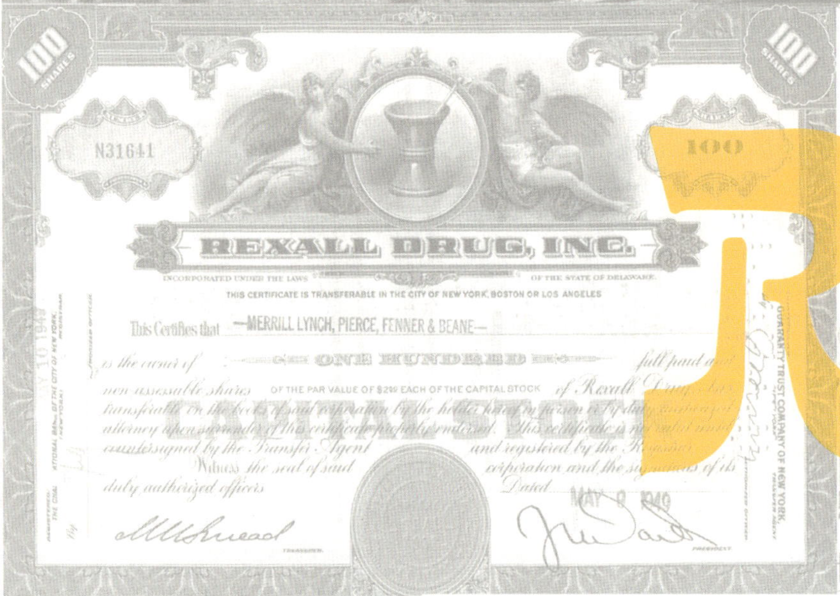

SOUVENIR FOLDER

1936 *Streamlined* CONVENTION

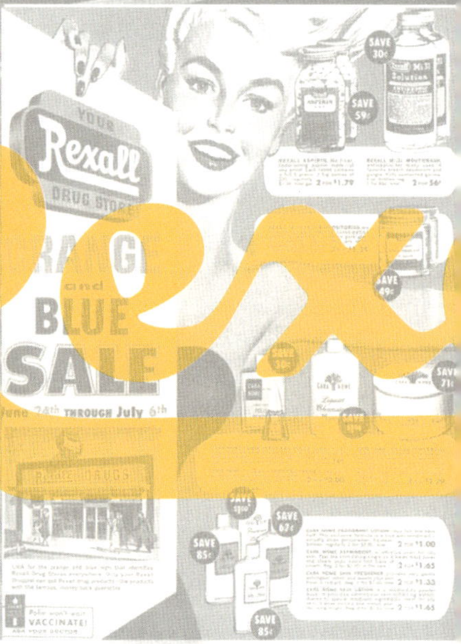

PART 4

로얄티가 다르다-
모두는 하나를 위하여,
하나는 모두를 위하여

Difference in Loyalty – All for one, one for all

렉솔이라는 기업이 100년 이상 계속해서 사람들에게 사랑받는 힘은 어디서 나온 것일까? 렉솔이라는 이름을 들으면 왜 미국인들은 떠나온 고향마을을 생각하고, 왜 그 브랜드에서 신뢰와 믿음이라는 단어를 같이 떠올릴까? 하나의 약국 브랜드일 뿐인데도 사람들은 왜 약국과 렉솔약국을 동의어로 여길까? 지난 100년간 그렇게 많은 기업이 생겨나고 사라지고 잊혔는데, 왜 렉솔만은 가족같은 느낌으로 여전히 살아남아 있는 것일까?

나는 그것이 렉솔이 가진 '인간에 대한 관심' 혹은 '인간을 대하는 진정성'이라고 생각한다. 렉솔은 전략을 세우고 마케팅을 하면서도 항상 메시지를 받는 사람들이 무엇을 원하는지에 대해 관심을 기울이고 그 필요를 채워주려고 애썼던 기업이다.

렉솔이라는 브랜드 명을 정하는 단계에서부터 캡틴 렉솔과 병사들이 나오는 첫 광고까지 그들은 소비자를 의식했다. 그 결과 렉솔의 전성기에 라디오를 틀면 들리고 TV를 켜면 보이는 렉솔은 사람들을 울고 웃게 했고 사람들이 필요로 하는 것을 알아주는 기업이었다. 언제든 찾아갈 수 있는 옆 골목 모퉁이의 이 가게는 뭔가 필요할 때면 언제든 찾아갈 수 있는 가족과 같은 공간이었고, 그렇게 되려고 노력한 브랜드였다.

렉솔은 회사의 철학, 광고, 마케팅과 고객관리까지 약사들과 소비자들이 최대의 이익을 얻을 수 있도록 설계되고 실행한 회사였다. 이번 장에서 우리는 마케팅처럼 겉으로는 화려하게 드러나 보이지 않지만, 브랜드를 강화하는 데 중요한 로얄티를 어떻게 강화하고 유지했는지를 보게 될 것이다. 여기서 말하는 로얄티는 렉솔과 주주 약사들, 동네의 약사들과 주민들, 렉솔 회사와 종업원 사이에 존재하는 로열티를 말한다. 이를 통해 우리는 렉솔이 꿈꾸던 세상의 모습을 보게 될 것이다.

렉솔이라는 기업이 추구한 로얄티의 본질이 여기에 있다. 리겟의 비즈니스 상상력에서 출발한 좋은 아이디어, 성공적인 비즈니스 모델, 이를 뒷받침하는 마케팅 홍보 능력, 좋은 제품 개발능력이 다 훌륭했지만 렉솔을 진정 좋은 회사를 넘어 위대한 기업으로 만들었던 것은 바로 소통 능력이었다. 이 소통은 기업과 소비자의 관계에서만은 아니었다. 렉솔에서는 렉솔 본사와 주주 약사들의 관계에서, 지역 렉솔약국의 약사들과 동네의 소비자들의 관계에서, 렉솔 내 경영자와 종업원들의 관계에서 소통을 통한 리더십이 드러났다. 그리고 이 소통은 신뢰를 바탕으로 한 소통이었다.

'렉솔과 주주 약사'에서 우리는 렉솔이라는 기업과 주주 약사의 신뢰가 만들어진 과정과 함께 렉솔과 약사, 약사들이 서로 어떤 도움을 주고받았는지를 살펴보고 마지막으로 위기를 맞은 리겟이 주주 약사들의 도움으로 다시 회생하는 과정을 통해 로얄티의 구체적인 예를 보게 될 것이다.

'약사와 소비자 관계'에서는 렉솔에서 시작한 로얄티가 지역의 약사들에게 어떤 영향을 미쳤으며 소비자와의 관계에서 이것이 어떻게 구체적으로 나타나는지를 살펴볼 것이다.

'렉솔과 종업원 관계'에서는 렉솔에 근무한 종업원들은 어떤 생각을 가졌으며, 그들의 로얄티는 어떠했는지에 대한 이야기를 할 것이다.

'렉솔의 편지 문화'에서는 리겟에서 시작한 편지 커뮤니케이션이 기업전체의 문화에 어떤 영향을 미쳤는지를 알아보고, 구체적인 편지 내용들을 살펴볼 것이다.

제조사(렉솔)와 유통망(렉솔약국)의 두 축을 움직이게 하는 마케팅이 몸의 근육이라면, 로얄티는 몸에 흐르는 혈액과 같은 역할을 하는 것 같다. 끈끈한 로얄티로 인해 렉솔이라는 기업이 존재하고 생명을 유지할 수 있으니 말이다. 이 장에서 로얄티가 기업의 생존에 얼마나 중요하며 렉솔에서 얼마나 중요한 역할을 하는지를 생각해 볼 것이다.

10

렉솔과 약사들
Rexall Druggists

렉솔과 약사들이 서로에게 주었던 끈끈한 로얄티는 사업 초기 약사들에 대해 리겟이 가졌던 애정과 관심에서 출발한다. 이렇게 리겟에서 출발한 로얄티는 렉솔과 주주 약사들, 주주 약사들 사이의 로얄티로 확대되고, 회사가 위기에 빠졌을 때 리겟과 렉솔을 구하는 중요한 계기를 만들어낸다.

로얄티의 출발: 진정성과 신뢰 Origin of Loyalty: Sincerity and trus

비놀에 근무하는 3~4년간 리겟은 미국 각 지역을 여행하면서 약국을 세울 수 있는 거의 모든 도시를 다 방문했다. 그는 수천 명의 약제사들과 개인적인 친분을 쌓을 수 있었고 그들이 속한 지역사회와의 연관성을 알게 되었으며 그들의 공동체와도 자연스럽게 친해지게 되었다. 그는 단순한 세일즈맨이 아니었다. 세일즈를 하기 위해 약국을 방문했지만 자신이 만나는 약사들의 고민과 문제를 이해하려고 노력했다.

그는 약제사는 직업적으로 단순 세일즈맨보다 더 전문적인 직종이라고 파악했다. 세일즈맨이 약을 판매하는 수준의 업무를 한다면 약제사는 판매뿐만 아니라 상담과 조제 등을 전부 처리한다. 그들은 손님의 고민을 듣고 그들의 문제를 해결해야 하기 때문에 자리를 비울 수가 없었다. 이들은 대부분 혼자 근무했다. 자기 사업을 하는 사람들이 주로 그렇듯이 그들은 휴가조차 없는 경우가 많았다. 처음 그는 약사들의 외로움에 주목했다. 그들이 삶의 고민에서 잠시 벗어나서 즐기고 생각을 나누며 풍요로워지게 된다면 그들의 삶의 질이 훨씬 나아질 것이라고 생각했다. 그래서 그는 1899년 9월 보스턴에서 약제사들의 친목모임 성격인 '비놀 클럽'을 만들었고, <비놀의 목소리>라는 간행지를 만들어서 서로간의 진정성 있는 목소리를 전하려고 했다.

미국 약제사가 살아남을 방법은 협력뿐이라고 생각한 리겟은 1901년 10월 1일과 2일에 버펄로에서 주최된 컨벤션에서 미국제약무역협회에 관한 계획을 들고 나와 자신의 계획에 대해 열정적으로 어필했다. 약사들의 찬성과 반대 의견을 수렴하면서 그는 협회를 결성했다. 미국제약무역협회(Drug Merchants of America)는 제약시장과 약사들을 바라보는 그의 상상력이 만든 결과물이었다.

이 미국제약무역협회에서 리겟이 한 연설은 제약시장의 문제점과 해결방안을 담은 것들이었다. 이는 그의 '렉솔생각'으로 정리되는데, 여기에 기초해서 만들어진 유나이티드 드러그 컴퍼니는 렉솔과 주주 약사들 간의 공동운명체를 매개로 운영되도록 되었다. 공급과 판매 등 모든 프로세스에서 공동 운명체로서의 신뢰가 없다면 전체 프로세스가 돌아갈 수 없는 구조였다.

렉솔의 창립 정신은 약사들이 부정하지 않은 방법으로 적절한 이익을 창출할 수 있도록 지원하는 것에 초점이 맞추어져 있었다. 렉솔과 약사들과의 관계도

이 비즈니스 모델에서 시작되었다. 그리고 그는 27살이 되는 해에 렉솔 기업을 시작했다.

이런 관점에서 보면 렉솔의 창립이 리겟 개인의 자금이 아닌, 40명의 주주 약사의 출연금으로 시작된 것도 우연한 일은 아닌 것 같다. 공동운명체로서 서로에 대한 로얄티를 기본 바탕으로 회사가 출발한 것이다. 렉솔을 시작할 때 가진 돈은 없었지만 그는 제약 업계 내 우정이 자신의 자산이라고 생각했다. 같이 한 사람들은 그의 성품과 천재성, 추진력, 진실성을 신뢰했고, 이러한 상호 신뢰가 출발의 밑거름이 되었다.

이렇게 맺어진 렉솔과 제약사들과의 친밀한 관계는 점점 깊어졌다. 제약사들과 유나이티드 드럭 컴퍼니는 종적인 관계라기보다는 한몸 운명 공동체의 성격을 띠고 있었다. 보통 기업들이 자신을 소개할 때 사용하는 '모두는 하나를 위해, 하나는 모두를 위해'와 같은 좌우명이 렉솔에서는 실제로 작동되었다. 리겟은 삶으로 그것을 보여주었다. 처음에 냉소적으로 바라보던 많은 이들도, 시간이 지나면서 결국은 그의 진정성을 인정할 수밖에 없었다.

신뢰의 다른 이름: 정보 공유 Another name for trust: Information sharing

이런 리겟의 태도는 사내 정보를 대하는 자세에서도 그대로 드러났다. 비록 불리한 정보일지라도 리겟은 숨기지 않고 주주 약사들에게 모두 공개했다.

약사들의 컨퍼런스에서 약사 주주들의 가장 좋아하는 시간은 루이스 리겟 사장이 마지막 연설을 할 무렵이었다. 리겟은 모든 주주들에게 질문을 무기명으로 적어 내도록 한 후 무작위로 질문지를 뽑아서 답하는 형태로 연설을 진행하였다. 이 방식이 좋은 이유는 이렇게 무기명으로 질문하도록 하지 않으면 아무도

회사에 맞서 부정적인 이야기를 하지 않기 때문이었다. 이를 통해 리겟은 회사의 부정적인 부분까지도 주주 약사들과 공유하고자 하였다.

컨퍼런스의 마지막 순간에 굳게 잠긴 무기명 질문함이 개봉되고 용지는 무작위로 뽑히게 된다. 리겟은 당연히 어떤 질문이 뽑힐지 전혀 알 수 없었다. 리겟은 질문을 소리 내어 읽고 즉각 이에 답변했다. 그의 정직함은 너무 완벽해서 때론 소름이 끼칠 정도였다. 그는 어떤 질문이 와도 자신 있고 유머러스하게 대답을 했다. 보통 그는 사업의 역사부터 자세히 설명하곤 했다. 그들은 파트너였기에 알 권리가 있고, 알아야 한다고 생각했기에 숨김없이 털어 놓았다.
이러한 신뢰와 정직은 회사와 주주 약사들, 주주 약사들 사이에 엄청난 로얄티 파워를 만들어냈다. 몇 가지 사례를 살펴보자.

- 주주 약사들의 어려움에 회사가 지원한 사례
- 주주 약사들의 어려움에 동료 약사들이 지원을 주도한 사례
- 마지막으로 경영자 리겟의 어려움에 대해 주주 약사들이 지원한 사례이다.

주주 약사들의 어려움에 회사가 지원하다
Rexall supports stock-holder druggists' hardships

● 위스콘신 블랙 리버 렉솔 약국에 닥친 재난

1911년 10월 6일 이른 아침, 위스콘신 블랙 리버에서 경보벨이 울려 재난을 알렸다. 위쪽에서 댐이 무너져 걷잡을 수 없는 규모의 급류가 약 200명이 거주하는 마을을 향하고 있었다. 이 급류는 마을에 있던 렉솔 건물도 마치 건초더미처럼 휩쓸고 지나갔다. 당시 약국의 소유주는 고심 끝에 용기를 내어 리겟에게 손실에 대한 보고 편지를 보내어 임시로라도 사업을 계속 할 수 있도록 잃어버린 재산에 대해 복구해 달라는 간청을 했다. 그는 홍수 피해 보험도 들어놓지 않

았던 것이다.

리겟은 즉시 답변했다. "용기를 잃지 마십시오. 유나이티드 드러그 컴퍼니는 당신과 끝까지 함께 할 것입니다." 그리고는 곧장 관계자를 그곳으로 파견하여 피해 정도를 파악하고 가장 가까운 배급소인 시카고를 통해 물건을 보내서 임시 상점을 열 수 있도록 조치해 주었다. 더불어 160곳의 동료 렉솔 에이전트들이 도움을 제안하며 재난으로 고통 받는 동료에게 손을 내밀었다. 그리하여 그에게 총 $6,000의 재활 기금이 보내졌다.

• 중부 주들에 닥친 재난

1913년 3월 13일자로 보낸 일반편지에서 리겟은 더 큰 재난에 대한 소식을 전했다.

친애하는 파트너 여러분, 지난주에 미국의 역사상 가장 큰 재앙이 일어나 우리 중 수백 명의 주주들이 피해를 입었습니다. 홍수, 토네이도, 사이클론이 오하이오, 인디애나, 서부 버지니아를 비롯한 중부 주들을 덮었습니다. 어떤 이들의 상점은 완전히 떠내려갔고 심지어는 집까지도 잃어버리게 되었습니다. 렉솔인만이 고통 받는 것이 아니라 이들과 일하던 점원들과 그들의 가족들도 모두 고통에 신음하고 있습니다. 정도를 알 수 없는 규모의 재산적 손실이 이들에게 임했습니다.

이 소식을 전해들은 유나이티드 드러그 컴퍼니는 재빨리 특별팀을 이들 곁으로 보냈습니다. 이 팀은 백지 수표를 가지고 그들을 찾아갔습니다. 아직 보고를 받은 것은 아닙니다만, 상황이 매우 좋지 않다는 것만은 확실합니다. 이틀 전 홍수가 난 지역을 직접 다녀오며 목격한 것은 상상도 못할 정도입니다. 그들의 사업은 우리의 사업입니다. 많은 이들이 모금으로 우리 렉솔 파트너들을 돕고 있습니다. 렉솔이 하지 않으면 누가 하겠습니까?

만일 참여하고자 하는 분들을 위해 이 편지에 기부 신청서를 함께 보내드립니다. 함께 하시고자 하신다면 금액에 관계없이 동참해 주시기 바랍니다. 이것은 필수 사항이 아닙니다만, 렉솔의 기백이 무엇인지 보여줄 좋은 기회입니다. 지금 $50의 도움이 100년 후 $100의 도움보다 훨씬 더 큽니다.

추신 :
상황을 현장에서 파악한 내용에 따르면 처음 보고받은 것보다 더 피해 규모가 크다고 합니다. 가능하다면 기부금을 크게 해주시기를 부탁드립니다.

이 요청으로 $15,000이 모금되었고 구호작업을 잘 진행할 수 있었다.

- 텍사스 홍수 피해, 뉴햄프셔 상점 폭발, 콜로라도 홍수 피해

1913년 중부 텍사스 홍수에서는 보험 배당금을 올려서 수혜자들이 기부를 하는 방식으로 지원을 했다. 1917년 뉴햄프셔의 상점이 폭발로 인해 $2,500의 피해를 입자 렉솔약국들이 구조금을 보내 지원하였다. 1920년에는 콜로라도에서 심각한 홍수로 인해 $8,000의 피해를 입었는데, 리겟의 호소로 수백 명이 도움을 자원하여 피해를 복구할 수 있었다. 이런 일이 유나이티드 드러그 컴퍼니에서는 대수롭지 않게 일상화되었다.

주주 약사의 어려움에 동료 약사들이 지원하다
Fellow druggists support stock-holder druggists' hardships

- 재난을 당한 형제 약사에 대한 구호 요청

다음의 글은 리겟이 아닌 미시간 렉솔 클럽의 사장인 E. W. 오스틴의 편지 글이다.

렉솔인 형제들에게:

미시간의 우리 형제인 아무개 씨가 큰 재앙으로 인해 우리의 도움을 필요로 합니다. 미시간 렉솔 클럽이 조사한 결과 그는 우리들 보다 더 큰 재난으로 고통당하고 있기에 그에게 도움을 주기를 호소합니다.

1912년 아무개 씨는 세 차례의 심장 수술을 받고 침상에 누워 있습니다. 1912년 12월 그의 왼쪽 팔 팔꿈치 밑으로 절단을 하게 되었습니다. 그 수술의 후유증인 정맥염으로 인한 것입니다. 1913년 5월 그는 왼쪽 다리마저 절단해야 했습니다. 이 수술마저 성공적이지 못하여 그는 회복을 위한 수술을 다시 한 번 해야 했습니다. 1913년 11월 그는 뇌와 허파에 혈전이 생겼습니다.

현재 아무개 씨는 힘을 내려 애써보지만 그의 금전적 상황이 악화되어 망연자실한 상태입니다. 친구들이 그를 돕기 위해 모든 것을 다 하고 있으나 의사의 말로는 다른 쪽 다리마저 절단해야 할 수도 있다고 합니다. 이 시기를 지나며 아무개 씨는 다른 이에게 사업을 맡기게 되었는데, 좋은 장비와 시설을 갖췄음에도 실적은 떨어지고 있습니다. 그는 현재 $4,500에서 $5,000의 부채를 안고 있습니다. 그는 항상 자신의 책임에 대해 철저한 사람이었기에 자신의 빚으로 인해 누를 끼칠까 크게 걱정하고 있습니다.

형제들이여, 아무개 씨의 불행은 우리에게는 충성심과 신념의 시험입니다. 우리는 렉솔인의 결속은 파트너십 정도가 아닌 형제의 그것이라 했습니다. 그것을 상기하여 우리의 형제에게 도움의 손길을 보내줍시다. 이 사건을 알게 된 유나이티드 드러그 컴퍼니는 $300을 임시 재정비용으로 보내 주었습니다.

사업자가 자신의 동료들에게 이런 편지를 보낸다는 것은 쉬운 일이 아니다. 사업을 하면서 이런 우정의 관계를 보이기는 쉽지 않다. "이 아무개 씨의 불행은 우리에게는 충성심과 신념의 시험입니다," "형제들이여," "우리 형제의 부채를," "심장에서 나오는 우정으로" 등의 표현이 렉솔에서는 이미 일반화되어 있었다. 이것은 렉솔 정신에서 나온 것이었다.

경영자 리겟의 어려움에 대해 주주 약사들이 지원하다
Stock-holder druggists support Liggett's hardships

• 리겟의 위기

약 8,000명의 렉솔-약사들의 세상이 기반부터 흔들린 시기가 있었다. 회사의 주가를 부양하기 위해 전 재산을 들여서 회사의 주식을 산 리겟이 주식가격의 폭락으로 파산하게 된 사건이었다. 리겟의 파산에 관한 이야기들과 뒷담화가 급속도로 번져갔고, 리겟은 체스트넛 힐즈의 그의 자택을 포함하여 그가 소유한 모든 것을 채권자들에게 양도한 상황이었다.

• 주주 약사들에 대한 편지와 렉솔 충성신탁 결성

처음에 주주 약사들은 어떻게 도울 수 있는지 몰랐다. 약사 대표들은 저당 잡힌 주식에 대한 행동을 일단 연기시키고 렉솔인들에게 편지를 썼다.

"여러분! 우리 빅보스에게 보스턴까지 들릴 정도로 큰 만세를 세 번 보내줍시다. 전보건 편지건 엽서건 보내줍시다."
"우리 중 누구라도 리겟의 경제력과 우리의 것이 다시 서는 모습을 꿈꾸고 있다면 이것을 이룰 방법은 단 하나입니다. 여러분이 운영하던 사업을 지금보다 훨씬 열심히 하여 기업을 강하게 세우십시오."
"월스트리트의 투기꾼들에게 렉솔정신이 뭔지 보여줍시다!"

이에 렉솔 충성신탁자금이라는 이름의 조직이 결성되었고, 전국의 렉솔인들의 의견을 모아서 모금 운동에 들어갔다. 렉솔 충성신탁자금의 조건은 6% 이자였고, 회수 날짜는 5년 뒤 1926년이었으며, 모금 목표는 리겟이 지고 있던 채무 금액인 3백만 불이었다.

- **프레드 로져스의 지원 연설**

10월16일 프레드 로져스가 뉴욕의 미팅에서 한 연설은 모두의 마음을 자극했다.

매우 사랑 받는 한 리더이자 총수에 관한 이야기를 하려고 합니다. 그가 만들고 지지한 기업이 공격을 당했습니다. 우리는 실망했지만 수천 통의 편지를 보며 그를 도울 수 있다는 확신이 생겼습니다. 이로 인해 '렉솔 충성신탁자금'이 생겨났습니다. 나는 렉솔인들이 이 상황에서 절대로 포기하거나 쓰러지지 않을 것이라는 것을 압니다. 만약 친구를 위해 일어날 렉솔인이 남아있지 않다면 그 순간은 우리가 패배한 것이지만 우리는 우리의 리더에게 우리가 그저 좋을 때만 친구가 아니라는 것을 증명하게 되리라고 확신합니다.

매번 그는 우리를 도왔습니다. 매번 그는 앞으로 있을 일에 대한 용기를 우리에게 심어주었습니다. 이제 우리가 그를 도울 때가 왔습니다. 우리가 힘을 모으면 충분히 도울 수 있습니다. 그가 지금까지 살아온 삶이 이제는 그에게 도움을 줄 때임을 보여 주어야 합니다.

우리는 3백만 달러를 모아야 하는데 큰 금액임을 압니다. 동의합니다. 그렇지만 우리는 세상에게 루이스 리겟이 여전히 큰 인물임을 증명할 것입니다. 그가 이룬 기업보다 그가 더 크다는 것을 증명할 것입니다. 그가 여전히 우리의 리더라는 사실을 증명해 줍시다.

- **회복**

주주 약사들은 루이스 리겟을 개인적 파산으로부터 보호할 자금을 마련했다. 60개중 3개의 은행이 저당권을 행사해서 제기된 금액이 $3,000,000이었지만 이 금액에 대해 약 50만 달러를 주식을 저당하여 갚았고, 11월이 되자 세 군데의 은행이 채권 해제를 하게 되었다. 이 캠페인이 일어난 지 약 3개월 후인 11월 15일 채권문제는 일단락되었고, 모든 가입자들에게는 6% 이자 보증서가 전달되었다. 그 후 리겟은 그의 신용을 3년 만에 모두 해결하였다. 그가 스스로 말한, '유나이티드 드럭 컴퍼니는 호두보다 단단하다'라는 말은 그대로 증명되었다. 그는 재정적으로 매우 힘든 시기를 보내긴 했지만 원상태를 회복할 수 있었다.

렉솔이라는 회사의 화려한 광고, 다양한 마케팅 활동 뒤에는 위대함을 유지되게 만든 리겟과 주주 약사들, 그리고 주주 약사들 간의 운명 공동체로서의 끈끈한 우정이 있었다. 쉽게 무너지지 않는 이 끈끈함이 렉솔을 렉솔답게 만들었고, 그 정신이 소비자들에게까지 전달되어서 렉솔에서 인간적인 애정을 느끼게 만든 것이다. 렉솔에서 로얄티는 없으면 생존이 불가능한 심장과도 같은 것이었다.

광고로 보는 렉솔의 약사들 - 1

약사들은 왜 **렉솔 제품을 선택했나**

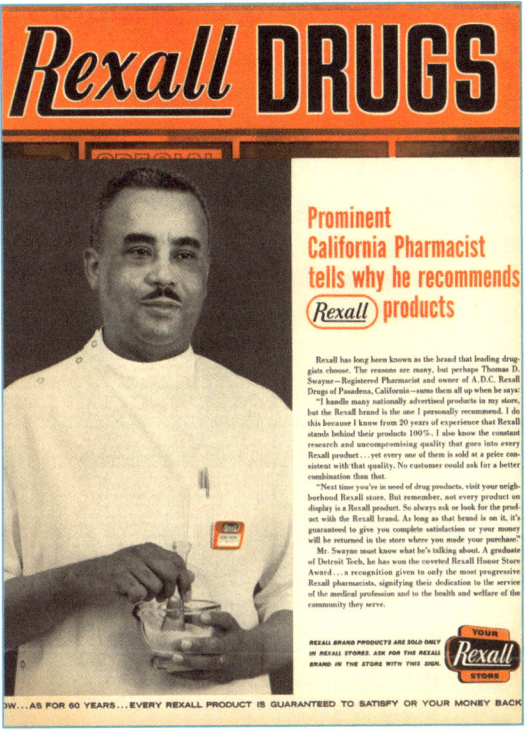

[Source:From the author's private collection]

렉솔은 오랫동안 앞서가는 약사들이 선택하는 브랜드로 알려져 왔다. 이유는 많지만, 아마도 토마스 D. 스웨인(등록된 약사이자 캘리포니아 파사디나의 A.D.C. 렉솔 약국 소유주)는 다음과 같이 말했다.

"우리 매장에는 전국적으로 홍보되고 있는 많은 제품들이 있지만, 나는 렉솔 브랜드를 추천합니다. 20년의 경험에 비춰볼 때 렉솔은 그들의 제품을 100% 보장해 주고 있기 때문입니다. 또한 렉솔 제품의 지속적인 연구와 타협하지 않는 품질에 대해 알고 있으며, 모든 제품들은 그 품질에 대해 동일한 가격에 판매되고 있습니다. 어떤 고객도 그보다 더 좋은 조합을 찾을 수 없을 것입니다."

"다음에 약품이 필요하시다면, 여러분 동네에 있는 렉솔 매장을 방문하세요. 그러나 진열된 모든 제품이 렉솔 제품은 아닙니다. 항상 렉솔 브랜드 제품을 문의하거나 찾아보세요. 완벽한 만족을 주지 못한다면 브랜드가 존재하는 한 구매한 곳에서 환불을 받을 수 있습니다."

스웨인 씨는 자신이 무슨 말을 하고 있는지 잘 알고 있는 것 같다. 디트로이트 기술대학교 졸업생으로서 그는 지역사회의 복지와 건강에 기여하고 전문적인 의료 서비스에 헌신한 사람으로 가장 혁신적인 렉솔 약사에게만 주어지는 렉솔 명예점포상을 수상했다.

광고로 보는 렉솔의 약사들 - 2

현대 의학의 유익,
당신 것입니다.

과학자들에 의해 의학 분야의 중요한 발견들이 이루어지고 있습니다.
오늘날 50% 이상의 처방전이 10년 전에는
알려지지 않은 약들을 포함하고 있습니다.
이와 같은 기술의 발달에 발맞추기 위해,
우리는 새로운 약들을 완벽하게 갖추고 있습니다.
의사의 처방에 대한 정확하고 신뢰할 수 있는
서비스를 받기 원한다면 당신의 처방전을 우리에게 가져 오세요.

Rexall 처방전 사업부서

등록된 약사가 항상 근무합니다!
작년에 Rexall의 약국에서 1억건 이상의 처방전에 대한
조제가 이루어졌습니다.

Source : From the author's private collection

광고로 보는 렉솔의 약사들 - 3

건강을 두고
도박하지 마세요!

렉솔 약사는 처방전에 대한 서비스를 전문으로 합니다.
처방전에 따라 능숙하고 효율적으로 조제하도록
전문적으로 훈련이 되어 있습니다.

그는 당신의 의사와 협력해
당신과 당신 가족의 건강을 지키기 위해 일합니다.
당신이 기대하는 신속하고 공손하고 믿을 만한
처방전 조제 서비스를 위해서
당신의 렉솔 패밀리 약사를 찾으십시오.

그를 신뢰하는 것은 정말 잘한 일입니다.

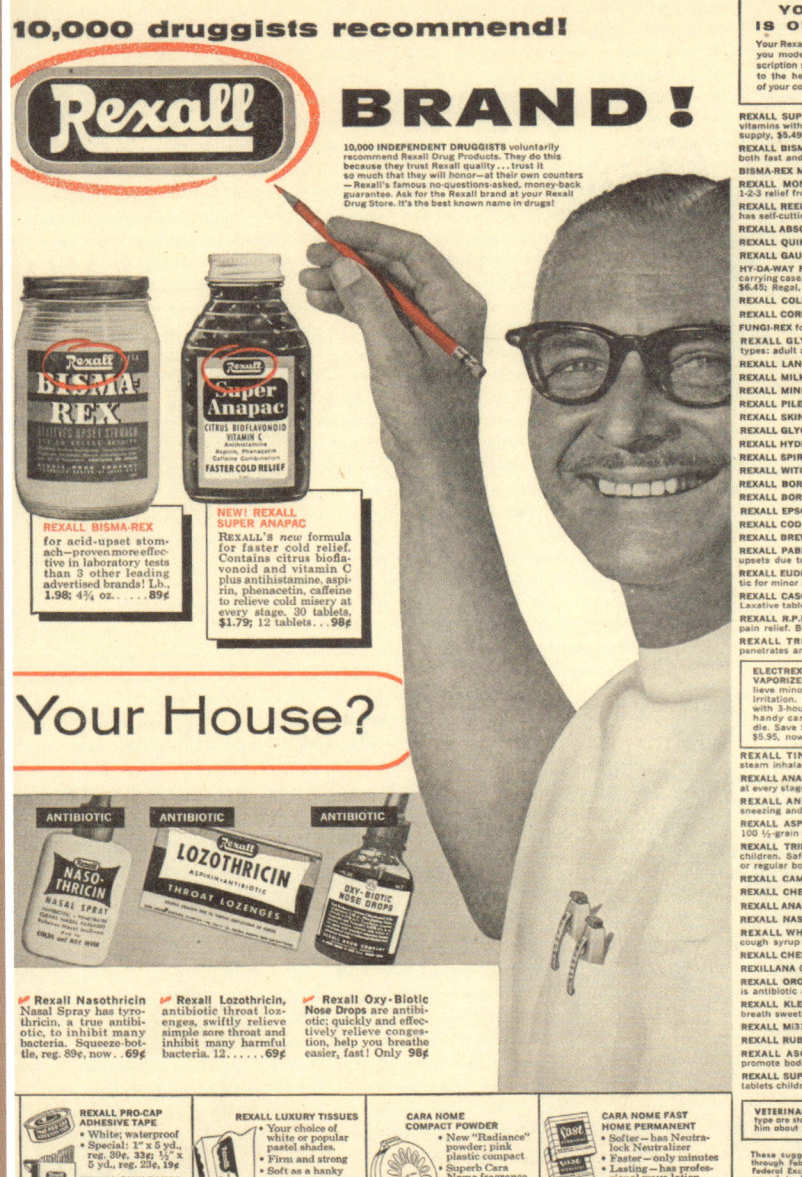

Source : From the author's private collection

광고로 보는 렉솔의 약사들 - 4

1만명의 약사들이 추천하는 **렉솔 브랜드!**

1만 명의 독립적인 약사들이 자발적으로 렉솔 제약 상품을 추천합니다.
그들이 이렇게 할 수 있는 이유는 렉솔 품질에 대한 신뢰 때문이며
자신들의 상점에서 렉솔의 환불 보증 서비스를 제공하고 있습니다.
당신의 렉솔 약국에서 렉솔 상품을 문의하세요. 의약품 중 가장 잘 알려진 이름입니다!

렉솔 비스마 렉스(Bisma Rex)

위산 과다에 - 연구소 시험을 통해 시중에 판매되는 3사 제품보다 효과적인 것으로 증명됨

새로 나온 렉솔 수퍼 아나팩(Super Anapac)

감기를 더욱 빠르게 해소하는 렉솔의 새로운 포뮬라. 시트러스 바이오 플라보노이드, 비타민 C 플러스 항 히스타민제, 아스피린, 페나세틴, 카페인을 함유해 감기 단계 중 어느 때라도 효과적.

당신의 집에는 있나요?

렉솔 나조트리신(Nasothricin) 비강 스프레이에는 타이로트리신이 들어 있어서 각종 박테리아를 억제합니다. 짜서 쓰는 통.

렉솔 로조트리신(Lozothricin) 인후염 항생제는 간단한 인후염을 빠르게 해소하고 각종 해로운 박테리아를 억제합니다.

렉솔 옥시 바이오틱(Oxy-Biotic) 점비약은 항생제로, 막힘을 빠르고 효과적으로 해소해 당신의 호흡을 쉽고 빠르게 도와드립니다.

11

렉솔약국과
소비자

Rexall Druggists and Consumers

렉솔의 관계 중심의 기업문화는 경영자와 종업원, 경영자와 파트너 약사들의 관계에서 뿐만 아니라, 약사들과 소비자들의 관계에서도 다른 기업들에서는 찾을 수 없는 우정을 만들어 냈다.

사실 렉솔약국 이전의 미국 약국들은 그저 제약회사의 영업사원을 통해 약을 매입해 판매하는 곳에 지나지 않았다. 병원에 다녀오면 조제된 약을 사기 위해 약국을 들르는 정도로 사람들은 인식하고 있었다. 병원과 마찬가지로 사람들의 인식 속의 약국은 아픈 사람들만 가는 곳이었다.

그러나 렉솔약국은 이런 소비자의 인식을 180도 바꿔 버렸다. 렉솔약국에는 처방전이 없어도 살 수 있는 일반 의약품이 구비되어 있었고, 수많은 생활용품들까지 비치되어 있었다. 렉솔약국은 한 도시 당 하나만 허가되었기에 렉솔의 브랜드를 단 제품은 그곳에서만 판매하고 살 수 있었다.

과거에는 조제대 뒤에서 제약회사의 영업사원과 손님이 오기를 기다리는 수동적인 소매상 역할이었던 약사들이 보다 주체적으로 활동할 여지가 생겼다. 그들은 더 이상 앉아 있지 않고 렉솔이 제공한 판촉 재료들을 활용하여 열정적인 판촉활동까지 하게 되었다. 판매대금의 상당 부분을 중간 도매업자에게 지급했던 것과 달리 본사에서 직접 공급받은 약품과 제품들을 주문하여 공장도 가격으로 공급받을 수 있었기 때문에 그들의 판촉은 곧 매출로 이어질 수 있었던 것이다.

사람들은 더 이상 아플 때에만 약국을 찾는 것이 아니라, 사람을 만나기 위해서나 참신한 신제품들이 새로 들어왔는지 궁금하여 약국을 찾게 되었다. 이제 렉솔약국은 마을 사람들이 그냥 지나칠 수 없는 사랑방과 같은 곳으로 자리 잡게 되었다. 현대의 스타벅스 역할을 당시에는 렉솔이 하고 있었다고 할 수 있다.

렉솔이 오랜 시간 동안 승승장구하며 사랑받을 수 있었던 것은 무엇보다 '신뢰' 덕분이었다. 이는 모든 면에 해당되는데 회사와 약사 간, 약사와 소비자들 간, 그리고 소비자와 제품 간의 신뢰를 말한다. 회사는 렉솔의 이름을 붙인 모든 제품에 책임감을 가지고 생산을 하였으며, 이를 아는 약사는 렉솔 제품을 강력히 추천할 수 있었다. 소비자들 또한 렉솔을 우선적으로 선택하게 만들었던 깊은 신뢰감이야말로 렉솔 브랜드를 끌어 갈 수 있었던 힘이었다.

이를 증명하듯이 렉솔약국은 리콜이 없기로도 유명했다. 그로써 소비자에게 렉솔약국은 좋은 약국이라는 인식이 오래도록 각인될 수 있었다.

당시 렉솔약국의 내부는 100년 전이라고는 믿어지지 않을 만큼 세련되게 꾸며져 있었다. 이는 소비자의 입장에서 끊임없이 고민한 본사와 약사들의 노력이

[렉솔약국] *Source : From Frank Sternad's private collection*

이뤄낸 결과였다. 매장 디스플레이를 하면서 소비자의 동선과 시선까지 고려한 것은 판촉의 일환이었다. 또한 약사들이 어떻게 옷을 입고 고객에게 응대해야하는지도 교육을 했는데, 덧붙여 소비자의 욕구를 파악하는 법까지 매뉴얼을 통해 철저하게 교육하였다. 이를 통해 당시의 어떤 경쟁자도 따라올 수 없을 정도로 렉솔 브랜드를 차별화시킬 수 있었다. 남녀노소 누가 가더라도 렉솔 약사들이 막힘없는 화제로 부드러운 분위기를 조성할 수 있었던 것은 이러한 노력에서 기인한 렉솔약국 종사자들의 경쟁력이었다.

렉솔이 다양한 부분에서 시대를 앞서간 위대함을 보이고 있지만, 그 중에서도 가장 중요한 것은 렉솔의 모든 것들이 사람을 향해 있다는 것이다. 긴 시간동안 렉솔과 함께 한 사람들은 렉솔을 만들고 이끌어간 사람, 렉솔에 속해 있었던 사람, 렉솔을 사용했던 사람들까지 렉솔과 관련된 것들은 약에 대한 이야기가 아니라 모두 사람에 대한 이야기라고 말한다. 그 오랜 시간 동안 사람들의 전폭적인 사랑을 받으며 발전하면서 자리를 지켜낸다는 것이 그리 쉬운 일이 아니다.

[고객 접대 교육을 위해 만들어진 사내교육 매뉴얼] *Source : From Frank Sternad's private collection*

렉솔약국은 애초에 마케팅적인 측면에서 사람들이 많이 드나드는 곳을 입지로 하였지만 렉솔약국이 생긴 곳에는 더 많은 사람들이 오가게 되었고 번화해졌다. 사람 속으로 들어가 사람을 모으고 사람을 이롭게 하겠다는 렉솔의 신념 덕분일 것이다. 단순히 회사의 이익을 위한 사업이 아니라 많은 사람들에게 공동체적 연대의 가족 의식을 심어 주겠다는 것은 처음 사업을 시작하던 시절부터 리셋이 꿈꾸었던 생각이었다.

"모두를 위한 하나, 하나를 위한 모두" (One for all, all for one)
렉솔에서 자주 인용되는 이 모토처럼 말이다.

Source : From Frank Sternad's private collection

사실 이러한 공동체 의식은 그 시절에는 당연한 것이었는지도 모른다. 번화가를 중심으로 형성된 마을의 구조나 좀 더 아날로그적으로 관계를 맺고 생활하던 시절의 이야기이기 때문이다. 하지만 지역에 하나씩만 있었던 약국을 중심으로 생겨난 렉솔 커뮤니티는 몇 가지 기능이 추가된다. 렉솔약국은 지역의 사랑방처럼 사람들이 모여 지역사회의 정보가 모이고 확산되는 기능을 했다. 또한 의료 시스템의 혜택이 부족했던 때에 상시 대기 중인 약사의 상담을 통해, 유용한 건강 상담이나 예방에 대한 정보를 얻을 수도 있었다.

언제부터인가 렉솔약사를 '렉솔 가족약사(Rexall Family Druggist)'라는 친근한 명칭으로 부르게 되었는데, 이 명칭은 후에 라디오 쇼 광고에서도 친절하고 전문적인 캐릭터로 활용되며 전국적인 인기를 얻게 된다. 가족약사라는 명칭은 렉솔이 지향하는 가치를 잘 보여주는 사례로, 공동체가 더 돈독해지는 데 큰 기여를 하게 된다.

렉솔을 기억하는 사람들은 렉솔의 약사나 직원들만이 아니다. 아직도 렉솔약국을 중심으로 해서 벌어졌던 추억담을 이야기하는 사람들을 종종 발견하게 된다. 다음은 유명 블로거인 아니타가 몇 년 전 자신의 블로그에 올려 많은 이들에게 호응을 얻고 공감을 받은 내용이다.

[모퉁이 약국이 아니라면 노인을 위한 카운터는 없다.]

Corner Drug Store, or No Counter for Old Men

Posted by Anita / Wednesday, August 4, 2010

렉솔약국은 내가 살던 작은 마을에 있던 두 개의 약국 중 하나였다. 이상하게도 이 작은 마을에는 한 개가 아닌 두 개의 약국이 있었다. 두 개나! 모퉁이에는 렉솔이라는 약국이 있었고 다른 곳의 이름은 기억이 나지 않는다. 두 약국은 작은 길 하나를 놓고 나란히 서 있었다. 어린 나이의 내가 느낄 때에도 두 약국은 눈에 보이지 않는 간격이 있는 것처럼 차이가 있었다. 우리 가족은 소다수 식수대가 있는 반짝이는 새 렉솔약국이 아닌 우리 아버지의 이름을 기억하는 오래된 판자와 낡은 바닥으로 된 오래된 약국을 이용했다. 목재로 지어진 파이 형태의 스툽형 건물로 문지방이 있던 것을 기억한다. 출입문은 나무틀로 된 유리로 되어 튼튼하고 무거워서 열고 닫을 때마다 창문에 걸린 영업사인이 흔들렸다. 요즘은 손님이 넘어지면 손해배상을 요구하는 세상인데, 왜 높은 문지방을 없애지 않았을까? 궁금해진다.

이 약국은 결국 파산하여 새로운 렉솔이 처방약, 로션과 포션(Potions), 그리고 소다수를

Source : From the author's private collection

갖추고 마을의 필요를 채워주게 되었다. 그 곳에는 긴 카운터에 스툴이 놓여있었고 카운터 뒤는 끝내주는 스테인리스 서랍장과 펌프기와 국자들 사이에는 진귀한 시럽들과 토핑들이 진열되어 있었다.

카운터 이외에도 서너 개 혹은 다섯 개의 테이블이 놓여 있었다. 매일 아침이면 적어도 한 테이블에는 남자들이 자리를 잡고 커피를 마시며 담소를 나누곤 했다. 어쩌면 모닝커피를 마시며 친구에 대해 이야기 하거나 아이들 얘기 혹은 1970년대의 폭동과는 다르지만 정부를 비판하곤 했을 것이다.

사실 이들의 내면에는 서로를 연결시켜주는 무언가가 있었다. 전쟁의 끈이었다. 매일 만나는 얼굴들은 조금씩 다르지만 그들은 모두 함께 전쟁을 치르고 왔다. 그들은 서로 어깨를 대고 전투를 하지 않았지만 한 때 독일군이나 일본군을 맞서 싸운 이들이었다. 그들은 추운 겨울을 독일에서 함께 보냈고 괌의 더위 속에서 함께 휴식을 취했다.

그들이 살고 있던 작은 도시가 그들이 경험한 세상의 전부였지만 국가가 그들을 필요로 했을 때 겪어보지 못한 세상을 향해 나아갔다. 그들은 주고 또 주고 아낌없이 주었다. 그들은 집에서 좋은 시간을 보내지 못한 것이나 대학에 진학을 못한 것이나 그들이 하고 있는 일의 옳고 그름에 대해 비판적인 생각을 하지 않았다. 일본이 진주만을 폭격했을 때 그들은 모든 것을 포기하고 그들이 해야 할 일을 선택했다. 그리고 몇십 년 후 렉솔약국의 테이블에 앉아 건너편에 앉은 친구를 바라볼 때, 그들이 겪은 독일의 추운 겨울에 모닥불 맞은편에 앉아있던 친구를 바라보고 있던 것이 아닐까 하는 생각을 하게 된다.

이들은 불황기에 성장했기에 삶에 대해 불평하는 것이 시간 낭비임을 잘 알고 있었다. 그들은 전쟁에 참전하여 살아남았고 그들이 사랑하는 아내와 그들의 빈자리에서 태어난 어린 아이들에게 돌아가 남편과 아버지로서 최선을 다해 가족들을 부양했다. 이 남자들은 진정한 사나이였으며, 사나이답게 최선을 다해 일했고 사랑하는 여인을 만나 결혼하고 가정을 지탱하며 그들의 세계에 기여했다.

그들은 일에 대한 영광이나 대가를 바라지 않았다. 그들은 현재 누리고 있는 것으로 만족했다.

[출처: 아니타의 블로그, 2010]

렉솔약국이 배경이 된 잔잔한 영화 한 편이 머릿속에 그려지는데, 힘든 시절을 견디고 일상을 나누며 공감하고 서로의 안부를 묻는 공간으로 그려진 렉솔약국의 모습이 많은 미국인들에게 아직까지도 남아있는 렉솔의 모습이다.

[보물 같은 새 책을 찾는 어린 시절의 기쁨이란]

How it is: The childhood rush of finding a gem of a new book
Brent MacKinnon
Posted:04/14/14,

나는 매일 저녁 아버지의 굳은살 박인 손바닥에 니코틴이 절은 손가락 사이에 내 손을 살짝 얹고 일일 순례의 길을 떠났다. 메인 스트리트 코너 모퉁이에 "어서 오셔서 렉솔과 함께 쉬세요"라는 간판과 화사한 노랑과 흰색으로 곱게 단장되어진 약국은 오가는 사람들을 환영하듯 항상 그곳에 있었다.

동네 남자들은 빨간 네오프렌(neoprene) 회전의자에 비스듬히 앉아서 스포츠 이야기를 하거나 커피를 마시며 카운터 너머에서 재고 정리를 하는 약제사의 딸에게 집적거리곤 했다. 아버지는 자리를 잡고 멜빵을 느슨하게 고쳐 맨 후에 나를 잡고 있던 손으로 내 바지자락을 단정하게 정리하고는 모퉁이에 책장을 가리키며 고개를 끄덕이셨다. 나는 아버지와 함께 렉솔 의식을 치르고 감기약이 진열된 복도를 지나 나의 신성한 은둔처인 어린이를 위한 골든 북스 코너로 향했다.

나는 마치 전문가처럼 익숙한 눈길과 호기심을 가득안고서 3층 책장 속에 감추어진 신간을 찾기 위해 모든 신경을 동원했다. 흥분에 찬 환희! 찾았다! 머리를 곱게 땋은 소녀가 세 명의 우스꽝스러운 캐릭터들과 함께 노란 양귀비 들판에서 개와 함께 춤추고 있었다. 내 뒤에서 들리는 약국 카운터의 소란스러운 소리와 함께 로스앤젤레스는 마녀의 솥에서 피어오르는 연기처럼 순식간에 사라져 버렸다.

홀린 듯 나의 손은 다른 차원으로 향했고 황금색 책등을 만졌다. 나는 '마법사'(wizard)라는 단어를 소리 내어 읽으며 아버지가 회사 상사를 칭하는 '와이젠하이머' (구어: wisenheimer라는 독일어로 아는 체하는 사람이라는 뜻을 갖고 있음)와 연관이 있는지 생각에 빠져 들었다.

새 책 냄새는 매번 나를 언어의 몽상으로 빠져들게 했다. 골든 북스 책 속에 있는 그림들은 환상적이지만 페이지 수가 너무 적어서 나는 책을 두 손에 꼭 쥐고 그 순간을 최대한 만끽했다. 한 사람에게 주어진 평생의 시간이 호기심과 달콤함으로 순식간에 흐르듯 비로소 책을 펼 준비가 되었다. 따끈한 새 책이었다. 사람 손을 타지 않은 그 책은 책을 펴려는 나의 두 엄지손가락을 향해 저항하는 듯 했다.

Source : From the author's private collection

페이지 사이에 빛나는 스테이플 양 옆으로 삽화가 펼쳐졌다. 내 눈 앞에는 에메랄드 도시가 펼쳐졌다. 크리스털 녹색의 건물들과 거리들, 동물들과 사람들, 나를 책으로 녹아들게 만드는 영롱하고 역동적으로 살아있는 듯한 에메랄드 색. 내가 녹색이라면 어떤 느낌일지 느낄 수 있었다. 나의 미래가 마치 투명하고 단단한 그것과 연결되어 있던 것 같았다. 에메랄드!

시간이 얼마나 지났을까? 알 수 없었다. 천천히 아쉬운 작별의 시간이 다가오며 나는 다시 약국 안에서 책을 두 손에 쥐고 서 있는 소년으로 돌아왔다. 그러나 에메랄드 도시는 이제 내 안에서 이 문 밖에 있는 전차가 현실이듯 현실이 되어 있었다.

수십 년이 지나도 내 안에 있는 에메랄드 도시로 돌아갈 때면 우주 어딘가에 내가 평안히 쉴 수 있는 안전하고 좋은 것들로 가득한 곳이 되어 내게 안식을 주었다. 지금까지 살아온 60년이 얼마나 많이 그 순간을 통해 빚어졌는지 모른다. 정글과 섬들, 베트남의 녹색 위장, 녹색 자동차, 열대 우림, 옷가지들, 야채 정원, 방의 벽지, 녹색건강 음료, 녹색 페요테, 그리고 녹색 눈빛의 여인들. 수년이 지난 오늘 밤 녹색 스웨터 셔츠를 입은 노인이 된 지금도 나는 앉아 꿈을 꿀 때면 에메랄드 우주에 녹아져 내린 어린 소년이 된 나를 발견하게 된다.

[출처: 브렌트 맥키넌, 2014]

노인이 된 소년의 이 옛날 이야기는 마음을 따뜻하게 만든다. 여전히 많은 수의 미국인들은 렉솔을 생각할 때, 이런 판타지 동화책의 한 장면처럼 기억하고 있다. 렉솔약국은 소비자들에게 상인과 손님의 관계가 아닌, 옛 추억 속에 살아있는 고향집, 그리고 그 고향집에 살고 있는 부모님과 형제들의 모습을 기억하는 것 같은 감흥을 가져다준다. 대체 지구 어느 다른 기업이 이런 정서를 소비자들에게 줄 수 있을까?

12

렉솔과 종업원들
Rexall and Employees

리겟은 렉솔에 종사하는 사람들 모두를 '가족'으로 만들기 위해서 노력했다. 리겟은 전국의 모든 약사들과 직원들을 파트너라고 부르며 때때로 아들이나 딸이라고 부르기도 했다. 늘 애정과 격려를 아끼지 않았고 좋은 결과를 내도록 도우려는 뜻으로 기회와 조언을 제공했다.

렉솔에서 근무했던 사람들의 이야기를 모아보았다. 렉솔을 삶의 터전으로 삼고 있는 약사들과 직원들에게 렉솔은 어떤 회사였을까? 모든 사람의 이야기는 아니지만 매체의 인터뷰나 전화 통화, 그리고 렉솔에 관련된 책을 통해 만나 본 사람들의 이야기들이다.

렉솔은 직원들에게 더없이 좋은 회사였습니다. 회사에 가기 싫었던 적이 없었어요. 매일 새로운 일이 생겼으니까요. 어떡해야 해고가 되는 건지 전혀 알지 못할 만큼 안정감을 느끼고 지냈어요. 회사는 장애인에게도 똑같은 기회를 주었습니다. 장애인 고용이 의무화되기 전의 일이었죠.

Source : From Frank Sternad's private collection

렉솔에 몸담았던 사람들의 모임인 '렉솔 은퇴인 클럽(Rexall Retirees Club)'에는 현재까지도 50여 명이 넘는 회원들이 활동 중인데 그 중 30년 간 렉솔에서 근무했던 회원의 유쾌한 회고담이었다. 그들 중에는 리겟을 만나본 사람도 있었고 리겟이 은퇴한 후 입사한 사람도 있었다. 그렇지만 모두 리겟의 가족 정신에 대하여는 잘 알고 있었다.

"렉솔의 기업 정신은 사랑입니다. 서로 돕고 서로 사랑하고 협력해서 결과를 함께 만들어가는 아름다운 과정이 우리의 큰 자산이라고 생각해요."

또 다른 회원은 렉솔에서 65년을 보냈다. 그는 입사 후 교육을 마치고 연구실 관리직원으로 일할 때 리겟을 만난 적이 있었다고 한다. 그러나 리겟을 알아보지 못하고 업무 매뉴얼에 따라 리겟의 연구실 접근을 막았다고 한다. 긴급히 연구샘플을 전달해야 했던 리겟은 이로 인해 난감했음에도 불구하고 그 직원을 크게 칭찬했다. 그 후 리겟은 연구실을 방문할 때마다 바쁜 시간을 쪼개 그를 찾아 아이들 근황을 물었고 둘째를 가졌을 때는 태어날 아이보다 더 큰 테디베어 인형을 선물해 주었다는 일화를 털어 놓았다. 알고 보면 렉솔의 시대는 미국 국민들이나 자신들에게 가장 좋았던 시절이라고 다들 입을 모았다.

Source : From Frank Sternad's private collection

"저는 1957년 7월 오하이오 주 콜럼버스 렉솔에서 일하기 시작했습니다. 아이들 교육 문제로 이직을 결심할 수밖에 없었는데 그때는 내가 얼마나 좋은 환경에서 일했는지 알 수 없었어요. 한 달을 쉰 후에 다른 약국에 이력서를 냈는데 면접도 없이 바로 출근을 통보 받았어요. 렉솔약국에서의 경험을 인정받은 거였죠. 새로운 약국에서 일을 하면서 비로소 나는 렉솔로부터 얼마나 좋은 교육을 받았는지 깨닫게 되었어요. 렉솔은 새로운 일에 빠르게 적응할 수 있는 분야별 전문 교육시스템을 갖추고 있었습니다. 그 교육프로그램 덕분에 어떠한 일이 주어지더라도 주눅 들지 않고 자신감이 생겼어요. 더 좋은 직장을 구하는데 렉솔의 경험은 귀중한 자산이 된 거죠.."

그들이 기억하고 추억하는 렉솔은 참 다양하고 다채롭다. 렉솔에서 경험했던 이벤트나 마케팅이 워낙 다양했기 때문일 것이다. 1센트 세일은 소비자뿐만 아니라 직원들에게도 기다려지는 행사였다고 들뜬 표정으로 대답하는 회원도 있었다.

"전국에 엄청 많은 렉솔 가족 약사들이 있었습니다. 그들 모두를 알지는 못했죠. 우리는 멀리 근무하기 때문에 처음 보는 사람이든, 지역의 소규모 미팅에서 만나는 사람이든 렉솔이라는 이름 하나만으로 가족이라고 여기고 친근감을 느꼈습니다. 일 년에 두 차례 열리는 1센트 세일이 가장 기다려졌었죠."

많은 이들이 렉솔을 은퇴했어도, 렉솔약국이 사라졌어도 끝이 아니라고 이야기한다. 그들에게 렉솔은 직장 이상의 더 특별한 무엇이었던 것 같다.

"렉솔은 단순한 회사가 아니었습니다. 렉솔은 많은 사람들이 충성을 바치는 일종의 종교였습니다. 회사는 재미있는 회합과 크리스마스 쇼를 개최했고 우리는 오랫동안 지속되는 유대를 형성했습니다. 저는 아직도 한 달에 한 번씩 은퇴한 렉솔 약사와 점심 식사를 합니다. 여러 렉솔 영업 사원들과 전화 통화를 하고 이메일을 주고받고 있습니다. 렉솔은 많은 새로운 아이디어를 시도했습니다. 저는 이들의 아이디어가 아직까지도 사용되고 있는 것을 보곤 합니다. 이를테면 많은 소매 매장이 렉솔의 1센트 세일과 같은 콘셉트를 이용하고 있죠."

렉솔에서 38년 간 근무했다는 한 남성의 미망인은 이렇게 말하기도 했다.

"남편이 회사에서 일하는 동안 저 역시 렉솔에 충성심을 가지게 되었습니다. 자랑스러워할 만한 회사였고 실제 우리는 그 회사를 무척 자랑스럽게 생각했습니다."

현대를 사는 우리 중 얼마나 많은 사람들이 직장을 생계의 수단 이상으로 생각하며 살아갈까? 얼마나 많은 사람들이 돈을 벌기 위해 가는 곳이 아니라 또 다른 가족이 있는 곳이라 생각할까? 다음 날 출근을 기대하며 살까? 단지 출근하고 싶은 직장이라는 사실 만으로도 리겟이 꿈꾸었던 렉솔의 가족 정신은 제대로 뿌리 내렸다는 것을 알게 된다. 직원들에게 아들, 딸이라고 칭했던 리겟의 진심이 통했던 것이다.

Delta Rexall 약국 개장
McMullen Herbert E.(사진작가, Hillsboro Studio, Hillsboro, Oregon)

흑백의 이미지로 되어 있는 약국 밖에 늘어선 긴 줄은 대부분 여성들과 어린이로 구성되어 있다. 전경에 있는 한 여성은 그녀의 손에 풍선을 들고 있고, 그 뒤에 있는 그녀의 어린 아이는 세 개의 풍선을 들고 있다. 두 사람 모두 그 약국을 떠나고 있는 것처럼 보인다. 모자를 쓴 몇몇 남자들이 연석으로부터 이 줄을 쳐다보고 있다.

네온사인이 이 약국을 광고하고 있다; 그 뒤에는 다른 Shake Shop, Dorothy 여성 의류점, 상업은행을 광고하는 네온사인들이 있다. 이 약국은 1890년에 설립되었지만, 1940년대에 두 번의 다른 '재개장'이 있었다. 아마도 이 이미지는 1949년에 있었던 나중의 개장에서 찍은 것 같다.

13

렉솔의
편지 문화
Rexall and its Letters

리겟은 1903년 유나이티드 제약을 설립한 이후 1923년까지 20년 넘게 주주 약사들에게 편지를 썼다. 약사들의 지역이 전국으로 확대되면서 모든 지역을 돌아볼 수 없게 된 그가 대안으로 삼은 것이 바로 이 '친애하는 파트너에게'라는 편지였다. 20년 동안 그는 268통의 편지를 썼다고 알려져 있다. 그는 이 일만큼은 광고부서에 맡길 생각이 없었다. 그가 밤을 지새우며 이 편지에 몰두했다는 이야기도 있다.

그의 편지는 항상 'Dear Pardners'로 시작된다. 원래 Partners로 해야 맞지만, 그는 친밀감을 표시하기 위해 발음이 나는 그대로 Pardners로 표기했다. 파트너들에게 대한 그의 애정과 진정성이 어느 정도였는지 가늠해 볼 수 있다.

이 일은 그의 회사가 설립된 후 5개월이 막 지났을 때부터 시작되었으며, 이맘때 리겟의 동료들은 그가 젊은 나이에도 불구하고 매우 깊은 생각을 가진 사람이라는 것을 모두 알고 있었다. 그가 천재성을 지니고 있다는 것도 여기저기서

[렉솔 영업직원들이 신문에 광고가 기재된 1센트 세일을 보고 있다.] *Source : From Frank Sternad's private collection*

확인할 수 있었다. 그는 다방면에서 좋은 성품을 지니고 있었다. 그는 스코틀랜드인이었으며 네덜란드인이었고 미국인이었는데 특히 그는 미국인이었다. 대체로 그는 매우 인내심 있고 관대했다. 그의 부하직원들이 실수를 하면 그들을 질책하는 대신, 바로 잡아주고 어떻게 해야 하는지 알려주었다. 그는 좋은 선생의 기질도 갖고 있었다. 그는 사람들에게 용기 있고 올바르게 행동하도록 가르쳤다. 그는 항상 의리 있고 인간적인 사람이었다. 때로는 강한 면을 보이며 사업을 운영하고 한편으로는 자상한 친구였다. 경제나 재정 관리를 딱히 배운 것도 아닌데 그는 모든 어려운 문제들을 스스로 해결해냈다. 그의 뇌는 마치 한편은 인간적인 부분으로 사람들을 생각하고 한쪽은 따로 구분되어 일을 생각하도록 하는 특이한 구조인 듯 했다.

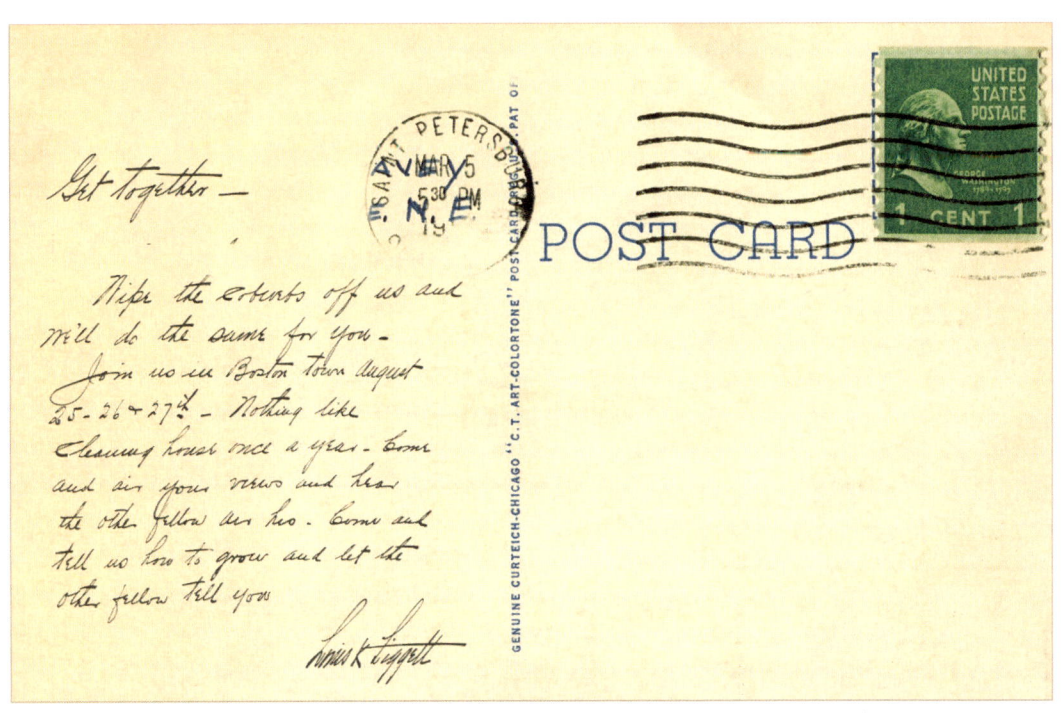

[루이스 리겟의 친필 편지] 이 '친애하는 파트너에게' 편지는 미국 기업에서도 매우 독특하다. T로 철자를 쓰지 않고 D로 철자를 쓴 것은 (Dear Partners -> DearPardners) 친밀감의 표시이면서 동시에 그것이 입에 더 잘 붙기 때문일 것이다. 생각나는 것을 그대로 펜으로 옮기던 그에게는 굳이 의도적으로 간결하게 할 필요도 없었다.

Source : From the author's private collection

편지를 통해 그는 주주 약사들에게 자신의 생각을 매우 생생하게 표현했다. 판매를 잘 하는 방법에 대해서도 아끼지 않고 알려주었다. 그는 항상 솔직했는데, 때론 지나칠 정도로 솔직했다. 이 편지들은 많은 약제사들에게 큰 영감을 주었다. 리겟은 편지를 받는 이 사람들을 모두 개인적으로 잘 알고 있었기 때문에 그들 각각에 맞게 조언을 해 줄 수 있었다. 그의 기억력은 어마어마했다. 그는 거의 모든 것을 기억했다. 그가 자신의 일에 온 마음을 다했기 때문으로 생각된다. 우리는 모두 살면서 정말 아끼는 것은 잊지 않기 때문이다.

루이스 리겟이 1903년에 처음 보낸 편지는 다음과 같다.

친애하는 파트너에게
<비놀의 목소리> 연재의 편집일로부터 손을 뗀지도 꽤 됐고 여러분과 더 가깝게 다가가야겠다는 생각이 들어 이제부터 2달에 한 번씩 편지로 찾아가길 원합니다.

이제부터 여러분에게 보낼 편지에는 주로 렉솔에 관한 이야기가 주를 이루지만 여러분이 렉솔 이외의 다른 물건도 취급하는 것을 기억하기에 내가 출장을 다녀 올 때 여러분에게 도움이 될만한 정보들을 찾아서 함께 보내드리도록 하겠습니다. 여러분이 렉솔 제품만 고집하기를 원하는 것이 아니라 더 많은 관심을 가져주길 바랄 뿐입니다.

유나이티드 드러그 컴퍼니의 주주들은 파트너입니다. 그렇기에 여러분은 총책임자인 저의 보고서를 받게 될 겁니다. 우리가 하는 일이 전국적으로 알려지며 많은 이야기들이 들리는데 우리를 시샘하고 질투하는 데 비해 그렇게 심한 비난은 없는 것 같습니다. 반대로 우리가 지금하고 있는 광고나 패키지 스타일은 전국적으로 좋은 평판을 받고 있습니다.

전체적으로 보면 렉솔은 사람 간의 관계를 중요시하며 그 위에 뿌리를 탄탄히 내리는 구조를 가지고 있었다. 렉솔이 추구한 가치는 새로운 관계를 맺고 영역을 확장하며 충성심과 신뢰를 주고받으며 함께 성장하길 바라는 관계로 성장하는 것이었다는 것을 알 수 있게 한다. 소통은 렉솔의 중요한 경영방식이었다.

리겟이 전하고자 했던 이 렉솔만의 공동체적 경영법이 직원들과 약사들에게도 통했을 것이다. 편지 형식을 통한 리겟과 약사들의 소통은 자연스럽게 약사를 넘어 소비자에게까지 전달되곤 했다.

그래서인지 렉솔의 이야기 중에는 유난히 편지에 관련된 일화가 자주 등장하곤 한다. 광고에도 편지를 이용한 내용이 상당히 많이 나타난다. 편지라는 것이 가장 오래된 소통 수단이면서도 가장 따뜻한 마음 전달 매개체라는 점 때문에 이를 많이 활용했던 것 같다. 전국 수백 명의 약사들에게 편지를 쓰면서 마음을 전하고 회사의 비전을 보여주는 리겟처럼, 렉솔의 약사들도 맡고 있는 지역의 소비자들에게 종종 편지를 쓰곤 했다.

그들은 마을의 사정을 누구보다 잘 아는 사람들이었고, 사람들의 이야기에 관심을 갖는 공동체의 일원이었다. 마을에 누군가 이사 왔을 때 그들이 보내는 편지는 새로 이사 온 사람의 마음을 여는 마을의 환영인사이자 생활의 편리를 제공할 약국을 홍보하기에도 좋은 방법이었다. <렉솔 매거진>을 통해 소비자들이 렉솔로부터 받은 편지들이 종종 소개되기도 했다.

미국에서 가장 살기 좋은 우리 마을에 오신 것을 환영합니다. 우리 마을이 가진 따뜻한 분위기와 인심 좋은 이웃을 만나시면 머지않아 우리 마을을 고향처럼 좋아하시게 될 것입니다. 어려운 일이 있으면 저희 약국을 찾아주세요. 저희 약국에는 건강에 관한 지식뿐만 아니라 마을의 모든 정보를 가지고 있답니다. 언제든지 들려 드리겠습니다.
우리 약국은 중심지에 위치하기 때문에 마을 어느 쪽에서도 쉽게 오실 수 있습니다. 모두에게 빠르고 정확한 서비스를 제공한다고 알려져 있답니다. 여사님께 하루빨리 보여 드릴 기회가 오기를 고대하고 있겠습니다.

우리 약국에는 렉솔의 모든 제품을 만나보실 수 있는 이 타운의 유일한 약국입니다. 우리는 렉솔에서 제조하는 모든 약품을 보증하기 때문에 만족을 약속하는 완벽한 환불 보증 하에 모든 물건을 판매하고 있습니다. 쓰시던 렉솔 제품과 영수증을 가지고 파란색과 노란색 렉솔 간판이 보이는 약국에 들르시면 언제든지 환불해 드립니다. 우리 약국의 조제 파트는 등록된 전문 약사들이 맡고 있으며 구할 수 있는 가장 완벽하고 안전한 약품으로 조제할 것을 약속드립니다.

렉솔약국 올림

[사람의 감수성을 자극하는 렉솔의 광고] Source : From the author's private collection

낯선 도시로 이사 오자마자 이런 편지를 받는다면 마음이 놓이고 든든한 느낌이 드는 건 당연한 일 아닐까?

신생아에게 보내는 독창적이고 재미있는 편지가 소개된 적도 있다. 이 편지는 많은 사람들의 호응을 받았는데, 초보 엄마의 마음을 움직이는데 이보다 더 좋은 방법은 없었을 것이다.

아기에게

방금 이 넓고 아름다운 세상에 네가 도착했다는 소식을 들었단다. 네가 이 세상에 와 주어서 기쁘구나. 두 팔 벌려 환영한다, 예쁜 아가야.

나는 렉솔약국의 약사 아저씨란다. 우리는 아기들을 좋아해. 우리는 새로운 환경에 적응하는 아이의 어려움이 무엇인지 잘 알고 있단다. 밤이면 가끔 배가 아프기도 할 거야. 걱정할 필요 없단다. 우리가 "아야" 한 곳에 딱 맞는 예쁘고 귀여운 온수 포병을 보내줄게. 아픔이 느껴지면 엄마에게 작은 온수 포병에 뜨거운 물을 넣어서 네 '조그만' 배에 올려 달라고 해. 금방 나을 거야. 햇볕이 따뜻한 날에 유모차를 타고 외출하게 되면 엄마에게 렉솔약국에 데려다 달라고 해. 우리와 친해질 수 있게 말이야.

Source : From the author's private collection

무럭무럭 자라서 엄마 심부름을 할 정도로 커지면 여기 렉솔약국으로 오렴. 다른 아이들도 다 그렇게 한단다. 우리는 어른들처럼 아이들의 건강한 모습을 보면 항상 즐겁거든. 우리 약국에 오면 언제나 친구들을 만날 수 있을 거야. 너의 앞날에 하늘의 축복과 행복이 항상 가득하길 바란다.

렉솔약국 올림

그 아이가 자라면서 렉솔약국의 단골이 되었을 것은 굳이 확인하지 않아도 알 수 있는 일일 듯하다. 이런 소통을 통해 동네의 약사와 소비자 간에는 의리로 맺어진 끈끈한 관계가 형성될 수밖에 없었다고 렉솔의 은퇴자들은 기억한다.

"렉솔의 고객들은 대단히 충성스러운 사람들이었습니다. 렉솔약국에 자신들이 찾는 필요한 제품이 있으면 가까이 있는 다른 가게 대신 렉솔에서 제품을 구매하는 사람들이 많았죠. 주인과 손님 관계를 떠나 그냥 의리로 뭉쳐졌던 관계랄까요? 살 것이 있든 없든 정기적으로 들러서 서로의 안부를 묻고 건강을 체크하고는 했지요. 저희들도 약사로서 그런 것에 자부심을 가졌고요. 다른 곳이 아닌 렉솔이라서 가능한 일들이 그 때는 있었습니다."

1925년, 그때의 여성들도 미용에 신경을 많이 쓰게 되었다. 이 시기에 이런 편지를 받은 부인들은 어떤 표정이었을까?

여사님들께

아름다운 얼굴을 꿈꾸고 계시는 여러분을 위해 준비 했습니다.
다음 주 월요일부터 일주일동안 미용전문가를 어렵게 초빙하였습니다.
건강한 피부와 매끄러운 얼굴을 탱탱하게 유지하고 싶으시면
모공으로부터 분비되는 이물질과 먼지로부터 축적되는 불순물을 매일 제거해 주어야 한답니다.
이러한 불순물이 피부에 남아 모공을 막고 피부가 숨 쉬는 것을 방해 하거든요.

소홀하면 노화가 촉진되고 안색이 어두워져 아름다운 얼굴을 유지할 수 없습니다.
얼굴 마사지가 필요합니다.
방법이요? 아주 간단합니다.

Source : From the author's private collection

미용 전문가가 얼굴은 물론 두피와 모발을 효과적으로 관리할 수 있는 비밀을 알려 줄 것입니다.

아쉽게도 소수의 인원만 참여 하실 수 있습니다.
여러분께 가장 먼저 드리는 정보입니다.
관심 있으시면 저희에게 2~3일 내로 연락을 주시면 바로 예약에 도움을 드리겠습니다.
무료 얼굴 마사지에 30분만 투자해 보세요.

렉솔에서 편지 방식의 자유로운 의사소통은 하나의 기업문화로 자리 잡았다.

종종 회사의 관리팀도 딱딱한 서류 대신 편지를 이용해 약사들에게 여러 가지 의견을 묻곤 했다. 편지글로 시작되는 설문지는 한결 협조적이고 세세하게 의견을 모으는 역할을 했는데 회사로서는 문제점을 파악하고 약사들로서는 의견을 피력할 아주 좋은 기회로 활용되었다. 회사 관리팀에게는 찬성의 의견이든, 반대의 입장이든 의견을 듣는 것이 가장 중요하므로 이런 방식으로 사용하는 것이 매우 유익했을 것이다.

다음 질문에 대하여 여러분이 솔직히 답해주신다면 판촉 서비스를 개선하는데 도움이 될 것입니다. 기입을 마치고 서명을 한 후 보스턴의 판촉부로 반송해주시기 바랍니다.

디스플레이의 패널 배치가 마음에 드십니까?
(Does the display panel layout work into your favor?)
패널이 더 필요하십니까?
(Do you require more panels?)
색깔이 들어간 배경이 마음에 드십니까?
(Do you like the background with the color?)
각각의 디스플레이에 다섯 장의 광고 전단이 충분합니까?
(Do you have enough advertisement fliers for each five displays?)
구매 권유에 관하여 제안할 것이 있습니까?
(Do you have anything you want to propose for sales pitch?)
광고에 관하여 제안할 것이 있습니까?
(Do you have anything you want to propose for the advertisement?)
가격표 배치가 만족스럽습니까?
(Are you satisfied with the price list layout?)
디스플레이 재료가 제 때에 도착합니까?
(Do your display materials arrive on time?)
일주일에 두 개의 디스플레이가 충분합니까?
(Are two displays a week sufficient?)
일간/ 주간 매출표를 이용합니까?
(Do you use daily / weekly sales table?)
제안 카드를 이용합니까?
(Do you use suggestion cards?)
서비스 개선에 관한 제안 사항이 있습니까?
(Do you have anything to propose to improve service?)

우리가 만약 렉솔약국이 보내는 이런 편지들을 받는다면 어떤 기분이 들까? 세련되게 잘 광고하는 것 같으면서도 아주 사적이고 친절한 렉솔의 이런 편지들은 사람들의 마음을 움직이기에 충분해 보인다.

어떤 일이든 서로 통하도록 항상 채널을 열어두는 렉솔의 방식은 사람이 하는 일에서 무엇이 가장 중요하고, 무엇을 가장 우선으로 삼아야 할 지 한 번 더 생각하게 한다. 렉솔은 경영자인 리겟에서부터 각 동네의 약사에 이르기까지 이 사소해 보이지만, 마음을 여는 좋은 도구를 활용할 줄 알았고, 이것이 미국인들 가슴에 아직까지도 렉솔을 따뜻한 느낌으로 기억하게 만들었던 것 같다.

[리겟의 친필편지]

Source : From Frank Sternad's private collection

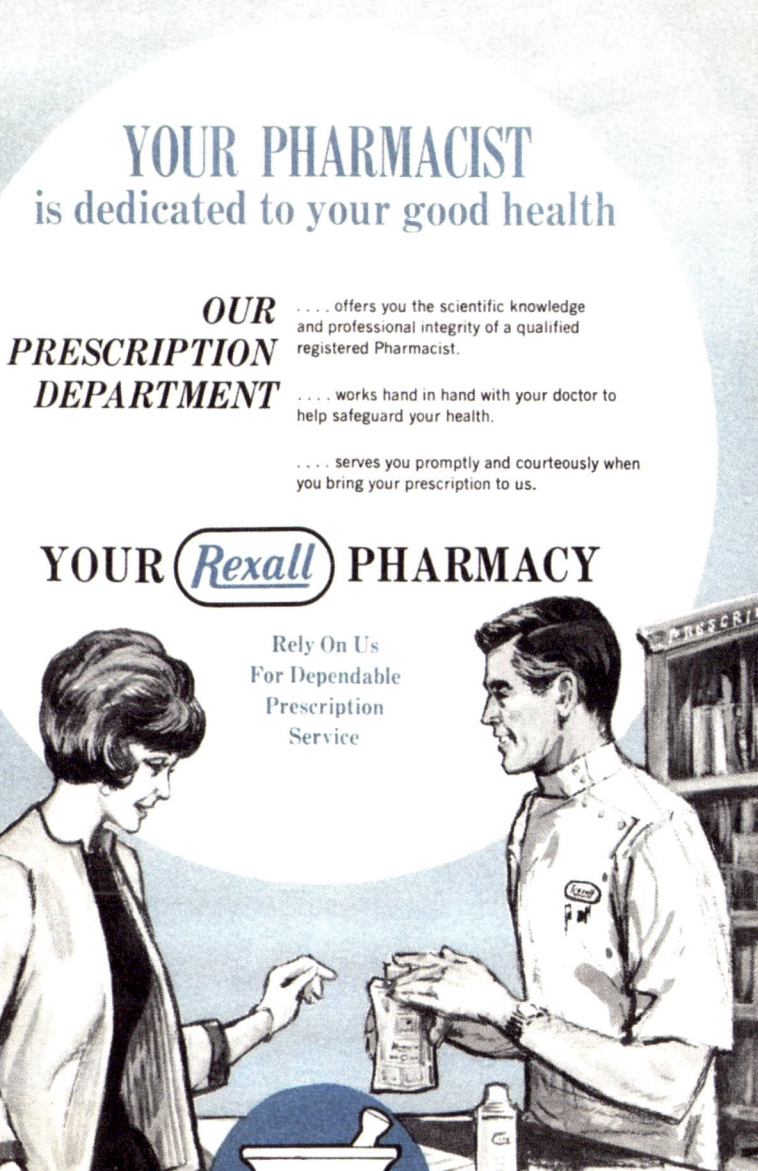

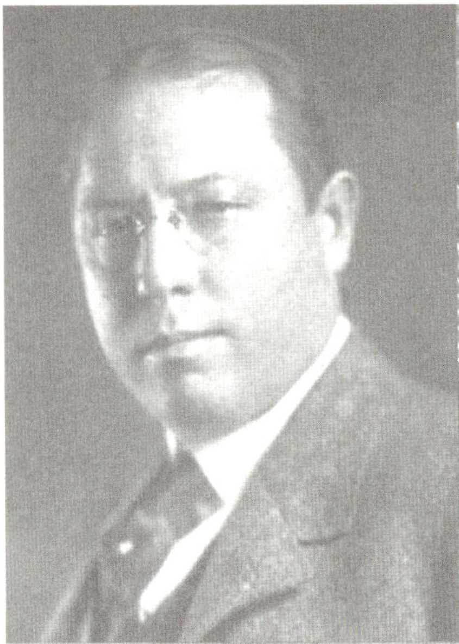

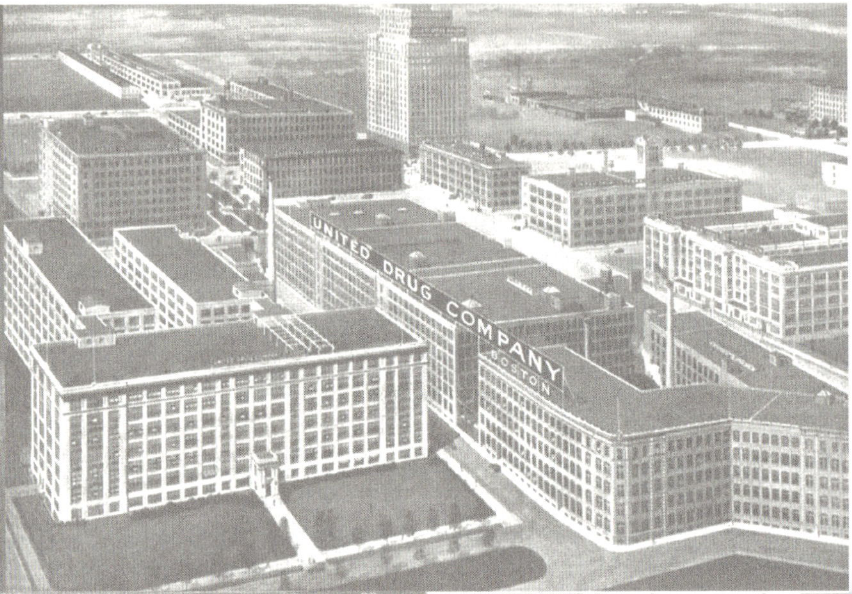
UNITED DRUG COMPANY
BOSTON

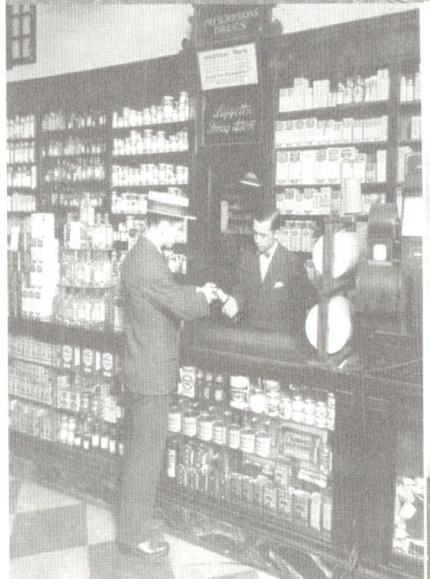

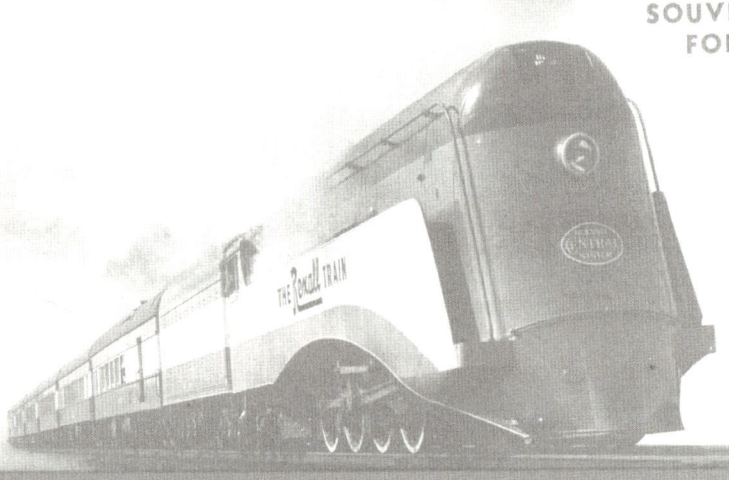

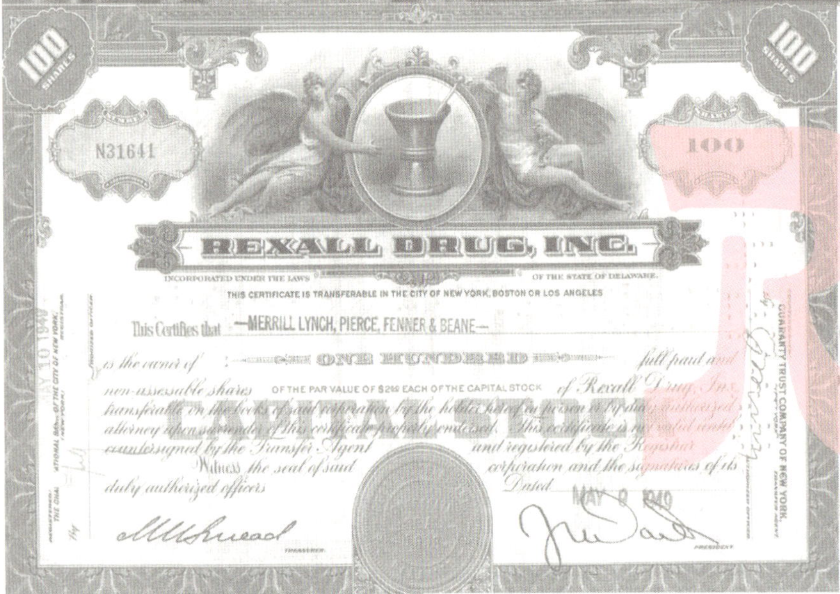
100
SHARES
N31641
100
REXALL DRUG, INC.
INCORPORATED UNDER THE LAWS OF THE STATE OF DELAWARE
THIS CERTIFICATE IS TRANSFERABLE IN THE CITY OF NEW YORK, BOSTON OR LOS ANGELES
This Certifies that —MERRILL LYNCH, PIERCE, FENNER & BEANE—
is the owner of ONE HUNDRED full paid and
non-assessable shares OF THE PAR VALUE OF $2.50 EACH OF THE CAPITAL STOCK of Rexall Drug, Inc.
CAPITAL STOCK
Witness the seal of said corporation and the signatures of its duly authorized officers
Dated MAY 9 1949
TREASURER
PRESIDENT
GUARANTY TRUST COMPANY OF NEW YORK

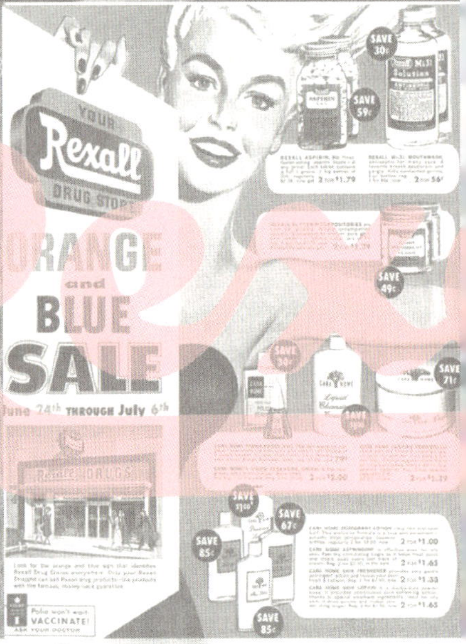
YOUR
Rexall
DRUG STORE
ORANGE
and
BLUE
SALE
June 24th THROUGH July 6th
SAVE
Polio won't wait
VACCINATE!
ASK YOUR DOCTOR

SOUVENIR
FOLDER
THE Rexall TRAIN
1936 Streamlined CONVENTION

렉솔의 꿈,
유니시티의 꿈

Rexall's dreams become Unicity's dreams

책을 시작하면서 던진 질문에 대한 답을 낼 시간이 되었다. 렉솔은 어떻게 위대한 기업이 되었나?

우리는 렉솔에는 위대한 리더가 있었고, 다른 기업과는 차별화된 전략과 마케팅이 있었으며, 이를 안에서부터 떠받치고 있는 사람중심의 문화가 있어 위대하다는 것을 이야기했다. 그런데, 여기에 그 이유가 하나 더 있다.

사실 한 기업이 100년 넘게 존재하고, 사람들 입에 계속해서 오르내린다는 것이 쉬운 일은 아니다. 우리가 아는 기업 중 100년이 넘은 기업들은 손에 꼽을 정도이다. 대표적인 기업을 꼽아 보면 엑슨 모빌, GE, IBM, P&G, Johnson & Johnson, 코카콜라, 시티은행, 골드만삭스, UPS 등이다. 살아남은 기업들의 숫자가 손으로 꼽을 정도인 반면, 그 외 수많은 대부분의 기업들은 다 사라져갔다.

그렇다면 렉솔을 포함해서 살아남은 기업들과 사라진 기업들의 차이는 무엇인가? 톨스토이의 소설 『안나 카레니나』에 나오는 유명한 말 중에 "행복한 가정은 모두 엇비슷하지만 불행한 가정은 이유가 다 다르다"라는 말이 있다. 이 말은 기업의 성공과 실패에도 적용할 수 있을 것 같다. 기업이 망하고 사라지는 이유는 정말 많다. 열심히 하지 않았을 수도 있고, 운이 나빴을 수도 있다. 리더가 나빴을 수도 있고, 전략이 좋지 않았을 수도 있다. 이유는 얼마든지 댈 수 있다. 그런데, 성공한 기업, 특히 100년 이상 지속된 기업의 성공 이유는 의외로 단순하다. 그들과 사라진 기업들과의 차이도 그렇다. 변신의 능력이 있는가이다. 변화하는 환경에 대한 적응력이다.

H.G 웰스는 그의 책 『짧은 세계사』에서 "적응하든지 죽든지 선택하라. 이것은 자연이 한결같이 요구하는 냉혹한 명령이다"라고 이야기했다. 그가 냉혹한 명령이라고 표현했던 것처럼 세상의 변화를 읽고서 이에 적응하고 변화한 기업들

Photo taken by the author in Los Angeles, 2016
[렉솔의 LA 본사가 있던 자리]

Source : From the author's private collection

은 살아남았고 그 변화를 인식하지 못하고 제 때 변신하지 못한 기업은 사라졌다. IBM이 그렇게 살아남았고, GE가 그랬으며, 렉솔이 그렇다.

렉솔은 그냥 없어진 회사가 아니라, 새롭게 변신한 모습으로 현대에까지 존재하기 때문에 위대한 회사이다. 장구벌레가 잠자리가 되듯이, 유충이 매미가 되듯이 렉솔은 지속적으로 변화하면서 환경에 적응해온 회사이다. 아무리 뛰어난 회사라도 지금까지 살아남아 있지 못하다면 위대하다고 어떻게 말할 수 있겠는가? 렉솔의 정신과 사업모델, 그리고 인간에 대한 관심은 진화해서 유니시티로 계승되고 있다.

리겟이 기차에서 꾼 꿈으로부터 렉솔의 역사가 시작되었다. 렉솔은 100년 역사를 통해 의약품을 변화시키고 제약유통 방식을 변화시켰으며 판매자와 소비자의 세상을 변화시켰다. 그 정신은 오늘날까지 유니시티를 통해 그대로 내려오고 있다. 이번 마지막 장에서는 유니시티의 모습을 통해 렉솔 생각과 렉솔의 정신이 어떻게 구현되고 있는지에 대해 알아보자. 렉솔은 유니시티 안에 여전히 살아있다.

유니시티에는 렉솔의 천연 재료 이용 전통이 살아있다
Rexall's history of natural medicine lives on in Unicity

19세기 중반에 미국 산업의 한 부분이었던 얼음 판매업은 북부의 추운지역(메인 주와 매사추세츠 주 일대) 강과 호수에서 얼음을 채빙하여 더운 지역인 남부지역에 판매하였고 심지어는 대서양 넘어 인도와 영국의 왕실에까지 수출했다. 이 시기 발명된 제빙기는 얼음 판매 회사들에게는 위협 요소였다. 이들은 인공 얼음은 몸에 해롭다는 논리로 대대적인 공격을 하여 아예 빛도 보지 못하게 함으로써 시장을 지켰다. 제빙기가 다시 시장에 나온 것은, 강과 호수의 오염으로 얼음의 질이 떨어진 다음이었다.

영양제 시장에서도 비슷한 일이 일어났다. 한 동안 대증요법과 경쟁구도를 형성하던 천연 동종요법도 거대 자본을 가진 제약업체로부터 비과학적이라는 구

[유니시티 제품 - 유니시티 홈페이지 캡처]

실로 상당한 기간 동안 공격을 받아왔다. 그러나 비타민이 과학적 근거가 바탕이 된 제품이라는 인식과 함께 시장이 커지고, 렉솔에서부터 시작된 유니시티의 천연 재료를 이용한 동종요법이 그 동안의 비과학적이라는 오해와는 달리 화약 약품으로 인한 부작용 없이 효과를 얻을 수 있다는 것이 널리 알려지면서 의약품 시장의 대세가 되어가고 있다.

천연 자연재료를 이용한 치유 정신은 렉솔에서부터 이어온 유니시티의 변함없는 정신이다. 환경파괴와 영양 불균형으로 인한 우리의 건강은 의술이 책임지는 것이 아니라 자연적으로 나오는 습관으로 관리하고 챙겨야 한다. 우리가 자연으로부터 나왔으니 우리 몸에는 천연 요법이 맞는다는 유니시티의 가치관은 유니시티에서 생산되는 모든 제품들에 반영되어 있다. 일상생활에서 가장 주의를 기울여야하는 것은 면역력이다. 면역력의 약화는 질병으로 연결되는데 그

동안 이용되어온 현대 의학과 합성 약품은 질병의 근본적인 치유보다는 질병으로 인해 생긴 증상의 치료에 급급한 반면, 천연 요법의 제품들은 스스로 면역력을 회복하고 신체의 기능들이 회복하는 데 중점을 두고 있다.

유니시티의 약재들에 대해서는 현대 의학을 끌어가는 의료진들도 그 우수성을 입증하고 있는데 교황 및 40대, 41대, 42대 미국 대통령의 심장주치의인 제리 브레스나한(JerryBresnahan) 박사는 유니시티에 이런 공개서한을 보냈다.

본인은 캘리포니아 메디컬 센터의 심장내과 책임자입니다. 미국 대통령의 심장 주치의사이며 교황님을 비롯하여 미국을 방문하는 각국 국빈들의 전담의사이기도 합니다. 또한 심장마비 검사 시스템 개발에 참여하였으며 지금 그 시스템은 전 세계 의료기관에서 사용 중입니다. 오랜 세월을 의사로서 여러 종류의 심장 질환들을 치료해 왔으나 치료할 때 마다 항상 전투에 지고 나서 전쟁에 임하는 기분이었기 때문에, 저는 기회가 있을 때마다 사전 예방을 강조해 왔습니다.

[제리 브레스나한 박사(출처-구글 이미지)]

현대인들은 대체로 인체에 필요한 식이 섬유의 섭취가 대단히 적습니다. 렉솔에서 생산하는 bios life2는 우리의 건강을 지켜주는 소중한 '무기'라고 강력하게 말씀드릴 수 있습니다. 이 첨단 제품은 천연 성분들을 과학적으로 배합한 영양제로서 여러 종류의 질병들을 예방해 줍니다.

Bios life는 7가지의 천연 식이섬유에 칼슘을 배합하여 섬유의 체내 흡수 효능을 높여주고 있습니다. 강력한 산화 방지 비타민과 광물질도 포함되어 있으며 또한 크로미엄은 탄수화물의 신진대사를 증진시켜 줍니다.
이러한 특수성분에 대한 배합은 다음과 같은 중요한 역할을 합니다.

1. 인체의 콜레스테롤 수치를 내려주는 연방정부 특허와 배합 제조기술 특허를 보유하고 있으며, 본인이 직접 치료하는 콜레스테롤 수치를 정상으로 내려주고 있습니다. 이는 심장마비 가능성을 현저하게 떨어뜨려 심장마비로 인한 뜻하지 않은 사망을 예방할 수 있습니다.

2. 탄수화물의 신진대사를 원활하게 하여 혈관 질환, 당뇨 증세와 혈당 치료에 도움을 줌으로 흔히 생기는 혈관 질환을 예방하여 줍니다.

3. 의학계에서 오래 전부터 알고 있는 사실은 충분한 식이섬유의 공급이 여러 종류의 암을 예방한다는 것입니다. 예를 들어 직장, 결장, 유방암 등이며 또한 혈압을 정상적으로 유지하는데 큰 역할을 합니다.

마지막 혜택은 식사 전에 이 제품을 섭취하면 포만감을 느끼기 때문에 식사량을 줄이게 되어 체중 절감에 중요한 역할을 합니다.

오랜 진료 경험과 전문인의 관점에서 볼 때 Bios life처럼 순수 자연 성분으로 많은 질병을 예방해주는 획기적인 제품을 접해본 일이 없다고 공언합니다.

끝으로 병의 "치료"보다 "예방"을 선택하여 질병을 피하고자 하는 현명한 분들은 매일 꼭 Bios life를 섭취하셔서 건강을 지키시기를 적극 권하는 바입니다.

렉솔 선다운 시기에는 비타민 관련 최고의 권위를 가진 라이너스 폴링박사의 폴링연구소와 협업관계에 있는 퀸즈대학 의학부 부설 리차드슨연구소를 인수합병 함으로써 연구소가 소유한 모든 특허권 특히 혈관계통과 물리화학 분야, Cellular Essentials 그리고 다이어트 부분에 대한 기술을 확보하게 된다. 오늘날 유니시티가 천연영양제 및 천연치료제 전반에 걸쳐 독보적인 위치에 오르는 계기였다.

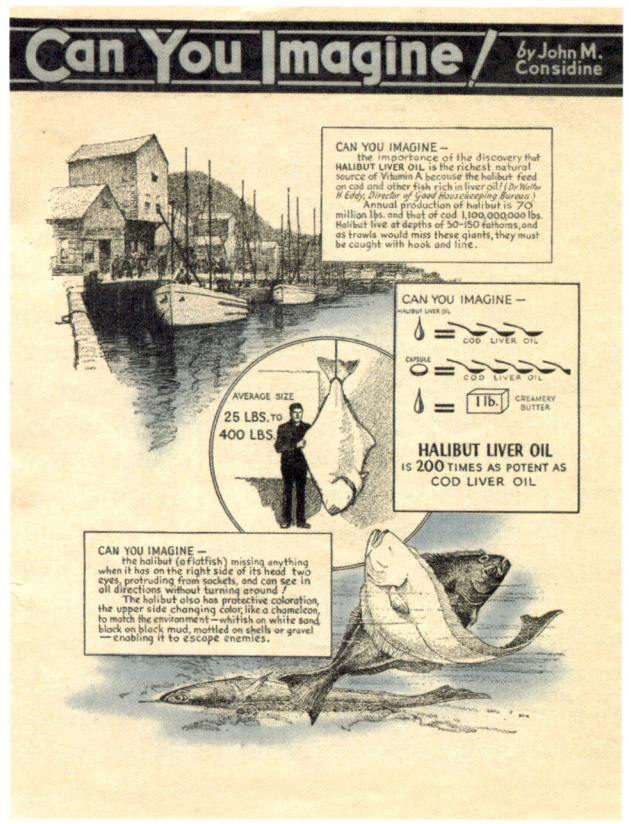

[렉솔의 천연 요법 정신이 담긴 광고] *Source : From the author's private collection*

신체활동을 개선하고 근본적인 치유를 목적으로 하는 유니시티의 의약품들은 5단계 프로그램을 근간으로 한다. '유니시티의 과학'이라고 불리는 유니시티 제품들의 핵심을 살펴보면, 유니시티는 한 개의 캡슐, 한 병의 음료를 통해 건강을 얻을 수 있다고 믿지 않는다. 최적의 건강은 올바른 식생활, 규칙적인 운동, 균형 잡힌 영양공급이 조화를 이룰 때 향상될 수 있다는 제품 철학을 가지고 제품에 대한 학문적, 의학적 근거를 통해 구성한 유니시티의 건강 제안 5단계 프로그램을 중심으로 제품이 구성되어 있다.

일반적인 의약품이 증상의 치료 중심의 대중요법인 반면, 유니시티의 제품들은 이 5단계(수분공급, 운동, 클린즈, 기초영양, 타겟영양)를 통해 삶 자체를 근본적으로 개선하는 것을 목표로 하고 있다.

제리 브레스나한 박사가 소개한 바이오스 라이프 시리즈 제품 외에도 클린즈 제품과 기초영양, 특정 성분 타겟영양 제품들이 있다.

클린즈 제품은 라이 화이버, 페러웨이 플러스, 알로에 아보레센스 등이 있는데, 라이 화이버는 혈중 콜레스테롤 개선, 배변활동에 도움을 주고, 페러웨이 플러스는 비타민 B1 및 다양한 허브함유 제품이며, 알로에 아보레센스는 배변활동에 도움을 주는 제품들로서 이 제품들은 각종 천연재료들을 이용해서 영양 공급 이전에 노폐물을 제거해주는 기능을 한다.

클린즈 제품을 통해 몸속의 노폐물이 제거되고 난 다음에는 몸에 영양을 공급하는 것이 중요하다. 이 영양공급은 기초영양과 타겟영양의 두 가지를 통해 균형 잡힌 신체를 만들어 준다.

우리 몸은 다양한 식물 영양과 균형 잡힌 영양 공급이 필요한데 비타민, 칼슘 등 각종 미량 영양소까지 골고루 공급해 주는 것이 중요하다. 또한 활성산소를 제어하는 각종 항산화 성분을 공급하는 것도 중요하다. 이러한 영양을 제공해주는 제품군들이 기초영양 제품들이다. 기초영양 제품군에는 코어헬스 팩, 우먼스 포뮬라, 멘스 포뮬라, 칠드런스 포뮬라, 데일리 포스, 클로로 파워, 엔지겐 B플러스, 프로바이오닉 플러스 등이 있다.

이 중 최근에 출시된 코어헬스 팩(Core Health Pack)은 렉솔에서부터 유니시티까지 이어지는 천연재료에 의한 자연치유 정신을 가장 잘 말해준다. 이 코어헬스 팩은 몇몇 연구원이 하얀 위생가운을 입고 최첨단 연구실에서 패트리디쉬(Petri Dish)와 플라스크(Flask)를 현미경으로 들여다보다가 우연히 만들어진 제품은 아니다. 100년 전 루이스 리겟이 렉솔을 시작하면서 연구소를 통해 연구를 거듭한 결과물이 바로 이 코어헬스 팩이다.

[코어헬스 팩]

쓴맛·단맛·신맛·짠맛·매운맛의 다섯 가지 맛을, 즉 오미(五味)라고 하는데, 이 5가지 맛은 식물과 자연을 통해서 얻을 수 있다. 인간은 자연의 생물에서 얻어지는 이 다섯 가지 맛으로 우리의 생존을 이어가고 있다. 고기에는 이 다섯 가지 맛이 없기 때문에 고기만 먹고서 생존할 수는 있지만 건강한 생활이 보장되지는 않는다.

불의 발견은 인류 최초의 가장 위대한 혁신이었다. 그렇지만, 야생에서 햇빛과 물과 바람과 양질의 토양에서 자란 식물을 통해 필요한 무기질과 자양분을 풍부하게 얻었던 인간은 불의 발견 이후 육류섭취로의 급격한 식습관 변화로 인해 식생활의 불균형과 이로 인한 질병이 생기게 되었다.

이뿐만이 아니다. 도시화와 산업화에 따른 환경오염과 미세먼지는 일상생활에 지장을 초래한지 이미 오래되었다. 대량생산을 위한 화학비료와 지나친 농약사용으로 인한 토양과 토질의 산성화는 심각한 수준에 이르렀다. 풍부한 햇빛과 함께 노지에서 제철에 재배되었던 농산물은 이제 계절을 잊은 채 하우스에서 재배되고 있고 일조량의 턱없는 부족으로 고유의 성분을 함유 하고 있을 리는 만무 할 것이다. 충분히 먹는다고 해도 우리 몸에 꼭 필요한 필수 영양분조차 얻기가 쉽지 않게 되었다. 효능이 소실되어 버린 것이다. 소금이 짠 맛을 잃어버린다면 소금의 역할을 다 할 수 없다. 영양 결핍은 결국 면역체계를 약화 시키고 질병의 원인이 된다.

사과의 예를 들어보자.

사과를 매일 섭취하면 조기사망 위험을 크게 낮출 수 있다는 연구 결과가 있다. 서호주대학교 University of Western Australia(UWA)연구팀에 따르면 매일 사과 100g을 먹은 여성은 그렇지 않는 여성에 비해 더 오래 사는 것으로 나타났다. 70~85세 노인을 대상으로 15년간 추적조사를 실시했다고 한다.

과일의 껍질에는 섬유질과 플라보노이드가 풍부한데 플라보노이드는 사과, 배, 딸기, 무 등 과일이나 채소에 들어있는 식물성 화합물이다. 이 성분은 세포손상을 막는 항산화 효과가 있는데 사과에 특히 많이 들어 있다고 한다.

50년대 이전에는 사과 한두 개나 시금치 한 묶음 정도만 먹으면 하루에 필요한 철분을 충분히 섭취 할 수 있었다. 그러나 지금은 사과 13개, 시금치는 19묶음이나 되는 양을 먹어야 겨우 같은 양의 철분을 얻을 수 있다.

70년대부터 시작된 산업화와 대량 농법으로 인해 미네랄의 보고인 토양 대부분이 오염으로 파괴되었기 때문이고, 이런 방식으로 대량생산된 식재료가 정제와 가공과정을 거치면서 편리한 음식으로 탈바꿈 되는 과정에서 미네랄의 손실이 불가피해졌다.

인체는 수분, 단백질, 지방, 탄수화물과 무기질 즉 미네랄로 이루어져 있다. 이 중 96%가 다른 구성성분이며 미네랄이 차지하는 비율은 4%에 불과하지만, 이 4%에 중요한 비밀이 숨겨져 있다. 미네랄이 부족하면 다른 주요 영양소들인 단백질, 지질, 탄수화물, 비타민 등이 체내에서 제대로 작용 할 수 없다.

해독주스에 대한 관심도 여전히 뜨겁다. 권위 있는 미국암학회조차도 신체 건강 및 질병 예방을 위해 하루에 과일이나 채소를 6~9번 섭취할 것을 권장하고 있다. 해독 주스를 마시면 몸의 신진대사가 활발해지면서 몸에 있는 노폐물과 독소가 중화되고 면역 기능이 상승해 쌓여 있던 지방 성분이 분해되면서 밖으로 배출된다는 이유 때문이었다. 그러나 현실은 그렇게 녹록치 않다. 그렇다면 영양 성분이 풍부한 채소나 과일을 구하기 위해 1950년 이전으로 돌아가야 한다는 말인가? 우리는 유기농, 무농약 인증마크에도 선뜻 손이 가지 못한다.
식생활의 불균형이 아니라 균형 있게 식생활을 한다고 해도 건강을 유지할 수 있는 필수 자원을 충분히 얻을 수 없는 세상이 이미 되어 버렸다. 이제 자연에서 충분히 얻을 수 없는 영양소는 건강보조식품 또는 영양제를 통해서 얻을 필요가 있다.

이것을 예측하고 준비했던 사람이 루이스 리겟이다.
머지않아 천연재료를 통해 우리 몸에 필요한 영양분을 충분하게 얻지 못하는 시대가 올 것을 예견이라도 한 것처럼 그는 매사추세츠 플리머스에 50만평의 자연 친화적인 농장을 만들고 천연약품의 개발을 시작한다. 그가 자연 속에서 인간의 생명을 지키고 보호할 수 있는 생명의 씨앗을 뿌렸던 것이 오늘날의 유니시티 과학으로 이어진 것이다.

건강의약품에서 천연재료가 중요한 이유는 천연원료를 통해서만 2차 대사물질을 얻을 수 있기 때문이다. 유니시티 연구진들이 오랜 시간 동안 식물의 효능에 대해 연구한 결과, 식물의 성분은 1차 대사산물(代謝産物 metabolite)과 2차 대사산물(secondary metabolite)로 이루어져 있다고 한다.

1차 대사산물은 생물의 생명 활동에 필수적인 물질을 공급하는 대사의 산물, 에너지를 말한다. 생존과 생육에 관계된 성장과정을 돕는 탄수화물, 단백질, 지방 등이다. 식물의 1차 대사산물은 식물이 광합성을 한 후, 만들어지는 줄기, 뿌리 그리고 잎 등이다. 이 1차 대사산물에 주목해서 1차 대사산물에 포함된 성분을 화학적으로 만들어낸 것이 일반적으로 우리가 섭취하는 영양제이다. 그 동안은 화학 영양제라도 성분만 들어있으면 건강에 도움이 된다고 생각해왔다.

그런데 우리가 그 동안 간과했던 것이 바로 2차 대사산물이다. 이것은 식물의 세포 기능, 세포 분열, 생장유지 등과는 관련이 없으나 식물이 스스로를 보호하기 위하여 생성하는 성분인데 스스로 움직일 수 없는 식물이 자신을 외부로부터 보호하기 위해 만들어내는 물질이다.

[플리머스 농장]

우리는 레몬을 먹어서 섭취하는 비타민 C나 레몬에서 추출한 비타민제를 먹어서 섭취하는 비타민 C나 동일하다고 생각한다. 그러나 그렇지 않다. 우리가 자연 상태의 레몬을 먹을 때는 그 안에 있는 2차 대사산물들도 먹는 것이다. 레몬 한 알에는 130여 종이 넘는 2차 대사산물이 포함되어 있다. 2차 대사산물의 마이크로 RNA(Ribo Nucleic Acid)는 인간게놈을 조절하는 것으로 우리 몸의 수많은 기능 스위치를 켤 수 있도록 해주는 역할을 한다고 한다.

기초영양 제품으로 부족한 경우가 있다. 사람에 따라서 부족한 영양소가 있을 수 있기 때문이다. 건강을 위해 자신의 몸에 필요한 영양소가 무엇인지 확인하고 선택하는 것은 건강을 한 단계 업그레이드하기 위해 필요하다. 이 타겟영양 제품들은 몸의 특정 부위의 건강을 집중적으로 관리할 수 있도록 만들어져 있다. 혈중 중성지질 개선과 혈행 개선을 위한 오메가 라이프-3, 눈 건강을 위한 비전 에센셜, 아연 보충용 복합비타민 제품인 클리어 소트, 비타민 C와 E를 위한 피토파스, 항산화 비타민을 공급해주는 바이오-C, 비타민 B군 보충용 셀룰라 베이직, 항산화와 높은 혈압 감소에 도움이 되는 코엔자임 큐텐, 노년의 젊음을 위한 혈행개선제 리뉴 등의 제품이 있다. 이 제품 전체는 화학적 성분이 아니라, 천연재료로부터 가공된 성분들로서 2차 대사물질이 풍부하게 함유된 제품들이다.

귀중한 것은 어느 날 갑자기 이루어지지 않는다. 오늘날 유니시티가 판매하는 천연 영양제들은 지난 100년 동안 정성을 다해 준비하고 100년간 지켜보는 과정을 거쳐 비로소 완성될 수 있었다. 가장 자연적이면서 가장 과학적인 방식으로 인간의 몸을 보호하고 치료할 수 있는 제품이

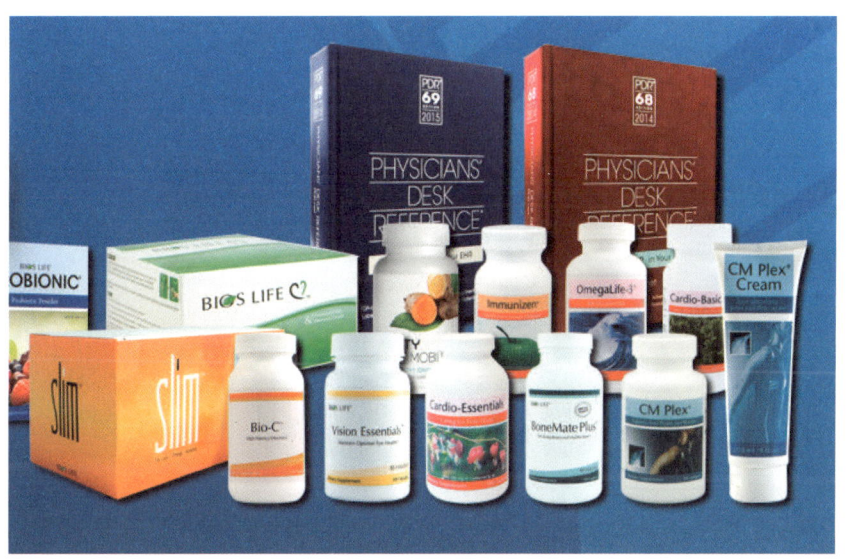

[미국 유니시티 제품들]

만들어질 수 있었던 것이다. 루이스 리겟이 100년 후를 꿈꾸며 가꾼 플리머스(Plymouth)의 광활한 농장에는 넉넉한 햇빛이 있고, 자연으로 퇴적된 기름진 토양이 있다. 그 꿈이 수많은 시행착오와 연구를 거쳐 오늘의 코어헬스 팩으로 만들어졌다.

유니시티 인터내셔널 최고 과학 책임자(Chief Science Officer)이자 수석 연구원인 댄 구블러(Dan Gubler) 박사의 말에 의하면 유니시티 제품들의 핵심은 2차대사 산물이라고 한다. 그에 따르면 인간에게 발견된 60만종의 식물 중에 그 효능이 밝혀진 것은 5% 내외뿐이다. 따라서 천연재료를 사용한다면 아직 발견되지 않았지만 인간에게 이로운 물질들의 효능까지 이용할 수 있게 된다는 말이다.

이러한 2차대사 산물이 바로 코어 헬스 팩을 비롯한 유니시티 제품들, 클린즈,

[젊은 시절의 루이스 콜 리겟] *Source : From Frank Sternad's private collection*

기초영양, 타겟영양 제품들의 핵심이다. 1차 대사산물과 2차 대사산물까지 자연 상태의 생물에 존재하는 가장 좋은 성분을 합쳐서 만들어진 제품인 것이다. 렉솔에서 시작하여 유니시티까지 일관된 지향점은 사람들이 어떻게 하면 더 건강하게 오래 살 것인가였다. 그 연구의 결론이 바로 천연재료이고, 그 결정체가 코어헬스 팩과 다양한 유니시티 제품들이다.

처음에 리겟이 생각하고 준비한 그 깊은 정성이 오늘날의 유니시티의 과

학과 기술로 집약되었다. 100년 전 시간과 노력을 들여 루이스 리겟이 꿈꾸었던 것들이 오늘날 천연치료를 목표로 개발된 유니시티의 여러 제품들로 가장 완벽하게 탄생하였고, 그가 꿈꾸었던 질병으로부터 사람의 생명을 예방하고 근본적으로 치료할 수 있는 길은 이제 유니시티에 있는 독립사업자들과 많은 사람들에게 의해 계승되어서 추진되고 있다.

유니시티에는 렉솔의 유통혁명 정신이 살아있다
Rexall's history of natural medicine lives on in Unicity

드산티스와 그의 팀은 리겟의 꿈을 현대에 다시 한 번 실현시킬 방법으로 '직접 판매 방식(Multi Level Marketing)', 그러니까 네트워크 마케팅이라는 결정을 내렸다.

1990년, 품질이 탁월한 렉솔 천연영양제 제품 라인을 소비자들에게 제공하는 수단에 대하여 오랫동안 고민을 했습니다. 저는 비타민을 비롯한 건강 기능식품은 전통적인 마케팅으로 판매하는 데는 한계가 있음을 누구보다 잘 알고 있습니다. 이런 제품은 병원을 통해 처방을 받는 약품과 달리 자신이 알고 신뢰하는 사람으로부터 해당 제품이 효과가 있다는 이야기를 들어야만 제품을 구매하게 되는데, 이러한 마케팅 방법을 사용해야 한다는 결론을 내렸습니다.

드산티스는 기대수명의 연장과 의료비의 천문학적인 증가로 인해 사람들은 자연스럽게 천연적인 예방 의학에 점점 더 관심을 갖게 될 것이고, 이것이 건강과 관련된 문제이기 때문에 네트워크 마케팅(Networking Marketing)이라고 하는 직접 판매 방식으로 확장될 것이라는 확신을 가지고 있었다. 이 방식은 사업자의 입장에서도 적은 투자로 시작해서 아메리칸 드림을 이룰 수 있는 방식이기도 했다. 드산티스에게 있어서 네트워크 마케팅 회사는 예방 의학 시장의 늘어나는 수요를 제대로 공략하기 위한 확실한 장치였다. 렉솔과 같은 제대로 된 제품만

만난다면 그 시너지효과 또한 엄청날 것이라는 것을 그는 이미 알고 있었다.

세계 최대 규모의 로스엔젤레스 렉솔약국이 있었던 자리에는
현재 6개의 대형 스토어가 입점해 있다.

Source : From the author's private collection

드산티스가 렉솔을 인수하면서 함께 받아온 문서들 중에는 점으로 뒤덮인 미국 지도가 있었다. 각각의 점은 렉솔약국이 있는 위치를 말하는 것이었는데 지도에는 수십 년 전 렉솔 열차가 지났던 경로도 표시되어 있었다. 열차가 서는 곳마다 몰려들었던 약국의 약사들과 소비자들을 만났을 리겟의 기대감과 흥분이 드산티스에게 고스란히 전해졌다. 그는 리겟의 그 역사를 이어가기로 마음먹었다. 열차가 지나던 그 길과 지나쳤던 곳마다 찍혔던 수많은 점들은 그에게 큰 영감과 감동을 주었다.

그는 렉솔 쇼케이스 인터내셔널을 통해 그 점들보다 더 많은 점을 늘려갈 계획을 세우게 되었다. 또한 미국에만 그치지 않고 세계로까지 뻗어 나갈 계획까지

[Rexall의 약품들] *Source : From Frank Sternad's private collection*

세웠다. 물론 그 수단은 열차가 아닌 네트워크 마케팅 방식이었지만 말이다. 리겟이 1900년이 아니라, 2000년대에 살았다면 기업가로서 그는 어떤 유통 아이디어를 냈을까? 리겟은 어떤 상상력을 펼쳤을까? 네트워크 마케팅을 보고서 무릎을 쳤을 것도 같다. 사업가들이 최소한의 초기 투입 비용과 최소한의 시간 투자로 자신의 거점을 기반으로 자기 사업을 일구도록 이끄는 마케팅 전략은 리겟의 네트워크 약국 개념과도 많이 닮아 있으니 말이다.

렉솔 쇼케이스 인터내셔날은 렉솔생각과 구조가 유사하다. 효과가 입증된 혁신적인 의료 관련 제품들을 다른 매장에서는 구매할 수 없도록 독점 방식으로 공급하고 있다. 콜레스테롤, 심혈관 건강, 유방암과 전립선암, 체중 관리, 노화와 같이 우리가 관심을 가질 수밖에 없는 문제들을 치료하기 위한 건강기능식품들

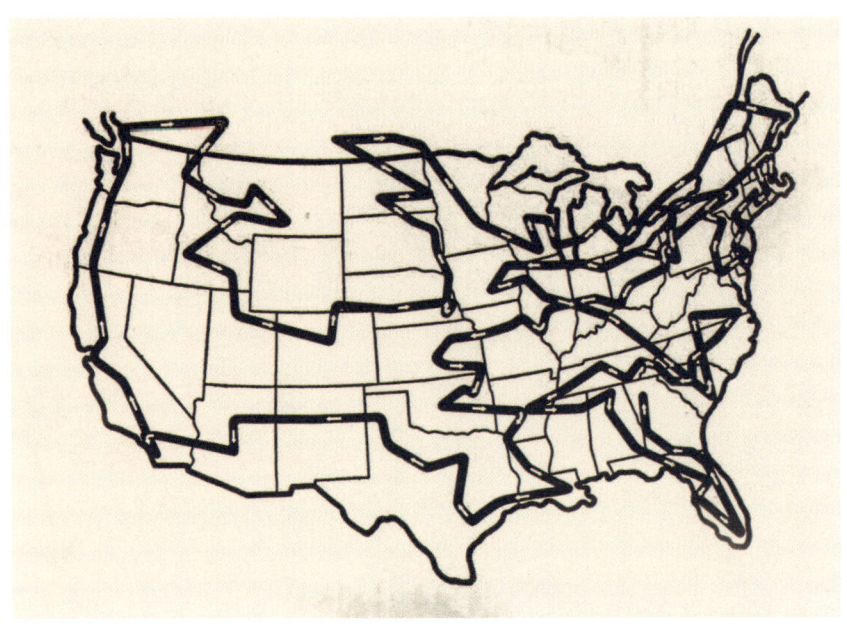

[렉솔 열차의 경로]

이 대부분이다. 옛날에 렉솔 약사들이 하던 일과 네트워크 마케팅의 독립 사업가들이 하고 있는 일이 꽤 흡사하다. 리겟도 충분히 수긍할 수밖에 없는 마케팅이다.

건강 관련 네트워크 마케팅 분야에는 이미 많은 대기업들이 포진해서 각자 성장하고 있다. 이렇게 건강관련 네트워크 마케팅 업체들이 성장하는 요인을 업계에서는 다음과 같이 분석하고 있다.

① 예방 의학의 붐 : 베이비부머 세대가 나이가 들어 은퇴를 하고, 기본적인 의료비용의 부담이 점차 늘어나면서, 피트니스, 웰빙, 예방에 초점을 맞추는 대안적 방안의 수요가 폭발적으로 증가할 것이다. 미국인들은 이미 대체의학에 연 180억-270억 달러를, 비타민에 80-100억 달러를, 다이어트와 피트니스 프로그램에 수십억 달러 이상을 사용하고 있다. 예방 의학이 제약시장의 대세가 될 수밖에 없다.

② IT의 활용으로 인한 시장 확대 : 네트워크 마케팅은 세계 시장을 향한 공격적 확장 계획을 실행하고 있는데 IT 시스템은 새로운 사업자를 모으는 것은 물론 제품의 주문과 배송을 편리하게 만드는 수단이 되고 있다. 전 세계 소비자가 24시간 열려 있는 채널로 주문과 결제가 가능해짐에 따라 네트워크 마케팅 활동이 유리한 환경이 조성되었다.

③ 노령 인구의 요구에 부합: 세계적으로 노령 인구의 비율은 빠르게 증가하고 있는 추세인데 우리나라와 일본, 미국과 유럽 사회도 같은 변화를 겪고 있다. 이런 소비자들이 지향하는 건강한 삶에 대한 요구에 가장 부합되는 사업 아이템이다.

④ 경제적 불확실성에 대한 해답 제시 : 세계 경제 위기로 인해 많은 사람들이 경제적으로 불안정한 위치라는 점을 자각하고 있다. 기존의 직업을 유지하면서도 추가 소득을 창출할 수 있어 걱정을 덜어준다.

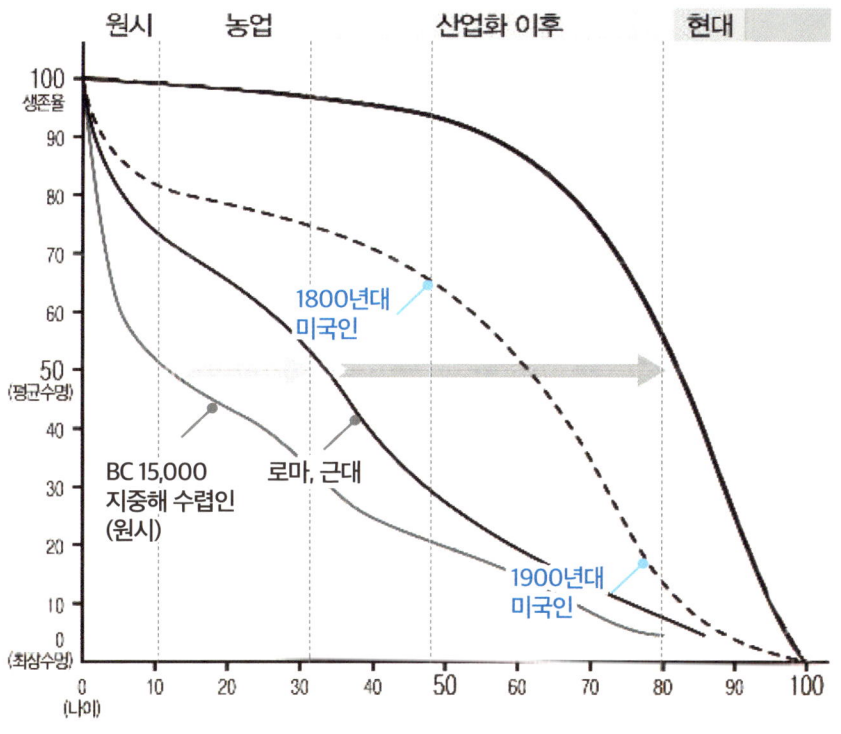

[인간 수명 그래프]

⑤ 시간적 여유를 제공 : 경제적으로 성공한 사람들도 자신들의 성공이 엄청난 대가를 치렀다는 것을 발견하곤 하는데 출장과 통근에 보내는 시간이 많아지고 가족이나 공동체와 보내는 시간은 줄어들었다. 네트워크 마케팅은 스스로의 시간을 운용할 수 있는 기회를 제공한다.

[출처: 제임스 W.로빈슨, 성공의 처방전]

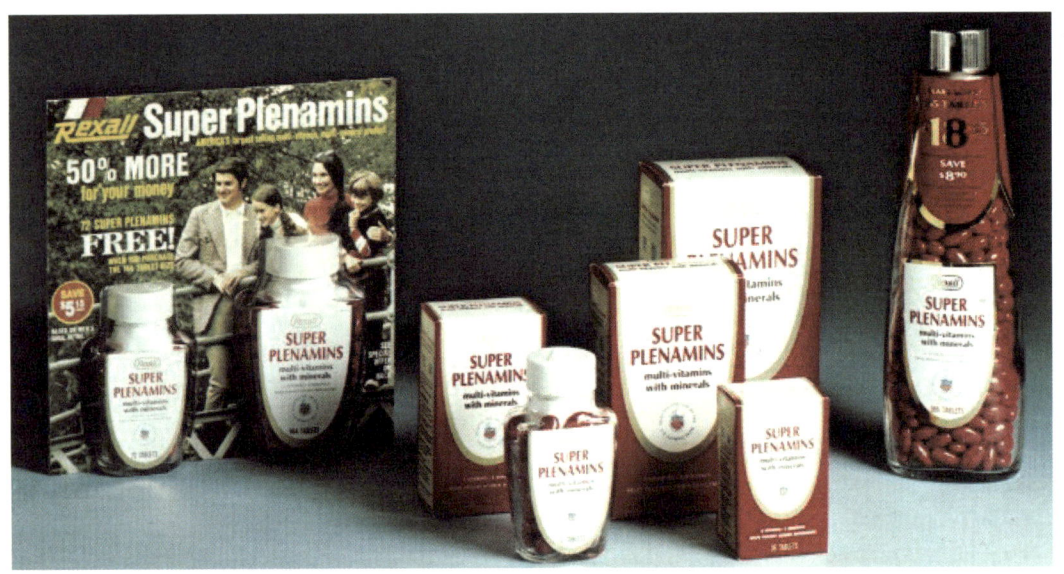

[Rexall의 비타민] *Source : From Frank Sternad's private collection*

렉솔은 리겟이 1903년 40명의 주주 약사들과 함께 회사를 시작한 이래, 미국 사회와 기업, 특히 제약산업을 선도하면서 새로운 인사이트와 혁신을 제공해 왔다.

시대를 앞서간 위대한 리더들을 배출하면서 기업뿐만 아니라 정계와 사회적으로도 큰 기여를 했다. 리겟이나 다트가 정계에서 이름을 떨쳤던 것은 잘 알려진 사실이고, 2차 세계대전 기간 중에 렉솔은 훈장을 받을 정도로 사회적 기업으로서의 역할을 했으며, 다양한 사회지원활동을 통해 시대를 앞서가는 기업의 이미지를 보여 주었다.

차별화된 전략과 마케팅은 렉솔을 뚜렷이 구분하는 특징이었다. 비즈니스 세계에서 새로운 흐름을 만들어내고 표준을 만들었던 렉솔은 진정한 의미에서 '시장 파괴자(disruptive company)'라고 불릴만한 기업이었다. 아울러 렉솔은 차갑거나 딱딱한 기업이 아니라, 본사와 약사들, 약사 상호간, 회사와 종업원 사이의 끈끈한 인간미가 넘치는 전통을 가지고 있었고, 이는 다른 기업들이 배우고 싶어 했던 렉솔의 기업문화였다.

마지막으로 렉솔은 누구도 흉내 내기 어려운 제약회사로서의 특징을 가지고 있었다. 시대를 앞서간 연구 개발 및 제품 개발 투자와 성과, 천연 재료를 이용한 천연의약품에 대한 일관된 철학, 대중적 치료가 아닌 근

본적 치료를 목적으로 한 의약품 개발 등은 렉솔이라는 기업을 위대하게 만든 특징이다.

렉솔의 정신은 오늘날 유니시티의 과학과 기술, 시스템으로 집약되어 발전하고 있다. 100년 전 시간과 노력을 들여 루이스 리겟이 꿈꾸었던 것들이 오늘날 코어 헬스 팩을 비롯한 유니시티의 여러 제품들로 가장 완벽하게 탄생하였고, 그가 꿈꾸었던, 질병으로부터 사람의 생명을 예방하고 근본적으로 치료할 수 있는 길은 이제 유니시티에 있는 독립사업자들과 많은 사람들에 의해 계승되어 추진되고 있다.

그가 플리머스의 농장과 연구소를 통해 만들려고 했던 질 좋고 저렴한 의약품은 현대적 천연제품으로, 그가 주주 약사들과 함께 만들려고 했던 렉솔생각은 네트워크 마케팅, 직접판매 방식으로 21세기에 새롭게 꽃을 피우고 있다. 21세기는 20세기의 리겟이 꾸었던 꿈이 진정으로 이루어지는 세기가 될 것이다.

지난 100년을 앞서갔던 렉솔의 모습은 유니시티를 통해 진화하고, 인류의 균형 잡힌 삶에 기여하게 될 것이다.

Source : From Frank Sternad's private collectiona

위대한 렉솔 / 렉솔의 제품들 - 1

비타민의 혁명, **수퍼 플레나민**

수퍼 플레나민은 종합비타민의 시초이다. 그 이전에는 종합비타민이 없었고 각 비타민제를 따로 따로 복용했고 영양체, 철분 영양제도 따로 복용했다. 수퍼 플레나민은 렉솔의 엄청난 성공작이 되었다. 그 한 가지 이유는 제품을 스포츠와 엮었다는데 있다. 1970년 미국 미식축구리그(National Football League)의 드래프트 1순위 선수인 테리 브래드쇼(Terry Bradshaw)가 수퍼 플레나민을 홍보했다.

렉솔은 일반적으로 비타민과 미네랄을 안전하게 혼합하는 독점적인 방법을 개발해냈다. 수퍼 플레나민을 제조하는 이 과정은 31개의 다른 단계를 거쳐야만 한다. 이 과정을 통해 생산되는 먹음직스런 비타민제는 고객을 그들의 식습관으로 인한 비타민 부족 현상으로부터 손쉽게 보호한다.

그리고 모든 알약 하나하나는 노하우와 진실성으로 유명한 렉솔 품질 보증을 받아 라벨에 적혀있는 비타민 및 미네랄 효능을 완전히 발휘한다.

All New Rexall Vitamin Line Gains Immediate Acceptance

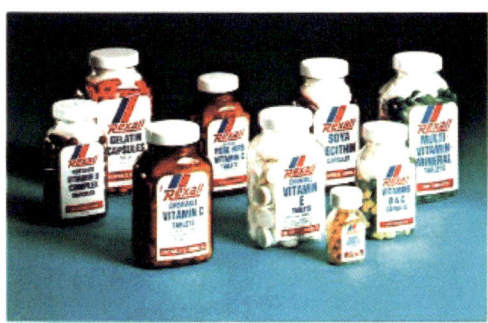

The market for "single" vitamins and formulas for specific deficiencies has literally exploded in recent months. The new "naturals" contributed substantially to this new expansion.

Rexall's new line is a balanced assortment of the proven synthetic formulas plus a selective line-up of those natural vitamins that have gained consumer acceptance. There are twenty-nine products in all — nineteen synthetics and ten naturals. It is designed to satisfy all your customers: today's youth, the young marrieds, families with children and senior citizens.

NEW PACKAGING — COMPETITIVE PRICING

The packaging is all new in RED, WHITE AND BLUE with dominant Rexall identification. The containers are up-to-date polystyrene with white unishell closures.

The entire line is priced for EVERY-DAY COMPETITIVE SELLING! The promotion theme emphasizes NATURAL-NESS and ECOLOGY —

VITAMINS
the right product at the right price
NATURALLY
It's Rexall!

ILLUMINATED DISPLAY UNIT

The illuminated display unit pictured here is revolutionizing drug store vitamin sales! It is a permanent fixture, made of long-lasting lucite-type plastic, steel and masonite. The illuminated tower can be seen from any part of the store. Although the unit stands 7½ feet tall, it takes merely 4 square feet of floor space. It operates either "free-standing," against a wall or fits at a gondola end. Visually, it is a dramatic representation of an entire new product line.

Source : From Frank Sternad's private collectiona

위대한 렉솔 / 렉솔의 제품들 - 2

새로운 렉솔 비타민 라인, 즉각 호응을 얻다

최근 몇 달간 단일 비타민제와 특정 결핍을 위한 포뮬라에 대한 수요가 크게 급증했다. 새로운 "천연성분" 시대가 열릴 것이다. 렉솔의 신제품 라인은 검증된 합성 포뮬라들과 고객의 호응을 얻은 엄선된 천연 비타민을 균형적으로 구성했다. 모두 29개의 제품이 있다 – 19개의 합성 제품과 10개의 천연 제품이다. 여러분의 모든 고객의 만족을 위해 디자인되었다: 오늘의 젊은이, 초혼 부부, 자녀를 가진 가족들과 노인들.

새로운 패키지 - 경쟁력 있는 가격대

패키지는 렉솔의 우월한 정체성인 빨간색, 흰색, 그리고 파란색으로 완전히 새롭게 단장했다. 용기는 최신식 일체형 마개로 된 폴리스티렌이다.
모든 제품 라인은 항상 경쟁적인 판매를 위한 가격대로 형성되었다. 홍보용 테마는 자연적인 것과 환경 친화적인 것에 강조되었다.
비타민– 적절한 가격에 적절한 제품을 자연적으로
역시 렉솔!

조명 디스플레이 장치

여기 사진으로 실린 조명 디스플레이 장치는 약국 비타민 판매에 혁명이다! 이것은 영구적 설비로 영속적인 투명 합성 수지 형식의 플라스틱, 강철 및 메이소나이트로 제작되었다. 조명 타워는 약국 어디에서나 눈에 띈다. 장치는 7.5피트 높이이지만 차지하는 공간은 고작 4제곱 피트이다. 벽에 기대어 세워두거나 곤돌라 끝에 끼워 사용할 수 있다. 시각적으로 이것은 새로운 제품 라인을 알릴 수 있는 인상적인 수단이다.

Rexall Super Plenamins Continue to Lead the Way

Super Plenamins continues to be America's largest-selling Multi-Vitamin, Multi-Mineral product. Strong, continuous national advertising, promotional activity and exceptional in-store support by most Rexallites keeps Rexall Super Plenamins at the top of the quality vitamin field.

advertisements in America's leading magazines will saturate your shopping area. Super Plenamins has the endorsement of the United States Olympic Team, the National Hockey League, and the National Football League.

limited-time offers. Similar, exciting consumer values will be introduced and promoted as Rexall's 70th Anniversary year is unfolded.

More National Advertising in '73

Right around the year, Rexall Super Plenamins will be supported with more national advertising, reaching more customers on a continuing basis than ever before in the product's history. A balanced schedule of network radio commercials and print

More Product Excitement in '73

The first quarter of 1973 will see a repeat performance of this product's most successful promotion. In bright, new ecology-oriented packages, pictured here, you will offer your customers 50% MORE FOR THEIR MONEY when they buy these

Keeping Super Plenamins Number One Is a Continuous Five-Part Job!

Failure of any one of these five parts can slow down the growth. Rexall can and will perform the first three — only YOU and YOUR SALESPEOPLE can deliver FOUR and FIVE.

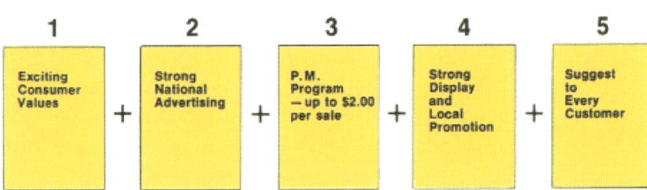

Source : From Frank Sternad's private collectiona

위대한 렉솔 / 렉솔의 제품들 - 3

렉솔 수퍼 플레나민이 계속해서 앞장서다

수퍼 플레나민이 계속해서 미국의 최다 판매 종합 비타민, 종합 미네랄 제품으로 자리를 유지했다. 강하고 지속적인 전국적 광고, 홍보 행사, 그리고 대부분의 렉솔인들의 예외적인 점내의 지지로 인해 렉솔 수퍼 플레나민이 고급 비타민 분야 중 최고의 자리에 유지되었다.

더 추가된 73년 국내 광고
올해 중으로 렉솔 수퍼 플레나민은 더 많은 국내 광고를 통해 알려지며 고객들에게 다가갈 것이다. 균형적으로 스케줄을 짠 네트워크 라디오 광고 및 미국의 선도하는 잡지내의 광고가 여러분의 쇼핑지역을 흠뻑 적실 것이다. 수퍼 플레나민은 미국 올림픽 팀, 국내 하키 리그, 그리고 국내 풋볼 리그 등의 지지를 받고 있다.

73년에는 더 많은 제품 행사
1973년 첫 분기에는 이 제품의 가장 성공적인 홍보의 반복된 공연을 보게 될 것이다. 여기에 소개된 화사하고 환경 친화적 패키지를 통해 한정적으로 구매하는 고객에게는 50% 더 많은 제품을 제공하게 된다. 유사한 행사로, 70번째 렉솔 기념일을 맞이하며 신나는 소비자 행사가 홍보될 예정이다.

수퍼 플레나민을 1등으로 유지시키는 것은 지속적인 5가지 과정의 작업
이 5가지 과정 중 하나라도 차질이 생기면 성장이 감속하게 된다. 렉솔이 처음 세 가지 과정을 시행 할 것이다. 당신과 당신의 판매원만이 4번째 과정과 5번 과정을 시행할 수 있다.

1 - 매력적인 고객가치
2 - 강력한 국내 광고
3 - P.M. 프로그램 (세일 당 최대 2달러까지)
4 - 강력한 전시 및 지역 홍보
5 - 모든 고객에게 제안

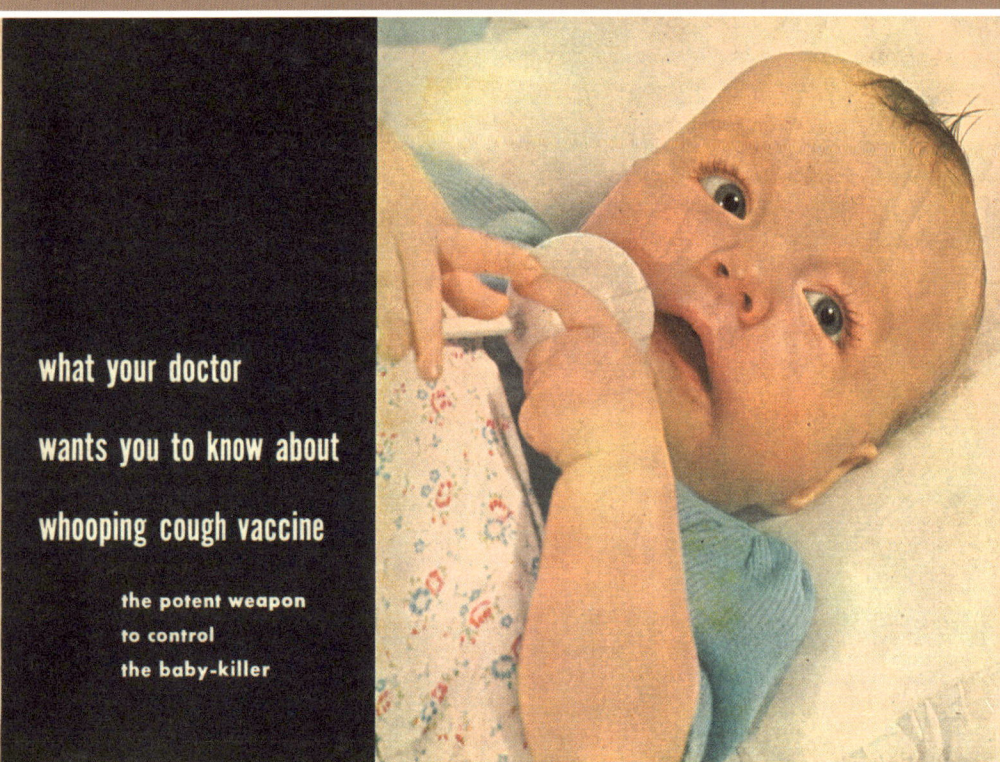

what your doctor wants you to know about whooping cough vaccine

the potent weapon to control the baby-killer

WHOOPING COUGH is by no means a simple disease of childhood. It is a ruthless killer of the young. While whooping cough may strike at any age, it is particularly vicious toward children of less than a year. Whooping cough kills more babies in this age group than scarlet fever, infantile paralysis, measles, smallpox and diphtheria combined.

Whooping cough's companion, pneumonia, is the complication to be dreaded most.

And often when whooping cough has passed, the child may be left with deafness or speech defects.

A generation ago, your doctor would have been forced to treat whooping cough *after* it had been acquired. Today he has at his disposal a valuable preventive agent—whooping cough vaccine—to fight that disease *before* it strikes.

How does this vaccine build up immunity, or safety? Briefly, it furnishes, *in advance*, a counter-weapon to battle the disease before it can overcome the body's resistance. When whooping cough germs invade the body, the immunity is already established. The germ is conquered, and the attack passes, or is very mild.

All babies should be inoculated against whooping cough at the age of six months in order to establish immunity at the period when whooping cough is most dangerous. Most doctors administer whooping cough vaccine in a three-way inoculation which also protects against the other two childhood scourges—diphtheria and tetanus (lockjaw).

Later, usually at the age of 2½, "booster shots" are given to reinforce and strengthen the child's immunity.

Speak to your doctor about protecting your child against whooping cough—and other childhood diseases—by inoculation. He will advise you not to delay in furnishing this vital protection. Consult your doctor when you are ill. Follow his directions implicitly. Next to your doctor, your druggist is the most important guardian of your health. His skill, knowledge and integrity are always at your service.

Lung in pertussis (whooping cough) pneumonia.

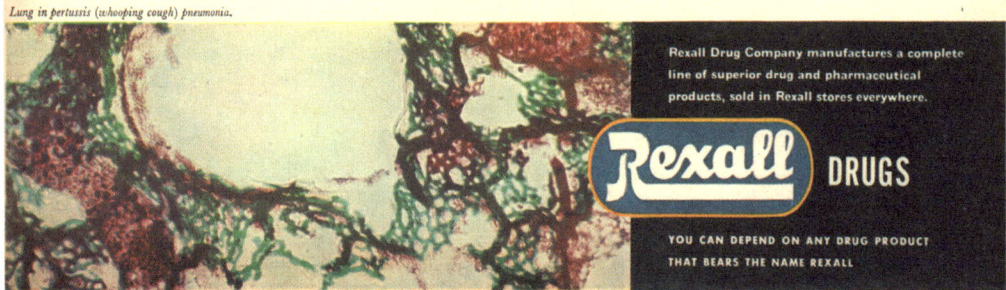

Rexall Drug Company manufactures a complete line of superior drug and pharmaceutical products, sold in Rexall stores everywhere.

Rexall DRUGS

YOU CAN DEPEND ON ANY DRUG PRODUCT THAT BEARS THE NAME REXALL

Source : From Frank Sternad's private collectiona

위대한 렉솔 / 렉솔의 제품들 - 4

의사들이 말하는 **백일해 백신에 관한 진실**

백일해는 쉽게 볼 수 없는 유아기 질병이며 무자비한 학살자이다. 어느 연령대에도 발병할 수 있지만 1년 미만 소아에게는 특별히 더 공격적인데 성홍열, 소아마비, 홍역, 천연두, 디프테리아를 모두 합친 것 보다 더 많은 유아 사상자를 초래했다.

폐렴은 백일해에 동반될 수 있는 가장 골치 아프고 두려운 질환이다. 또한 심지어 백일해를 이겨내더라도 아이는 청각장애나 언어 장애를 겪을 수도 있다. 한 세대 전까지만 해도 백일해는 발병된 후에 치료를 할 수 밖에 없었다. 이제는 발병 전에 투여하는 약을 통해 예방할 수 있게 되었다.

이 백신이 어떤 방식으로 면역력을 증강시키는 것인가? 쉽게 말하자면 질병이 신체의 저항을 이길 수 있는 힘을 기르기 전에 이를 억제하는 역-공격력을 갖도록 해 주는 것이다. 백일해 세균이 신체에 침투하기 전에 미리 갖추어진 면역력이 이를 극복하여 공격력을 약화시키거나 무력화 시키게 된다.

모든 유아는 백일해가 가장 치명적인 6개월 미만일 때 예방 접종을 실시하여 면역력을 갖추도록 하는 것이 바람직하다. 대부분의 의사들은 3종 백신으로 백일해 백신에 다른 2종의 백신을 투여하여 유아들에게 큰 재앙이 될 수 있는 디프테리아와 파상풍을 예방하고 있다.

차후에 2살반이 되면 2차 예방 주사를 통해 아이의 면역을 추가적으로 보강하고 증진시키기도 한다. 의사와 상의하고 백일해에 대한 우리 아이의 보호대책은 예방접종을 통해서 시작하자. 이 필수 보호 수단은 미루어서는 안된다고 의사들은 권고하고 있다.

아플 때는 의사에게 상의하여 절대적으로 그의 지시를 따르도록 하자. 의사들과 함께하는 약사들 또한 당신의 건강을 지켜줄 중요한 수호자이다. 그의 기술, 지식, 그리고 진실성이 항상 당신을 위해 준비되어 있다.

what your doctor wants you to know about sulfa

the family of drugs so hostile to many diseases

The vicious germ of streptococcus hemolyticus, against which the sulfonamides are so effective

Most people think of sulfa as a single drug. Actually the sulfonamides are a large and active family, laboratory-created from a coal-tar base. Contrary to common belief, sulfa does not actually kill susceptible germs. It merely prevents those germs from multiplying, so the body can fight infection on equal terms.

The sulfonamides are particularly powerful in treatment of "coccus" infections — those diseases caused by the vicious little round germs which most frequently afflict mankind. Sulfa produces exciting and almost miraculous results in many cases of staphylococcic and streptococcic infections, scarlet fever and puerperal fever, pneumonia, gonorrhea, meningitis.

The proper sulfa preparation has been efficiently used in many cases of mastoiditis, tonsillitis, sinusitis, eye infections, peritonitis, dysentery, blood poisoning, frequently in conjunction with penicillin or other necessary measures. It is of value in controlling the Plague—that scourge which, not too many years ago, could wipe out a city in a short while.

In the hands of a skilled physician, sulfa is a potent weapon against disease. Your doctor is equipped to prescribe for you the proper sulfonamide in the exact proportions required for your specific ailment. Never, under any circumstances, resort to self-dosage of sulfa. You might develop a sensitivity to the drug, or, worse, run the risk of irreparable damage to your system in the form of kidney ailments, anemia and other blood disorders. Valuable in medical hands, sulfa is highly dangerous when used without experience and knowledge. It is not a "cure-all."

Remember, your doctor is the most important guardian of your health. Consult him when you are ill. *Follow his directions implicitly.* Have his prescriptions filled at a reliable pharmacy.

Rexall Drug Company congratulates the American Medical Association which is celebrating its 100th anniversary this year.

• Rexall Drug Company makes a complete line of superior drug and pharmaceutical products, sold only at drug stores bearing the Rexall name.

Rexall DRUGS — REXALL FOR RELIABILITY

Source : From Frank Sternad's private collectiona

위대한 렉솔 / 렉솔의 제품들 - 5

의사들이 말하는 **술파제에 관한 진실**
- 여러 질병에 위협적인 약의 일종 -

대부분의 사람들이 술파제를 단일 약으로 알고 있으나 술폰아미드는 사실 연구실에서 콜타르 원료로 만들어졌으며 그 범주와 활동범위는 넓다. 일반적인 생각과는 반대로 술파제는 세균을 죽이지 않는 것이 아니라 세균의 번식을 억제하여 신체의 면역력이 이와 동등하게 싸울 수 있도록 도와준다.

술폰아미드는 종종 인류를 괴롭히는 공격적인 동그란 세균인 구균을 치료하는데 특히 매우 효과적이다. 술파제는 포도상구균과 연쇄상구균성 염증들과 성홍열, 산욕열, 폐렴, 임질, 뇌막염 등에 신기하다 못해 기적적인 결과를 보여준다.

술파제 처방은 페니실린이나 다른 수단의 치료제와 결합하여 유양 돌기염, 편도염, 축농증, 안구 염증, 복막염, 이질, 패혈증 등의 질병에 효과적으로 사용되어왔다. 불과 몇 년 전까지만 해도 짧은 시간에 한 도시를 휩쓸어버릴 만한 전염병과 같은 재앙을 억제할 수 있게 되었다.

술파제는 의사의 손에 있을 때 질병에 대항하는 강력한 무기가 될 수 있다. 의사만이 특정 질병에 정확한 술폰아미드를 처방 할 수 있다. 절대 어떠한 상황에서도 술파제를 자기 임의대로 사용해서는 안 된다. 잘못 사용하면 약물에 대한 민감도가 저하되거나 심할 경우에는 콩팥 질환, 빈혈증, 그리고 다른 혈액질환과 같은 신체에 돌이킬 수 없는 손상을 입을 수 있다. 의료인의 손에서는 그 가치가 나타나지만 경험과 지식이 없는 이들이 사용하면 만병통치약이 아니라 매우 위험한 물질로 돌변할 수 있다.

의사가 당신의 건강에 가장 가까운 수호자라는 사실을 기억하고 아플 땐 그들을 찾아가도록 하자. 그의 지시를 반드시 따르도록 하고 믿을 수 있는 약국에서 처방전을 의뢰하도록 하자.

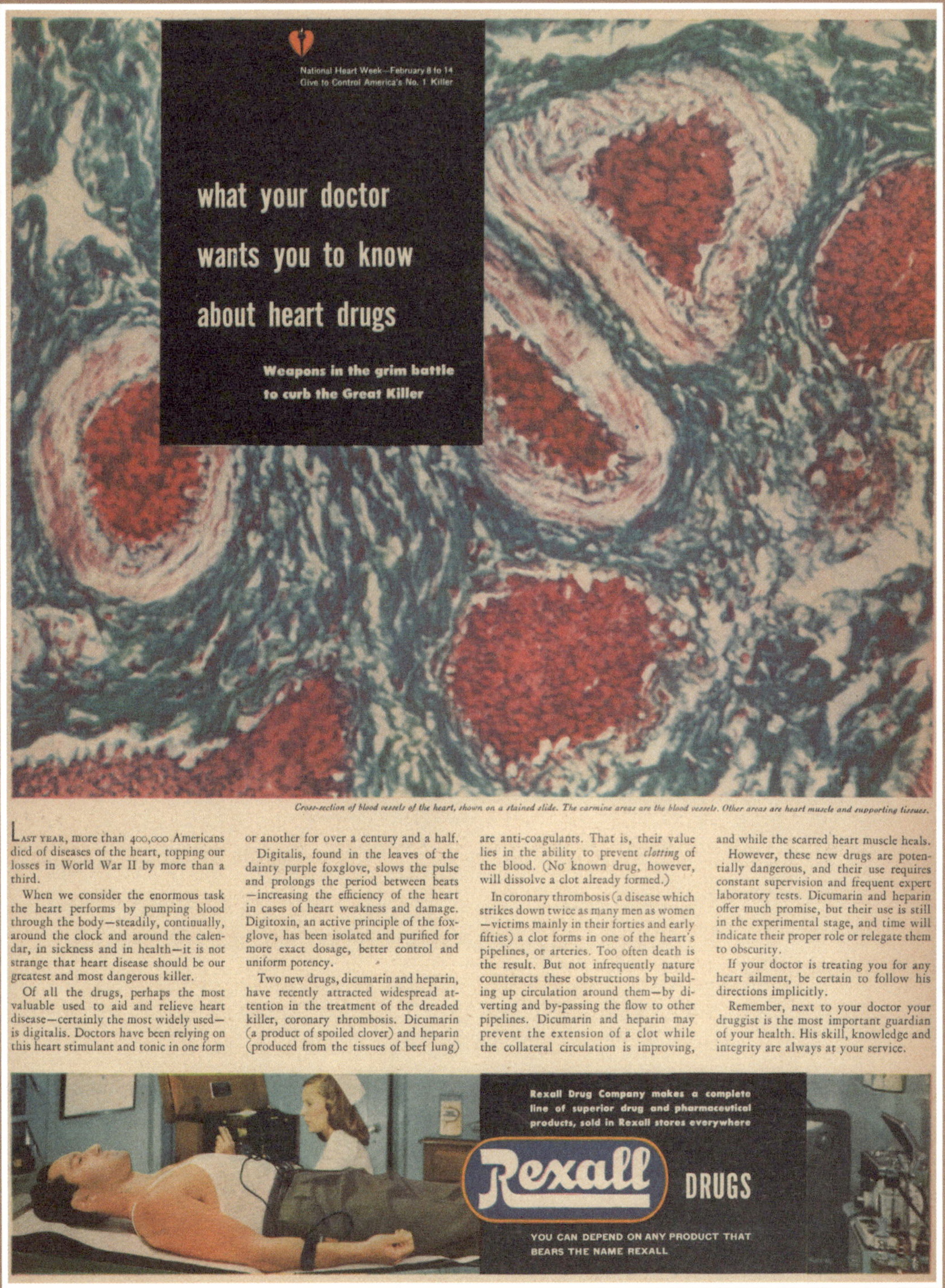

Source : From the author's private collection

위대한 렉솔 / 렉솔의 제품들 - 6

의사가 말하는 **심장약에 관한 이야기**
- 대학살자와의 싸움의 판도를 뒤집을 무기 -

지난 해 400,000명 이상의 미국인이 심장의 질환으로 사망하며 세계2차대전보다 1/3이나 많은 사상자를 냈다. 일정하고 계속해서 매 시간 매 해에 아플 때나 건강할 때나 몸에 혈액을 공급하는 우리의 심장의 막대한 임무를 한 번 떠올려 본다면, 심장 관련 질병이 어째서 가장 거대하고 위험한 학살자가 될 수 있는 지에 대해 알 수 있다. 심장 질환을 해소하기 위해 사용되는 모든 약들 중에서 가장 소중하며 아마도 가장 널리 사용되는 약은 디기탈리스일 것이다.

의사들은 한세기 반 동안 이상이나 여러 형태로 조제된 이 심장 각성제에 의존해 왔다. 앙증맞은 디기탈리스 폭시 잎에서 발견된 물질인 디기탈리스는 맥박을 늦추며 맥박 사이의 간격을 연장시켜 심장이 약해져 있거나 손상된 상태일 때 효율을 높여준다. 디기탈리스 폭시의 유효성분인 디기톡신은 더 정확한 용량 및 더 나은 제어와 일정한 약효를 내기 위해 따로 추출하여 정제된다. 최근 새로운 두 약 디쿠마롤과 헤파린이 위협적인 학살자였던 관상 동맥 혈전의 치료제로서 넓은 관심을 모으고 있다.

썩은 클로버에서 추출한 디쿠마롤과 소 허파 조직에서 추출한 헤파린은 항응혈제이다. 이 물질의 가치는 피가 응고되는 것을 막는 데에 있다. 그러나 이미 응고된 혈액을 용해시키는 약물은 발견되지 않았다. 주로 여성보다 두배나 많은 40대 및 50대 남성들을 공격하는 관상 동맥 혈전은 심장의 파이프라인 중 하나 혹은 동맥에 응고가 형성된다. 일반적으로 그 결과는 곧 죽음이다. 하지만 종종 자연 대응능력이 이 차단된 부분을 우회하여 다른 파이프라인으로 혈액을 통하도록 순환 통로를 형성하기도 한다. 부수적인 혈액 순환이 개선되고 다친 심장근육이 회복되는 동안 디쿠마롤과 헤파린이 응고가 확산되는 것을 예방한다.

그러나 이 새로운 약들은 잠재적으로 위험하며 끊임없는 관리와 잦은 연구실 실험을 거쳐야 한다. 디쿠마롤과 헤파린은 매우 유망한 미래를 갖고 있지만 사용하기에는 여전히 실험 단계이며, 적절한 역할을 찾아갈지 혹은 잊혀짐 속에 사라질 지는 오직 시간이 말해줄 것이다. 의사에게 심장 질환 치료를 받고 있다면 꼭 그의 지시를 정확히 따라야 한다. 기억하자, 의사 옆에서 당신의 건강을 수호하는 것은 약사이다. 당신을 위해 언제나 그의 능력, 지식, 그리고 진실성이 함께할 것이다.

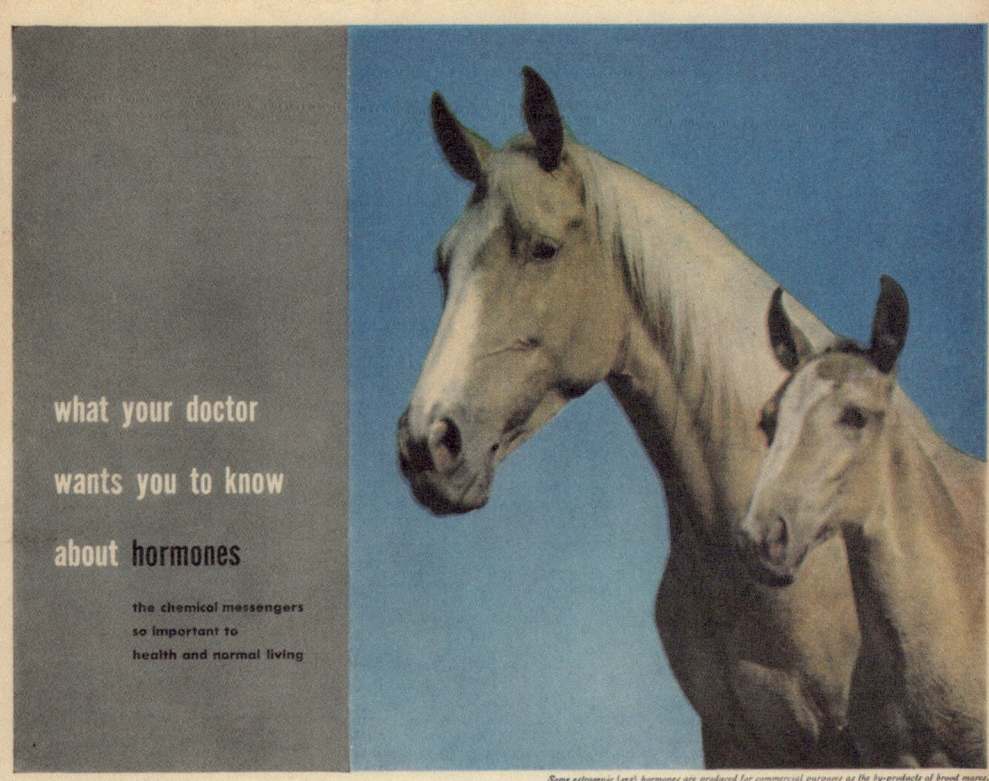

what your doctor wants you to know about hormones

the chemical messengers so important to health and normal living

Some estrogenic (sex) hormones are produced for commercial purposes as the by-products of brood mares.

The endocrines—more familiarly known as the hormones—have received so much publicity in recent years (particularly the sex hormones) that much public confusion exists about them.

What are hormones? Stripped of technical language, hormones are substances—you might call them "chemical messengers in the blood"—that help co-ordinate the glands into an organized system of activity. Not all hormones are essential to life, but all are needed to maintain good health.

For example, a lack of insulin in the body causes one type of diabetes. When the thyroid does not operate properly, there is an abnormal increase or decrease in physical and mental activity. The growth hormone regulates growth of bone and tissue. Sex hormones in proper balance are needed for normal living and reproduction. The adrenal cortex hormone is necessary to life itself.

The various hormones—and there are a number of them—are often prescribed by physicians when there is a need for them in the body. They have a broad and varied field of uses, ranging from the treatment of hormonal sterility, low blood pressure, arresting of hemorrhages, relief of hay fever and asthma, to insulin shock therapy used in certain types of insanity.

In the hands of a skilled physician, hormones are a powerful medical ally. Your doctor is equipped to prescribe the proper hormone in the exact proportions needed. Never, under any circumstance whatsoever, resort to self-dosage of any hormone. The delicate balance of the body might be permanently disturbed. This is particularly true of thyroid products which are frequently used in reducing drugs and preparations.

Consult your doctor when you are ill. Follow his directions implicitly. Next to your doctor, your druggist is the most important guardian of your health. His skill, knowledge and integrity are always at your service.

Lovely enough for a lady's gown are the clear, beautiful colors in this photomicrograph of the pure female hormone under polarized light.

Rexall Drug Company makes a complete line of superior drug and pharmaceutical products, sold in Rexall stores everywhere

Rexall DRUGS

YOU CAN DEPEND ON ANY PRODUCT THAT BEARS THE NAME REXALL

Source : From the author's private collection

위대한 렉솔 / 렉솔의 제품들 - 7

의사가 말하는 **호르몬에 관한 이야기**
– 건강과 일상 생활에 너무 중요한 화학적 메신저 –

호르몬이라고 더 잘 알려진 내분비계는 최근 많은 언론의 관심을 받고 있다. 그 중 특히 성호르몬이 그렇다. 그렇기에 더욱 이에 관한 오해가 많이 존재하고 있다. 호르몬은 무엇인가? 기술적 용어를 분해했을 때 호르몬이란 "혈액에 존재하는 화학적 메신저" 라고도 불리울 수 있으며 분비 샘을 조직화하여 활동 체제를 정리하는 것을 돕는 물질이다.

모든 호르몬이 생활에 필수는 아니지만 좋은 건강을 유지하기 위해서는 모두 필요하다. 예를 들어, 체내에 인슐린이 부족하면 당뇨가 생길 수 있다. 갑상선이 정상작동하지 않으면 신체와 정신적 활동에 비정상적인 상승이나 저하가 일어날 수 있다. 성호르몬은 제대로 균형이 맞아야 정상적인 일상과 생식이 가능하다. 부신 피질 호르몬은 생명 그 자체에 필수이다. 많은 종류의 호르몬이 존재하며 몸에 필요에 따라서 의사에게 처방을 받기도 한다.

이들은 호르몬에 의한 불임증 치료, 저혈압, 출혈 멈춤, 건초열 및 천식 해소, 그리고 특정 종류의 정신질환에 대한 인슐린 충격요법 등의 넓고도 다양한 분야에서 사용되고 있다. 노련한 의사의 손에서 호르몬은 강력한 의학적 조력자이다. 의사들은 환자에게 맞는 호르몬을 정확한 양으로 처방해줄 수 있다. 절대, 어떠한 상황에서도 스스로 호르몬을 투여해서는 안된다. 이로 인해 몸의 섬세한 균형에 영구적 장애를 줄 수 있다. 이는 약과 조제를 줄이기 위해 빈번하게 사용되는 갑상선 제품에서 더욱 그렇다.

아프면 의사와 상의하라. 그의 지시를 정확히 따라야 한다. 기억하자, 의사 옆에서 당신의 건강을 수호하는 것은 약사이다. 당신을 위해 언제나 그의 능력, 지식, 그리고 진실성이 함께할 것이다.

위대한 렉솔 / 렉솔의 제품들 -8

미국 올림픽 국가대표팀이 선택한 비타민

11 가지 비타민과 10가지의 미네랄이 균형을 이루고 있는 렉솔 수퍼플레나민이
최상급 품질로 인정받고 있는 것을 우리는 자랑스럽게 생각합니다.
수퍼플레나민을 섭취하세요..
미국에서 가장 많이 판매되고 있는 종합비타민제인 수퍼플레나민이
식사를 통해 부족한 당신의 건강을 지켜 줍니다.

위대한 렉솔 / 렉솔의 제품들 - 9

미국 올림픽 국가대표팀이 선택한 비타민

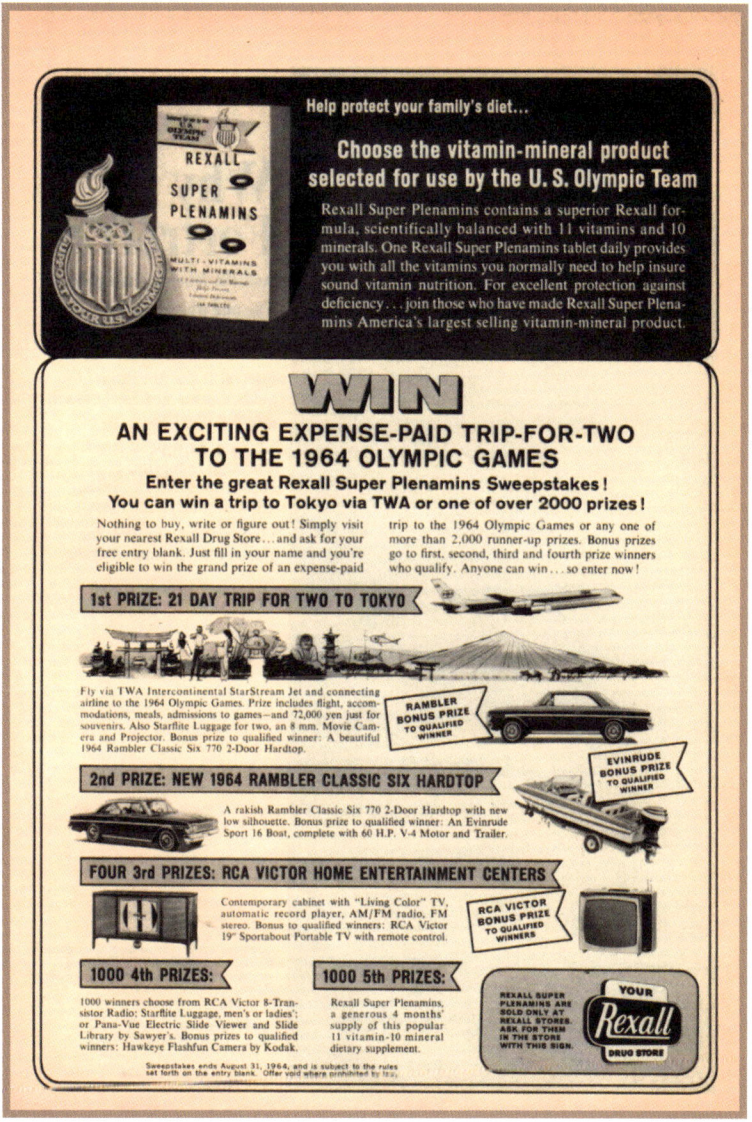

맺음말 Epilogue

길을 가다 맞은편에서 걸어오는 사람과 마주치는 경우가 있다.
그때 우리는 다만 걸어온 쪽의 길만을 알 뿐
반대편 길은 알지 못한다. 우리는 단지 그 사람과의 만남을
통해서만 반대편 길에 관해 알 수 있다.

-마르틴 부버 Martin Buber

살면서 때때로
아름다운 인품을 가졌거나
편견 없는 사고방식이 존경스럽거나
이뤄낸 업적이 훌륭한 사람을 만나게 될 때가 있습니다.

그래서 그 사람과
좀 더 오래 친하게 지내고 싶고
그에 대하여 더 많이 알고 싶어지기도 합니다.
그 사람이 어떤 시간을 지나 거기에 있게 되었는지,
또 어떤 생각들로 자신의 세계를 채우고 있는지,
어떤 경험들과 과정을 통하여 성장하고 성숙해 왔는지도
속속들이 알고 싶어지면서 말이지요.

가끔은 그러한 만남으로 인해 한 사람의 인생이
통째로 바뀌는 경우도 보게 됩니다.
참 큰 행운이 아닐까 하는 생각이 들게 되는데
문득 생각해보니 제게는 '렉솔'이 그런 것 같습니다.
사실 처음 몇 번은 스치듯 모르고 지나고 말았습니다.

그러다 제가 힘든 일이 있을 때에야 제 눈에 들어와
제대로 알아보고 그 매력을 알게 되었습니다.
알고 보니 자꾸 궁금해져서 이리저리 물어보고 찾아보다가
시작되었던 그 시간까지 가보고 싶어졌습니다.
덕분에 정말 많은 것들을 알게 되었고
또 많은 사람도 만나게 되었습니다.

그리고 렉솔이라는 회사가 가진 그 다채로운 열정을
닮아있는 제 열정과도 만나게 되었던 것 같습니다.
좋은 사람을 만나면
다른 누군가에게 자랑도 하고 싶고
소개도 시켜주고 싶고 그런 마음이었습니다.
이 책이 그렇게 나오게 된 것입니다.

많은 사람에게 제가 느꼈던 좋은 감정을
고스란히 전해주고 싶었고,
저처럼 무심코 지나치게 될 사람들에게 다시 보시라고
알려주고 싶었습니다.

우리가 몰랐던 위대한 기업 렉솔의 100년을 제대로 알게 되어 든든하고
천연 비타민과 동종요법 천연 치료제의 도래를 예측하며 100세 시대를
미리 본 사람들의 뜨거운 열정과 신념 그리고 사람을 중심에 두었던
그들의 리더십을 소개할 수 있어 참 뿌듯합니다.

2017년 3월 24일
송 준 태

렉솔 연혁 Rexall General Timeline, by Frank Sternad

1902년   루이스 콜 리겟(Louis Kroh Liggett)을 중심으로 40명의 주주들이 뉴저지(New Jersey)주(州)에서 유나이티드 제약 법인설립.
(United Drug Co., incorporated in NJ November 1902)

1903년   1월 1일 루이스 리겟이 보스톤(현재 노스 웨스턴 대학교 레이크 홀) 리온가 43번에 사무실 및 공장 을 기점으로 유나이티드 제약 회사의 첫 공식 운영 시작. 전반기에 "렉솔"이라는 상품 브랜드 탄생.
(January 1—first official day of operation of the United Drug Company, with offices and factory at 43 Leon St, Boston (current Lake Hall), Louis K. Liggett manager and secretary. The product brand "Rexall" was created during the first quarter)

1905년   내셔널 스탠다드 담배 설립.(National Cigar Stands)

1906년   시카고 직영점 개점.(Chicago branch warehouse opened)

1908년   화재상호 보험회사(United Druggists Mutual Fire Insurance Co.) 설립

1909년   토론토에서 유나이티드 제약 회사 캐나다 공장 설립.
(United Drug Company, Ltd. of Canada factory opened in Toronto)

1911년   보스톤에서 유나이티드 캔디 회사 공장 설립. 프랑스 파리에 사무실 개소. 세인트 루이스에 지사 및 직영점 설립.
(United Candy Company factory opened in Boston; office in Paris; branch warehouse in St. Louis)

1912년   영국 리버풀 지사. (Liverpool, England branch)

1912년   렉솔 드러그 스토어 미국 7,000개, 캐나다 5,500개, 영국 500개 단일 기업으로 세계 최대.

1913년	샌프란시스코 지사.(San Francisco office)
1915년	원-센트 세일 런칭.(One Cent Sale Launching)
1916년	샌프란시스코 직영점.(San Francisco branch warehouse)
1917년	존틸 (화장품) 브랜드 프로모션.(Jonteel promotions)
1917년	코네티컷의 심리스 고무회사 인수. 2년 후 $5,000,000 투입 세계에서 가장 현대적인 공장 설립. "물통, 만년필 시린지, 목욕 스프레이, 가정 및 의료용 고무 글러브, 접착테이프, 고무 밴드, 고무젖꼭지, 고무 빗, 그리고 오락용 수영모자와 수영복, 축구공, 놀이공과 공기 충전 물놀이 용품 생산후 심리스, 캔트릭, 모노그램, 맥시멈"의 이름으로 세계 수출.
1919년	뉴욕 하이랜드에 위치한 허드슨 벨리 식품 회사 인수.
1920년 **1921년**	세계최대 세인트 루이스 공장 가동 및 영국 노팅햄의 부츠 퓨어 제약 회사 인수, ~ 영국과 아일랜드에 1,128개의 렉솔 드러그 스토어 운영. (St. Louis factory officially opened, purchase of Boots Pure Drug Co. Ltd. Nottingham, England)
1928년	5월 유나이티드 드러그(United Drug, Inc.)와 스털링(Sterling Products, Inc.)과 합병하여 거대한 제약 회사로 탄생. 스털링은 미국 동부에 많은 공장을 두고 캐나다와 영국에도 대량의 직매점을 둔 중요한 회사였고 남아프리카와 호주에 네트워크를 가지고 있었음.
1928년	남아프리카 공화국 지사 설립.
1937년 ~ **1938년**	남아프리카 공화국에 유나이티드제약 유한회사 설립 및 포트 엘리자베스 장 준공, 218개 렉솔 드러그 스토어 운영.
1943년	매사추세츠 주 맨스필드의 8에이커 규모의 유나이티드 공장에서 미군 전투식량 "K-ration" 생산.

1945년 유나이티드-렉솔 제약회사로 사명 변경. 보스턴에서 로스앤젤레스로 본사 이전.
(United Drug Co. restyled United-Rexall Drug Co. and international headquarters moved from Boston to Los Angeles.)

1946년 렉솔 제약 회사로 사명 변경
(United-Rexall Drug Co. restyled Rexall Drug Company)

1959년 렉솔제약 및 화학 회사로 사명 변경.
(Rexall Drug Co. renamed Rexall Drug and Chemical Co.)

1977년 1월 로스홀 렉솔그룹 제약부분 인수후 렉솔제약으로 변경.
(One of seven divisions was called Rexall Group, sold January 1977 to Ross Hall Corp. which incorporated as Rexall Drug Co.

1980년 4월 래리 웨버가 하워드 반더린덴에게 렉솔 제약회사의 회장 및 CEO직을 계승. 9월 25일 다트산업과 크래프트 주식회사가 합병되어 다트&크래프트 주식회사 설립. (1990년 2월에 크래프트 제너럴 식품 주식회사가 되었음)
(Larry Weber succeeds Howard Vander Linden.

1981년 2월 렉솔 제약회사가 렉솔기업으로 명칭 변경. 오하이오주의 스탠더드 오일회사의 자회사인 비스트론 기업의 프로 브러시 인수.
(Rexall Drug Company changed to Rexall Corporation. Pro Brush division of Vistron Corp., a subsidiary of Standard Oil Company of Ohio, acquired)

1984년 4월 (다트&크래프트 주식회사로서) 벡튼 디킨슨&Co.의 의료기기 및 서비스에 관련된 부서 인수.(Dart & Kraft Inc. bought Bection Dickinson & Co. divisions concerned with medical equipment and services)

1985년 9월 선다운 비타민 주식회사 칼 드산티스 (플로리다의 포트 로더데일) 렉솔제약 인수.

1990년 선다운 비타민 주식회사가 140개의 "레인보우" 소유자 Wm. T. Thompson 공동주식회사 (1935년 설립) 인수 합병후 네트워크 마케팅 자회사로 렉솔 쇼케이스 인터내셔널를 세우고 독립 판매업자를 통해 150가지의 영양, 식습관, 동종 요법, 개인관리 및 정수 제품 판매 시작. 1996년 대한민국 및 멕시코, 1997년 홍콩, 그리고 1998년 10월 대만으로 확장.
(Sundown Vitamins Inc. acquired Wm.T. Thompson Co., founded in 1935, owner of "Rainbow" line of 140 vitamin products. Also formed a network

marketing subsidiary, Rexall Showcase International, Inc. to sell 150 nutritional, dietary, homeopathic, personal care and water filtration products through independent distributors. Expanded to South Korea and Mexico in 1996, Hong Kong in 1997, and Taiwan in October 1998)

1991년 6월 28일 1976년 9월 7일 칼 드산티스가 설립한 선다운 비타민 주식회사가 렉솔 선다운 비타민 주식회사로 변경.
(The Rexall Group, Inc. merged into Sundown Vitamins, Inc. which was formed 7 Sept 1976 by Carl Desantis)

1993년 렉솔선다운 그룹(The Rexall Sundown group)으로 변경.
(Sundown Vitamins, Inc. changed name to Rexall Sundown, Inc.)

1998년 1월 29일: 렉솔 선다운 주식회사가 아이다호 보이시의 리쳐드슨 연구소를 $85,000,000에 인수. 리쳐드슨은 자연 식이요법 다이어트 제품인 '울트라 크로마 슬림'이라는 제품을 포함한 70가지의 다이어트 및 체중조절 제품을 출시.
(Rexall Sundown Inc. acquired Richardson Labs of Boise, ID for $85M. Richardson marketed 70 diet and weight management products including the "natural" diet remedy, Ultra Chroma Slim)

1999년 로얄루미코 네델란드 기업으로서 4,200개의 GNC 외 유통 체인이며 세계 최고의 비타민 및 영양보조식품 제조사 및 유통회사로 잘 알려진 제너럴 뉴트리션 컴퍼니를 인수.
(Royal Numico of the Netherlands reached agreement to acquire General Nutrition Companies, well known for its chain of 4,200 GNC and other retail stores, and as one of the world's leading makers and distributors of vitamins and nutritional supplements)

2000년 6월 5일 로얄누미코 N.V.가 렉솔 선다운의 직속 마케팅 부서인 렉솔 쇼케이스 인터내셔널을 포함한 렉솔 선다운을 (포괄소유의 자회사) 인수하고 렉솔 쇼케이스 인터내셔널과 엔리치를 합병하여 2001년 유니시티 네트워크를 설립.
(Royal Numico bought multi-level vitamin supplement marketer Enrich International located in Utah; then solidified its newfound position as the world's leading vitamin maker when it paid $1.8 billion for Rexall Sundown Inc., including Rexall Showcase International)

2001년 **4월 1일 렉솔 쇼케이스 인터내셔널과 엔리치 인터내셔널이 합병하여
유니시티 네트워크로 상호 변경, 세계 최고 동종요법 천연치료제 제조 업체 탄생.**
(Rexall Showcase and Enrich International were then merged and renamed Unicity Network)

2003년 7월 24일 로얄 누미코가 렉솔 부서를 분할 처분, 뉴욕 보헤미아에 본부를 두고 있는 비타민 회사 네이쳐스 바운티 NBTY 주식회사에 렉솔 상표 매각. 렉솔 선다운의 사무실 및 제조시설은 플로리다의 보카레턴 및 디어필드비치에 위치하고 있으며, 물류센터는 펜실베니아 해리스버그 및 캠프힐과 네바다 스파크스에 위치. 렉솔제품은 선다운 내츄럴 이름으로 생산됨.
(Royal Numico split up the Rexall divisions and divested, selling the trade names and facilities of Rexall-Sundown, Inc. to NBTY, Inc., a US vitamin company (Natures Bounty) headquartered in Bohemia, NY. Offices and manufacturing facilities for Rexall Sundown, Inc. are located in Boca Raton and Deerfield Beach, Florida, with distribution centers in Harrisburg and Camp Hill, PA, and Sparks, Nevada. Non-Rexall nutritional products are manufactured under the name of Sundown Naturals)

2003년 7월 17일 스튜어트 휴즈등 유니시티 네트워크의 경영 멤버가 유니시티 네트워크를 인수하여 유타 오렘에 유니시티 인터내셔널 설립.
(Unicity Network was sold to management members who formed Unicity International Inc. in Orem, Utah, a privately held company

United Drug Company's Sales Departments along with product lines-

1925:
Brushes (hair brushes, combs, toothbrushes)
Candy (chocolates and hard candies)
Hospital (first aid and sick room supplies)
Medicines (over the counter remedies, vitamins)
Pharmaceuticals (ethical, prescription drugs)
Pure Food and Soda Fountain Supplies
Puretest (botanicals and chemicals)
Rubber Goods (water bottles, rubber tubing, bulb syringes, etc)
Stationery (writing paper, fountain pens, ink)
Toilet Goods (perfumes, face powders, cosmetics)

1938 (with product line brands):
Medicine (over-the-counter remedies, chemicals, herbs, vitamins)-Rexall,
Puretest Pharmaceutical (pharmacy dept. drugs, chemicals, vitamins)-UD, RD
Rubber and Hospital Goods (hot water bottles, first aid supplies, etc.)-
Kantleek, Symbol, Monogram, Victoria, Firstaid, Rexall, Defender.
Toilet Goods (cosmetics, perfumery, shaving items, etc.) Harmony, Cara Nome
Jonteel, Langlois, Shari, Stag, Candy, Pure Food, and Fountain Supplies-Liggett's,
Artstyle, Opeko, Gales, Stationery, Brush (hair, tooth), and Sundries-Lord Baltimore,
Cascade, Belmont, Monogram, Rexall, Electrex, Klenzo, Old Colony, Rex, Symphony.

Special Sales (everything else)
All the items that United Drug Co. manufactured themselves,
or had manufactured for them under contract with other firms, were assigned to one
of these several sales departments.

Rexall, 100세 시대를 미리본 사람들의 100년 이야기 - 개정판

개정 1판 2020년 05월 04일
개정 3판 2024년 03월 05일

지은이 송준태
펴낸이 이태규
북디자인 강민정 **영업마케팅** 유수진 **전자책** 김진도

발행처 아이프렌드
주소 대전광역시 서구 괴정로 107 연흥빌딩 201호(괴정동 53-10번지)
전화 042-485-7844 **팩스** 042-367-7844
주문전화 070-7844-4735~7
홈페이지 www.ifriendbook.co.kr
출판등록번호 제 305 호

ⓒ송준태 (저작권자와 맺은 특약에 따라 검인을 생략합니다.)
ISBN 978-89-6204-321-1 (03320)

이 책은 저작권법에 따라 보호받는 저작물이므로 무단 전재와 복제를 금지하며,
이 책 내용의 전부 또는 일부를 이용하려면 반드시 저작권자와 아이프렌드의 서면 동의를 받아야 합니다.
값은 뒤표지에 있습니다.

잘못된 책은 구입처에서 바꾸어 드립니다.